D1668791

Der Mensch – ein Abbild Gottes?
Geschöpf – Krone der Schöpfung – Mitschöpfer

Der Mensch – ein Abbild Gottes?
Geschöpf – Krone der Schöpfung – Mitschöpfer

Herausgegeben von Heinrich Schmidinger
und Clemens Sedmak

Ein Projekt der Österreichischen Forschungsgemeinschaft

Einbandgestaltung: Peter Lohse, Büttelborn
unter Verwendung von:
Leonardo da Vinci, Proportionsschema der menschlichen Gestalt
nach Vitruv, Venedig, Galleria dell' Accademia
Foto: akg-images

Die Deutsche Nationalbibliothek verzeichnet diese Publikation
in der Deutschen Nationalbibliografie;
detaillierte bibliografische Daten sind im Internet über
http://dnb.d-nb.de abrufbar.

© 2010 by WBG (Wissenschaftliche Buchgesellschaft), Darmstadt
Die Herausgabe dieses Werkes wurde durch die Vereinsmitglieder der WBG ermöglicht.
Reproduktionsfähige Druckvorlagenerstellung: Dorit Wolf-Schwarz
Schrift: Garamond, Helvetica
Gedruckt auf säurefreiem und alterungsbeständigem Papier
Printed in Germany

Besuchen Sie uns im Internet: www.wbg-wissenverbindet.de

ISBN 978-3-534-17507-9

Inhalt

Geschöpf – Erzähler – Statthalter

Drama – Archetypen – Unverletzlichkeit

Heinrich Schmidinger

Der Mensch in Gottebenbildlichkeit
Skizzen zur Geschichte einer einflussreichen Definition

Zu keiner anderen anthropologischen Definition lässt sich so viel Literatur zitieren wie zu der Aussage, dass der Mensch ein Bild bzw. Abbild Gottes sei. Kaum ein Topos zum Thema ‚Mensch' wurde so häufig verwendet und zugleich so ausführlich wissenschaftlich untersucht wie eben dieser, dass Gott den Menschen nach seinem Bilde bzw. ihm ähnlich geschaffen hat. Es genügt ein Blick in die einschlägigen Lexika und Nachschlagewerke – beispielsweise (weil mir zuhanden) in das *Lexikon für Theologie und Kirche* (alle Auflagen), in *Religion in Geschichte und Gegenwart* (wiederum sämtliche Auflagen), in das *Historische Wörterbuch der Philosophie* (neu bearbeitet von J. Ritter, 1971–2007), in das *Reallexikon für Antike und Christentum*, in das *Lexikon des Mittelalters*, in die *Theologische Realenzyklopädie* (beide Auflagen), in das *Theologische Wörterbuch zum Alten Testament*, in das *Theologische Wörterbuch zum Neuen Testament*, in *Geschichtliche Grundbegriffe* – und man findet unter den Stichworten „Abbild", „Bild", „Ebenbild" „Gottesebenbildlichkeit", „Würde", „Menschenwürde" sowie unter deren hebräischen, griechischen und lateinischen Pendants umfassende Auskunft und Interpretation zu Primär- und Sekundärquellen. Sinn dieser Einleitung kann es daher nicht sein, dieses längst Bekannte zu wiederholen oder erneut zu dokumentieren. Vielmehr möge sie sich darauf beschränken, in skizzenhaften Zügen einen Rahmen für die Diskussionen abzustecken, die zum einen anlässlich einer wissenschaftlichen Tagung zum Thema ‚Geschöpf – Krone der Schöpfung – Mitschöpfer. Der Mensch – ein Abbild Gottes?' am 5./6. Dezember 2008 in Wien bereits stattgefunden haben und in diesem Buch publiziert sind, die zum anderen aber auch zusätzlich, nach der genannten Tagung in der Reihe „Topologien des Menschlichen" (organisiert von der Österreichischen Forschungsgemeinschaft), in Auftrag gegeben werden konnten und nun ebenfalls in Druck erscheinen.

Begonnen werden muss mit der Feststellung, dass außer in religiösen, kirchlichen, religionsgemeinschaftlichen oder speziell theologischen Diskursen die Rede vom Menschen als (Ab)Bild Gottes heute kaum mehr vernehmbar ist – dies wiederum nicht erst seit kurzem, sondern wohl schon seit der zweiten Hälfte des 19. Jahrhunderts. Dies hängt, wie nicht schwer zu erraten, mit der fortschreitenden Säkularisierung der europäisch-westlichen Welt- und Menschenbilder zusammen, unmittelbar wohl auch damit, dass ‚Gott' nicht allein den Wissenschaften, sondern den meisten kulturellen und gesellschaftlichen Diskursen, wie sie vor allem in Europa und in Nordamerika vorgeherrscht haben und nach wie vor den Ton angeben, als Thema abhanden gekommen ist bzw. seinen Wirklichkeitswert verloren hat. Dies musste sich auf die anthropologische Aussage vom (Ab)Bild Gottes zwangsläufig auswirken. Ob der Topos damit endgültig verabschiedet ist, wird davon abhängen, ob seriöses Reden von bzw. über Gott eines Tages in Gesellschaft und Wissenschaft wieder möglich sein wird oder eben nicht. Darüber zu befinden ist nicht Aufgabe dieses Buches. Sehr wohl soll aus seinen Beiträgen aber deutlich werden, dass selbst die säkularisierten Welt- und Menschenbilder der so genannten westlichen Hemisphäre nicht zu verstehen sind, wenn sie nicht vor dem Hintergrund der Auslegungsgeschichte der biblischen Verse Genesis 1,26-27 interpretiert werden, die da lauten: „Nun sprach Gott: ‚Lasst uns den Menschen machen nach unserem Bilde, uns ähnlich.' [...] Und Gott schuf den Menschen nach seinem Bilde, nach dem Bilde Gottes schuf er ihn, als Mann und Frau schuf er sie." (Übersetzung der *Jerusalemer Bibel*, Freiburg 1968; vgl. u.a. J. Jervell, *Imago Dei. Gen 1, 26 f. im Spätjudentum, in der Gnosis und in den paulinischen Briefen*, Göttingen 1960).

Dieser Text, geschrieben vermutlich im früheren 8. Jahrhundert vor Christus, möglicherweise zurückgehend auf einen älteren Formelgebrauch, stellte in mehrfacher Hinsicht eine *nachhaltige Provokation* dar – für die Zeitgenossen im alten Israel nicht mehr und nicht weniger als für die gesamte jüdische und christliche Kulturgeschichte bis tief in die europäische Neuzeit hinein. Dafür spricht schon allein die häufig festgestellte Tatsache, dass bereits die Bibel selbst (Altes und Neues Testament) außer im Buch Genesis – hier in insgesamt 4 Versen (1,26.27; 5,3 und 9,6) – die Aussage kaum aufgreift, geschweige denn uneingeschränkt wiederholt (akzentuierter nur in Jesus Sirach 17,1-4 [κατ' εἰκόνα αὐτοῦ ἐποίησεν αὐτούς]) sowie im Buch der Weisheit 2,23 [ὅτι ὁ θεὸς ἔκτισεν τὸν ἄνθρωπον ἐπ' ἀφθαρσίᾳ, καὶ εἰκόνα τῆς ἰδίας ἐποίησεν αὐτόν]). Wo sie darauf zurückkommt, tut sie es in einer Weise, dass der anthropologische Gehalt entweder theologisch relativiert oder ethisch-moralisch uminterpretiert wird. Daran hält sich im Großen und Ganzen die gesamte jüdische, christliche und islamische Tradition. So gewinnt wiederum die *sensu stricto* auf den Menschen bezogene Aussage erst in der Zeit der europäischen Renaissance – Ende 15. Jahrhundert, Anfang 16. Jahrhundert – an Bedeutung, im selben Augenblick, in dem auch die Definitionen vom Menschen als freien und kreativen Wesen in dem Mittelpunkt des Interesses rücken (siehe dazu H. Schmidinger/C. Sedmak [Hg.], *Der Mensch – ein freies Wesen?*, Darmstadt 2004, 7 ff.; dies. [Hg.], *Der Mensch – ein kreatives Wesen?*, Darmstadt 2007, 12 ff.). Voraussetzung dafür ist Loslösung der anthropologischen Diskurse aus dem religiös-theologischen Bezugsrahmen, in dem sie bis dahin standen.

Worin bestand jedoch das Provozierende, welches der Rede vom Menschen als (Ab)Bild Gottes ausgerechnet in den theozentrischen Weltbildern des Altertums, des Mittelalters und der frühen Neuzeit – hinsichtlich ihres anthropologischen Gehalts – im Wege stand? Gemäß den Texten, die uns die Auseinandersetzungen um Gen 1,26 f. überliefern und dokumentieren, lag es im Wesentlichen bzw. immer wieder in vier Punkten:

(1) Die Aussage vom Menschen als (Ab)Bild Gottes bezieht sich im bibli-
     schen Text auf *jeden Menschen*, nicht auf einzelne und erhabene Menschen
     wie Pharaonen, Könige, Kaiser, Heilige, geistliche Würdenträger, Künstler
     oder Dichter, auch nicht auf Angehörige eines Volkes oder eines Glau-
     bens.

(2) (Ab)Bild Gottes sind Mann *und Frau* – „als Mann und Frau erschuf er
     sie" –, nicht allein der Mann, auch nicht die Frau in Subordination zum
     Mann, sondern Mann und Frau auf selber Ebene, in gleicher Würde vor
     Gott, welcher beide gleichermaßen als ihm ähnlich geschaffen hat.

(3) Gott als der schlechthin Unsichtbare, niemals Anschaubare, nie Geschau-
     te, macht sich *bildlich zugänglich*, indem er sich als Urbild eines Abbildes zu
     verstehen gibt, welches wiederum nicht göttliche Züge trägt, sondern als
     endliches Geschöpf das ganz Andere zu Gott ist.

(4) Der Mensch als (Ab)Bild Gottes unterscheidet sich nicht nur von Gott
     als seinem Urbild, er steht ihm nach biblischer Überzeugung auch *entgegen*,
     indem er sich an Gott *versündigt*, ja, durch sein „Nein" zu Gott den Zusam-
     menhang zwischen Ur- und Abbild erblich oder willentlich aufgekündigt
     hat.

Jeder dieser vier Punkte hat auf seine Weise und in unterschiedlich zeitlicher
Dichte sowohl die kulturell-gesellschaftlichen als auch theologisch-wissen-
schaftlichen Auseinandersetzungen bestimmt. Deshalb sei im Folgenden auf
jeden von ihnen näher eingegangen:

(Ab)Bild Gottes – jeder Mensch

Sowohl in den Hochkulturen Mesopotamiens als auch im alten Ägypten wur-
den Könige bzw. Pharaonen als Gottesbilder bzw. als (Ab)Bilder bestimmter
Götter betrachtet (vgl. Plutarch, *Themistocles* 27,4: εἰκὼν θεοῦ; in anderen griechischen Quellen εἰκὼν ζῶσα τοῦ Διός). Sie fungierten als Stellvertreter göttlicher
Instanzen und bezogen nicht zuletzt daraus ihre Herrschaftslegitimität. Ihre
Repräsentation des Göttlichen übertrug sich auf die Embleme, Statuen und
Bilder, die sie in ihren Palastanlagen sowie an bestimmten Orten ihrer Reiche
aufstellen und anbringen ließen. So wie sie selbst das Göttliche bzw. Götter
vergegenwärtigten, so taten dies die Denkmäler mit ihnen. In diesen waren sie
selbst und damit das von ihnen Repräsentierte anwesend. Was über das Kunst-
Werk-Verständnis dieser Zeiten besagt: Kunst-Werke dienten weniger der Abbildung oder Darstellung als vielmehr der Vertretung und Vergegenwärtigung
eines Dargestellten. Deshalb wurde ihnen kaum anders als den Herrschern
selbst religiöse Verehrung entgegengebracht, und es galt als Sakrileg, sich an
einem dieser Werke zu vergehen. (Vgl. K. Koch, *Imago Dei – Die Würde des Menschen im biblischen Text*, Hamburg 2000, bes. 13 ff.)

Weichten sich im Hellenismus und später während des römischen Imperi-
ums diese Vorstellungen auch auf, so setzten doch nach dem Tod Alexanders

des Großen unter den Königtümern der Diadochen da und dort Kulte ein, die den Herrschern als göttlichen Menschen oder gar als Göttern selbst galten (nachweislich bei Ptolemäern und Seleukiden; vgl. H. Willms, EIKΩN – *Eine begriffsgeschichtliche Untersuchung zum Platonismus*, Münster 1935, 41 ff.; H. Merki, 'ΟΜΟΙΩΣΙΣ ΘΕΩ – *Von der platonischen Angleichung an Gott zur Gottähnlichkeit bei Gregor von Nyssa*, Fribourg 1952, 71 f.; G. B. Ladner, *Der Bildbegriff bei den griechischen Vätern und der byzantinische Bilderstreit* [¹1953], in: L. Schaffzcyk [Hg.], *Der Mensch als Bild Gottes*, Darmstadt 1969, 144-193, hier 188 ff.). Der Kaiserkult in Rom sowie im ganzen römischen Reich steht in dieser Tradition, die wiederum an den Vorstellungen Assyriens, Babyloniens, Persiens und Ägyptens anschließt. Das Prädikat ‚göttlich' (θεῖος, *divus*) ging im Zuge dessen auch auf besondere Menschen wie Künstler und Dichter über, knüpfte in diesen Fällen allerdings nicht am speziellen (Ab)Bild-Topos an (vgl. L. Bieler, ΘΕΙΟΣ ANHP, *Das Bild des „göttlichen Menschen" in Spätantike und Frühchristentum*, Bd. II, Wien 1936, bes. 41-120). Dieser bleibt offensichtlich den Herrschern vorbehalten, was wiederum damit zusammenhängt, dass die überragende Besonderheit eines Menschen vorzugsweise mit dem Prädikat ‚königlich' belegt wurde. (Bei Platon sowie bei östlichen Kirchenvätern lassen sich dafür zahlreiche Belege finden). So galt auch noch in christlicher Zeit der Kaiser als Gottes Bild, Nachahmer und Statthalter. Eusebius von Caesarea apostrophiert Konstantin den Großen damit (*De vita Constantini* I 5), in seinem Gefolge tun es byzantinische Autoren bei oströmischen Kaisern (vgl. G. B. Ladner, a.a.O. 189-191). Vor diesem Hintergrund darf nicht zuletzt als bezeichnend gelten, dass auf vielen Christus-Bildnissen – bis tief ins Mittelalter hinein – Jesus mit kaiserlichen Insignien dargestellt ist. Dazu passt schließlich, dass wenigstens in der Frühzeit der christlichen Ära Bildnissen, welche einen Kaiser zeigen, ähnliche Verehrung entgegengebracht wird, wie sie etliche Jahrhunderte früher in Mesopotamien und Ägypten üblich gewesen sein muss. Dem gegenüber erscheint das spätere, bis ins 19. Jahrhundert in Anspruch genommene Gottesgnadentum im Zusammenhang mit der Legitimation jurisdiktioneller und politischer Gewalt nur noch als ferner Abglanz.

Bedenkt man diese viele Jahrhunderte während Geschichte, so wird die Provokation von Gen 1,26 f. sofort augenscheinlich: Was nur ganz wenigen, gesellschaftlich, politisch und religiös im Zentrum stehenden Menschen vorbehalten blieb, galt von diesem Text aus für jeden Menschen – egal welcher sozialen Stellung, egal welchen Geschlechts, egal welcher Kultur-, Volks- und Religionszugehörigkeit, egal sogar welcher physischen, psychischen und geistigen Integrität. Die damit verbundene Provokation steigerte sich noch dadurch, dass die Funktion eines Bildes nicht im Abbilden bzw. getreuen Darstellen gesehen wurde, sondern primär im Vertreten und Vergegenwärtigen. Dies bedeutete nichts Geringeres als dies, dass Gott in *jedem* Menschen anwesend ist, durch ihn repräsentiert wird und von ihm Vertretung erfährt.

Nicht zufällig kam schon im Frühjudentum die Ansicht auf, dass mit dem (Ab)Bild Gottes in Gen 1,26 f. weniger das einzelne menschliche Individuum gemeint sei, als vielmehr das ganze Volk Israel – eine Ansicht, die auch von christlichen Ekklesiologien rezipiert und auf die Kirche umgemünzt wurde (vgl. J. Jervell, *Imago Dei,* wie oben, 31 ff., 37 ff., 78 ff.). Dafür spricht, dass die beiden Schöpfungsberichte des Buches Genesis wohl in der Intention geschrieben sind, „die Entstehung der Volks- und Kultgemeinschaft Israels auf dem Sinai darzustellen", es in ihnen also „nicht nur um die Erschaffung der Welt und des Menschen [geht], sondern um die Voraussetzung für Israels Geschichte in der Schöpfung. Das Volk, das Jahwe anbetet, ist Gottes Stellvertreter oder Statthalter auf Erden; durch sein Bild erhebt Gott Anspruch auf die Welt als Eigentum." (J. Jervell, in: *Theologische Realenzyklopädie* Bd. VI, Berlin/New York 1980, Artikel *Bild Gottes,* 491–515, hier 492) Dem fügt sich an, dass die Tora, die nach jüdischer Theologie prominenteste und dichteste Form der Anwesenheit Gottes in seiner Schöpfung, in erster Linie dem Volk Israel gilt. Wer daher zu ihm gehört und die Weisungen der Tora befolgt, der wird, indem er an Israel als erstem (Ab)Bild Jahwes partizipiert, selbst (Ab)Bild Gottes. So nachvollziehbar diese Interpretation in exegetischer, theologischer und traditionsgeschichtlicher Hinsicht auch sein mag, sie stellt doch eine markante Entschärfung des überlieferten Bibeltextes Gen 1,26 f. dar, der ganz eindeutig den Menschen als jeweils Einzelnen, als Individuum und Person, im Blick hat.

Was weiters die europäisch-christliche Kulturgeschichte betrifft, so braucht nicht *in extenso* ausgeführt zu werden, wie lange es brauchte, bis die Vorgabe von Gen 1,26 f. Verwirklichung, besser wohl Annäherung fand. Die westliche Geschichte des Toleranzgedankens, damit verbunden die Geschichte der Anerkennung der Menschenwürde, im Gefolge auch der Menschenrechte belegt es hinlänglich. Wenn auch in den Grundtexten zur Forderung nach Toleranz nur selten explizit auf die Rede von der Gottebenbildlichkeit zurückgegriffen wird – eine markante Ausnahme stellt Bartolomé de las Casas (1484–1566) dar –, und philosophische bzw. naturrechtliche Argumente im Vordergrund standen (in Anschluss an Cicero und die römische Stoa), so gibt doch wenigstens die Überzeugung, dass Gott alle Menschen erschaffen hat, einen wesentlichen Argumentationsstrang vor, womit wiederum die Gottebenbildlichkeit angesichts der rundum bekannten Erzählung von der Erschaffung des Menschen, wie sie sich in der Genesis findet, impliziert ist. (Vgl. Th. Kobusch, *Die Entdeckung der Person. Metaphysik der Freiheit und modernes Menschenbild,* Freiburg 1993, erw. ²1997; H. Schmidinger, *Wege zur Toleranz. Geschichte einer europäischen Idee in Quellen,* Darmstadt 2002) Sehr wohl kommt die Gottebenbildlichkeit ausdrücklich überall dort zur Sprache, wo es darum geht, die inkommensurable Würde jedes Menschen zu begründen. Dabei rekurrieren viele Theologen der Spätantike, des Mittelalters und der Neuzeit bis herauf in die Gegenwart auf Gen 1,26 f. Dies blieb auch noch der Fall, als Immanuel Kant in den 80er Jahren des 18. Jahrhunderts – die Bemühungen der neuzeitlichen Philosophie und Rechtswissenschaft nach theologieunabhängiger Begründung der Menschenwürde resümierend – die Würde in der „Autonomie" des sittlichen Subjektes verankerte, welches „Zweck an sich selbst" ist und durch den unableitbaren „kategorischen Imperativ" dazu angehalten wird, jedem Menschen „Achtung" entgegen zu bringen. Jedenfalls wird man festhalten dürfen, dass die vollständige Einlösung des mit Gen 1,26 f. verbundenen Anspruches in gewisser Weise bis heute noch nicht erfolgt ist – wenigstens in kultureller, sozialer und politischer Hinsicht. Dies illustriert zusätzlich der oben genannte 2. Punkt, hinsichtlich dessen die Rede vom Menschen als (Ab)Bild Gottes eine Provokation darstellt.

(Ab)Bild Gottes – Mann und Frau

In den Kulturen, die sich in den drei monotheistischen Religionen zum Ausdruck bringen, herrschte das Patriarchat. (Vgl. zum Folgenden u.a. S. Heine, *Wiederkehr der Göttinnen? Zur systematischen Kritik einer feministischen Theologie*, Göttingen ²1989) Die Frau war grundsätzlich dem Mann untertan und wurde fast ausschließlich über ihn definiert. Mit dieser Definierung, die immer auch eine Selbstdefinierung der Frauen war, ging zugleich und in vielfältiger Hinsicht eine Minderbewertung des weiblichen Geschlechts einher. Die Frau konnte deshalb nicht im selben Sinne wie der Mann (Ab)Bild Gottes sein – allenfalls indirekt über den Mann, jedoch nicht für sich. Eine Unterstützung für diese Einstellung bot bereits das Buch Genesis selbst. Im so genannten „Zweiten Schöpfungsbericht" (Gen 2, 4-25) ist nicht nur von der Erschaffung des Menschen als (Ab)Bild Gottes keine explizite Rede mehr – vielmehr heißt es: „Dann bildete Jahwe Gott den Menschen aus Staub aus dem Erdboden und blies in seine Nase einen Lebenshauch. So wurde der Mensch ein lebendes Wesen." (V. 7) –, es wird auch ausdrücklich die Frau dem Mann entnommen: „Nun ließ Jahwe Gott einen Tiefschlaf über den Menschen [Adam] fallen, dass dieser einschlief, und nahm eine von seinen Rippen [...] Dann baute Jahwe Gott die Rippe, die er vom Menschen [Adam] genommen hatte, zu einem Weibe und führte es zum Menschen." (V. 21 f.)

Die jüdische Tradition akzentuierte in diesem Sinne die vorrangige Rolle Adams gegenüber seiner Frau Eva – sowohl in biblischen als auch in außerbiblischen Texten (vgl. J. Jervell, *Imago Dei*, wie oben, 96 ff., 161 ff.). Die göttliche Weisheit, ist in Buch *Weisheit* 10,1 f. zu lesen, „beschirmte den erstgebildeten Vater der Welt, als er allein erschaffen war [...]; sie verlieh ihm auch die Kraft alles allein zu beherrschen". Adam erhält daraufhin in der vor- und außerrabbinischen Literatur sogar überirdische Bedeutung. Dieselbe Subordination der Frau unter den Mann findet sich in der berühmt-berüchtigten Aussage des Apostels Paulus in dessen Erstem Korintherbrief (V. 11,7-9): „Der Mann braucht sich nämlich das Haupt nicht zu verhüllen, weil er Bild und Abglanz Gottes ist (εἰκὼν καὶ δόξα θεοῦ); die Frau dagegen Abglanz des Mannes (δόξα ἀνδρός). Der Mann ist nämlich nicht aus der Frau, sondern die Frau aus dem Manne. Auch wurde ja nicht der Mann um der Frau willen geschaffen, vielmehr die Frau um des Mannes willen." Wohl heißt es gleich im Anschluss – ganz im Sinne von Gen 1,26 f. – „Übrigens ist im Herrn (ἐν κυρίῳ) weder die Frau etwas ohne den Mann noch der Mann ohne die Frau [...] alles [...] ist aus Gott" (V.

11-12), traditionell wirksamer als diese wesentliche Ergänzung wurden jedoch die vorangegangenen Verse.

Dies belegt ein Blick in die christliche Theologiegeschichte. Hier lassen sowohl die Kirchenväter der Spätantike als auch die Theologen des Mittelalters durchaus Diskrepanzen in der Einschätzung erkennen, was wiederum dokumentiert, dass man sich der Brisanz des Themas sowohl in wissenschaftlicher als auch in gesellschaftlicher Hinsicht durchaus bewusst war. So gab es Theologen, die Gen 1,26 f. ernst nahmen und der Frau dieselbe Würde vor Gott zubilligten wie dem Mann, indem sie ihr vollständige Gottebenbildlichkeit zusprachen – aus verschiedenen Gründen, etwa dass auch zu ihrer Natur Vernunft (νοῦς, λόγος, *mens*) gehöre bzw. dass auch ihre Natur Voraussetzung für die übernatürliche Gnade Gottes sei (*capax Dei*). Augustinus beispielsweise differenzierte nicht mehr männliche und weibliche Seele, da er in jeder menschlichen Seele das Abbild der göttlichen Trinität erblickte. Faktisch, vor allem gesellschaftlich und kulturell, setzte sich aber doch durch, was Mitte des 12. Jahrhunderts das so genannte *Decretum Gratiani* (ca. 1140) im Anschluss an den aus der 2. Hälfte des 4. Jahrhundert stammenden *Ambrosiaster* nicht nur für die Kanonistik formulierte: „[…] *mulier non est facta ad imaginem Dei* – die Frau ist nicht geschaffen zum (Ab)Bild Gottes" (*Decreti secunda pars*, caput XIII, causa 35, quaestio 5; Editio E. Friedberg, Leipzig 1879, 1254).

Die Genesis-Aussage „Gott schuf den Menschen nach seinem Bilde, […] als Mann und Frau schuf er sie" enthält jedoch nicht nur in Richtung kulturell-gesellschaftlicher Stellung der Frau provokative Implikationen, sondern ebenso in theologischer, sprich in auf Gott selbst bezogener Hinsicht: Ein Abbild verweist allemal auf ein Urbild. Es sagt als Abbild notwendig etwas über das Urbild aus. Sind demnach Mann und Frau gleichermaßen Abbild Gottes, so muss Gott ebenso Frau wie Mann sein, jedenfalls auch eine weibliche Seite besitzen. In den heiligen Schriften gibt es keine einzige Stelle, die vermuten ließe, dass auch nur eine der drei monotheistischen, auf den Glauben Abrahams zurückgehenden Religionen diesen nahe liegenden Schluss gezogen hätte. Zwar gestehen sie Gott in gewissem Maß mütterliche Züge zu. So spricht beispielsweise Gott bei Deuterojesaja (Jes 46, 3 f.): „Höret auf mich […] die ihr von Mutterschoß an von mir getragen und von Geburt an gehegt worden seid"; oder bei Tritojesaja (Jes 66.13): „Wie einen seine Mutter tröstet, so will ich euch trösten". Im Buch Deuteronomium (V. 32,18) ist gar von Gott die Rede, „der dich geboren" hat (vgl. Buch Hiob 38, 8 f. 28 f.). Derartige Bilder kommen jedoch sowohl in der Bibel als auch im Koran nur selten vor. Dominierend bleib Gott der Mann, genauer, Gott der Vater (*Abba*). Dieser Vater hat in erster Linie Söhne, welche wiederum *primär* sein(e) Abbild(er) sind. Auf ihn als Urbild kann daher nur von den Männern geschlossen werden, niemals (ohne Umweg über den Mann) von der Frau her.

Bei all dem sei nicht übersehen, dass die Bibel – Altes und Neues Testament – Frauengestalten zeichnet, welche heilsgeschichtliche Rollen übernehmen und dadurch vorbildhaft im Glauben werden. Auch ist nicht zu verkennen, dass sich in der Bibel nachhaltige Anstöße zur Verbesserung der gesellschaftlich-rechtlichen Stellung der Frau neben dem Mann finden. (Vgl. u.a. W. Kirschläger, *Ehe und Ehescheidung im Neuen Testament*, Wien 1987) Oft erwähnt wird in diesem Zusammenhang die Haltung Jesu in der Frage der Ehescheidung: Während nach seinerzeitigem jüdischem Gesetz das Verstoßen der Frau durch den Mann mit bloßem Scheidebrief möglich war, stellt Jesus die Frau dem Mann gleich und hält fest: „Wer seine Frau entlässt [...] und eine andere heiratet, begeht Ehebruch" (Matthäus 19,9; Lukas 16,18). Trotzdem bleibt der normative Gehalt von Gen 1,26 f. auch darin, dass die Frau vor Gott nicht anders steht als der Mann, sowohl in der Bibel selbst als auch in den an ihr anschließenden religiösen Traditionen uneingelöst. Wie besonders heutige feministische Theologien zeigen, ist der Weg zu seiner geistigen, vor allem aber konkret gesellschaftlichen Einholung nach wie vor weit.

(Ab)Bild – Vergegenwärtigung des Bildlosen

Zeitlich nicht allzu weit entfernt von der Entstehungszeit des Schöpfungsberichtes kommt in den Dekalogsüberlieferungen der Bücher *Exodus* (20,4) und *Deuteronomium* (5,8) zu stehen: „Du sollst Dir kein geschnitztes Bild machen, kein Abbild machen von dem, was im Himmel droben oder unten auf der Erde oder im Wasser unter der Erde ist." Dass sich dieses Bilderverbot vor allem auf Gott selbst bezieht, ergibt sich aus den Versen davor und danach: „Ich bin Jahwe, dein Gott [...], Du sollst keine anderen Götter haben als mich [...] Du sollst dich nicht vor diesen Bildern niederwerfen und sie nicht verehren [...]" (Gen 4,2-5; Deut 5,7-9). Noch deutlicher wird Dtn 4,15-20, wo Gott sein Volk wissen lässt: „Nun nehmt euch – bei eurem Leben! – gar sehr in acht, da ihr ja damals, als Jahwe am Horeb mitten aus dem Feuer heraus zu euch redete, keinerlei Gestalt wahrgenommen habt, dass ihr euch nicht in verwerflichem Tun ein Gottesbild in Gestalt irgendeiner Figur anfertigt, sei es die Darstellung eines männlichen oder weiblichen Wesens, die Darstellung irgendeines Tieres auf Erden [...]"

Aus diesen Texten spricht noch nicht die gut zwei Jahrhunderte später einsetzende philosophische Reflexion, die – beginnend bei Xenophanes (ca. 570 – ca. 475 v.Chr.; vgl. *Fragment* DK 21 B 15) – erstmals auf die Gefahr des Anthropomorphismus im Zusammenhang mit der Vorstellung der Götter aufmerksam macht. Zudem enthalten sie noch keine Spur von der Grundüberzeugung der nachmaligen negativen Theologien, wonach Gott absolut transzendent, d.h. in jeder Hinsicht inkommensurabel, sprich, prinzipiell weder fassbar noch vorstellbar ist; nicht einmal das wissende Nichtwissen des Sokrates klingt an, gemäß dem weise in „göttlichen Dingen" ist, wer weiß, dass er von Gott nichts weiß (Platon, *Apologie* 23 a-b; *Kratylos* 400 d). Vielmehr steht die Abgrenzung von den polytheistischen Religionen im Gebiet und Umfeld des alten Kanaans im Vordergrund, in welchen offensichtlich die Verehrung von Bildern, Statuen und Emblemen eine große Rolle spielte. Diese werden vor allem von den Propheten, aber ebenso von den nachexilischen Autoren als „Götzen" entlarvt. Die vor ihnen stattfindenden Kulte sind daher „Götzendienste", und die Gottheiten, die in ihnen vergegenwärtigt sein sollen, erscheinen als reine „Wahngebilde": „Ein Nichts sind sie, ein lächerliches Machwerk" (Jeremias 10,15, vgl. Psalm 96,5; Jesaja 2,18 u.ö.). So steht das Bilderverbot der Bibel in erster Linie im Dienste der Durchsetzung des Monotheismus, der sich in Israel erst unter dem Einfluss der großen Propheten Jesajas, Jeremias und Ezechiel, zwischen Mitte des 8. und Mitte des 6. vorchristlichen Jahrhunderts, endgültig etabliert.

Wenn nun aber diesem einen Gott ein Bild weder entsprechen kann noch darf, wenn anders gesagt von ihm kein Abbild möglich ist, weil Gott niemals als Urbild eines Abbildes fungiert, wenn sich schließlich Bildverbot und Einsicht in die prinzipielle Nichterkennbarkeit Gottes gegenseitig ergänzen, was bedeutet dies dann für die Aussage von Gen 1,26 f.? Inwiefern kann sie trotzdem weiter gelten? Was lässt – philosophisch gesprochen – den theologischen und anthropologischen Gehalt der Aussage gleichzeitig bestehen? Der Koran nennt konsequenterweise den Mensch nicht (Ab)Bild, sondern „Statthalter" bzw. „Kalif" Gottes (Sure 2, 30; vgl. den Beitrag von K.-J. Kuschel, *Der Mensch – Abbild oder Statthalter Gottes? Konsequenzen für Juden, Christen und Muslime*, in diesem Band 47-60; siehe auch H. Belting, *Florenz und Bagdad*, München 2008, 67-98). Dagegen werden sowohl in jüdischer als auch in christlicher Tradition im Wesentlichen zwei Wege beschritten, um das Dilemma zu lösen:

Der *eine* bestand darin, die Aussage vom Menschen als Bild Gottes nicht mehr deskriptiv, sondern *normativ* zu verstehen. „Gott schuf den Menschen nach seinem Bilde" bedeutet dann weniger, dass Gott im/am Menschen sichtbar und gegenwärtig ist, sondern vielmehr, dass der Mensch durch Gott als dem Herrn von „Himmel und Erde" zum Herrscher über die Erde eingesetzt sei – ganz im Sinne von Gen 1,28: „[…] erfüllet die Erde und macht sie euch untertan" – und deshalb dieser Funktion nachzukommen *habe* bzw. die Herrschaft antreten *solle*. Herrscher sein wie Gott, sprich, die Herrschaft Gottes über die Erde stellvertretend auszuüben, vermag der Mensch wiederum nur dadurch, dass er sich nach Gottes Willen, Wort und Gesetz verhält. (Ab)Bild Gottes ist der Mensch demnach nicht von Hause aus, *per se* und sozusagen jedenfalls, sondern nur unter der Voraussetzung, dass er es am Ende seines Weges *wird*, indem er sich gemäß der von Gott eingesetzten Gebote und Weisungen verhält. Was dann im Bild zur Sichtbarkeit und Gegenwärtigkeit gelangt, ist nicht Gott im „figürlichen" Gegenüber, von Angesicht zu Angesicht, sondern Gott als sein Wort, Gesetz und Wille, inkarniert in einem Menschen bzw. im „Volk Gottes". (Vgl. J. Jervell, *Imago Dei*, wie oben, 26 ff., 84 ff., 197 ff.)

Der *andere* Weg, der sowohl von jüdischer als auch christlicher Seite verfolgt wurde, zielt darauf, dass gewissermaßen durch Gott selbst der Abgrund zwischen Transzendenz und Immanenz, zwischen dem Jenseits aller Bilder und sämtlicher (endlicher) Urbild-Abbild-Relationen, zwischen Gott und Welt, zwischen Gott und Mensch überbrückt wird. Dies wiederum kann nur dadurch geschehen, dass in Gott selbst eine „Ent-Äußerung" vorhanden ist, eine *Selbst*mitteilung, die auf der einen Seite mit ihm identisch bleibt, auf der anderen Seite auch die Verbindung zwischen ihm selbst und dem, was außerhalb von ihm ist – die Schöpfung, die Welt, die Menschheit –, schafft. Zu dieser Zwischeninstanz ist ein (Ab)Bild möglich, ohne dass deshalb die unüberbrückbare Distanz zu Gott negiert wird. Im Judentum übernahm diese Funktion in erster Linie das Wort Jahwes in der Tora, im Gesetz – womit sich gut der zuvor genannte Gedanke verbinden ließ, dass die Ebenbildlichkeit des Menschen zu Gott durch die Erfüllung der Gebote und Weisungen desselben erst im Entstehen sei. (Vgl. J. Jervell, *Imago Dei,* wie oben, 37-50) Die biblische Weisheitsliteratur setzte an die Stelle der Tora die „Weisheit" als „ein[en] Abglanz des ewigen Lichtes und ein[en] makellosen Spiegel des Wirkens Gottes und ein Abbild seiner Güte" (Weish 7,26). In der aus jüdischen, hellenistischen und orientalischen Weisheitslehren synkretisierten Gnosis, vor allem aber in den philosophischen Theologie Philons von Alexandrien (20/10 v.C.–45 n.C. [?]) tritt zu Tora und Weisheit der göttliche Logos (Λόγος) – das göttliche Wort – hinzu, das Abbild Gottes schlechthin, auf welches der Mensch durch seinen Geist bezogen ist und über das er durch pneumatische Angleichung bis hin zur mystischen Schau des bildlosen Gottes gelangen kann. (Vgl. J. Jervell, *Imago Dei,* wie oben, 52-70; ebenso H. Willms, ΕΙΚΩΝ, wie oben, 35ff., 53-112) Für das Neue Testament und für das Christentum ist sodann Christus als das „Wort" (Λόγος), das schon im Anfang bei Gott war und Gott selbst war (Johannes 1,1-3), das einzig wahre Bild Gottes: „Er ist das Bild des unsichtbaren Gottes (ὅς ἐστιν εἰκὼν τοῦ θεοῦ τοῦ ἀοράτου), der Erstgeborene vor aller Schöpfung." (Kol 1,15-17; vgl. Eph 1,3.9-10. Als zunächst alleiniges „Bild Gottes" (2 Kor 4,4: ὅς ἐστιν εἰκὼν τοῦ θεοῦ; Hebr 1,3: ὅς ὢν ἀπαύγασμα τῆς δόξης καὶ χαρακτὴρ τῆς ὑποστάσεως αὐτοῦ) ist Christus dadurch beglaubigt, dass „er, der in Gottesgestalt war (ὃς ἐν μορφῇ θεοῦ ὑπάρχων), das Gottgleichsein (τὸ εἶναι ἴσα θεῷ) nicht als Beutestück erachtete; sondern sich selbst entäußerte, Knechtsgestalt annahm und den Menschen gleich ward (ἐν ὁμοιώματι ἀνθρώπων)" (Phil 2,6 f.). Er gibt daher für jeden Menschen, der (Ab)Bild Gottes sein will, das Maß ab. Will umgekehrt ein Mensch (Ab)Bild Gottes sein, muss er Christus „gleichförmig (σύμμορφος)" (Röm 8,29) werden und damit den neuen Menschen „anziehen (Χριστὸν ἐνεδύσασθε)" (Gal 3,27) – womit wieder der paränetisch-ethische Zusammenhang hergestellt ist. Im Islam schließlich übernimmt das Buch des Koran dieselbe Mittlerfunktion zwischen Gott und Mensch. Was im Christentum „Inkarnation" ist, wird hier „Inlibration": „Gottes Wort verkörpert sich […] in einem Buch, welches der Koran ist. Man kann […] sage[n], dass im Islam der Koran den Platz einnimmt, den im Christentum Jesus besetzt: Er ist die Offenbarung des Wortes." (H. Belting, wie oben, 83)

Exkursorisch sei an dieser Stelle daran erinnert, dass sich der große Bilderstreit zwischen 726 und 843, der sich überwiegend im oströmischen Reich abspielte, spezifisch auf Christus bezog, nur ganz indirekt auf die Frage, ob der Mensch als solcher (Ab)Bild Gottes sein könne. (Vgl. u.a. F. W. Graf, *Miss-*

brauchte Götter. Zum Menschenbilderstreit in der Moderne, München 2009, 120 ff.) Problematisiert wurde also dessen Vermittlerrolle zwischen dem nicht darstellbaren Gott und dem sich in Bildern ausdrückenden Menschen. Zur Debatte stand dadurch nichts Geringeres als die heilsgeschichtliche Rolle Jesu, letztlich die Frage nach dem Verständnis der Inkarnation Gottes. Entsprechend der dogmatischen Brisanz dieses Zusammenhanges lösten die involvierten Theologen – allen voran Johannes von Damaskus (um 650 – [vor] 754) – das Problem weniger im Rückgriff auf die einschlägigen Stellen im Neuen Testament als vielmehr in Anknüpfung an die Dokumente der ökumenischen Konzilien von Nicäa und Chalkedon. Letzteres (abgehalten von Oktober bis November 451) hielt bekanntlich lehramtlich fest: „[…] ein und derselbe ist Christus, der einziggeborene Sohn und Herr, der in zwei Naturen unvermischt, unveränderlich, ungetrennt und unteilbar erkannt wird, wobei nirgends wegen der Einigung der Unterschied der Naturen aufgehoben ist, vielmehr die Eigentümlichkeit jeder der beiden Naturen gewahrt bleibt und sich in einer Person und einer Hypostase vereinigt […]" (*Enchiridion symbolorum definitionum et declarationum re rebus fidei et morum*, hg. H. Denzinger/P. Hünermann, Freiburg [37]1991, Nr. 302). Christus, das „wahre Bild" und „Antlitz" Gottes, wird damit nicht allein zur Bedingung der Möglichkeit christlicher Kunst, vor allem der Abbildung seiner selbst als Vergegenwärtigung des unsichtbaren Gottes – „wer mich gesehen hat, hat den Vater gesehen (ὁ ἑωρακὼς ἐμὲ ἑώρακεν τὸν πατέρα)" (Joh 14,9) –, sondern zugleich die transzendentale Voraussetzung für die Erfüllung des Menschseins im Abbild-Sein Gottes (Röm 8,29 f.).

Weil sie oft nicht berücksichtigt werden, seien noch zwei weitere Möglichkeiten genannt, wie sich die unüberbrückbare Diskrepanz zwischen dem bildlosen Gott und seinem menschlichen (Ab)Bild bewältigen lässt. Die eine findet sich in der jüdischen Mystik, vorwiegend in der Kabbala. In ihr wird zunächst – im Anschluss an die neuplatonische Lehre von der Emanation – ebenfalls davon ausgegangen, dass alles, was der Mensch von dem gestaltlosen transzendenten Gott sagen, wissen oder gar schauen kann, ausschließlich auf dessen Selbstentäußerung beruht – auf seinem Namen, auf der Tora, auf der Schöpfung. Da nun eine derartige Selbstentäußerung stattgefunden hat, muss es nach kabbalistischer Überzeugung so etwas wie eine mystisch schaubare Gestalt des Gestaltlosen geben. (G. Scholem, *Von der mystischen Gestalt der Gottheit* [1932], Frankfurt 1977, bes. 7-48) Dieser entspricht nun auf der Seite des Menschen eine präexistente, paradiesische, „ur-menschliche" Form desselben. Sie wird nicht nur im Sohar, sondern in mehreren Quellen der kabbalistischen Mystik mit jenem Bild (hebräisch *schäläm*) gleichgesetzt, in dem Gott nach Gen 1,26 f. den Menschen geschaffen hat (ebd. 249-271). Nach diesem Bild wiederum, welches an die platonische Idee vom Menschen erinnern könnte, würde es nicht auf die Individualität des Einzelnen hinzielen, ist jeder Mensch gezeugt und bis zu seinem Tod im Leben gehalten. In ihm ruht auch das ideale Selbstsein des Menschen, das mystisch erfahren werden kann. Nicht zuletzt impliziert es eine Körperlichkeit, freilich keine irdische, sondern eine Art von paradiesischem

Äther- oder Astralleib. Die (Ab)Bildhaftigkeit des einzelnen Menschen liegt nach diesem Modell somit weniger in dem, was dieser in seiner konkreten Existenz ist, als vielmehr in dem, woran er partizipiert. Dieses mystisch schaubare Ur- bzw. Vorbild seiner selbst ist schließlich das wahre (Ab)Bild dessen, der sich im Selbstentäußerungsprozess des Erschaffens desselben Gestalt gegeben und dadurch (ab)bildbar gemacht hat.

In der christlichen Theologie des späten Mittelalters gewinnt noch einmal eine alte, auf die stoische und neuplatonische Philosophie zurückgehende Vorstellung an Boden, die freilich jetzt eine ganz neue Interpretation erfährt. Sie findet sich klassisch formuliert bei Meister Eckhart (ca. 1260–1328), dem Philosophen und Theologen zur Zeit, als die Päpste ins Exil nach Avignon gingen, neben und nach ihm aber auch in der so genannten deutschen Mystik. Besagte Vorstellung formt den stoischen Gedanken, dass sich der vernunfthafte und göttliche Geist (λόγος, πνεῦμα, νοῦς), welcher den gesamten Kosmos, alles Sein, bedingt und sich in ihm gestaltet, samenartig (σπερματικός) bzw. lichtfunkenhaft (πυρώδης) in jeder menschlichen Seele (ψυχή) enthalten ist, *um* in eine Aussage über die Inkarnation Gottes in jedem Menschen. Sie erblickt in anderen Worten die Menschwerdung Gottes nicht mehr ausschließlich in dem einen Christus Jesus am Wendepunkt der Zeitrechnung, sondern in prinzipiell jedem Menschen. Gott wird somit nicht nur einmal in der Geschichte geboren, sondern gebiert sich in der Seele jedes Einzelnen und bleibt in einem „Seelenfünklein" in ihm anwesend. („[…] dies Fünklein [*vünkelin*] ist Gott so verwandt, dass es ein einiges Eines ist, unterschiedslos, das doch die Urbilder aller Kreaturen in sich trägt, bildlose und überbildliche Urbilder." [*Predigt 22*, in: Meister Eckhart, *Werke in 2 Bänden,* Bd. I, Frankfurt 1993, 258 f.] Auf diese Weise ist nicht mehr allein Christus das Abbild Gottes und der einzelne Mensch indirekt über ihn, indem er ihn nachahmt und sich ihm gleichgestaltig macht. Vielmehr bildet sich jetzt Gott in jedem Menschen ein. Dadurch ist jeder Einzelne von Hause aus (Ab)Bild Gottes. Die Überbrückung zwischen Transzendenz und Immanenz findet demnach in jeder Seele statt, ja hat immer schon stattgefunden, sobald ein Mensch da ist. „Dieses Bild [der Seele] ist der Sohn des Vaters, und dieses Bild bin ich selbst, und dieses Bild ist die Weisheit." Lateinisch: *Ista ymago est filius patris, et ista imago sum ego. Illa ymago est sapientia patris et illa sum ego ymago.* (*Predigt 16A*, a.a.O. 184 f.) „[…] dies hat Gott sich allein vorbehalten, dass, worein immer er sich erbildet, er seine Natur und alles, was er ist und aufzubieten vermag, gänzlich darein unwillkürlich erbildet. […] Ihr sollt wissen, dass das einfaltige göttliche Bild, das der Seele eingedrückt ist im Innersten der Natur [*in dem innigesten der natûre*], unvermittelt empfangen wird; und das Innerlichste und das Edelste, das in der göttlichen Natur ist, das erbildet sich ganz eigentlich in das Bild der Seele […] Hier ist Gott vermittelt in dem Bilde, und das Bild ist unvermittelt in Gott. […] Dies ist ein natürliches Bild Gottes [*diz ist ein natiurlich bilde gotes*], das Gott in alle Seelen naturhaft eingedrückt hat." (*Predigt 16B*, ebd. 188-191)

(Ab)Bild – heilsgeschichtlich dynamisiert

Wenn der Mensch nicht so sehr (Ab)Bild Gottes *ist* als vielmehr (Ab)Bild Gottes *wird*, dann ist nicht alleine eine Spannung bzw. Entwicklung angesprochen, die sich im Leben des einzelnen Menschen abspielt, sondern ebenso eine dramatische Dynamik, die in der Geschichte als ganzer gegeben ist. Nach biblischer Überzeugung ist diese Dynamik in erster Linie von Gott selbst ausgelöst, der sein Schöpfungswerk durch die ganze Geschichte hindurch einer Vollendung zuführt, so dass der Prozess vom Anfang bis zum Ende der Welt von einem anhaltenden Handeln Gottes bestimmt ist und demnach eine heilsgeschichtliche Einheit darstellt, in der Anfang und Ende nicht voneinander zu trennen sind. Selbige Dynamik wird für die Bibel aber ebenso nachhaltig von der Sünde des Menschen beeinflusst. Diese wiederum besteht nicht so sehr aus einzelnen Verfehlungen, als vielmehr aus der Entscheidung des Menschen, dem ihm von Gott zugedachten Wesen, nämlich (Ab)Bild seines Schöpfers zu sein, abzuschwören und sich sozusagen nach eigenem, letztlich gegen Gott gerichteten Bild zu gestalten. Die Frage, die sich damit bereits für die biblischen Autoren, in der Folge aber auch für die jüdische und christliche Theologie bis in die Gegenwart herauf stellt, liegt auf der Hand: Bedeutet die Sünde den Verlust der Gottebenbildlichkeit? Geht mir ihr eine Zerstörung des göttlichen Schöpfungswerkes bzw. eine Umkehrung des göttlichen Schöpfungswillens – was wenigstens den Menschen betrifft – einher? Kann Letzteres nicht angenommen werden, da dies einer Infragestellung von Gott selbst gleichkäme, so bleibt jedenfalls die provozierende Frage, wie der Mensch in Gen 1,26 f. (Ab)Bild genannt werden kann, wenn er dies entweder verwirkt hat bzw. es gar nicht sein will.

Der Apostel Paulus entwirft in der zweiten Gruppe seiner (Ab)Bild-Aussagen über den Menschen im 8. Kapitel seines Römerbriefes sowie im 15. Kapitel seines Ersten Korintherbriefes einen heilsgeschichtlichen Zusammenhang. Für ihn erfüllt sich Gen 1,26 f., dass der Mensch (Ab)Bild Gottes ist, nur noch dank der gnadenhaften Erlösungstat Gottes im Sterben Christi. Ohne sie bliebe der Mensch ein „Bild des Irdischen", d.h. ein Abbild Adams, des „Ersten Menschen" (ὁ πρῶτος ἄνθρωπος), der nicht nur „von der Erde stammt (ἐκ γῆς χοϊκός) und Erde ist" (1 Kor 15, 42 ff.), sondern durch seine Urtat „die Sünde in die Welt" gebracht hat ([…] δι' ἑνὸς ἀνθρώπου ἡ ἁμαρτία εἰς κόσμον εἰσῆλθεν [Röm 5, 12 ff.]), mit der Sünde auch alles Heillose und den Tod. In Christus, dem neuen Adam, dem „Erstgeborenen von den Toten", setzt die Schöpfung des Menschen neu an. Deshalb ist zuerst und ausschließlich *er* das „(Ab)Bild Gottes". Jeder andere Mensch wird dazu nur insofern, als er an „Wesen und Gestalt" Christi teilhat (Röm 8,29: […] προώρισεν συμμόρφους τῆς εἰκόνος τοῦ υἱοῦ αὐτοῦ, εἰς τὸ εἶναι αὐτὸν πρωτότοκον) und dadurch am „überirdischen" und „himmlischen" Menschsein desselben partizipiert: „Wie wir nach dem Bild des Irdischen gestaltet wurden, so werden wir auch nach dem Bild des Himmlischen gestaltet werden (καὶ καθὼς ἐφορέσαμεν τὴν εἰκόνα τοῦ χοϊκοῦ, φορέσομεν καὶ τὴν εἰκόνα τοῦ ἐπουρανίου)" (1 Kor 15,49). Dies wiederum gilt schon jetzt, im irdischen Leben, mehr noch im Leben, das den Tod nicht mehr kennt. Bei Paulus also ein dynamisches, heilsgeschichtliches Verständnis der anthropologischen Aussage von Gen 1,26 f., gemäß dem die Abbildhaftigkeit des Menschen zwar nie abhanden kommt, jedoch der Verwandlung bedurfte bzw. bedarf, um sich nicht im „Irdischen" und Todbringenden zu erschöpfen, sondern dem ursprünglichen Schöpfungsplan zu entsprechen. (Vgl. J. Jervell, *Imago Dei,* wie oben, 256-283)

Die Kirchenväter der Spätantike knüpfen an dieser Sichtweise an. Irenäus von Lyon (2. Jahrhuundert) und Tertullian (um 160 – nach 220) führen dabei die Unterscheidung von εἰκών/*imago* (Bild) und ὁμοίωσις/*similitudo* (Ähnlichkeit) ein. (Vgl. u.a. S. Otto, *Der Mensch als Bild Gottes bei Tertullian* [¹1959] in L. Scheffczyk, *Der Mensch* …, wie oben, 133-143) *(Ab)Bild* wäre danach die von Gott gewollte Natur des Menschen, das ursprüngliche, sozusagen von Hause aus zugesprochene Wesen jedes Menschen; *Ähnlichkeit* hingegen bezöge sich auf das, was der Mensch aufgrund seiner Natur und seines Wesens werden *soll* bzw. dank der Erlösungstat Christi werden *kann*, sozusagen die übernatürliche Erhöhung dessen, was in der Natur grundgelegt, jedoch nur über das Bild Gottes schlechthin, über Christus, Verwirklichung findet. Theologen – christliche wie jüdische –, die sich auf den hebräischen Text der Bibel beziehen, sehen sich in dieser Unterscheidung dadurch bestätigt, dass das im Genesistext 1,26 f. dreimal verwendete Wort ‚(Ab)Bild' auf zwei verschiedene hebräische Wörter, nämlich *schäläm* und *d'mût* zurückgeht, die freilich „austauschbar" und „fast bedeutungsgleich" (J. Jervell) verwendet werden. Ausschlaggebend für die Interpretation derselben wird jedoch nicht die exegetische Analyse des Bibeltextes als vielmehr ihre Verknüpfung mit der theologischen Verhältnisbestimmung von Natur und Gnade. Deshalb tritt von der spätantiken Patristik an die Auseinandersetzung um die Gottebenbildlichkeit des Menschen überwiegend im Rahmen dieses großen Themas der christlichen Theologie auf – bis in die Gegenwart. Je nachdem, wie vor allem die Bewertung der Natur im heilsgeschichtlichen Zusammenhang ausfiel – als durch den Sündenfall völlig zerstört oder als bleibend gegeben und prinzipiell auf die Gnade hin disponiert –, wurde die menschliche Abbildhaftigkeit mehr bei der Natur bzw. bei der Schöpfung am Anfang oder aber bei der Gnade bzw. bei der Erlösung am Ende (im Eschaton) angesetzt. Die unterschiedliche Einschätzung markiert eine der zentralen Bruchlinien zwischen evangelischer und katholischer Theologie seit der Reformationszeit bzw. seit dem Konzil von Trient. (Vgl. u.a. F. W. Graf, *Missbrauchte Götter,* wie oben, 90 ff.) Während die meisten Reformatoren der Natur wegen der Sünde nichts mehr zutrauten, sie vielmehr als ontologisch unheilbar betrachteten, sahen die katholischen Theologen die Natur trotz der Sünde als unabdingbare Voraussetzung für die Gnade an. Das Prinzip *sola gratia* (nur die Gnade) auf reformatorischer Seite stand dem Prinzip *gratia non destruit, sed supponit et perficit naturam* (die Gnade zerstört die Natur nicht, sondern setzt sie voraus und vollendet sie) auf katholischer Seite gegenüber. Überspitzt könnte man sagen: Evangelischerseits wurde ὁμοίωσις/*similitudo* (die Ähnlichkeit), katholischerseits hingegen εἰκών/*imago* (das Bild) akzentuiert. Nur der Vollständigkeit halber sei erwähnt, dass diese Kontroverse auch quer zu den konfessionellen Theologien zu finden ist: Was sich an Problemen innerhalb der katholischen Theologie in den Debatten um die sogenannte „Stockwerk-Theologie" der Barock- und Neuscholastik, sprich, um den Versuch ergab, die Gnade als etwas der Natur Äußerliches und bloß Hinzukommendes zu betrachten, das fand sich in analoger Form unter evangelischen Theologen in der Auseinandersetzungen um die Dialektische Theologie bzw. in den Kontroversen um den sogenannten „Anknüpfungspunkt" des Heilsgeschehens in der Vernunft- und Freiheitsnatur des Menschen.

(Ab)Bild – platonisch, aristotelisch, neuplatonisch

Man mag sich fragen, warum die Definition vom Menschen als (Ab)Bild Gottes trotz des provokativen Gehalts, der ihr nicht nur religiös-theologisch, sondern auch kulturell-gesellschaftlich anhaftete, sich dermaßen durchsetzen konnte, dass sie – jedenfalls in der europäisch-westlichen Hemisphäre – vermutlich zur nachhaltigsten Aussage über den Menschen überhaupt avancierte. Dafür trägt sicherlich der provokative Gehalt selbst einen Anteil. Ein „pro-vozierender" Gedanke, wenn er noch dazu am Beginn einer heiligen, von Gott inspirierten Schrift steht und einen fundamentalen Zusammenhang betrifft, kann kaum anders als ins Auge zu stechen und zur geistigen Aufarbeitung herauszufordern. In welchem Ausmaß dies vor allem innertheologisch der Fall war, ist soeben dargelegt worden. Hier muss nun ein weiterer Faktor in den Blick genommen werden, der für die Geschichte der Definition eine nicht weniger große Bedeutung besaß: Alle drei monotheistischen Religionen fanden beim Aufbau ihrer – auf die Relationen von Urbild und Abbild setzenden – Weltbilder ausschlaggebenden Rückhalt in der antiken Philosophie. Diese hatte – weitgehend unbeeinflusst von dem, was in der Bibel sowie im jüdischen und gnostischen Schrifttum des Hellenismus zu stehen kam – vor allem in den Philosophien von Platon, Aristoteles und Plotin philosophische Systeme entwickelt, die den religiösen Überzeugungen geradezu entgegenkamen, sich jedenfalls zur Explizierung und Systematisierung der Glaubenswelten gut eigneten und so nicht nur leicht integrieren, sondern auch zur Bestätigung der Harmonie von Glaube und Vernunft ideal heranziehen ließen.

Gewiss findet sich in den überlieferten Schriften von Platon (427–347 v.Chr.), Aristoteles (384–322 v.Chr.) oder Plotin (205–270) an keiner einzigen Stelle eine anthropologische Aussage über die (Ab)Bildhaftigkeit des Menschen im Gegenüber zu Gott. (Von Platon behauptet es freilich Lukian [2. Jh. n.Chr.]: εἰκόνα θεοῦ τὸν ἄνθρωπον εἶναι [*Pro imaginibus* 28], von Diogenes von Sinope [4. Jh. v.Chr.] wiederum Diogenes Laertios [Mitte 3. Jh. n.Chr.]: τοὺς ἀγαθοὺς ἄνδρας θεῶν εἰκόνας εἶναι [VI 2,51]. Analoges findet sich bei Cicero [106–43 v.Chr.]: „est igitur homini cum deo similitudo" [*De legibus* I 25].) Sehr wohl liest man aber schon bei Platon, dass die Welt als Ganzes ein einziges Abbild einer ideellen Überwelt sei und alles, was in ihr enthalten und der menschlichen Erkenntnis zugänglich ist, Abbild eines Vor- bzw. Urbildes (παράδειγμα) sei. Dies wiederum steht nicht in irgendeinem seiner Dialoge, sondern bezeichnenderweise im *Timaios*, in jenem platonischen Dialog, der bis zur Wiederentdeckung des gesamten *Corpus platonicum* am Beginn der Renaissance wie kein anderes Werk Platons verbreitet und gelesen wurde, weil er dessen Theorie über die Erschaffung der Welt – damit auch jene des Menschen – enthält. Nach dieser Theorie wurde der ganze Kosmos durch einen Demiurgen (δημιουργός) geformt und gestaltet, der sich bei seinem schaffenden Tun als Vorbild die Überwelt der himmlischen, ewigen, keinem Wandel unterliegenden Ideen (εἴδη, ἰδέαι) gewählt haben musste. Denn für Platon „ist es durchaus notwenig, dass diese Welt von etwas ein Abbild sei (πᾶσα ἀνάγκη τόνδε τὸν κόσμον εἰκόνα τινὸς εἶναι)" (29 b; vgl. 92 c). „Ist [...] [nämlich] diese Welt schön und ihr Werkmeister gut, dann war offenbar sein Blick auf das Unvergängliche gerichtet (πρὸς ἀίδιον ἔβλεπεν); [...] denn sie (die Welt) ist das Schönste unter dem Gewordenen, er der Beste unter den Ursachen (ὁ δ' ἄριστος τῶν αἰτίων)." (29 a) Als in der Spätantike – prominent bei Augustinus – die Ideen nicht mehr als selbständige ontologische Entitäten, sondern als Gedanken im Geist des schöpferischen Gottes betrachtet wurden, konnte jüdische und christliche Theologie an Texten wie dem zitierten bruchlos anschließen und sich das platonische Urbild-Abbild-Gerüst im eigenen monotheistischen Weltbild zu eigen machen.

Platon kam den theologischen Denkern aber noch in einem weiteren Punkt entgegen. Wie bereits ausgeführt wurde sowohl durch jüdische als auch durch christliche Autoren die Rede vom Menschen als (Ab)Bild Gottes in Gen 1,26 f. ethisch verstanden und in einen paränetischen Kontext gestellt. Das wissenschaftliche Pendant findet sich dort, wo Platon über das Ziel des menschlichen, vor allem philosophischen, sprich geistig-asketischen Lebens reflektiert. Hier besteht für ihn kein Zweifel darüber, dass dieses nur darin liegen kann, die Welt der bloßen Abbilder, der Schatten und des (durch die Sinne erzeugten) Scheins zurückzulassen, den Blick – wie der Demiurg – auf das Unveränderliche, Ewige, einzig Wahre und Göttliche zu richten und diesem in der eigenen Existenz immer mehr zu entsprechen. Letzteres nennt Platon eine „Verähnlichung mit Gott" (ὁμοίωσις θεῷ): „Welches Tun ist nun dem Gotte lieb und folgt ihm nach? Nur eines, das auch einen einzigen alten Spruch auf seiner Seite hat, dass nämlich das Ähnliche dem Ähnlichen (τῷ μὲν ὁμοίῳ τὸ ὅμοιον), wenn es Maß hält, lieb ist [...] Die Gottheit dürfte nun für uns am ehesten das Maß aller Dinge sein (ὁ δὴ θεὸς ἡμῖν πάντων χρημάτων μέτρον ἂν εἴη μάλιστα), und dies weit mehr als etwa, wie manche sagen, irgend so ein Mensch (τις [...] ἄνθρωπος). Wer also einem solchen Wesen lieb und teuer werden will, der muss notwendig, soweit er es vermag, möglichst selber zu einem solchen werden (καὶ αὐτὸν τοιοῦτον ἀναγκαῖον γίγνεσθαι), und so ist nach diesem Grundsatz der ‚Weise' unter uns dem Gotte lieb, denn er ist ihm ähnlich (ὁ μὲν σώφρων ἡμῶν θεῷ φίλος, ὅμοιος γάρ) [...]" (*Nomoi* 716 c-d) „Deshalb muss man auch trachten, von hier dorthin zu entfliehen […] Der Weg dazu ist die Verähnlichung mit Gott (ὁμοίωσις θεῷ), so weit als möglich; und diese Verähnlichung (ὁμοίωσις), dass man gerecht und fromm sei mit Einsicht (μετὰ φρονήσεως)." (*Theaitetos* 176 b) Umgekehrt werden „niemals […] die Götter den im Stich lassen, der sich bemühen will, gerecht zu sein und in Ausübung der Tüchtigkeit Gott ähnlich zu werden, soweit es einem Menschen möglich ist (εἰς ὅσον δυνατὸν ἀνθρώπῳ ὁμοιοῦσθαι θεῷ)." (*Politeia* 613 a, vgl. 500 c; Vergleichbares findet sich bei Seneca [4–65]: „Das nämlich ist es, was mir die Philosophie verspricht, mich dem Gott gleich zu machen" [ut parem deo faciat], *Epistulae ad Lucilium* XLVIII 11; Epiktet [ca. 50–138]: „Darauf müssen wir lernen […], ihnen [den Göttern] möglichst gleich zu sein" [ἐξομοιοῦσθαι ἐκείνοις], *Diatriben* II 14; Marc Aurel [121–180]: „[…] dass sich die Vernunftwesen alle ihnen [den Göttern] ähnlich machen" [ἐξομοιοῦσθαι ἑαυτοῖς], *In seipsum* X 8.)

Häufig wird die Rolle, die nicht zuletzt Aristoteles in diesem Zusammenhang spielt, unterschätzt. Der Grund dafür liegt darin, dass man in seiner Philosophie eine reine Gegenposition zum Denken seines Lehrers Platon, vor allem zu dessen Ideenlehre erblickt. Dabei übersieht man, dass Aristoteles die Ideenlehre wohl kritisiert und erheblich modifiziert, sie gleichzeitig aber nicht aufgibt. An einem idealen, damit auch ur- und vor-bildlichen Maßstab jedes Seienden (ἰδέα, εἶδος) hält er vielmehr ausdrücklich fest. Zweifellos bestreitet er die Annahme, dass die idealen Seinsmaßstäbe in einem eigenen, jenseits der Erfahrungswelt befindlichen Ideenhimmel zu finden seien. Für ihn besitzt alles Ideelle und Ideale nur insofern Wirklichkeit, als es in einem konkreten „Träger" (ὑποκείμενον), einem „Dies-da, was" (τόδε τι), einem einzelnen Seienden (τὶ κατὰ τινός) realisiert ist, nicht unabhängig von diesem. Innerhalb dieses konkreten Seienden gibt es dasselbe jedoch in Form seines „Wesens" (οὐσία, τὸ τί ἦν εἶναι) bzw. seiner „ursächlichen Zielgestalt" (ἐντελέχεια). Das Wesen wiederum lässt sich durch Abstraktion ausmachen. An ihm wird zugleich deutlich, woraufhin ein Seiendes (ὄν) – in Spannung zu seinem momentanen Ist-Zustand – idealerweise angelegt ist. So bleibt der Ansatz, die Wirklichkeit nach einem Differenzmodell von Urbild und Abbild zu begreifen, prinzipiell intakt. Daraus erklärt sich schließlich, warum das auf Empirie setzende Denken des Aristoteles das spätere mittelalterliche Weltbild, in welchem alles Sein als (Ab)Bild, Symbol, Gleichnis eines transzendenten, übergeschichtlichen und himmlischen Geschehens betrachtet wurde, zunächst nicht sprengte, sondern bestätigte und ihm im 13. Jahrhundert zu seiner markantesten philosophisch-theologischen Ausgestaltung verhalf – nicht zuletzt im Hinblick auf die Definition vom Menschen als (Ab)Bild Gottes. Was Letzteres betrifft, bietet unter anderem das an Aristoteles orientierte Denken des Thomas von Aquin einen Beleg.

Das Entgegenkommen der antiken Philosophien steigerte sich für die monotheistischen Religionen noch einmal im Neuplatonismus. In diesem kam es nicht nur zur erstmaligen *philosophischen* Ausformulierung dessen, was man ‚Transzendenz' nennt, sondern ebenso zu einer begrifflichen Fassung eines ontologischen Gesamtgeschehens, welches den transzendenten Ursprung allen

Seins, „das Eine" (τὸ ἕν), die göttliche, geistig-ideelle, seelische, menschliche und materielle Wirklichkeitsebene gleichermaßen umfasst. Plotin begriff dieses Geschehen als Emanation (ἀπόρροια, ἀπορροή), als ein Über- und Ausfließen des Einen, welches dabei einerseits in seiner Fülle in sich bleibt, d.h. nicht an Seinsvollkommenheit verliert, sich andererseits aber in hierarchisch geschiedene Seinstufen – in die so genannten „Hypostasen" (ὑποστάσεις) – ergießt (ἐξελίττεσθαι) und in diesen als differenten Seinsformen *ist*. Für die (Ab)Bild-Thematik ist dabei entscheidend, dass jegliches Bild am Übergang von einer Emanationsstufe/Hypostase zur nächsten entsteht. So heißt der Geist als Ort der Ideen „Bild des Einen (εἰκὼν ἐκείνου)" (*Enneaden* V 1,7,1) oder die Seele „Bild des Geistes (εἰκὼν νοῦ)" (V 1,3,7). Selbst die Materie kann Bild des Seelischen und Geistigen werden, wenn sich der Mensch durch sie hindurch auf das Geistige, Göttliche und Ursprungshafte – sei es durch asketisch-sittliches Verhalten oder durch ästhetisch-künstlerisches Schauen und Schaffen – zurückwendet, bis hin zur mystischen Vereinigung mit dem Einen. Selbst in ihr kann das Schöne (τὸ καλόν) als Durchscheinen des Höheren und Höchsten geschaut werden, vorausgesetzt die schauende „Seele" ist ihrerseits schön, d.h. „gottähnlich" (θεῷ […] ὁμοιωθῆναι [I 2,1 ff.]): „Es werde also einer zuerst ganz gottähnlich und ganz schön, wer Gott und das Schöne schauen will. (γενέσθω δὴ πρῶτον θεοειδὲς πᾶς καὶ καλὸς πᾶς, εἰ μέλλει θεάσασθαι θεόν τε καὶ καλόν)" (I 6,9,43; vgl. I 6,14,31; zur häufigen, zentralen Verwendung des ὁμοίωσις θεῷ-Begriffs im Neuplatonismus siehe H. Merki, ΟΜΟΙΩΣΙΣ ΘΕΩ, wie oben, 14-35) Ebenso wichtig ist, dass die Entstehung des Bildes – jenes Überganges von einer Hypostase zur nächsten – durch einen Hervorgang der niedrigeren aus der höheren Seinsstufe/Hypostase erfolgt. Umgekehrt bildet diese sich in jene ein, macht sie sich zum Abbild, setzt in ihr über ihre „Selbstverbildlichung" eine Rückwendung (ἐπιστροφή) zu sich in Gang. (Ab)Bild ist somit Zweierlei in einem: Verweis, auch Erinnerung an das seinsmäßig Höhere, von dem es (Ab)Bild ist, sowie Anwesenheit dessen, was sich durch Emanation verbildlicht bzw. sich darin vergegenwärtigt (παρουσία). Auch wenn die Vorstellung der Emanation als eines letztlich notwendig ablaufenden Prozesses nicht mit dem verwechselt werden kann, was in den drei monotheistischen Religionen ‚Schöpfung' oder gar ‚Offenbarung' bedeutet, so lässt sich eine Anknüpfungsmöglichkeit durch diese auch nicht von der Hand weisen. Zum Verständnis dessen, was es heißt, dass Göttliches/Gott in die Welt eingeht (προιέναι) und sodann in dieser gegenwärtig ist – in der Form des Namens oder der Gesetzes, aber ebenso in Form der Schrift, des Wortes, des Bildes, des Buches oder gar der Inkarnation –, zum gleichzeitigen Verständnis dessen aber auch, was es umgekehrt für den Menschen bedeutet bzw. von ihm verlangt, gottähnlich, ja göttlich bzw. in gewisser Weise Gott (θεὸς μόνον) zu werden (I 2,5,2: ταυτότης τινὶ θεῷ; I 2,6,2 f.: ἀλλὰ θεὸν εἶναι), bietet Plotin ein brauchbares metaphysisches Modell an, welches bereits von den Kirchenvätern der Antike bis hin zur wörtlichen Übernahme stark in Anspruch genommen wurde.

(Ab)Bild Gottes – im Schöpferischen

Bis ins ausgehende Mittelalter integriert sich die biblische Aussage von Gen 1,26 f. in das von Platon, Aristoteles und Plotin philosophisch vorgezeichnete Weltbild. Theologie und Philosophie ergänzen einander nahezu bruchlos auch in dieser Thematik. Spätestens in der ersten Hälfte des 15. Jahrhunderts geht hingegen vom Genesisvers „Gott schuf den Menschen nach seinem Bilde" eine neue Sprengkraft aus, die in letzter Konsequenz zum Wandel des ganzen Weltbildes führt und die Neuzeit begründet. Angestoßen durch die nominalistische Erkenntnistheorie, die erstmals die fiktionale Kraft der menschlichen Erkenntnis im Zusammenhang mit der Entstehung von Allgemeinbegriffen und Kunstformen herausstreicht, d.h. in dieser mehr Aktivität als Passivität ortet und so den Menschen eher als Konstrukteur denn als bloßen Empfänger seines Wirklichkeitsbildes versteht, bezieht sich dessen Ähnlichkeit mit Gott mit einem Mal auf die Fähigkeit, schöpferisch zu sein. Was bis dahin ausschließlich Gott vorbehalten war, nämlich aus dem Nichts alles Sein zu schaffen, wird analog auch dem Menschen zugeschrieben. Dieser ist (Ab)Bild Gottes darin, dass er ebenfalls Schöpfer ist – gewiss auf seine Weise, im Rahmen seiner Möglichkeiten, *humaniter*, jedoch in einem Ausmaß, dass Nikolaus von Kues (1401–1464) die sich schon im spätantiken *Corpus Hermeticum* (Teil *Asclepius* I 6) findende und durch den Kirchenvater Laktanz überlieferte Aussage vom Menschen als „zweiten Gott" aufgreifen und zur Definition desselben erheben kann. „Der Mensch ist nämlich Gott, allerdings nicht schlechthin, da er ja Mensch ist (*homo enim deus est, sed non absolute, quoniam homo*); er ist als ein menschlicher Gott (*humanus est igitur deus*)." (*De coniecturis*/*Mutmaßungen* II 14 [143], in: Nikolaus von Kues, *Philosophisch-theologische Werke*, Bd. II, Hamburg 2002, 170 f.) „[...] beachte, dass Hermes Trismegistus sagt, der Mensch sei ein zweiter Gott (*hominem esse secundum deum*). Denn wie Gott Schöpfer (*creator*) der realen Seienden und der natürlichen Formen ist, so ist der Mensch (*ita homo*) Schöpfer der Verstandesseienden (*rationalium entium*) und der künstlerischen Formen (*formarum artificialium*), die lediglich Ähnlichkeiten seiner Vernunft (*sui intellectus similitudinis*) sind, so wie die Geschöpfe Ähnlichkeiten der göttlichen Vernunft (*divini intellectus similitudinis*) sind." (*De beryllo*/*Über den Beryll* Cap. VI [7], in: a.a.O. Bd. III, Hamburg 2002, 8) Mehrfach und ausdrücklich beruft sich Cusanus im Zusammenhang damit auf Gen 1,26 f. Gewiss hat er dabei – wie es bereits die Stoiker und ihrer Gefolgschaft etliche Kirchenväter taten (H. Merki, ΟΜΟΙΩΣΙΣ ΘΕΩ, wie oben, bes. 44 ff., 83 ff.) – speziell die geistigen Fähigkeiten im Auge. *Videtur, quod sola mens sit dei imago*: „Im eigentlichen Sinne ist es so, weil alles, was nach dem Geist kommt, nur so weit Gottes Bild ist, als in ihm der Geist selbst widerstrahlt [...]" (*Idiota de mente*/*Der Laie über den Geist* IV 76, in: Bd. II, 28 f.; vgl. ebd. I 57, III 73, IV 74, VII 106) Dabei kommt es ihm jedoch nicht auf die Unterscheidung zwischen den Erkenntnisformen an, wichtiger ist ihm die Parallelisierung zwischen Gott und Mensch im Hinblick auf die schöpferische Fähigkeit: „Indem nämlich der menschliche Geist, das hohe Abbild Gottes (*alta dei similitudo*), an der Fruchtbarkeit der Schöpferin Natur, soweit er vermag, teilhat (*fecunditatem creatricis naturae [...] participat*), faltet er aus sich, als Gleichnis der allmächtigen Form, als Abbild der realen Dinge die rationalen aus (*ex se ipsa [...] in realium entium similitudine rationalia exserit*)." (*De coniecturis*, wie oben I 1 [5], Bd. II, 7, vgl. ebd. II 17 [179], Bd. II, 210 f.)

Gleichzeitig zu Nikolaus von Kues wird es bezeichnenderweise in Literatur und Kunst immer üblicher, einzelne Dichter, Maler und Bildhauer mit dem Prädikat ‚göttlich' zu betiteln. Nicht selten fällt dabei sogar die Bezeichnung ‚zweiter Gott' (*un altro Iddio*) – sowohl als Selbstdefinition als auch im Rahmen der aufkommenden Kunstgeschichtsschreibung und Kunstkritik (vgl. H. Schmidinger/C. Sedmak [Hg.], *Der Mensch ein kreatives Wesen?*, Darmstadt 2007, 15 ff.). Vor diesem Hintergrund stellt Albrecht Dürers *Selbstportrait* von 1500 – heute in der Alten Pinakothek in München – einen kaum überbietbaren Ausdruck, damit zugleich eine bis dahin ungekannte künstlerische Gestaltung des (Ab)Bild-Gedankens in anthropologischer Hinsicht dar. Wie schon oft beschrieben, analysiert und erläutert, setzt Dürer (1471–1528) dabei die geistige Entwicklung ins Bild, die sich wenige Jahre vorher bereits im Werk des Nikolaus von Kues philosophisch formuliert abzeichnet. (Auf die Parallelitäten zwischen Dürer und Cusanus ist häufig hingewiesen worden. Mindestens indirekt über Conrad Celtis [1459–1508] und Willibald Pirckheimer [1470–1530] muss der Maler die Theorien des Philosophen gekannt haben.) Mit Gen 1,26 f. hat das Portrait insofern zu tun, als sich Dürer mit dem für die christliche Tradition alleinigen bzw. exemplarischen (Ab)Bild Gottes, mit Christus, identifiziert. Indem er sich selbst diesem im engeren Sinne „gleichgestaltig" (Römerbrief 8,29) malt, erklärt er zugleich *sich selbst als Mensch und Künstler* zum (Ab)Bild Gottes. Daraus spricht auf der einen Seite Demut: Indem Dürer an die Tradition der alten Christus-Ikonen anknüpft und einige von diesen unverkennbar zitiert, übernimmt er auch deren Geist, der ihm aus dem (1470 in Augsburg erstmals erschienenen) Andachtsbuch *De imitatione Christi* des Thomas von Kempen (1379/80–1471) ebenso vertraut war wie aus der Spiritualität der *Devotio moderna*, jener einflussreichen religiösen Bewegung am Ausgang des Mittelalters, die wesentlich zur Ausbildung des damaligen christlichen Humanismus beitrug. Aus diesem Geist heraus bekennt er: „Kunst gibt vrsach der demütigen gutwilligkeit", sowie: „In wen Christus kumt, der ist lebendig, vnd der selb lebt jn Christo. Dorum alle ding gute ding sind Christi." (Zitate aus E. Rebel, *Albrecht Dürer – Maler und Humanist*, München 1996, 167) Als „gleichförmig geschöpf nach got" (ebd. 170) versteht sich Dürer jedoch nicht allein in dem religiösen Sinn, dass (Ab)Bild Gottes wird, wer Christus „anzieht" (Galaterbrief 3,27) und so wird wie er, sondern gleichzeitig als schöpferischer Mensch, als Künstler, als „secundus Deus" (wie es Nikolaus von Kues formuliert hat). Insofern spricht aus dem Selbstportrait von 1500 auch ein neuer Geist, der aus dem (Selbst)Bewusstsein heraus lebt, Schöpfer zu sein wie Gott. Dürers Bild hält dies nicht allein inhaltlich fest – der Maler als Christus, als exemplarisches (Ab)Bild Gottes –, vielmehr äußert es sich in dem gestalterischen Prinzip, gemäß dem es angelegt ist, nämlich nicht auf reine Wiedergabe oder bloße Abbildung zu setzen, sondern vielmehr konstruktiv zu sein. Letzteres ergibt sich aus dem, was Hans Belting in seinem Buch *Das echte Bild* (München 2005) folgendermaßen beschreibt: „Der Maler konstruiert sein Gesicht, als ob er es im Spiegel Gottes einfangen wollte. […] Während Cusanus schildert, wie er als Betrachter vor einer Ikone Gottes stand und sich dabei seinerseits als ein Abbild dessen entdeckte, den er in dieser Ikone dargestellt fand, malte Dürer in das eigene Gesicht die Ikone hinein und also das Urbild dessen, dem er als Geschöpf auf eine Weise ähnlich war, die die Ähnlichkeit überhaupt erst begründete. […] Der Mensch trägt das eigene Gesicht wie eine Maske Gottes. Auf diese Weise sind in diesem ungewöhnlichen Porträt Gesicht und Maske, das eigene Gesicht und die Maske Gottes, ineinander geblendet […]" (116) Das Konstruktive an dem Bild zeigt sich aber ebenso an dem, was Erwin Panofsky in seiner Monographie *Das Leben und die Kunst Albrecht Dürers* (Princeton ¹1943, dt. München 1977) festhält: „Das Münchner Selbstbildnis bezeichnet jenen Wendepunkt in Dürers Laufbahn, in dem das Verlangen nach ‚Einsicht' (*vernunft*) so übermächtig wurde, dass er sich auf seinem Wege zur Kunst nicht mehr von der Intuition leiten ließ, sondern den Intellekt aufrief und versuchte, in die rationalen Prinzipien der Natur einzudringen." (58) Die rationalen Prinzipien wiederum sind die aus der platonisch-neuplatonischen Philosophie übernommenen Vorstellungen von Symmetrien, Proportionen und Zahlenverhältnissen als fundamentale Konstruktionselemente der Wirklichkeit. Ihnen gemäß erfolgt der Aufbau des Gemälde (H. Klinke, *Dürers Selbstporträt von 1500. Die Geschichte eines Bildes*, Norderstedt 2004, 22 ff., 100 ff.). Mehr noch: Das künstlerisches Schaffen als solches versteht sich als schöpferisches Gestalten der Wirklichkeit mit Blick auf die in ihr herrschenden Gesetzmäßigkeiten. Darin sind sich Gott und Künstler, als dessen Abbild, ähnlich.

(Ab)Bild Gottes – säkularisiert

Was im Selbstportrait Dürers noch gemeinsam vorhanden ist – der Mensch als (Ab)Bild Gottes nach dem allemal zuvorkommenden normativen Vorbild Christi einerseits sowie der Mensch als (Ab)Bild Gottes aufgrund der schöpferischen Kraft, die den Menschen neben Gott stellt, andererseits –, trennt sich im anthropozentrischen Weltbild der Neuzeit zunehmend. Die religiös konnotierte Rede von der Ebenbildlichkeit des Menschen zu Gott verliert langsam aber nachhaltig ihren herkömmlichen sakral-theologischen Bezugsrahmen und wird je länger je mehr zu einer *rein anthropologischen Definition*, welche die menschliche Kreativität (im weitesten Sinne) immer höher veranschlagt – so hoch, dass sich am Ende die Koordinaten verkehren und der Mensch nicht mehr (Ab)Bild Gottes ist, sondern umgekehrt dieser (Ab)Bild von jenem. Gleichzeitig zieht sich der traditionell-religiöse Diskurs weitgehend in die binnen-theologische Welt der verschiedenen Glaubenswelten zurück. Kulturell-gesellschaftlich tonangebend wird mit voranschreitender Säkularisierung die anthropozentrische Vorstellungs- und Redeweise. Illustrieren lässt sich diese Entwicklung zum einen im Bereich der philosophischen Ethik sowie der Geschichtsphilosophie, zum anderen im Bereich der Literatur, Kunst bzw. Ästhetik und Kunsttheorie.

Betrachtet man zuerst die philosophische, sprich, auf natürlicher Vernunft, nicht auf Offenbarung basierende Ethik, so schließt der neuzeitliche (Ab)Bild-Diskurs zunächst an der bereits beschriebenen jüdisch-christlichen Moralisierung von Gen 1,26 f. an: (Ab)Bild Gottes ist der Mensch nicht durch Sein, sondern durch Werden. Die Ebenbildlichkeit macht in anderen Worten keinen apriorischen Besitz aus, sondern stellt eine zu befolgende und damit zu realisierende Norm dar. „Homo similis Deo haud nascitur, sed fit" formuliert es 1793 kurz und bündig der aufgeklärte evangelische Theologe Heinrich Philipp Henke (1752–1809; zitiert bei W. Pannenberg, *Anthropologie in theologischer Perspektive*, Göttingen 1983, 51). Der markante Unterschied zur traditionellen jüdisch-christlichen Vorstellung liegt allerdings darin, dass die Verwirklichung dieser Norm (Ab)Bild Gottes zu werden, ausschließlich durch den Menschen bzw. – geschichtsphilosophisch betrachtet – durch die Menschheit geschieht. Weder bedarf es einer übernatürlichen Begründung oder Anleitung noch einer Erlösung oder eines gnadenhaften Beistandes. Was sich am Ende des persönlichen Lebens oder im Eschaton der Geschichte ergibt, resultiert letztlich aus der Autonomie des Menschen. Dabei kann freilich Christus als Orientierungsnorm weiterhin in Funktion bleiben, dies jedoch nicht mehr als Heilsvermittler, als Erlöser oder gar als Bedingung der existenziellen Möglichkeit von Ebenbildlichkeit. Kants Christologie, die Jesus auf die „personifizierte Idee des guten Prinzips" (*Die Religion innerhalb der Grenzen der bloßen Vernunft*, Königsberg 1793, B 73 ff., A 67 ff.) reduziert, bietet für diese säkularisierte Sicht ein markantes Beispiel. Christus als „Urbild" gilt allein unter der Voraussetzung: „Zu diesem Ideal der moralischen Vollkommenheit, d.i. zu dem Urbild der sittlichen Gesinnung in ihrer ganzen Lauterkeit uns zu *erheben*, ist nun allgemeine Menschenpflicht, wozu uns auch diese Idee selbst, welche von der Vernunft uns zur Nachstrebung vorgelegt wird, Kraft geben kann." (B 74, A 68; vgl. B 78 f., A 72 f. u.ö.)

Die Übersetzung des (Ab)Bild-Gedankens aus Religion und Theologie in einen rein auf Vernunft und Natur setzenden Diskurs erfolgt explizit in der rationalistischen Philosophie von Gottfried Wilhelm Leibniz (1646–1716): Schon 1710 heißt es in seinen *Essais de Théodicée sur la bonté de Dieu, la liberté de l'homme et l'origine du mal* (Amsterdam 1710) in puncto Anthropologie, „dass Gott dem Menschen ein Abbild der Göttlichkeit verleiht (*Dieu lui fait présent d'une image de la divinité*), indem er ihm Vernunft gibt [...] Hier nun hat der freie Wille (*le franc arbitre*) seinen Spielraum, und Gott erfreut sich gewissermaßen an diesen kleinen Göttern (*Dieu se joue [...] de ces petits dieux*) [...] Der Mensch ist also gleichsam ein kleiner Gott (*un petit Dieu*) in seiner eigenen Welt oder seinem Mikrokosmos, den er nach seiner Welt regiert: er schafft zuweilen Wunderwerke darin, und oft ahmt seine Kunst die Natur nach." (Teil 2, Nr. 147) Darin, dass der Mensch „Abbild Gottes" ist, unterscheidet er sich von den anderen „Lebewesen" (*vivans*) und „Seelen" (*Ames*): „Er ist nicht nur ein Spiegel des Alls der Geschöpfe (*un Miroir de l'univers des Creatures*), sondern auch ein Abbild der Gottheit (*un image de la Divinité*)." (*Principes de la nature et de la grâce fondé en raison* [entstanden 1714] Nr. 14) Was erklärt den Unterschied? Für Leibniz die Fähigkeit, „das System des Universums zu erkennen und durch architektonische Entwürfe etwas davon nachzuahmen, da jeder Geist in seinem Bereich gleichsam eine kleine Gottheit ist" (*Les principes de la philosophie ou la monadologie* [entstanden 1714, publiziert 1720] Nr. 83). Bei den „architektonischen Entwürfen (*échantillons architectoniques*)" denkt Leibniz nicht allein an technische oder künstlerische Werke, sondern mehr noch an moralische Handlungen. Durch sie entsteht nämlich eine „Gesellschaft mit Gott (*une maniere de Societé avec Dieu*)" (ebd. Nr. 84), genauer ein „Gottesstaat (*Cité de Dieu*)" als „eine moralische Welt in der natürlichen Welt" bzw. als „eine vollkommene Harmonie (*Harmonie parfaite*)" zwischen dem „physischen Reich der Natur und dem moralischen Reich der Gnade" (Nr. 86 f.). Gewiss bleibt für Leibniz immer noch Gott „Urheber des Ganzen" (*Auteur du tout*) und darin auch Garant der Harmonie von Natur und Gnade. Dass jedoch *grâce* in diesem Zusammenhang weit vom biblisch-theologischen Begriff der Gnade entfernt ist, zeigt nicht allein der Umstand, dass sie notwendiger Bestandteil des schöpferischen Gesamtkalküls des Universums ist, an welches sich selbst Gott angesichts der „prästabilisierten Harmonie (*Harmonie préétablie*)" zu halten hat (Nr. 78; vgl. *Principes* … [wie oben] Nr. 15), sondern „dass die Dinge *auf den Wegen der Natur selbst* zur Gnade führen" (Nr. 88 [kursiv hier]; vgl. *Principes* … Nr. 15).

Noch deutlicher wird die Humanisierung und Ethisierung von Gen 1,26 f. in Johann Gottfried Herders (1744–1803) *Ideen zur Philosophie der Geschichte der Menschheit* (erschienen 1784 bis 1791 in Riga und Leipzig). In dieser von Herder als „Menschliche Philosophie" charakterisierten Geschichtsphilosophie (*Brief an Kant im November 1768*) kommt noch einmal das Thema ,Ebenbildlichkeit' prominent zur Sprache. Unter der Prämisse, dass „*Religion* die höchste Humanität des Menschen" ist, aber auch unter der Forderung an jeden Einzelnen, sich „zum *Nachbilde der Gottheit*" zu gestalten (J.G. Herder, *Werke in 10 Bänden,* Bd. VI, Frankfurt 1989, 160.162, vgl. 336 ff., 630 ff.), rücken Menschlichkeit und Göttlichkeit immer näher zusammen: „Und so siehet man auch, warum in allen Religionen der Erde mehr oder minder Menschenähnlichkeit Gottes habe statt finden müssen, entweder daß man den Menschen zu Gott erhob oder den Vater der Welt zum Menschengebilde hinabzog. Eine höhere Gestalt als die unsre kennen wir nicht; und was den Menschen rühren und menschlich machen soll, muß menschlich gedacht und empfunden sein. Eine sinnliche Nation veredelte also die Menschengestalt zur göttlichen Schönheit; andre, die geistiger dachten, brachten Vollkommenheiten des Unsichtbaren in Symbole fürs menschliche Auge. Selbst da die Gottheit sich uns offenbaren wollte, sprach und handelte sie unter uns, jedem Zeitraum angemessen, *menschlich*. Nichts hat unsre Gestalt und Natur so sehr veredelt, als die Religion; bloß und allein weil sie sie auf ihre reinste Bestimmung zurückführte." (Ebd. 162 f.) Da deshalb „der Mensch sich durchaus keinen andern Zweck über seiner Erd-Anstalten denken kann, als der in ihm selbst d.i. in der schwachen und starken, niedrigen und edlen Natur liegt, die Gott ihm anschuf" (632), kann Gottes Gebot an ihn nur lauten: „sei mein Bild, ein Gott auf Erden! herrsche und walte. Was du aus deiner Natur Edles und Vortreffliches zu schaffen vermagst, bringe hervor; ich darf dir nicht durch Wunder beistehn, da ich dein menschliches Schicksal in deine menschliche Hand legte; aber alle meine heiligen, ewigen Gesetze der Natur werden dir helfen." (636)

Was Herder sowohl für das Leben des Einzelnen festhält, dass „wir eigentlich Menschen noch nicht *sind*, sondern täglich *werden*" (342), als auch als Sinn der Menschheitsgeschichte postuliert, nämlich „eine Schule des Wettlaufs zur Erreichung des schönsten Kranzes der Humanität und Menschenwürde" zu sein (635), das entspricht im Großen und Ganzen dem, was sowohl die Philosophie der Aufklärung (Lessing, Kant) als auch jene des Deutschen Idealismus (J.G. Fichte, Schelling, Hegel) ihren Visionen vom „Reich Gottes auf Erden" zugrunde legen. Mag sein, worauf Wolfhart Pannenberg hingewiesen hat, dass Herder noch religiöser, die Vorsehung Gottes mehr in Anspruch nehmend denkt als seine Zeitgenossen und Nachfolger (*Anthropologie* ... [wie oben] 40 ff.). Er ist jedoch bereits Repräsentant einer Entwicklung, in der Gott zugunsten des Menschen immer mehr an Bedeutung verliert. Keine Überraschung, dass dabei die Rede vom (Ab)Bild Gottes – außer in speziell theologischen Werken – zunehmend seltener auftaucht und an ihre Stelle der Begriff von der „Bestimmung des Menschen" tritt. Wenn selbst noch im Zusammenhang damit vor allem die idealistischen Philosophen – sowohl in ihren Frühschriften als auch in ihren Spätwerken – das Neue Testament bemühen, so manifestiert sich doch auch darin unübersehbar der Anspruch, Religion und Offenbarung ein für allemal auf den Begriff gebracht und in eine Geschichtsphilosophie integriert zu haben, die davon ausgeht, dass die Selbst-Realisierung der menschlichen Autonomie sowie die umfassende Durchsetzung der Humanität ein zu erreichendes Ziel der Menschheitsentwicklung ist. Vor diesem Hintergrund musste die traditionelle Vorstellung vom (Ab)Bild Gottes an Inhalt und Bedeutung einbüßen.

Eine analoge Entwicklung lässt sich im Bereich von Kunst, Literatur sowie Ästhetik und Kunsttheorie verfolgen. (Vgl. u.a. H.-G. Kemper, *Gottebenbildlichkeit und Naturnachahmung im Säkularisierungsprozess. Problemgeschichtliche Studien zur deutschen Lyrik in Barock und Aufklärung*, Tübingen 1981) Zunächst wurde die Kreativität als das Auszeichnende des Kunst-Schaffenden immer nachhaltiger in den Mittelpunkt der künstlerischen und ästhetischen Diskurse gestellt. Diese Entwicklung fand in der Geschichte des ‚Genie'-Gedankens ihren markantesten Ausdruck (vgl. u.a. E. Ortland, *Genie*, in: Ästhetische Grundbegriffe, Bd. Ii, Stuttgart/Weimar 2001, 661-708; R. Warning/B. Fabian/J. Ritter, *Genie*, in: Historisches Wörterbuch der Philosophie, Bd. III, Basel 1974, 279-310 [beide Male mit vielen Literaturangaben]). Alles, was der Schöpferkraft Gottes zugeschrieben wurde, zog in der Literatur des 18. Jahrhunderts mehr und mehr das geniale künstlerische Subjekt auf sich. Durch die verbreitete Rezeption pantheistischer Positionen, wie sie unter anderem von Baruch de Spinoza (1632–1677) philosophisch vertreten wurde, erschien zunehmend die Kunst als die göttliche Schöpfung selbst, die sich im Künstler/Dichter äußert, in ihm durchbricht und durch ihn die Entwicklung der Menschheitsgeschichte gestaltet, ja konstituiert und hervorbringt. „*Gott will Götter*" heißt es dementsprechend bei Novalis (1772–1801) – deutlich die Gottebenbildlichkeit des Menschen apostrophierend (*Vorarbeiten 1798*, in: Novalis, *Werke, Tagebücher und Briefe von Friedrich von Hardenberg*, hg. von H.-J. Mähl / R. Samuel, Bd. II, Darmstadt 1978, 373 [Nr. 248], vgl. 272 [Nr. 100], 283 [Nr. 110]; vgl. H.-G. Kamper, *Gottebenbildlichkeit ...*, wie oben, 122 ff., bes. 138). Sofern nun Kunst nicht mehr als bloßes Nachahmen der göttlichen Schöpfung in der Natur galt, sondern als diese selbst, ergab sich auch innerhalb dieses Kontextes für die Rede vom (Ab)Bild Gottes irgendwann kein Sinn mehr. Mehr noch: Sie wurde ausdrücklich konterkariert, indem es beispielsweise in Goethes (1749–1832) Frankfurter Prometheus-Dichtungen, dem Dramenentwurf *Prometheus* einerseits und der berühmten Ode *Prometheus* andererseits (beides Spätjahr 1773), auf den Dichter und Künstler gemünzt heißt (J.W. Goethe, *Sämtliche Werke. Briefe Tagebücher und Gespräche. 40 Bände*, Abt. I, Bd. 1, Frankfurt 1987, 330; vgl. Abt. I, Bd. 4, Frankfurt 1985, 414):

> Hier sitz' ich, forme Menschen
> Nach meinem Bilde,
> Ein Geschlecht, das mir gleich sei,
> Zu leiden, zu weinen,
> Zu genießen und zu freuen sich,
> Und dein nicht zu achten,
> Wie ich!

Goethe drückt unter Heranziehung des antiken Prometheus-Mythos aus, was in der Religionskritik des 19. Jahrhunderts immer expliziter wird: Konnte René Descartes (1596–1650) die Vorstellung eines göttlichen Wesens innerhalb des menschlichen Bewusstseins (*idea entis perfectissimi, hoc est Dei*) noch als „Zeichen" und „Signatur" des Künstlers Gott (*tamquam nota artificis operi suo impressa*) dafür begreifen, „dass Gott mich geschaffen hat [...], dass ich gewissermaßen nach seinem Bilde und seinem Gleichnis geschaffen bin (*ad imaginem et similitudinem eius factum*)", sprich als Argument für einen Gottesbeweis heranziehen (*Meditationes de prima philosophia* III 37 f.), so stellt Ludwig Feuerbach (1804–1872) eben diese Argumentation auf den Kopf und sieht in ihr den Beweis dafür, dass nicht Gott den Menschen nach seinem (Ab)Bild, sondern im Gegenteil dieser jenen nach menschlichem Bild geschaffen hat: „Dieselbe Bewandtnis hat es nun mit der *Ebenbildlichkeit* Gottes. [...] Der Mensch ist ein Bild Gottes heißt nichts weiter als: Der Mensch ist ein Gott *ähnliches* Wesen. [...] Die Ähnlichkeit [jedoch/wiederum] ist *die* Identität, welche es nicht *Wort haben will, dass sie Identität ist*, welche sich hinter ein trübendes Medium, hinter den Nebel der

Phantasie versteckt. Beseitige diesen Nebel, diesen Dunst, so komme ich auf die *nackte Identität.*" (*Das Wesen des Christentums* [Leipzig 1841], in: L. Feuerbach, *Werke in sechs Bänden*, hg. E. Thies, Bd. V, Frankfurt 1976, 267). Weil dies in der Geschichte der Menschheit nicht durchschaut wurde, dass „der Mensch sich ein Bild von Gott [macht], d. h. [...] das *abstrakte Vernunftwesen*, das *Wesen der Denkkraft*, in ein *Phantasiewesen* [verwandelt]" (90), Gott somit für das fiktiv-idealisierte Wesen des Menschen steht, kam es dazu, dass man nicht erkannte: „*Erst schafft der Mensch Gott nach seinem Bilde*, und dann erst schafft wieder dieser Gott den Menschen nach seinem Bilde" (141).

Pluralisierung des Diskurses

Wenn auch – kulturgeschichtlich betrachtet – die Thematisierungen und De-batten rund um Gen 1, 26 f. nie ganz einheitlich waren, so besaßen sie doch einen plausiblen Zusammenhang, um nicht zu sagen, eine gewisse Systematik. Dies wiederum rührt zum einen daher, dass eine Rede über Gott als möglich und sinnvoll empfunden wurde, nicht nur weil man weitestgehend seine Exis-tenz kaum bezweifelte, sondern weil man sich auch unter ihm zumindest *grosso modo* etwas vorstellen konnte, zum anderen aber ebenso daher, dass die grund-legenden Vorstellungen, die über den Menschen im Umlauf waren, gleichfalls homogen und überschaubar waren. Von beiden Seiten her existierte somit eine Klammer, die der Interpretation und Umsetzung der biblischen Aussage eine handhabbare Kohärenz gab. Dies musste sich naturgemäß ändern, als im Lauf des 19. Jahrhundert die Religionskritik in Wissenschaft, Kunst und Literatur die Existenz Gottes radikal in Frage stellte und zugleich das sinnvolle Reden über einen transzendenten personalen Schöpfergott mehr und mehr verunmöglicht wurde. Es kam jedoch für die Definition ‚Der Mensch, ein (Ab)Bild Gottes' nicht allein ‚Gott' abhanden, sondern ebenso ‚der Mensch'. Auch er wurde im-mer mehr zu einem unbekannten Wesen. Nicht nur die philosophischen The-orien über Themen wie ‚Subjektivität' und ‚Selbstbewusstsein', sondern auch biologische, sprachwissenschaftliche, soziologische, psychologisch-psychoana-lytische und vor allem medizinische Erkenntnisforschritte erzeugten ein neues „Menschenbild", dessen besonderes Merkmal es ist, hervorzuheben, dass der Mensch letztlich nicht ‚de-finierbar', d.h. abschließend auf ein Wesen fixierbar ist. Sodann muss beachtet werden, dass auch das Thema ‚(Ab)Bild' im Zeital-ter der völlig ungeahnten technischen Reproduzierbarkeit von Bild und Medien einen nie dagewesenen Verständniswandel erfuhr und weiterhin erfährt. Was es bedeutet, (sich) ein Bild zu machen, hatte plötzlich keine Eindeutigkeit mehr und musste deshalb unter vielerlei Gesichtspunkten problematisiert werden. Schließlich gilt als ein Grundzug der Moderne, wie sie ab Mitte des 19. Jahr-hunderts ihren Lauf nimmt, dass sie ihr Hauptanliegen, nämlich auf Neues, Innovatives und Kreatives zu setzen, in der prinzipiellen Absage an jegliche Form von Nachahmung, Verähnlichung und Angleichung sieht. (Vgl. P. Gay,

Die Moderne. Eine Geschichte des Aufbruchs, dt. M. Bischoff, Frankfurt 2008) Noch einmal und fundamental keine günstige Voraussetzung für ein sinnvolles und attraktives Reden von Gottebenbildlichkeit.

So überrascht es nicht, dass sich die Diskurse, in denen weiterhin auf die Aussage von Gen 1, 26 f. Bezug genommen wurde, im Zusammenhang mit der geschilderten Entwicklung *partialisierten* und *pluralisierten*, ohne dass noch eine Kohärenz herzustellen wäre – abgesehen von jener, die sich über Verbindungen zu den verfügbaren Texten aus der Vergangenheit herstellen lässt. Die Hinweise, die im Folgenden auf einige heraus stechende Thematisierungen von Gen 1, 26 f. in der Zeit 19.–20. Jahrhundert noch zu geben sind, stehen aus diesem Grund nicht in einem systematischen Konnex, sondern werden *fragmentarisch* aneinander gereiht – ohne Anspruch auf Vollständigkeit.

*

Noch zu Lebzeiten Goethes, freilich fast 50 Jahre nach dessen Prometheus-Dichtungen, wird erstmals literarisch vor Augen geführt, was es heißt, wenn der Mensch nach eigenem Bilde Menschen formt. In ihrem Roman *Frankenstein: or, the modern Prometheus* (erschienen 1818, abgeschlossen 1831) begründet die englische Schriftstellerin Mary Wallstonecraft Shelley (1797–1851) nicht nur den modernen Science-fiction-Roman, sondern macht deutlich, dass die autonomen Schöpfungen des Menschen Monster sind. Dies wird mit ausdrücklicher Anspielung auf Gen 1, 26 f. behauptet. In Shelleys Roman konfrontiert das von Victor Frankenstein geschaffene Monster seinen Schöpfer mit dem Vorwurf: „Verfluchter Schöpfer! Weshalb hast Du solch ein widerliches Ungeheuer erschaffen, von dem selbst du dich voller Ekel abwenden musstest? Gott in seiner Barmherzigkeit erschuf den Menschen schön und anmutig nach seinem Ebenbilde; meine Gestalt aber ist ein misslungenes Abbild deiner eigenen, und durch ihre Ähnlichkeit wird sie nur noch abstoßender. (*God, in pity, made man beautiful and alluring after his own image; but my form is a flilthy type of yours, more horrid from the very resemblance.*)" (Kap. 15; Dt. Ausgabe: Mary Shelley, *Frankenstein oder Der moderne Prometheus*, übers. K. B. Leder / G. Leetz, Frankfurt 1988, 174 f.) Und mehr noch: Das Monster fleht Frankenstein, der weiß, dass er einen „Unmenschen", ein „elendes Monster" geschaffen hat (*I beheld the wretch – the miserable monster whom I had created*, [79]), an, zu sein wie der gütige Gott und ihn nach dessen Bild zu schaffen sowie eine Frau zur Seite zu gesellen: „Wie kann ich dein Herz rühren? Kann dich mein Flehen nicht dazu bewegen, einen gnädigen Blick auf dein Geschöpf zu werfen, das deine Güte und Dein Mitleid erbittet? Glaub mir, Frankenstein, ich war guten Willens, und in meiner Seele erstrahlten Liebe und Menschlichkeit. Aber bin ich nicht einsam, furchtbar einsam?" (135, genauso 173 f.) Der immer wieder als „mein Schöpfer" angesprochene Frankenstein wird am Ende der schauerlichen Geschichte Opfer seines eigenen Geschöpfs. Shelley greift mit dieser Erzählung ein altes, bereits in mittelalterlicher Theologie und Dichtung gebräuchliches Motiv auf: Sein zu wollen wie

Gott bzw. die Schöpfungsordnung Gottes verkehren, führt nicht allein zu einer
Perversion aller Verhältnisse, sondern vor allem zur Satanisierung desjenigen,
der sein will wie Gott.

Ein Beispiel (neben möglichen anderen) ist zu finden in John Milton's
(1608–1674) Versepos *Paradise Lost*, entstanden 1658 bis 1663, erstmals erschienen 1667 in London. In ihm wird die biblische Anthropologie vom Menschen
als gottebenbildlichen Wesen an etlichen Stellen apostrophiert (IV 391 f., 756
f.; VII 622 ff.; VIII 489 ff.; XI 646 ff. u.ö.), zugleich der Mensch als männliches
und weibliches (Ab)Bild Gottes in überschwänglichem Maße besungen. (Besungen ebenso in Joseph Haydns [1732–1809] Oratorium *Die Schöpfung* [uraufge-
führt 1798], dessen Libretto Gottfried van Swieten [1734–1803] Miltons Epos
nachdichtete [siehe Zweiter Teil, Recitativ Nr. 9 und Arie Nr. 10 des Uriel]). Mit
dem Sündenfall, der bei Milton durch eine ganze Schar von Teufelswesen pro-
voziert wird, erscheint aber auch die Gefahr, in die sich der Mensch begeben
hat. Sie besteht nicht nur in dem, was Gott selbst konstatiert:

> O Söhne! Gleich ist nun der Mensch geworden
> Wie unsereiner, und er weiß, was gut
> Und böse ist […] aber lasst
> Ihn sich des Wissens rühmen um das Gute,
> Das ihm zerronnen, und das Böse, welches
> Gewonnen, da er glücklicher geblieben,
> Hätt' er sich mit dem Guten nur begnügt
> Und Böses nie gekannt.

> (XI 110-118; J. Milton, *Das verlorene Paradies*, dt. H.H. Meier, Stuttgart 1968,
> 337)

Die Gefahr liegt für die Menschen vor allem darin, dass das „Bild ihres Schöpfers ging verloren" und „sie nunmehr jenem glichen, / Dem sie gefrönt, einem
tierischen Laster" (XI 653 ff.; vgl. II 452 ff.). Darüber hinaus ist die Gefahr der
Zeugung und Entstehung von Ungeheuern gegeben:

> […] Dies sind
> Die Abkömmlinge jener Missheiraten,
> Wo sich die Guten mit den Schlechten paarten,
> Wovon du Zeuge warst; die eigentlich
> Ihre Verbindung scheuen, aber töricht
> Dennoch gemischt, dergleichen Ausgeburten,
> An Leib und Seele misslich, hinterlassen. (XI 864-870; wie oben, 358)

Noch keine Monstren, wie sie Frankenstein erzeugt, sondern mythologische Rie-
senfiguren, gewiss, doch eindeutig Missgeburten, die unter dem Einfluss des Bösen, welches sein will wie Gott, entstehen. Eine Ankündigung späterer Themen.

*

Sicherlich nicht im unmittelbaren Anschluss daran, sehr wohl aber im Zusammenhang damit kommt es zu einer Neuformulierung des *Bilderverbots*. Derjenige, von dem kein Bild gemacht werden darf, ist jetzt allerdings nicht mehr Gott, sondern der Mensch. Auch ihm wird nicht gerecht, wer meint, ihn in ein Bild bannen zu müssen oder auch nur zu können. Wie in der Bibel, wo es um Gott und die Unmöglichkeit seiner Darstellbarkeit geht, lautet das Argument moderner Diskurse: Mit der Verbildlichung wird nicht allein versucht, etwas zu leisten, was prinzipiell nicht möglich ist, nämlich Gott bzw. den Menschen in seiner Wirklichkeit gerecht zu werden, sondern darüber hinaus die Gefahr heraufbeschworen, den Darzustellenden um seine Wirklichkeit zu bringen und diese durch die bloße Bildwirklichkeit zu ersetzen. Die Folge davon ist da wie dort fatal: Tritt an die Stelle Gottes der reine Götze, der mit Gott selbst nichts mehr zu tun hat, sondern früher oder später alles, worin sich Gott in seiner Schöpfungsmacht und in seinem Heilswollen kundtut, ins Gegenteil verkehrt, so erfährt sich der Mensch, sobald er bildlich fixiert erscheint, darauf reduziert, nur mehr zu sein, wozu ihn das Bild macht bzw. woraufhin ihn dieses zwingt – mit der Konsequenz, nicht nur seine Freiheit, sondern zugleich seine Würde, seine Einmaligkeit, seine Gestaltungsfähigkeit, mit einem Wort, seine Menschlichkeit zu verlieren. Angesichts dieser Folgen gebietet sich die Unterlassung von Verbildlichungen selbst dann, wenn anthropologisch bzw. erkenntnistheoretisch angenommen werden muss, dass sich menschliche Erkenntnis ohne den Einsatz von Verbildlichungen nicht vollziehen lässt. In jedem Fall hängt vom Wahrnehmen und Respektieren des Umstandes, dass jedes Bild mit unumgehbarer Relativität und prinzipielle Revidierbarkeit behaftet ist, alles ab – das menschliche Verhältnis zu Gott (so es angenommen wird), das Verhältnis der Menschen untereinander (auf allen Ebenen von Beziehung, in der Gemeinschaft, in der Gesellschaft) sowie das Verhältnis, welches jeder Mensch zu sich selbst eingeht.

Wie nur wenige andere Schriftsteller und Schriftstellerinnen hat Max Frisch (1911–1991) auf die ethischen, psychologischen und gesellschaftlichen Implikationen des Themas ‚Bilderverbot' hingewiesen – dies nicht erst in dem am 2. November 1961 im Schauspielhaus Zürich uraufgeführten Stück *Andorra*, welches die zerstörerische Kraft eines gesellschaftlichen Vorurteils ins Szene setzt, die so weit reicht, dass sie am Ende sogar vom Opfer inkorporiert wird, sondern bereits in einer Prosafassung desselben Stoffes unter dem Titel *Der andorranische Jude*, welche Frisch in seinem erstmals 1950 publizierten Tagebuch wiedergibt (vgl. *Die Tagebücher 1946–1949, 1966–1971* ([1]1950/1972), Frankfurt 1983, 30-32). Dieser Tagebucheintragung vorangestellt ist ein Textabschnitt mit der Überschrift *Du sollst Dir kein Bildnis machen* (27-29). Kernaussage desselben ist, was Frisch 1954 in seinen Roman *Stiller* aufnimmt: „[…] – nicht umsonst heißt es in den Geboten: du sollst dir kein Bildnis machen! Jedes Bildnis ist eine Sünde. Es ist genau das Gegenteil von Liebe […] Wenn man einen Menschen liebt, so lässt man ihm doch jede Möglichkeit offen und ist trotz allen Erinnerungen einfach bereit, zu staunen, immer wieder zu staunen, wie anders er ist, wie verschiedenartig und nicht einfach so, nicht ein fertiges Bildnis […]" (*Stiller* – Roman [[1]1954],

Frankfurt 1973, 150; vgl. 116) Frisch bemüht sich zumindest in seinen frühen Reflexionen um Anschluss an den biblischen Gedanken: „Du sollst dir kein Bildnis machen, heißt es, von Gott. Es dürfte auch in diesem Sinne gelten: Gott als das Lebendige in jedem Menschen, das, was nicht erfassbar ist. Es ist eine Versündigung, die wir, so wie sie an uns begangen wird, fast ohne Unterlass wieder begehen – / Ausgenommen wenn wir lieben." (*Die Tagebücher*, wie oben, 32)

Max Frisch hätte sich dagegen verwahrt, in einen Zusammenhang mit der so genannten „Postmoderne" gestellt zu werden. Trotzdem berührt seine eher existenzialistische Argumentation eine verbreitete Überzeugung postmoderner Autoren und Autorinnen. Aus der Gewissheit heraus, dass sich das menschliche Subjekt weder selbst noch in der Spiegelung durch den/die Anderen eindeutig oder gar abschließend definieren und erfahren lässt, dass sich vielmehr das Subjekt je nach Erfahrungsraum und gesellschaftlich erzeugter Machtkonstellation verschieden erfährt, somit auch unterschiedlich versteht und entsprechend plural äußert, in gewisser Weise dadurch von Mal zu Mal ein anderer/eine andere ist, resultiert im Rahmen von Entwürfen der Lebenskunst auch im postmodernen Diskurs die prinzipielle ethische Forderung nach der Respektierung der Unmöglichkeit, ein festes Menschenbild etablieren und dieses sowohl gegenüber sich selbst als auch gegenüber dem/der/den Anderen als normative Richtlinie des menschlichen Miteinanders verwenden zu können. Was – plakativ gesprochen – ich in Anspruch nehme, wenn ich sage, dass ich Viele bin, nämlich den Verzicht darauf, eine konstante, kohärente und integrative Ich-Instanz sein zu müssen – mit all den ethisch-moralischen Implikationen, die diese mit sich bringt –, das habe ich jedem Menschen zuzugestehen, dem ich begegne. Auch diese Handlungsmaxime läuft auf ein Bilderverbot im zuvor skizzierten Sinn hinaus.

*

Vom (Ab)Bild bzw. Ebenbild Gottes ist in der Philosophie des 20. Jahrhunderts kaum mehr die Rede. Dort, wo es – selten genug – der Fall ist, bilden theistische Prämissen die Voraussetzung. In anderen Worten sind es vor allem speziell christliche und jüdische Philosophien, die sich veranlasst sehen, die anthropologische Aussage von Gen 1, 26 f. philosophisch aufzugreifen. Auf christlicher Seite stehen dafür namhaft die phänomenologische Wertphilosophie einerseits sowie die gleichzeitig sich entwickelnde Dialogphilosophie andererseits. Ihre wichtigsten Exponenten sind Max Scheler (1874–1928) auf der einen und Ferdinand Ebner (1882–1931) auf der anderen Seite. Gemeinsam, ohne aufeinander einzugehen oder auch näher voneinander zu wissen, legen sie die Fundamente für eine christliche Anthropologie, die sowohl innerhalb der katholischen als auch innerhalb der evangelischen Theologie erheblichen Einfluss finden sollte (vgl. u.a. B. Langemeyer, *Der theologische Personalismus in der evangelischen und katholischen Theologie,* Paderborn 1963).

Dass die Rede vom Menschen als (Ab)Bild Gottes nur im Rahmen einer theistischen Weltanschauung Sinn macht, betont Max Scheler mehrmals – in der

Zeit, als er während und kurz nach dem 1. Weltkrieg eine katholisierende Religionsphilosophie entwickelte (vgl. *Vom Ewigen im Menschen* [¹1921], in: M. Scheler, *Gesammelte Werke*, hg. M. Scheler/M. Frings, Bd. V, Bern/München ²1968, 191 f.), ebenso wie in der Zeit, als er 1927, kurz vor seinem Tod, unter dem Einfluss Spinozas in der einflussreichen Schrift *Die Stellung des Menschen im Kosmos* zu einer pantheistischen Position fand (*Ges. Werke*, Bd. IX, Bonn ²1995, 70 f.: „[…] weil wir die theistische Voraussetzung leugnen: einen geistigen, in seiner Geistigkeit allmächtigen persönlichen Gott. Für uns liegt das *Grundverhältnis des Menschen zum Weltgrund* darin, dass dieser Grund sich im Menschen […] selbst unmittelbar *erfasst und verwirklicht.*" [70]) Das Argument dafür, dass sich „die geistigen Wesen", allen voran der Mensch, als „wissende Abbilder und Spiegelbilder der Gottheit" erfahren (*Vom Ewigen …* 190), liegt beim früheren Scheler in Folgendem: Zuerst ist der Mensch *a priori* intentional auf Werte ausgerichtet, genauer gesagt, auf eine Wertehierarchie, an deren Spitze der Wert des Heiligen steht. Den Werten, die bereits vor jeglicher objektivierender Erkenntnis empfunden und gefühlt, d.h. im weitesten Sinne „wahr-genommen" werden, entspricht der Mensch durch besondere Bewusstseinsintentionen. Die Werte stehen aber nicht allein für sich, sie sind vielmehr in Wertträgern realisiert, von denen wiederum Personen *per se* einen höheren Wert darstellen als Dinge oder Sachverhalte. Geht nun die menschliche Intentionalität auf die Verwirklichung des Heiligen in einer Person, so erfährt sich der Menschen selbst als Person, genauer noch als Geist. Nicht genug damit: Da menschliche Intentionalitäten für Scheler allemal Antworten auf immer schon gegebene objektive Wertrealitäten bilden, erlebt und weiß sich der Geist angerufen von einem ihn begründenden „un-endlichen", personalen Geist – dem göttlichen Geist. Genau in diesem „Relationserlebnis", welches als etwas Unmittelbares, nach Scheler als „erste natürliche *Offenbarung Gottes*" zu verstehen ist, nicht als ein metaphysisches „Kausalurteil", nimmt sich der Mensch als Ebenbild Gottes wahr: „Es sind aber die geistigen Wesen als solche – welche Rangordnung ihrer es auch gebe –, die darum ebenso wohl die ersten *Schöpfungen* Gottes sind, als die ersten *Empfänger* seines *Sichoffenbarens* als unendlicher Geist. Sie sind sich selbst als solche wissende Abbilder und Spiegelbilder der Gottheit gegeben. […] Es handelt sich [dabei] um ein Relationserlebnis, um das Erlebnis des Abglanz- und lebendigen Spiegelseins des menschlichen Geistes im Verhältnis zum göttlichen. Nicht nur *per* lumen Dei cognoscimus omnia, sondern zugleich *in* lumine Dei. Der Religiöse erfasst es erlebnismäßig – nicht nur durch Urteil –, es sei der menschliche Geist nur Abglanz, die erste und ebenbildliche Schöpfungsspur des Schöpfers aller endlichen Dinge. Oder: Der Religiöse gelangt in der religiösen Sammlung und bei der Selbstvertiefung in die Wurzel seines geistigen Wesens schließlich in die fühlbare *Nähe* einer Stelle, wo er seinen Geist vom Geiste Gottes ‚umhegt', ‚gespeist', ‚in ihm gegründet', ‚von ihm gehalten' unmittelbar anschaut – ohne darum auch nur im entferntesten das Relationsglied ‚Göttlicher Geist' *selber* mit wahrzunehmen. Die Ebenbildlichkeit mit Gott ist also dem menschlichen Geiste […] selbst *eingeschrieben*, und zwar in seinem *Sein*. Und dieses *Sein* ist selbst […] schon Wissen um sich, wenn auch nur potentielles Wissen." (Ebd. 190 f.; vgl. 195 ff., 338 ff.; vgl. A. Rohner, *Thomas von Aquin und Max Scheler. Das Ebenbild Gottes* [¹1923], in: L. Scheffczyk, *Der Mensch* ..., wie oben, 259-291, bes. 261 ff. [Rohner über Scheler: „Er irrt schwer – aber man kann trotzdem vieles von ihm lernen", 291])

Auch für die Dialogphilosophie ist der Mensch in eine ursprüngliche, ihn *a priori* bestimmende Relation gestellt. Allerdings ergibt sich diese nicht aus der intentionalen Disposition des menschlichen Bewusstseins auf eine Hierarchie von Werten und deren Träger, sondern aus der immer schon gegebenen Beziehungsstruktur jedes Subjekts. Dieses ist von sich zu einem anderen Subjekt, vom Ich zum/zur Anderen, vom Ich zum Du angelegt. Ferdinand Ebner – wenig später auch Martin Buber (1878–1965) in seinen bekannten Schriften über *Das dialogische Prinzip* (¹1923–1926, Heidelberg ⁵1984) – sieht das menschliche Ich im Du aber nicht allein von einem anderen Menschen angesprochen. Vielmehr zeichnet sich auch hier ein Angerufen- und damit Geschaffensein durch Gott ab: „Gott ist uns […] nicht nur *geistig*, sondern auch *physisch* nahe: nahe in jedem und vor allem im nächstbesten Menschen, im *Nächsten* […] Gott ist uns im Menschen nahe, den wir, aus unserer Icheinsamkeit heraustretend, zum wahren Du unseres Ichs machen, was selbstverständlich nicht heißt, ihn in seiner Menschlichkeit als Gott schlechthin anzusehen." (Ferdinand Ebner: *Das Wort und die geistigen Realitäten. Pneumatologische Fragmente* [¹1921], hg. M. Theunissen [nach F. Seyr (1963)], Frankfurt 1980, 198) Darin erfährt sich wiederum jeder Mensch als ein Du Gottes, genauer als ein von Gott immer schon angesprochenes bzw. in einen Dialog genommenes und beanspruchtes Ich-Subjekt. Als „Du" Gottes kann er jedoch nichts anderes als dessen Ebenbild sein: „[…] gerade in dieser Sphäre, niemals objektiv außerhalb ihrer, wird es offenbar, dass Gott die Voraussetzung, und zwar die reale und nicht bloß ideelle Voraussetzung für die geistige und das heißt personale Existenz des Menschen ist […] Und hier in dieser Sphäre versteht der Mensch, dass Gott ihn nach seinem Ebenbilde geschaffen hat. Denn die Personalität des Menschen ist nichts anderes als ‚Theomorphismus', nicht aber umgekehrt *die* Gottes Anthropomorphismus. […]" (210; vgl. Ferdinand Ebner, *Schriften*, hg. F. Seyr, Bd. II, München 1963 17 f., 125).

*

Im Zusammenhang mit dieser Argumentation drängt sich die Frage der Theodizee auf: Wenn in jedem Menschen Gott nahe sein soll, wenn sich die Gottebenbildlichkeit aus eben dieser kommunikativ-dialogischen Struktur menschlichen Seins ergibt, begegnet dann auch im Bösen, in den Tätern, Mördern und Henkern, Gott? Sind in anderen Worten auch diese Menschen (Ab)Bilder Gottes? Diese Frage wurde im 20. Jahrhundert vor allem von jüdischen Autoren und Autorinnen im Angesicht des Holocaust gestellt. In ihr ging es nicht mehr allein darum, wie ein guter, liebender und treuer Gott dieses unfassbare Geschehen habe zulassen und seinem Volk in dieser Not nicht habe beistehen können, sondern vielmehr darum, ob der Mensch, das herausragende

Geschöpf der Schöpfung, nicht eine Widerlegung Gottes, seines Urbildes, sei. Stand früher der Mensch auf dem Spiel, wenn Gott dessen (Ab)Bildlichkeit nicht garantierte, so steht und fällt jetzt der gute und weise Gott mit der Vertretbarkeit des Experiments ‚Mensch'. Die Theodizee ist abhängig geworden vom Ausgang der Anthropodizee (Odo Marquard). An der Glaubwürdigkeit des (Ab)Bildes entscheidet sich Wert und Sein des Urbildes.

Dass sich die Verhältnisse zwischen Urbild/Gott und (Ab)Bild/Mensch verkehrt haben, drückt unter anderen das Gedicht *Tenebrae* von Paul Celan (1920–1970) aus, in dem freilich nicht die Perspektive der Täter, sondern jene der im Holocaust Ermordeten zur Sprache kommt. Wie kaum ein anderer lyrischer Text nimmt es das Bild-Thema auf – wie ich interpretieren würde: in christologischem Kontext (siehe Paul Celan, *Die Gedichte* – Kommentierte Gesamtausgabe, hg./komm. B. Wiedemann, Frankfurt 2003, 97; Kommentar 649 f.).

TENEBRAE

Nah sind wir, Herr,
nahe und greifbar.

Gegriffen schon, Herr,
ineinander verkrallt, als wär
der Leib eines jeden von uns
dein Leib, Herr.

Bete, Herr,
bete zu uns,
wir sind nah.

Windschief gingen wir hin,
gingen wir hin, uns zu bücken
nach Mulde und Maar.

Zur Tränke gingen wir, Herr.

Es war Blut, es war,
was du vergossen, Herr.

Es glänzte.

Es warf uns dein Bild in die Augen, Herr.
Augen und Mund stehen so offen und leer, Herr.
Wir haben getrunken, Herr.
Das Blut und das Bild, das im Blut war, Herr.

Bete, Herr.
Wir sind nah.

Das Gedicht gleicht einem Gebet, eindeutig der jüdisch-christlichen Religionstradition entstammend. Angesprochen ist – wie aus liturgischen und persönlichen Rezitationen vertraut – „der Herr", sei es Gott/Jahwe, sei es Christus. Der Angesprochene ist jedoch kein Angerufener, von dem – wie bis dahin üblich – Hilfe, Rettung oder Heil erwartet würde. Nah ist nicht mehr der „Herr", nah sind vielmehr „wir" – „wir", die Opfer der Vernichtung. Von ihnen geht aus, was auch für den „Herrn" gilt. Deshalb ist *er* aufgefordert zu beten – zu den Opfern, nicht umgekehrt diese zu ihm. Und der Leib, der nach christlicher Vorstellung den Inbegriff des Sühneopfers für alle Menschen und die gesamte Schöpfung darstellt, ist zuerst nicht mehr der Leib des „Herrn", sondern vorher der Leib „eines jeden von uns", die zur tödlichen „Tränke" getrieben wurden. So ist wohl das Bild des „Herrn" in die Augen der Opfer geworfen, es ist jedoch nicht mehr – wie im Falle Jesu – das Norm-Bild, dem sich jeder Mensch anzugleichen vermag, um (Ab)Bild Gottes zu werden, nicht einmal das Bild des Gottesknechtes, des „Ecce homo", des mit-leidenden Gottes. Dem Bild, welches „im Blut war", entsprechen daher nur noch leere, offene Augen und Münder. So ist schließlich das Verbindende zwischen dem „Herrn" und „uns" nicht etwa ein ontologisch- oder ethisch-relevanter Bezug zwischen Urbild und (Ab)Bild, sondern das Blut, das jener „vergossen" hat und „wir [...] getrunken" haben, das Blut, in dem zugleich jedes Korrespondieren zwischen dem Bild, das sich zeigt, und den Augen, denen es sich zeigt bzw. die es aufnehmen sollten, abgestorben ist.

Celan drückt mit seinem Gedicht *Tenebrae* aus, was sich für das Jesus-Bild sowohl der Gegenwartsliteratur als auch der modernen Kunst konstatieren lässt: In Jesus, vor allem im leidenden, sterbenden und gottverlassenen Jesus wird nicht mehr der Mensch, vielmehr umgekehrt im leidenden, sterbenden und gottverlassenen Menschen Jesus entdeckt. Bekanntlich finden sich bildliche und skulpturartige Darstellungen von Jesus als geschundenem und gekreuzigtem Sterbenden/Toten erst ab dem 12. Jahrhundert. Zuvor erschien Jesus überwiegend als der göttliche Christus, als Überwinder, Herrscher, Pantokrator der Welt in aller Erhabenheit, Hoheit und Schönheit, als eine überirdische Erscheinung mit sämtlichen Attributen des Göttlichen. Am Ende des Mittelalters ändert sich dies. (Vgl. G. Rombold, *Der Streit um das Bild. Zum Verhältnis von moderner Kunst und Religion*, Stuttgart 1988, 28-37) Christus begegnet plötzlich als Jesus, der qualvoll am Kreuz hängt und wie jeder Mensch stirbt oder schon tot ist. In der christlichen Frömmigkeitsgeschichte ein beispielloser Vorgang: Die Menschen entdecken in Christus mit einem Mal sich selbst, sie finden sich in Jesus wieder, können sich von ihm her deuten. Christus ist so in einer kaum überbietbaren Nähe jenes Bild Gottes, auf das hin jeder Mensch seinerseits (Ab)Bild Gottes werden kann und werden soll. Damit gibt er auch das Modell, das Kriterium, das Maß ab, von dem aus zu verstehen ist, was der Mensch ist bzw. was Menschsein bedeutet. Genau dies kehrt sich in der modernen Literatur und Kunst um: Wer Christus, wer Jesus ist, wird nur mehr begriffen, wo zuvor klar geworden ist, was der Mensch ist bzw. was Menschsein heißt. Hier kann dann Christus/Jesus durchaus der exemplarische, authentische und ausschlaggebende Mensch sein (K.-J. Kuschel, *Jesus in der deutschsprachigen Gegenwartsliteratur* [¹1978], München/Zürich 1987, 310 ff.). Die künstlerisch-literarische „Christologie" erfolgt trotzdem „von unten", sozusagen von jedem von uns aus, nicht „von oben", sprich, vom göttlichen Sohn (Λόγος) her, der Mensch geworden ist. Was Urbild/Vorbild war, erscheint jetzt als (Ab)Bild – und umgekehrt. Das *Ecce homo* des Pilatus (ἰδοὺ ὁ ἄνϑρωπος [Joh 19,5]) ist in beide Richtungen interpretierbar.

*

An dieser Stelle müsste auf den litauisch-französischen Philosophen Emmanuel Levinas (1906–1995) hingewiesen werden, der sich mit seinen Analysen des menschlichen Antlitzes dem Thema (Ab)Bild Gottes noch einmal philosophisch, zugleich seinem jüdischen Glauben folgend angenähert hat – dies in verblüffend parallelen Ansätzen zur neostrukturalistischen Philosophie von Jacques Derrida (1930–2004). Auf ihn wird jedoch im vorliegenden Band ausführlich eingegangen, im Beitrag *„Stütze der Welt". Zur Interpretation von Ebenbildlichkeit bei Emmanuel Levinas* von Reinhold Esterbauer (131-148) sowie im Schlussbeitrag des Herausgebers *Topologien des Menschlichen: Resümee und Ausblick* (273-284). Deshalb möge hier ein Verweis genügen.

Im Anschluss an Levinas sei dafür nach der bleibenden Aktualität der Aussage vom Menschen als (Ab)Bild Gottes gefragt. Dazu muss meines Erachtens die Aufmerksamkeit darauf gelenkt werden, dass die Ebenbildlichkeit mit Gott für den Menschen nicht allein Freiheit und Personalität impliziert, die ihm genauso wie seinem Urbild (Gott) eigen ist, sondern zugleich das, was nach jüdisch-christlicher Überzeugung darin enthalten ist – die Transzendenz. Was aber bedeutet Transzendenz? Unwillkürlich denkt man an ‚Jenseits von Raum und Zeit', an ‚schlechthin Unvorstellbares' oder an ‚Mystisches', an solches, was durch die natürliche Erkenntnisfähigkeit des Menschen nicht erreichbar ist. ‚Transzendenz' steht jedoch zuerst für die Inkommensurabilität, sprich für die absolute Unvergleichlichkeit, für die prinzipielle Nichtreduzierbarkeit auf ein bestimmtes Maß bzw. für die Unmöglichkeit der Rückführbarkeit von Etwas auf etwas Anderes als auf sich selbst (ganz im Sinne der Differenzlosigkeit [ὡς μὴ διακεκριμένα, *Enneaden* V 3,15,31] bzw. der schlechthinnigen Einfachheit [τὸ ἁπλῶς ἕν, ebd. III 8,10,22; V 3,13,34f.] des „Einen" [ἕν] bei Plotin oder des „non aliud" bei Nikolaus von Kues [*De venatione sapientiae/Die Jagd nach Weisheit* XIV 39 ff., wie oben Bd. IV, 57ff.]). Im Zusammenhang mit der neuplatonisch-patristischen Reflexion des jüdisch-christlichen Weltbildes in Spätantike und Mittelalter wurde diese Eigenschaft allein Gott zugeschrieben, dem Schöpfer allen Seins aus dem Nichts, der personalen Mitte der gesamten Wirklichkeit, von der seitens des Menschen nur in wissendem Nichtwissen gesprochen werden kann (im Sinne des Augustinus: *Si enim comprehendis, non est Deus.* „Wenn du ihn begreifst, ist es nicht Gott." [*Sermo* CXVII 3,5]). Indirekt gilt die Rede von der

Transzendenz konsequenterweise auch von Gottes Ebenbild, vom Menschen. Dessen Würde gründet wie jene Gottes in seiner Transzendenz, in seiner absoluten Inkommensurabilität und nicht überbietbaren Einmaligkeit. Diese wiederum ist, wie die Erforschung der Philosophie- und Theologiegeschichte zeigt, ein wesentliches Mehr gegenüber dem, was im Anschluss an Aristoteles – etwa bei Boethius (um 480–ca. 524; *Contra Eutychen et Nestorium* III; V) – als *individua substantia* eines Seienden verstanden wurde, als die Unverwechselbarkeit bzw. „Individualität" aller jener Wirklichkeitsträger (ὑποκείμενα), die sowohl in der Entwicklung ihrer selbst als auch in der Veränderung ihrer Umwelt Konstanz und Identität bewahren. Sie wurde seit der hochmittelalterlichen Theologie mit dem Begriff des *ens morale* umschrieben und bezeichnete seither jene nicht ersetz- und vertretbare Einmaligkeit (*incommunicabilis existentia* [Richard von St. Viktor; gest. 1173; *De Trinitate* IV 22]), die mit dem menschlichen Freiheitsvollzug als solchem gegeben ist bzw. aus diesem resultiert (vgl. Th. Kobusch, *Die Entdeckung der Person*, wie oben, 23-31).

Im Hinblick darauf steht die Rede vom Menschen als (Ab)Bild Gottes im Kontrast zu jeder Form reduktionistischer Anthropologie. Überall, wo die menschliche Wirklichkeit darauf zurückgeführt wird, nichts anderes zu sein als Geist/Verstand, physiologisch erklärbare körperlich-leibliche Disposition, körperlich-seelische Maschine, Trieb zum Leben, Produkt gesellschaftlicher Kräfteverhältnisse, Resultat neuronal definierbarer Gehirnvorgänge, etc., steht der Begriff von der Gottebenbildlichkeit dafür, dass menschliche Wirklichkeit allemal mehr ist, als sich reduktionistisch – in welcher Form auch immer – von ihr aussagen bzw. auf einen Begriff bringen lässt. Sie meldet prinzipiellen Einspruch gegen jeden Versuch an, das umfassend Menschliche auf eine Dimension einzuebnen. Mit ihr ist in anderen Worten eine Absage an sämtliche „-ismen" wie Rationalismus, Idealismus, Formalismus, Sensualismus, Szientismus, Biologismus, Naturalismus, Materialismus usw. formuliert, sofern diese „-ismen" in unterschiedlicher Weise darauf abzielen, die Vielgestaltigkeit des Menschen zu verkennen und damit zu übersehen, dass der Mensch letztlich nicht ‚de-finierbar' ist. Daran zu erinnern ist angesichts der regelmäßig auftretenden Versuchung, die menschliche Wirklichkeit zu simplifizieren und in der Folge zu entwerten, allemal geboten und zu jeder Zeit aktuell – auch heute.

GRUNDSÄTZLICHES

Clemens Sedmak

Einleitung

Heinrich Schmidinger hat in seiner Einleitung die geistesgeschichtlichen Hintergründe und Quellen für den einschlägigen Ideenschatz ausgewiesen. Es beeindruckt, wenn es erlaubt ist, dem eigentlichen Herausgeber der Reihe und Projektleiter ein plumpes Kompliment zu machen, was hier an Traditionsströmen zusammengeflossen ist. Es zeigt sich in jedem Fall, dass die Idee des Menschen als „Abbild Gottes" nicht ein Nebenschauplatz der Geistesgeschichte ist, sondern in vielen Verästelungen und Verzweigungen eine bemerkenswerte Wirkungsgeschichte erfahren hat. Die „Choreographie" der Reihe „Topologien des Menschlichen" hatte nicht ohne guten Grund diesen Topos als den letzten zu behandelnden gewählt; nicht als Antiklimax, sondern durchaus als indirekten Höhepunkt.

Die Abbild-Idee bringt Philosophie, Psychologie und Theologie zusammen und bringt Kultur und Religion in einen Dialog. Es ist gewissermaßen eine Schlüsselfrage für die Verortung und Selbstverortung des Menschen, wie es denn um die Abbild-Idee steht: Was hältst du von der Charakterisierung des Menschen als „Abbild Gottes"? Diese Frage führt auf Grundsätzliches hin und lädt diejenigen, die sich damit beschäftigen, nachdrücklich ein, Farbe zu bekennen. Sie ist sozusagen eine mäeutische Frage, die dazu einlädt, über die eigene Position nachzudenken und implizite Annahmen explizit zu machen. Immer wieder wird diese Frage im Rahmen von Grundsatzüberlegungen gestellt. Diese stehen auch im vorliegenden Band am Anfang:

Karl Josef Kuschel, der weit bekannte Religionswissenschaftler und Literaturwissenschaftler aus Tübingen, diskutiert diesen Topos des Menschlichen im Lichte des Dialogs zwischen Judentum, Christentum und Islam. Im ersten Schritt zeichnet Kuschel den biblischen Befund nach – die Rede von der Gottebenbildlichkeit findet ihren Ursprung konkret und fassbar in der Königsideologie des Alten Orients; in Israel wird aus dieser exklusiv dem König vorbehaltenen Sonderstellung ein Königtum aller Menschen. Diese „Royalisierung" ist verbunden mit einem Verantwortungsauftrag und einer Kultivierungsfunktion. Die zugesprochene Sachwalterschaft betrifft die Menschheit als Ganzes. Im zweiten Schritt geht Kuschel dem koranischen Vermächtnis nach und arbeitet auf diese Weise bemerkenswerte Konvergenzen zwischen Bibel und Koran heraus: Der Mensch wird im Koran, trotz eines ebenfalls angesprochenen

„Risikos" der Steuerbarkeit, von Gott als Statthalter eingesetzt und über diese Verantwortung charakterisiert. Dabei kommt ein unterstelltes „Menschenvertrauen Gottes" zum Ausdruck, das eine grundsätzlich optimistische Anthropologie grundlegt. Aus den Konvergenzen zwischen biblischem und koranischem Bekenntnisstrang ergeben sich für Karl-Josef Kuschel drei Konsequenzen: Das Bekenntnis zur Einheit und Gleichheit aller Menschen; das Wissen um Versagen und Gericht; die gerade heute so notwendige Verteidigung der Würde aller Menschen. Die drei angesprochenen Religionen bieten damit Quellen für moralische Intuitionen an, die auf dem Hintergrund einer „dichten Beschreibung von Schöpfung" Plausibilität und Tiefe erlangen. Diese Intuitionen haben auch in der heutigen Diskussion um Universalität von Würde und Gleichheit aller Menschen nichts an Relevanz verloren. Die Begründung mag schillern, aber die „Hinter-Gründe für die Begründung" sind explizit zu machen, um mit entsprechender Achtung an diesen Topos des Menschlichen heranzugehen. Eben dies zeigt Kuschel klar und konturiert auf.

Um grundsätzliche Überlegungen geht es auch im zweiten Beitrag aus der Feder von Paul Janz, einem kanadischen Philosophen und Theologen, der in London am King's College lehrt. Janz geht es um das Problem der Transzendenz Gottes, das nicht einfach darin besteht, dass unsere Sinneswahrnehmung nicht ausreicht, Gott zu erkennen. Mit diesem Problem hängt die Frage nach der rationalen Verständlichkeit der Imago-Idee zusammen. In der Geschichte des christlichen Denkens, führt Janz aus, gibt es zwei unterschiedliche Einstellungen zur Offenbarung – eine „griechische", die Offenbarung als Vermittlung göttlicher Wahrheiten ansieht und eine „jüdische", die Offenbarung als Weisung und Gebot versteht – und eine Entscheidung abverlangt. Mit Franz Rosenzweig exploriert Paul Janz diese Version, nachdem er sowohl die Idee der Repräsentation als auch die Idee der Anti-Repräsentation bei Gilles Deleuze verworfen hat, um die Imago-Konzeption zu verstehen. Wenn Offenbarung als Gebot verstanden wird, dann kann der Mensch insofern Abbild Gottes sein, als er durch das Erhören des göttlichen Imperativs ein Werkzeug des göttlichen Willens werden kann. Damit legt Paul Janz nicht nur eine originelle Deutung der Imago-Idee vor, sondern legt auch den Grundstein zu einer besonderen Fundamentaltheologie, die er jüngst in seinem Buch *The Command of Grace* entfaltet hat.

Nach dem Religionswissenschafter und dem Philosophen kommt ein Jurist zu Wort, der im Zusammenhang mit der Thematik des Abbilds Gottes nicht als „Anwender", sondern als rechtsphilosophisch Fragender zu Wort kommt: Karl Heinz Auer aus Innsbruck beschäftigt sich mit dem Menschen im Fokus rechtsphilosophischer und theologischer Deutungsmuster. Es geht um das Menschenbild im Recht, um die Rechtsentscheidungen und rechtlichen Rahmenbedingungen zugrunde liegende Anthropologie. Auer unterscheidet normatives, idealtypisches realtypisches und personales Menschenbild und merkt an, dass es aus rechtshistorischer Perspektive in Bezug auf die Frage nach der Herkunft der Menschenwürde große Übereinstimmung darüber gibt, dass der

Gedanke der Menschenwürde religiösen Ursprungs ist. Die Zuschreibung von Freiheitsnatur und Subjektqualität des Menschen erfolgt im Dialog mit der jüdisch-christlichen Tradition. Anders als im antiken Rom, das *dignitas* an die *res publica* band, verleiht die biblische Tradition jedem einzelnen Menschen Würde, die aufgrund ihres Ursprungs auch als unantastbar ausgewiesen wird. Aus dieser Zuschreibung von Würde finden sich im Recht eine Reihe von Implikationen, wie etwa die goldene Regel in verschiedenen Schattierungen oder die Generalklausel von „Treu und Glauben". Paradoxerweise hat die aus religiösem Boden gewonnene Zuschreibung von Würde des Menschen die im Recht herrschende Anthropozentrik mit Betonung von Würde, Subjekthaftigkeit und Freiheit ermöglicht. So gesehen kann der Beitrag Auers auch als Mahnung an die Rechtspraktizierenden verstanden werden, die Wurzeln nicht zu übersehen. Auch hier zeigt sich, dass die Imago-Frage an Grundsätzliches heranführt und zu einer Positionierung aufruft.

Karl-Josef Kuschel

Der Mensch – Abbild oder Statthalter Gottes?
Konsequenzen für Juden, Christen und Muslime

I. Die Gottesebenbildlichkeit des Menschen: Das Biblische Vermächtnis

„Die Würde des Menschen ist unantastbar"! So lautet programmatisch der erste Satz des Grundgesetzes der Bundesrepublik Deutschland (Art. 1, Abs. 1). Ihm merkt man seine „metaphysische" Herkunft noch an. Denn der Begriff „Unantastbarkeit" verweist unüberhörbar auf eine philosophisch-theologische Reflexionsgeschichte zum „Wesen" der menschlichen Person. „Unantastbar" kann ja nur etwas sein, was Anteil am „Unantastbaren" schlechthin hat: an Gott. Die Hebräische Bibel kennt dafür auf der Basis von Gen 1,26 und 27 den Ausdruck „Gottesebenbildlichkeit":

> „Dann sprach Gott: Lasst uns Menschen machen als unser Abbild, uns ähnlich. Sie sollen herrschen über die Fische des Meeres, über die Vögel des Himmels, über das Vieh, und über die ganze Erde und über alle Kriechtiere auf dem Land. Gott schuf also den Menschen als sein Abbild; als Abbild Gottes schuf er ihn. Als Mann und Frau schuf er sie."

Lange ist unter Bibelkundigen darüber debattiert worden, was mit Gottesebenbildlichkeit in Gen 1 gemeint sein kann. Heute zeichnet sich in wichtigen Punkten ein Konsens ab. Von ihm muss ich kurz berichten:

(1) Die Rede vom Menschen als „Abbild" Gottes hat ihren Ursprung nicht in einer abstrakten philosophisch-theologischen Theorie von der Unsterblichkeit der menschlichen „Seele" oder der Gottähnlichkeit des Menschen, sondern geschichtlich sehr konkret in der *Königsideologie des Alten Orients* (Ägypten, Assyrien). So wie eine Königsstatue in Israels Umwelt überall im Land den Untertanen gegenüber abbildhaft den König repräsentiert, so repräsentiert nach Gen 1,26 *in Israel* jeder Mensch überall auf der Erde Gott. Gemeint ist somit nicht eine Spekulation über das „ewige" Wesen oder eine besondere Qualität des Menschen, sondern etwas Irdisch-Funktionales.

(2) War in Israels Umwelt die Gottesebenbildlichkeit allein für den König reserviert, so wird in Israel daraus ein *Königtum für jeden Menschen*. Eine bemerkenswerte „Royalisierung" aller in einer Zeit, in der in Israel das Königtum bereits untergegangen ist. Der königliche Mensch soll in seinen Handlungen das Bild des königlichen Schöpfergottes sein.

(3) Vor diesem Hintergrund sind die Schlüsselbegriffe zum Verständnis der Gottesebenbildlichkeit: *Repräsentation* und *Entsprechung*. Der Mensch soll als Gottes „Abbild" Gott repräsentieren *und* in seinem Handeln Gott entsprechen. Wem gegenüber aber gilt dieser Auftrag in „Repräsentation" und „Entsprechung"? Gen 1,26 und 27 hat eine klare Zielrichtung: *damit* der Mensch herrsche über alles Getier und über die Erde. Als Abbild Gottes hat der Mensch somit einen *Herrschaftsauftrag*. Aber diese seine Herrschaft übt er stets im Namen *Gottes* aus. Er soll in einer Weise herrschen, die der Herrschaft Gottes über die ganze Welt entspricht. *Imago Dei* ist *imitatio Dei*. Wird der Mensch auch niemals „wie Gott" werden, wie die Schlange es ihm einzureden versucht (Gen 3,5), so kann er doch *wie Gott handeln*. Das ist das große Vermächtnis Israels an die Menschheit.

Was aber heißt, wie Gott zu handeln? Auch hier kann nur das Notwendigste gesagt werden:

(1) Da der Mensch als Repräsentant *Gott* zu entsprechen hat, ist sein Herrschaftsauftrag über Tiere und Erde kein Freibrief für Größenwahn: für rücksichtslose Ausbeutung der Erde oder gar hemmungslose Vernichtung der nichtmenschlichen Lebenswelt. Ohnehin hat erst die bibelferne, industriell-technisch hochgerüstete Moderne dem Menschen dieses Zerstörungspotential überhaupt in die Hand gegeben. Gemeint ist ein *Verantwortungsauftrag*. Der Mensch soll darin Abbild Gottes sein, dass er sich verantwortlich handelnd zu seinem Lebensraum samt den Lebewesen darin verhält. Nach Gen 1 vollendet Gott die Schöpfungsordnung dadurch, dass er den Menschen zu seinem Bild erschafft, d.h. dadurch, dass er den Menschen als Repräsentanten Gottes die verantwortliche und friedliche Herrschaft über alle Lebewesen anvertraut.

(2) Mehr noch: Der Mensch hat mit seinem Herrschaftsauftrag eine *universale Kultivierungs- und Ordnungsfunktion*. In dieser Akzentuierung könnte die Erinnerung daran nachklingen, dass der Mensch einmal den Tieren unterlegen war, dass aber die „Herrschaft" über die Tiere jetzt zum Menschsein des Menschen dazugehört. Woraus folgt: Herrschaft ist um der Schöpfung im Ganzen und ihres Fortbestands willen notwendig, sie definiert den gottebenbildlichen Menschen als *Sachwalter* für das Ganze der Schöpfungswelt. Ja, man wird sagen können: Als der Gott entsprechende Herrscher ist der königliche Mensch der verantwortliche *Stellvertreter* des unsichtbaren Gottes. Als *Mandatar* des Schöpfergottes wird er der göttlichen Macht und Verantwortung teilhaftig.

(3) Sachwalter- und Stellvertreterschaft sind nicht individualistisch misszuverstehen. Mit „Adam" ist ja gerade kein Individuum, sondern die *Menschheit als Ganzes* gemeint. Nicht großen Einzelnen wird die Weltherrschaft übergeben, sondern der Gemeinschaft. Alle Menschen hat Gott mit diesem Auftrag ausgestattet, sein Sachwalter, Stellvertreter und Mandatar zu sein. Keiner in der Menschheit ist ausgeschlossen. Jeder Mensch ist Abbild Gottes, unabhängig von seiner Rasse, Klasse, Geschlecht und Religion! Daraus gilt es Konsequenzen zu ziehen. Bevor wir das tun, werfen wir einen Blick auf den Koran.

II. Der Mensch als „Statthalter Gottes": Das koranische Vermächtnis

Wer den Koran nicht kennt, wird überrascht sein, wie viel an Überlieferungen aus der jüdisch-christlichen Tradition hier aufgenommen ist: die Überlieferungen um Noach und die Sintflut, um Mose und seinen Konflikt mit Pharao, um Abraham und seine Entdeckung des einen Gottes, um Jesus und Maria als Zeichen von Gottes Bermherzigkeit und Frieden, um nur die wichtigsten zu nennen. Und: Auch die Schöpfungsgeschichte ist im Koran aufgenommen und neu interpretiert. Die Geschichte von der Erschaffung des Menschen, dem Sündenfall und der Vertreibung aus dem Paradies.

Von besonderer Bedeutung ist für uns eine späte Sure aus der Zeit des Propheten in Medina. Sie hat für das koranische Menschenbild Schlüsselbedeutung:

> 30 Als dein Herr zu den Engeln sagte:
> „Ich bestelle auf der Erde einen Statthalter."
> Sie sagten:
> „Willst du auf ihr einen bestellen, der auf ihr Unheil stiftet und Blut vergießt, wo wir doch dein Lob preisen und deine Heiligkeit rühmen?"
> Er sagte:
> „Ich weiß, was ihr nicht wisst."
> 31 Er lehrte Adam alle Namen. Dann stellte er sie (die Kreaturen) den Engeln vor und sagte:
> „Nennt mir deren Namen, falls ihr wahrhaftig seid!"
> 32 Sie sagten:
> „Gepriesen seist du! Wir wissen nichts außer dem, was du uns gelehrt hast.
> Du bist der Wissende und Weise."
> 33 Er sagte:
> „Adam, nenne ihnen ihre Namen!"
> Als er ihnen ihre Namen genannt hatte, sagte er (Gott):
> „Habe ich euch nicht gesagt: Ich weiß das Verborgene der Himmel und der Erde, was ihr offenlegt und was ihr stets verschweigt?"
> (Sure 2,30-33)

Alles beginnt auch hier (wie schon in früheren Suren: 15, 20 und 7) mit einem Himmelsdialog mit Engeln. War aber in früheren Suren von einer schönen Gestalt des Menschen die Rede, mit der Gott den Menschen ausgestattet hat, so ist hier gezielt die Rede vom Menschen als *Statthalter Gottes*. Kein Wunder, dass sich die Engel nicht wie üblich unterwerfen. Hier widersprechen sie. Es ist, als sei die Einsetzung des Menschen zum „Statthalter" Gottes für die Engel eine so ungeheuerliche Provokation, dass selbst sie widersprechen. Bisher hatten sie Gott stumm gehorcht. Auf Befehl Gottes hatten sie sich vor dem ersten Menschen niedergeworfen. Jetzt, nachdem der Mensch so hochgehoben ist, leisten

selbst die Engel Widerstand, ja, werden zu Menschen-Skeptikern. Die Engelrebellion in Sure 2 steht im Dienste der Menschenskepsis.

Warum? Die Engel stellen Gottes Absicht grundsätzlich in Frage, den Menschen überhaupt schaffen zu wollen. Wozu braucht es ein Wesen, das künftig
so viel Unheil anrichten wird? Das kann nicht in Gottes Interesse sein. Was soll
ein Geschöpf, das auf Erden Blut vergießen wird, statt wie die Engel Gottes
Lob zu singen und seine Heiligkeit zu preisen? Erstmals wird im Koran nicht
bloß die Existenz, sondern schon die Erschaffung des Menschen zum Drama.

Das Motiv der Engelrebellion im Dienste der Menschenskepsis teilt der Koran mit der jüdischen Überlieferung. Sie kennt im Rahmen rabbinischer Schrift-
auslegung einen Midrasch zum Buche Genesis, wo die „Dienstengel" sich über
Sinn und Unsinn von Gottes Idee streiten, den Menschen überhaupt schaffen
zu wollen. Kontroverse Meinungen zwischen den Engeln blitzen auf. Schon
bei den Rabbinen war dies nicht ohne Humor erzählt. Gott muss seine eigenen
Engel gewissermaßen vor ein *fait accompli* stellen, um die Erschaffung des Menschen überhaupt durchzusetzen. Als sei er des Streites überdrüssig, schafft Gott
hinter dem Rücken seines Dienstpersonals Fakten. Die Erschaffung des Menschen also – eine Art Verzweiflungsakt des von seinen eigenen Engeln generv-
ten Schöpfers? In jedem Fall spiegelt diese Szene das „anhaltende Erstaunen
der Tora über den besonderen Stellenwert des Menschen in der Schöpfung wider, über seine einzigartigen geistigen Fähigkeiten, die die Spuren des Schöpfers
tragen" (*Die Tora. In jüdischer Auslegung*, hrsg. v. W.G. Plauth, Bd. I, Gütersloh
1999, S. 75).

Dieses Erstaunen über Gottes Bereitschaft, das „Risiko Mensch" überhaupt
einzugehen, treffen wir freilich nicht nur im Koran und bei den Rabbinen,
es hat sich auch tief in das abendländische Bewusstsein eingesenkt. Thomas
Mann, der in seinem großen Joseph-Roman-Projekt solche jüdischen Überlieferungen literarisch brillant zu verarbeiten wusste, beruft sich in einem seiner
düstersten Texte zur Situation des Menschen im Zeitalter des Faschismus nicht
zufällig auf das jüdische Motiv der Engel-Skepsis. In einer 1938 gehaltenen Rede zum Thema *Vom zukünftigen Sieg der Demokratie* heißt es wörtlich:

> „Wir sind mit der Natur des Menschen, oder besser gesagt: der Menschen
> so ziemlich vertraut und weit entfernt, uns Illusionen über sie zu machen.
> Sie ist befestigt in dem Sakralwort ‚Das Trachten des Menschenherzens ist
> böse von Jugend auf'. Sie ist mit philosophischem Zynismus ausgespro-
> chen in dem Wort Friedrichs II. von der ‚verfluchten Rasse' – ‚de cette
> race maudite'. Mein Gott, die Menschen … Ihre Ungerechtigkeit, Bosheit,
> Grausamkeit, ihre durchschnittliche Dummheit und Blindheit sind hin-
> länglich erwiesen, ihr Egoismus ist krass, ihre Verlogenheit, Feigheit, Un-
> sozialität bilden unsere tägliche Erfahrung; ein eiserner Druck disziplinä-
> ren Zwangs ist nötig, sie nur leidlich in Zucht und Ordnung zu halten. Wer
> wüsste diesem vertrackten Geschlecht nicht alle Laster nachzusagen, wer
> dächte nicht öfters völlig hoffnungslos über seine Zukunft und verstände

es nicht, dass die Engel im Himmel vom Tage der Erschaffung an die Nase rümpften über den unbegreiflichen Anteil, den Gott der Herr an diesem fragwürdigen Geschöpfe nimmt?" (Vom zukünftigen Sieg der Demokratie, 1938, in: *Thomas Mann*, Essays Bd. IV, Frankfurt/M. 1995, S. 220).

Da hatte der Koran ganz anders in Gottes Menschenvertrauen investiert. Denn die „Engelrebellion" in Sure 2 hat ja eine klar erkennbare Funktion: das *Motiv der Gottgewolltheit des Menschen* zu verstärken, ist doch das Ergebnis des Disputs im Koran der bewusste Entschluss Gottes, den Menschen zu schaffen – allen Einwänden der Engel zum Trotz, die sich schließlich dann doch vor den Menschen niederwerfen (Sure 2,34). Dass Gott aber das „Risiko Mensch" eingeht, zeigt, wie groß sein Vertrauen in den Menschen ist. Rücksichtslos konnten die Engel ausplaudern, wozu der Mensch nicht nur potentiell fähig ist, sondern was er künftig anrichten wird: Unheil stiften und Blut vergießen.

Daraus folgt: Die Problematik des Menschen als Unheil-Stifter in der Welt wird nicht verschwiegen. Das Adam-Drama in Sure 2 ist Ausdruck eines realistischen Menschenbilds. Der Koran zeigt ein Doppeltes: den Menschen als das entschieden gottgewollte Wesen und umgekehrt den Schöpfer als den entschieden menschenvertrauenden Gott.

Konkretisiert wird dieses Menschenvertrauen Gottes durch die Aussage in Sure 2,30. Zum ersten Mal taucht hier im Koran der Gedanke auf, dass der Mensch nicht nur dadurch von Gott einen besonderen Rang bekommt, dass ihm Gottes „Geist" eingeblasen wurde, sondern auch dadurch, dass er von Gott als dessen *Statthalter auf Erden* eingesetzt wird. Das arabische Schlüsselwort hier heißt *khalīfa* und wird in unserer Übersetzung (bei Zirker) mit *„Statthalter"*, in anderen deutschen Übersetzungen mit *„Sachwalter"* (Henning) oder *„Stellvertreter"* (Rückert, Khoury, Bobzin) Gottes wiedergegeben. Paret entscheidet sich in seiner Übersetzung für *„Nachfolger"*, was nicht nur philologisch möglich, sondern auch in der Logik des Engelskepsis-Motivs liegt, schaltet Gott doch durch die Erschaffung des Menschen die Engel in ihrer Funktion faktisch aus. Doch ob „Nachfolger", „Statthalter", „Sachwalter" oder „Stellvertreter": In der Sache dürften die Bedeutungen konvergieren. Der Mensch erweist sich im Koran als *khalīfa* dadurch, dass er eine hoheitliche Funktion gegenüber der Schöpfung ausübt. Diese besteht nach Sure 2,31-33 in der Nennung bzw. Vergabe der Namen aller Geschöpfe und Dinge.

Was ergibt sich aus diesem Befund, wenn man die Texte der Hebräischen Bibel und des Korans miteinander in Beziehung setzt? Die koranische Rede von der „Statthalterschaft" und die Rede der Hebräischen Bibel von der „Gottesebenbildlichkeit" sind nicht selten gegeneinander ausgespielt worden. In jüdisch-christlicher Tradition werde der Mensch doch sehr viel höher geschätzt, kann man hören. Während für Muslime der Mensch ja nur „Statthalter" sei (also in Abhängigkeit verbleibe), sei er in jüdisch-christlicher Tradition ganz anders aufgewertet.

Nach neueren Arbeiten besteht freilich kein Sachgrund mehr für ein Auseinanderdividieren beider Begriffe. Denn „Abbild Gottes" in Gen 1 heißt ja, wie wir hörten, den Menschen bestimmen als „Sachwalter", „Stellvertreter", „Repräsentant" oder „Mandatar" Gottes auf Erden. Daraus folgt, dass sich die im Buche *Genesis* bezeugte Rede vom Menschen als „Abbild" Gottes und die in Sure 2,30 bezeugte Rede vom Menschen als „Statthalter" Gottes nicht nur nicht ausschließen, sondern inhaltlich ergänzen. Die islamische Rede vom Menschen als „Kalif Gottes auf Erden" ist eine sachgemäße Interpretation der „Abbild"-Rede der Genesis. Ein Befund, den der Tübinger Judaist Stefan Schreiner überzeugend erhoben hat und der die gängigen, zu Stereotypen erstarrten Dualismen von christlichem und muslimischem Menschenbild überwinden hilft. Die Rede vom „Stellvertreter" und vom „Abbild" sind nicht länger gegeneinander ausspielbar. Im Gegenteil. Schreiner kann ein Dreifaches zeigen:

(1) Der Koran vermeidet durch seine Wortwahl bei der Erschaffung des Menschen („Statthalter") bewusst anthropomorphe Missverständnisse und bietet „mit seiner Lesart eine Deutung, die nicht allein einen deutlich anti-anthropomorphistischen Zug aufweist, sondern den Gedanken der Gottesebenbildlichkeit des Menschen schon vom Begriff her ausschaltet. Überraschen kann dies freilich nicht, ist doch Gott nach koranischem Zeugnis schlechterdings nichts gleich (Sure 42,11)."

(2) Auch im Judentum gibt es eine auf Vermeidung des Anthropomorphismus zielende exegetische Tradition bei der Auslegung von Genesis 1,27. Schon die Rabbinen tun alles, um auch nur den Verdacht einer Körperlichkeit Gottes bei der Ebenbildlichkeitsaussage zu vermeiden.

(3) Auch in der muslimischen Auslegungstradition wird die Statthalterschaft (Sure 2,30) für den Menschen funktional gesehen: als ein gottentsprechendes Tun des Menschen in der Schöpfung. Der Mensch, Adam, erweist sich als „Kalif Gottes" dadurch, „dass er einen Auftrag Gottes ausführt, der ihm gleichsam hoheitliche Funktion gegenüber der Schöpfung zubilligt".

Aufgrund dieses Befundes ergeben sich bemerkenswerte *Konvergenzen* zwischen jüdisch-rabbinischer Schrift-, klassisch-muslimischer Koran- und christlich-alttestamentlicher Bibelauslegung: Wenn der Mensch als „Abbild Gottes" nach klassisch-jüdischem und heutig-christlichem Schriftverständnis nichts anderes ist als „Statthalter", „Repräsentant", „Stellvertreter" oder „Mandatar" Gottes, dann ist der koranische Titel „Kalif" nicht nur nicht länger gegenüber der „Abbild"-Rede ausspielbar, dann ist die koranische „Stellvertreter"-Rede vielmehr die angemessenere, weil Anthropomorphismus von vornherein vermeidende Auslegung der „Abbild"-Rede.

Welche Konsequenzen hätte dies für das Miteinander von Juden, Christen und Muslimen in der heutigen Weltgesellschaft?

III. Konsequenzen für ein Miteinander der Religionen

Alle drei Religionen beziehen sich auf ein und dieselbe Schöpfungsgeschichte. In ihr vergewissert man sich über die Anfänge Gottes mit seiner Schöpfung und den Menschen: „Adam". Des Schicksals Adams eingedenk zu sein, heißt also, Grunderfahrungen des Menschlichen vor Gott teilen. In diesen Grundfragen gibt es eine gemeinsame Agenda zwischen Juden, Christen und Muslimen. Im Blick auf Menschen anderer Religionen heißt dies:

1. Bekenntnis zur Einheit und Gleichheit aller Menschen

Der erste Mensch – und damit der Mensch überhaupt – verdankt sein Leben nicht irgendeinem blinden Schicksal, sondern einem freien, persönlichen Schöpfungsakt Gottes. Das zeichnet den Menschen vor allen anderen Geschöpfen aus. Erinnert wird in Bibel und Koran nicht an irgendeine charakterliche Eigenschaft oder biologische Qualität des Menschen, sondern an Menschsein schlechthin. Menschsein ist Geschaffensein durch Gott! Gott ruft den Menschen durch sein schöpferisches Wort in ein unmittelbares Verhältnis zu sich.

Anders gesagt: Gott ist nicht abstrakt und einmalig des Menschen Schöpfer, er bleibt es durch die ganze Existenz hindurch als des Menschen Leiter und Richter. Als Geschöpf Gottes existiert der Mensch somit ein für allemal im dauernden persönlichen Gegenüber zu Gott. Die Beziehung zu seinem Schöpfer ist somit nicht irgendeine der vielen Dimensionen, sondern die Grundbestimmung des Menschen schlechthin. Dieser beruft ihn nicht nur zu seinem Gegenüber, sondern gibt ihm Anteil an seiner Lebensenergie. Gott teilt seinen Geist mit seinem Geschöpf. Daraus ergeben sich Konsequenzen für ein Miteinander von Menschen verschiedener Religionen. Konsequenzen für eine „Theologie des Anderen".

Des Schicksals Adams zu gedenken, heißt wissen um eine ursprünglich vom Schöpfer gewollte Einheit und Gleichheit des Menschengeschlechtes. Aus dem Bewusstsein gemeinsamer Geschöpflichkeit ist die Begegnung mit Menschen anderer Religionen primär Zustimmung zum Dasein der je Anderen. Der eine Gott ist nicht nur „mein" und „unser" Gott. Er ist der Schöpfer aller, der will, dass es die Menschen so und nicht anders gibt. Alle Menschen stehen gleichrangig und gleichwertig vor Gott! Niemand kann sich auf Gott berufen mit der Behauptung, er sei größer, besser, würdiger als andere Menschen. Einheit und Gleichheit aller Menschen ist verankert im Schöpferwillen Gottes. Aus dieser schöpfungstheologischen Grundstimmung folgt eine Kultur der Anerkennung der Andersheit der je anderen.

Gerade auch in der muslimischen Gegenwartstheologie sind aus der im Koran begründeten Gleichheit aller Menschen Konsequenzen gezogen worden. Der tunesische Gelehrte *Mohammed Talbi*, der große Verdienste um die Beförderung des heutigen islamisch-christlichen Dialogs hat, hat im Zusammenhang der Debatte um Menschenrechte/Menschenwürde die in der Natur des Menschen begründete *Freiheit jedes Menschen zur Selbstbestimmung* betont – gerade auch in Sachen Religion. Alle Menschen sind gleich in dieser Freiheit, gerade auch, weil sie zugleich fehlbar sind. Niemand kann deshalb über einen anderen Menschen bestimmen wollen:

> „Alle Menschen sind gleich, und alle sind gleich fehlbar. Daraus folgt, dass jeder Mensch ein einzigartiges Ich ist, das von Natur aus die Fähigkeit und das Recht besitzt, in Freiheit sich selbst zu bestimmen und gegebenenfalls auch zu irren. Er kann und muss also sein Schicksal auf sich nehmen. ‚Keine lasttragende (Seele) trägt die Last einer anderen.' (Koran 6,164; 17,15; 35,18; 39,7). Da nun aber die Grundforderung gilt, dass alle Menschen gleich sind, verfügt keiner über die Befugnis, den anderen zu bestimmen, und kann sich auch nicht dieses Recht anmaßen. … Diese ursprüngliche Gleichheit ist für alle Menschen konstitutiv und bestimmt ihre innere Struktur, und sie alle sind in ihrem Zugehen auf die absolute Wahrheit gleich gebrechlich und gleich fehlbar."

2. Wissen um Versagen und Gericht

Aufgrund ihrer Ur-Kunden wissen Juden, Christen und Muslime: Menschliches Leben ist ein für allemal „adamitisch" gezeichnet. Das heißt gezeichnet *auch* durch Gottentfremdung, Selbstentfremdung und soziale Entfremdung einerseits und andererseits durch Endlichkeit und Sterblichkeit. Alles menschliche Leben ist nach-paradiesisches Leben: jenseits von Eden. Zum Menschsein gehören somit Sünde und Schuld – nicht als ewiger Fluch über den Menschen, sondern als Ansporn zu dessen Überwindung. Orientierung dafür haben Juden und Muslime in Tora und Koran, Christen im Akt des Vertrauens auf Gottes Tat in Christus. Der Schöpfer bleibt trotz aller Verführbarkeit des Menschen zur Sünde der entschieden menschenvertrauende Gott.

Bedenkt man die Ur-Kunden, sind Juden, Christen und Muslime in zentralen Punkten des Menschenbildes nahe beieinander. Das Verständnis von Sünde als Versagen vor Gott trennt nicht, sondern verbindet. Hebräische Bibel, Neues Testament und Koran konfrontieren den Menschen mit der Einsicht: Die große Bestimmung zur „Gottebenbildlichkeit" oder zur „Stellvertreterschaft" kann auch immer wieder verraten werden. Menschen können sich gegen Gottes Bestimmung und Wirken immunisieren: durch Verdrängung ihrer Geschöpflichkeit (in Selbstüberschätzung, in Größenwahn) sowie durch Vergessen von Dankbarkeit für das von Gott geschenkte Leben.

Mehr noch: Hebräische Bibel, Neues Testament und Koran stellen jedem Menschen das Gericht Gottes vor Augen. So wie Gott der Schöpfer jedes Menschen ist, ist er auch sein Richter. Nach dem Tod wird von jedem Menschen Rechenschaft gefordert über seine Taten und seine Untaten. Die endgültige Bestimmung des Menschen entscheidet sich nach dieser Lebensbilanz. Die Gerichtserinnerung hier und jetzt ist kein Spiel mit Drohungen, sondern ein Appell zur Umkehr und zur Führung eines Gott entsprechenden verantwortlichen Lebens.

Zugleich aber gilt: Hebräische Bibel, Neues Testament und Koran behaften den Menschen nicht auf Sündenverfallenheit, sondern stellen ihm die Gnade und Barmherzigkeit Gottes vor Augen. Immer wieder neu können Menschen ihrer Bestimmung zur „Gottesebenbildlichkeit" oder „Stellvertreterschaft" gerecht werden, entweder indem sie als Juden und Muslime sich an das geoffenbarte Gesetz (Tora und Halacha bzw. Koran und Scharia) halten oder indem sie dem Bild Christi, der für Christen das „Bild des unsichtbaren Gottes" ist, gleichförmig werden wollen.

3. Verteidigung der Würde aller Menschen

Des Schicksals Adam zu gedenken, heißt für Juden, Christen und Muslime wissen um eine ursprünglich vom Schöpfergott gewollte Würde aller Menschen. Mir ist bewusst, dass der Begriff der Würde weder in der Bibel noch im Koran „vorkommt" und nicht dorthin einfach zurückprojiziert werden kann. Er stammt überhaupt nicht aus biblischen oder koranischen Quellen, sondern aus der griechisch-römischen Philosophie. Aber die Sache ist auch in den Ur-Kunden von Juden, Christen und Muslimen präsent: Weil Gott den Menschen in die Verantwortung genommen hat, ist der gottgewollte, königliche Mensch mit einem besonderen Rang und einer besonderen Würde gegenüber allen übrigen Geschöpfen ausgezeichnet.

Daraus folgt: Weil sein Herrschaftsauftrag von *Gott* verliehen ist, kann ihn der Mensch sich nicht selbst nehmen. Er kann sich diesem seinem Auftrag als königlicher Repräsentant nicht entziehen. Gewiss, der Mensch kann, wie wir hörten, seine Gottesebenbildlichkeit selber verdunkeln, verleugnen, mit Füßen treten. Aber er kann sie nicht kündigen. Und was noch wichtiger ist: Kein Mensch kann sie einem anderen Menschen nehmen. In diesem Sinne ist die Würde jedes Menschen unantastbar, unvergänglich. Es ist also nicht gerade etwas *am* Menschen, das ihm zum Bilde Gottes macht: keine natürliche Eigenschaft oder ein bestimmtes Verhalten. Wäre es anders, würde man die Würde des Menschen beispielsweise aus seiner Vernunftnatur heraus begründen (etwa weil „die Vernunft" den Menschen vom Tier unterscheide), dann stünde diese Würde vielen Menschen nicht oder nur in eingeschränktem Maße zu. Wäre es anders, würde man die Würde des Menschen aus der Qualität menschlichen Handelns begründen, dann müsste man am Menschen verzweifeln. Die Würde des Menschen ist also nur deshalb unantastbar, wenn man sie vom „Unantastbaren" her begründet.

Was folgt daraus für eine Theologie des je Anderen? Der große evangelische Alttestamentler Claus Westermann hat aus seiner Sicht die entscheidenden Konsequenzen benannt:

„Wenn hier nicht eine besondere Qualität am Menschen gemeint ist, sondern das Menschsein als solches, dann gilt es jenseits aller Unterschiede zwischen den Menschen, es gilt auch jenseits der Unterschiede der Religionen, jenseits des Unterschiedes von Glauben und Nichtglauben. Es gilt für den Hindu, den Mohammedaner, den Christen, den säkularisierten Menschen, den Atheisten in gleicher Weise; es kann überhaupt kein Mensch davon ausgenommen werden. Weil dies von der von Gott erschaffenen Menschheit ausgesagt wird, gilt es für jeden Menschen, unabhängig von seinem Glauben oder Nichtglauben." (*Schöpfung*, Stuttgart 1971, S. 87)

Erinnert sei auch an ein Wort des großen Rabbiners Leo Baeck. Man findet es schon in seinem bahnbrechenden Buch *Das Wesen des Judentums* (1910):

„Wie groß immer der Unterschied von Mensch zu Mensch ist, die *Gottesebenbildlichkeit* ist ihnen allen ihr Charakter, ist ihnen allen gemeinsam; sie ist es, was den Menschen zum Menschen macht, ihn als Menschen bezeichnet. Gottes Bund mit allen Menschen, so wie er mit allen Welten ist." Woraus folgt: „Über jegliche Abgrenzung von Rassen und Völkern, von Kasten und Klassen, von Bezwingenden und Dienenden, von Gebenden und Empfangenden, über alle Abgrenzung auch von Gaben und Kräften steht die Gewissheit ‚Mensch'. Wer immer Menschenantlitz trägt, ist geschaffen und berufen, eine Offenbarung der Menschenwürde zu sein." (Werke Bd. I, Gütersloh 1998, S. 179f.180)

Was die innerislamische Diskussion angeht, so fällt auf, dass bei der Begründung von Menschenwürde und Menschenrechten Sure 2,30 im Vordergrund steht, die Rede also vom Menschen als „Gottes Nachfolger", „Stellvertreter", „Statthalter" auf Erden. Im Koran signalisiert diese Aussage, wie wir hörten, ein besonderes Verhältnis ‚Gott-Mensch', bei dem der Mensch (gegenüber den Engeln) in einen hohen Rang und damit in eine hohe Stellung eingewiesen ist. Ich kann im Rahmen dieses Vortrags nicht auf die komplexen innerislamischen Diskurse um Menschenwürde und Menschenrechte eingehen. Nur so viel sei gesagt: Unübersehbar ist, dass es in islamistischen Kreisen *exklusivistische Interpretationen* des Stellvertreter-Titels gibt. Stellvertreter Gottes auf Erden kann nur der Mensch sein, der die gottgewollte Rechtsordnung praktiziert, wie sie in der Scharia niedergelegt ist. Nur ein gesetzestreuer Muslim also kann „Stellvertreter" Gottes auf Erden sein. Nichtmuslimen kommt diese Würde nicht zu. Ein Exklusivismus des Denkens, wie er christlicherseits einer Theologie auf der Linie Augustins entspricht. Nur in getauften Christen ist die (durch die Ur- und Erbsünde zerstörte) Gottesebenbildlichkeit des Menschen wiederhergestellt. Nichtchristen kommt diese Würde nicht zu. Nach islamisch-exklusivistischer Lesart des „Stellvertreter"-Titels hat ein Großteil der Menschheit schon bisher diese Würde nicht erlangt und wird sie vielleicht auch künftig nie erlangen. Ganze Religionsgemeinschaften, deren Angehörige früher einmal Anwärter auf diese Würde gewesen sein mögen, haben sich diese Würde verscherzt, weil sie nicht Muslime geworden sind. Werden die gottgewollten Pflichten nicht erfüllt, ist man nicht würdig, ein „Stellvertreter" Gottes auf Erden zu sein.

Dagegen sieht ein anderer, universalistisch denkender Teil muslimischer Ausleger, dass die Gottesstellvertreterschaft im Koran nicht primär als Vollstreckung des göttlichen Gesetzes, sondern als von Gott gegebene Freiheit und Verantwortlichkeit zu verstehen ist. In diesem Sinne kommt die Würde *jedem Menschen* zu. Stellvertreterschaft ist nicht an der Qualität der von Menschen konkret erbrachten religiösen Leistungen festzumachen, sondern daran, dass der Mensch als Geschöpf so ist, wie Gott ihn haben wollte. Nach Untersuchungen der Bamberger Islamologin Rotraud Wielandt kommt dieses Verständnis von *khalifa* der koranischen Anthropologie „näher" als die islamistisch-fundamentalistische Auslegung: „Gott hat sich über den Einwand der Engel hinweggesetzt. Wäre seine höchste Priorität die gewesen, dass seine Weisungen strikt befolgt werden, dann hätte er es tatsächlich mit den Engeln bewenden lassen können. Er wusste ohne Zweifel besser als sie, welche Risiken für die Weltordnung von Menschen ausgehen würden – und trotzdem hat er ihn nun einmal so auf Erden haben wollen, wie er ist" (*Menschenwürde und Freiheit in der Reflexion zeitgenössischer muslimischer Denker*, S. 187).

Dialogoffene Muslime interpretieren Koran und Sunna denn auch in dieser Richtung. Ich verweise auf Arbeiten von Riffat Hassan, Abdullahi Ahmed An-Na'im und insbesondere auf Mohammed Talbi und zitiere ihn noch einmal stellvertretend:

> „Unter der Bedingung, dass der Mensch an seine wesentliche Kreatürlichkeit gebunden bleibt, können wir als Muslime, in Übereinstimmung mit den anderen Gliedern der geistlichen Nachkommenschaft Abrahams, mit den Juden und Christen, in gewisser Hinsicht sagen, dass Gott den Menschen nach seinem Bilde geschaffen hat. Ein Prophetenwort, dessen Echtheit allerdings in Zweifel gezogen worden ist, stützt diese Aussage. Wir können also davon ausgehen, dass auf der Ebene des Geistes alle Menschen wahrhaft gleich sind, wie auch immer ihre physischen und geistigen Fähigkeiten und Begabungen sein mögen. Sie haben denselben ‚Atem' Gottes in sich, kraft dessen sie sich zu Gott erheben und seinen Anruf in Freiheit beantworten können. Sie besitzen also die gleiche Würde und die gleiche Heiligkeit, und diese Würde und Heiligkeit verleihen ihnen uneingeschränkt in gleicher Weise dasselbe Recht auf Selbst-Bestimmung hier auf Erden und im Jenseits. Aus der Sicht des Koran lässt sich also sagen, dass der Ursprung der Menschenrechte in dem liegt, was alle Menschen von Natur aus, und d.h. aufgrund des Planes Gottes und seiner Schöpfung sind. Daraus ergibt sich von selbst, dass Eckstein aller Menschenrechte die Religionsfreiheit ist." (*Religionsfreiheit – eine muslimische Perspektive*, S. 57)

Dass das Problem der Religionsfreiheit nach wie vor auf der Agenda des muslimisch-christlichen Dialogs steht, hat nicht zuletzt das Seminar gezeigt, das

Papst Benedikt XVI. im November 2008 in Rom zusammengerufen hat, be-
stritten von je zehn Gelehrten von muslimischer und christlicher Seite. Nach
Veröffentlichung des *Dokuments der 138* (2007), das zum ersten Mal in der Geschichte ein Aufruf zum Dialog von muslimischer Seite ist (auf der Basis des
Doppelgebots der Liebe: Gottesliebe und Nächstenliebe) hatte der Papst die
Initiative zu diesem Treffen ergriffen. Die Ergebnisse sind bemerkenswert. Auf
sie kann ich nur verweisen. Das Problem der Religionsfreiheit bleibt dabei der
Testfall einer Dialogfähigkeit von Christen und Muslimen heute. Anhalt für ein
neues Denken gibt es durchaus in der islamischen Tradition. Verwiesen wird
auf Sure 5,32 (im Kontext der koranischen Version der Kain-und-Abel-Ge-
schichte):

> „Deshalb haben wir den Kindern Israels vorgeschrieben: Wenn einer je-
> manden tötet, ohne dass es Vergeltung wäre für einen anderen oder für
> Unheil auf der Erde, dann ist das, als ob er die Menschen allesamt getötet
> hätte. Wenn aber einer jemandem Leben schenkt, dann ist das, als ob er
> den Menschen allesamt Leben geschenkt hätte." (Sure 5,32)

Mit Sure 5 kommt der Koran bekanntlich – chronologisch gesprochen – an
sein Ende, das gleichzeitig auch das Ende des Propheten Mohammed ist. Die
islamische Tradition hält die Predigt Mohammeds bei der letzten Wallfahrt in
Mekka im Jahre 632 in Ehren. Sie ist als die *Abschiedspredigt* in die Geschichte
eingegangen. An zentraler Stelle greift der Prophet nicht zufällig auf die Schöpfungsgeschichte zurück und darauf, welche Konsequenzen die Berufung auf
„Adam" hat:

> „O ihr Leute, Gott sagt: ,O Ihr Menschen, wahrlich, Wir haben euch ge-
> schaffen von einem Männlichen und einem Weiblichen und haben euch zu
> Völkerschaften und Stämmen gemacht, so dass ihr einander kennt. Wahr-
> lich, der Edelste unter euch vor Gott ist der Gottesfürchtigste von euch'
> (Sure 49,13). Ein Araber ist nicht vorzüglicher als ein Nichtaraber, noch
> ein Nichtaraber vorzüglicher als ein Araber; ein Schwarzer ist nicht vor-
> züglicher als ein Weißer, noch ein Weißer vorzüglicher als ein Schwarzer,
> außer durch Frömmigkeit. Die Menschen stammen von Adam, und Adam
> ist aus Staub. Wahrlich, jedes Privileg, sei es [aufgrund von] Blut oder Be-
> sitz, ist unter diesen meinen Füßen [d.h. ausgelöscht]."

Grundliteratur

Grundlage dieses Beitrags bildet:
K.-J. Kuschel, Juden – Christen – Muslime: Herkunft und Zukunft, Düsseldorf (Patmos-Verlag) 2007, Zweiter Teil: Adam oder: Gottes „Risiko Mensch".

I. Neuere Arbeiten zur Hebräischen Bibel

S. Schreiner, Partner in Gottes Schöpfungswerk. Zur rabbinischen Auslegung von Genesis 1,26-27, in: Judaica 9 (1993), S. 131-145.

B. Janowski, Die lebendige Statue Gottes. Zur Anthropologie der priesterlichen Urgeschichte, in: Gott und Mensch in Dialog. FS Otto Kaiser, hrsg. v. M. Witte, Berlin – New York 2004, S. 183-214.

U. Neumann-Gorsolke, Herrschen in den Grenzen der Schöpfung. Ein Beitrag zur alttestamentlichen Anthropologie am Beispiel von Psalm 8, Genesis 1 und verwandten Texten, Neukirchen-Vluyn 2004;

dies., „Mit Ehre und Hoheit hast Du ihn gekrönt" (Psalm 8,6b). Alttestamentliche Aspekte zum Thema Menschenwürde, in: Jahrbuch für Biblische Theologie, Bd. XV (2000), Neukirchen-Vluyn 2001, S. 39-65.

II. Neuere Arbeiten zum Koran

M. Talbi, Religionsfreiheit – Recht des Menschen oder Berufung des Menschen?, in: Freiheit der Religion. Christentum und Islam unter dem Anspruch der Menschenrechte, hrsg. v. J. Schwartländer, Mainz 1993, S. 242-261.

C. Schöck, Adam im Islam. Ein Beitrag zur Ideengeschichte der Sunna, Berlin 1993.

S. Schreiner, Kalif Gottes auf Erden. Zur koranischen Deutung der Gottesebenbildlichkeit des Menschen, in: Der Mensch vor Gott. Forschungen zum Menschenbild in Bibel, antikem Judentum und Koran. FS Lichtenberger, hrsg. v. U. Mittmann-Richert u.a., Neukirchen-Vluyn 2003, S. 25-37.

III. Neuere Arbeiten zu Menschenwürde und Menschenrechten

1. Aus westlich-christlicher Perspektive

R. Wielandt, Menschenwürde und Freiheit in der Reflexion zeitgenössischer muslimischer Denker, in: Freiheit der Religion. Christentum und Islam unter dem Anspruch der Menschenrechte, hrsg. v. J. Schwartländer, Mainz 1993, S. 179-209;

dies., Der Mensch und seine Stellung in der Schöpfung. Zum Grundverständnis islamischer Anthropologie, in: Der Islam als Anfrage an christliche Theologie und Philosophie, hrsg. v. A. Bsteh, Mödlingen 1994, S. 97-105;

dies., Die Würde des Stellvertreters Gottes. Zur Interpretation eines Koranworts bei zeitgenössischen muslimischen Autoren, in: In Würde leben. Interdisziplinäre Studien zu Ehren von E.L. Grasmück, hrsg. v. R. Bucher – O. Fuchs – J. Kügler, Luzern 1998, S. 170-187.

A. Renz, Der Mensch unter dem An-Spruch Gottes. Offenbarungsverständnis und Menschenbild des Islam im Urteil gegenwärtiger christlicher Theologie, Würzburg 2002, S. 367-377;

ders., „Abbild Gottes" – „Stellvertreter Gottes". Geschöpflichkeit und Würde des Menschen in christlicher und islamischer Sicht, in: Lernprozess Christen – Muslime. Gesellschaftliche Kontexte – Theologische Grundlagen – Begegnungsfelder, hrsg. v. A. Renz – St. Leimgruber, Münster 2002, S. 227-243.

2. Aus muslimischer Perspektive

R. *Hassan,* On Human Rights and the Qur'anic Perspective, in: A. Swidler (Hrsg.), Human Rights and Religious Traditions, New York 1982, S. 51-65.

A.A. An-Na'im, Toward an Islamic Reformation. Civil Liberties, Human Rights and International Law, New York, 1990.

M. *Talbi,* Religionsfreiheit – eine muslimische Perspektive, in: Freiheit der Religion. Christen und Islam unter dem Anspruch der Menschenrechte, hrsg. v. J. Schwartländer, Mainz 1993, S. 53-71.

Paul D. Janz

Abbild Gottes, Weltoffenheit und die Logik des Sinns

1. Es gibt eine bedeutende Auffassung in der modernen Universität – ausgedrückt mit besonderem Eifer in Amerika und England, zum Beispiel bei Richard Rorty, Daniel Dennett oder Richard Dawkins – dass die theologischen Aspekte der religiösen Sprache bloße Restposten eines schwindenden und abergläubischen Zeitalters sind, und dass klares sachkundiges Denken letztendlich die Geisteswissenschaften von solchen Anachronismen gänzlich säubern wird, so wie es bereits mit der Astrologie und Alchemie geschehen ist. Die überlieferte Jüdisch-Christliche Lehre des *imago dei* oder des Abbildes Gottes im Menschen ist genau solch ein Aspekt, und zwar einer, der umso mehr anachronistisch wirkt, weil er genau die Art von Universal-Anthropologie nach sich zu ziehen scheint, die heutzutage als unhaltbar angesehen wird. Ich möchte heute aber auf ein noch elementareres Problem eingehen, mit dem die Theologie in ihrer andauernden Benutzung des Ausdrucks konfrontiert ist, nämlich dem der rationalen *Verständlichkeit* der bloßen Idee eines Abbildes Gottes, um dadurch dann später auch auf die Frage ihrer Anachronizität zurückzukommen.

Das Problem der Verständlichkeit des *imago dei* weist uns auf das noch elementarere Problem zurück, wie Sprechen über Gott überhaupt verständlich sein kann. Die Theologie hat es immer erkannt, dass, wenn sie Ausdrücke wie ‚unbeschreiblich‘, ‚undenkbar‘, und ‚unsichtbar‘ verwendet, um die Transzendenz Gottes anzusprechen, dass diese Ausdrücke nicht genau dasselbe bedeuten, was sie in ihrem normalen Gebrauch bedeuten. Denn Gottes Unsichtbarkeit ist für die Theologie nicht bloß eine Unsichtbarkeit und Unbeschreibbarkeit, die auf den Begrenzungen der menschlichen Perzeptions- und Begriffsfähigkeiten basiert. Ganz im Gegenteil, wie Augustinus sagt, selbst wenn diese Fähigkeiten bis ins Unendliche vervielfacht werden könnten, wären sie immer noch gänzlich untauglich einen Blick von Gott in seiner Transzendenz zu erhaschen. Anders gesagt, dass Gott gewiss in seiner Transzendenz unsichtbar und unvorstellbar ist, bedeutet nicht, dass Gott für die Sinneswahrnehmung ‚zu weit entfernt‘ ist, um gesehen zu werden, oder sogar für die Vernunft ‚zu diffizil‘ ist, um verstanden zu werden, so, als wenn diese kognitiven Fähigkeiten nur größer wären, Gott in der Tat wahrnehmend sichtbar oder begrifflich fassbar werden würde. Es bedeutet vielmehr, dass Gott kein abbildbares Objekt ist *für irgendein* Erkenntnis- oder Wahrnehmungsvermögen.

Aus dem selben Grund hat die Theologie stets verneint, dass das Sein oder die Existenz Gottes in den Bereich einer Ontologie bzw. in eine Seinswissenschaft fallen kann. Als Antwort auf Heideggers Einbeziehung Gottes in die Gesamtheit des Seins, bzw. in die Gesamtheit des ‚es gibt', lässt z.b. Dietrich Bonhoeffer nahezu die gesamte Tradition in seiner lapidaren Erwiderung: „einen Gott, den ‚es gibt', gibt es nicht" widerhallen. In gleichem Ausmaß hat die Tradition umgekehrt immer auf die Unzulässigkeit irgendeiner quantitativen oder qualitativen Ähnlichkeit zwischen Gott und irgendetwas Geschaffenem bestanden. Und das bringt uns natürlich genau zu der Frage nach der Verständlichkeit des *imago dei*. Denn wie kann sich etwas als Abbild befähigen, wenn es jedweder Ähnlichkeit entbehrt?

Am häufigsten hat die theologische Tradition das Abbild Gottes mit der menschlichen Fähigkeit zur Rationalität bzw. mit dem Menschen als *animale rationale* verbunden. Aber in den Nachwehen von Kants Demontage der alten Metaphysik ist solch eine Sichtweise, wie wir sehen werden, nicht länger aufrecht zu erhalten. Ein möglicherweise erfolgversprechenderer Ansatz ist Herders Sicht des göttlichen Abbildes als eine gewisse Art „Weltoffenheit", womit eine Fähigkeit zur geordneten Selbstverbesserung durch Vernunft, Freiheit und Bildung gemeint ist. Und obwohl wir später zu einer Version dieser Sichtweise zurückkehren werden, wird sie bei Herder selbst letzten Endes nur durch einen rational unbezwingbaren Fideismus aufrecht erhalten und somit wiederum nicht wirklich verstandesmäßig. Auf jeden Fall und angesichts des Vorangehenden, ist unsere Aufgabenstellung für die Verständlichkeit des *imago dei* nun Zweierlei. Zum einen müssen wir zeigen, wie dieser Ausdruck ‚Abbild' seine intrinsische Bedeutung als authentischer Reflexion eines göttlichen Gepräge aufrecht erhalten kann; zum anderen aber auch, wie dieses Abbild nicht begründet ist hinsichtlich einer *repräsentativen Ähnlichkeit*. In der Hoffnung hier etwas vorwärts zu kommen, möchte ich mich mit der post-strukturalen bzw. A*nti*-Repräsentanzphilosophie von Gilles Deleuze befassen, speziell mit Aspekten seines Buches *Die Logik des Sinns*; wonach wir uns dann einer anderen, jüdischen Sichtweise zuwenden werden.

2. Deleuze unterscheidet zwischen zwei entgegengesetzten Arten der Repräsentanzphilosophie, zwischen denen er eine dritte Position im stoischen Denken findet, die seine eigene Stellung wiedergibt. Er differenziert zwischen Platonismus, der eine Repräsentanzphilosophie der begrifflichen „Höhe" oder der unkörperlichen *Id*ealität ist, auf der einen Seite und einer prä-sokratischen Ansicht auf der anderen Seite, die eine Repräsentanzphilosophie der leiblichen „Tiefe" oder der körperlichen *Mat*erialität ist. In der Erstgenannten werden die bildlichen Vorstellungen, die im menschlichen Gemüt erscheinen, als Kopier-Abbildungen angesehen, die einer unabhängig und gegenständlich existierenden *ideellen* Realität ähnlich sind. Und in der Letztgenannten werden diese mentale Vorstellungen als Kopier-Abbildungen angesehen, die einer unabhängig und gegenständlich existierenden *materiellen* Realität ähnlich sind. Platos Höhlengleichnis spielt eine zentrale Rolle diese zu differenzieren; und Deleuzes größtes Interesse diesen heranzuziehen ist mit der Frage verbunden, die so viel des kantischen Unternehmens angeregt hat: nämlich der, was es heißt, sich im

Denken richtig zu orientieren in Bezug auf die Realität, in der wir uns selbst lebend vorfinden.

Als Anfangspunkt sind sich beide Positionen darüber einig, dass das, was wir tatsächlich und immer als erstes im Bewusstsein antreffen, *sinnliche* Perzeptionen oder Wahrnehmungen sind. Und es sind natürlich diese sinnlichen Perzeptionen, die in Platos Höhlengleichnis den Schatten entsprechen, die am Höhlengrund auftauchen. Nun, die platonische Antwort auf die Frage nach der richtigen Orientierung des Denkens in Bezug auf diese ersten empfangenen Abbilder ist, die Höhle zu verlassen und empor zu steigen. In Platos eigenen Worten, „die Idee entflieht oder sie stirbt…". Bei Plato sind die repräsentativen Schatten in der Höhle nur degenerierte Kopien von dem, was in Wirklichkeit außerhalb der Höhle stattfindet. Im Gegensatz dazu, um jetzt Deleuze zu zitieren, „der Prä-Sokratische Philosoph verlässt die Höhle gar nicht; im Gegenteil, er denkt, wir seien darin nicht genug involviert bzw. ausreichend eingehüllt." Denn die Prä-Sokratiker „platzierten das Denken innerhalb der Höhle des Lebens, in der Tiefe. Sie suchten das Geheimnis des Wassers und des Feuers".[1]

Deleuze aber behauptet nun, dass beide dieser Positionen mit einer Art philosophischer Krankheit behaftet sind. Da für den Platonismus alles *wahrhaftig* in den Höhen stattfindet, ist er eine Philosophie der Manie bzw. „die manisch-depressive Form der Philosophie". Sie ist krankhaft, weil sie als eine Philosophie der „Ideenflucht" nicht mehr eine Philosophie des Lebens ist. Die prä-sokratische Position dagegen, für die alles *wahrhaftig* in den materiellen Tiefen stattfindet, leidet an einer psycho-neurotischen Krankheit, weil sie auch, da sie in den Tiefen bleibt, Anschluss verliert an die Wirklichkeit des menschlichen Lebens, besonders der ethischen Wirklichkeit. Denn in den eingeschlossenen Tiefen, wo alles reduziert wird auf ein bloßes materielles Gebräu der Vermischung, Eindringung und Verdauung, da wird jede Art von Eindringung und Verdauung zulässig, inklusive verabscheuungswürdiger Aktivitäten wie Inzest oder Kannibalismus. Die platonische Position leidet also an einer „optischen Illusion", die Prä-Sokratische dagegen an einer „Verdauungsillusion". Nun aber sind die Stoiker, wie Deleuze meint, eine „dritte" Art von Griechen, die von keiner dieser Illusionen übertölpelt wurden und die deshalb, in seinen Worten, „nicht länger *vollkommen* griechisch" sind.

Die stoische Position ist das, was die prä-sokratische Philosophie findet, wenn sie aus der Tiefenillusion der Körper hinauf an die Oberfläche oder „Surface" aufsteigt. Und sie ist auch das, was der Platonismus findet, wenn er aus seiner Höhenillusion der Ideen zurück auf die Oberfläche hinfällt. Was aber Idealität nun findet, wenn sie auf die Surface-Fläche hinfällt, ist nicht bloß Materialität, und was Materialität findet, wenn sie an die Oberfläche aufsteigt, ist nicht bloß Idealität. Was stattdessen beide finden, wenn sie an die Oberfläche oder Surface steigen bzw. fallen, ist, für Deleuze, „Sinn". Sinn ist die Bruchstelle oder die Spaltung *zwischen* Idealität und Materialität, die Stelle, an

---

1   Gilles Deleuze, *The Logic of Sense* (New York: Columbia University Press, 1990) p. 128.

der für den Menschen, wie Deleuze sagt, „alles passiert" oder alles sich abspielt. Was Deleuze damit genau meint, ist *prima facie* keineswegs klar. Aber was im Deutschen schon wesentlich klarer ist als im Englischen, ist, dass der Ausdruck ‚Sinn' nicht missverstanden werden darf als synonym zu körperlichen Sinnesempfindungen. Er entspricht eher ungefähr dem, was in der modernen analytischen Sprachphilosophie angeführt wird, als der Unterschied zwischen dem Sinn eines Ausdrucks und der Bedeutung dieses Ausdrucks, oder auch anders, was Sinn aussagt, im Gegensatz zum Unsinn.

3. Um ein wenig Anfangsklarheit über diesen Unterschied zu gewinnen, können wir einen Augenblick von Deleuze abschweifen und uns kurz der Arbeit des Mathematikers und Philosophen Gottlob Frege zuwenden, dessen Unterscheidung zwischen *Sinn* und *Bedeutung* ein Eckpfeiler der modernen analytischen Sprachphilosophie geworden ist und einen klareren Bezugsrahmen bereitstellen kann als das, was Deleuze selbst anbietet. Frege beschäftigt sich mit einem bestimmten „Paradox der Informativität", mit dem wir bei gewissen Arten von Identitätsaussagen zusammenstoßen, und wir können sein berühmtes Beispiel paraphrasieren, um dies zu illustrieren.

Wir wissen heute, dass, wenn wir über den Morgenstern und den Abendstern sprechen, wir beides Male ein und denselben physischen Planeten andeuten oder *be*-deuten wollen, den wir auch Venus nennen. Wenn wir jetzt die Identitätsbehauptung machen ‚der Planet Venus ist der Planet Venus', dann ist eine derartige Aussage zwar wahr, sie spricht aber überhaupt nichts *informatives* aus, da sie lediglich eine Tautologie ist, in der das Prädikat das Subjekt bloß wiederholt. In gleicher Weise, wenn wir die ähnliche Identitätsbehauptung machen, ‚der Abendstern ist der Morgenstern', dann machen wir hinsichtlich ihrer *Bedeutungen* – das heißt, hinsichtlich des physischen Planeten, auf den jeder dieser beiden Ausdrücke verweist – wiederum nichts anderes, als zu wiederholen, dass der Planet Venus der Planet Venus ist. Jedoch war die Entdeckung, dass der Abendstern tatsächlich der Morgenstern ist, bzw. dass beide Ausdrücke auf ein und denselben physischen Gegenstand am Himmel verweisen, keineswegs etwas bloß tautologisches oder nicht-informatives, sondern hat zu einem bedeutendem Fortschritt der babylonischen Astronomie beigetragen. Um solche „Paradoxa" anzusprechen, führte Frege die Unterscheidung zwischen dem *Sinn* und der *Bedeutung* eines Ausdrucks ein.

Die *Bedeutung* von ‚Morgenstern' und ‚Abendstern' ist gewiss ein und derselbe Planet, den wir auch Venus nennen. Der *Sinn* von ‚Morgenstern' und ‚Abendstern' dagegen ist nicht der physische Planet an sich, sondern eher die Art und Weise, wie der Planet dem Bewusstsein präsentiert wird und zum Ausdruck gebracht wird – nämlich im einen Fall ein heller Stern, der bei Morgendämmerung am östlichen Horizont schwebt, und im anderen bei Abenddämmerung am westlichen Horizont. Hinsichtlich ihrer Bedeutungen sind die Ausdrücke somit identisch, hinsichtlich ihres Sinns aber nicht.

Was aber nun augenfällig klar wird, wenn wir dies alles genau betrachten, ist, dass wir für *jeden* Begriff oder Gedankenprozess einen *Sinn* des Begriffs identifiziert haben müssen, bevor wir irgendwelche Wahrheitsbehauptungen – ob naturwissenschaftliche oder philosophische – über seine entsprechende Bedeutung aufstellen können. Oder wie es die anglo-amerikanische Sprachphilosophie ausdrücken würde: „A term must have an intension-with-an-'s' before it can have an intention-with-a-'t' or an intentionality". Oder wieder auf Englisch: „A term cannot have a denotation unless some connotation of the term has first been fixed" – also keine Bedeutung ohne zuerst ein Bedeutungsumfang, Konnotation oder Sinn. Dies ist ungefähr die Auffassung von Sinn, die Deleuze bereits bei den Stoikern vorfindet, obgleich die Auffassung dort weit über diese vornehmlich sprachwissenschaftlichen Verzweigungen hinausgeht und direkt auf das Verstehen der Wirklichkeit des menschlichen Lebens selbst gerichtet ist.

Um zu verstehen, wie man eine derartige Behauptung verteidigen kann, und um beim gegenwärtigen Beispiel zu bleiben, ist es wichtig anzumerken, dass, wenn wir über die Worte ‚Morgenstern' und ‚Abendstern' sagen, dass diese den Sinn der visuellen Empfindung ausdrücken, wir hier nicht bloß über die visuelle Sinneserfahrung oder Sinnesperzeption allein sprechen. Es gibt z.B. viele Dinge, die ich jetzt in meinem peripheren Sehen empfinde, denen ich aber keinen Sinn zuschreibe bzw. denen ich keinen sinnmachenden Kontext zuschreibe. Oder wiederum anders, ein Fuchs oder eine Eule mögen zufälligerweise das selbe helle Licht am Morgen- und am Abendhimmel sehen, jedoch tun sie das ohne ihm einen kontextbezogenen Sinn oder eine Konnotation im Bewusstsein zu geben. Kurz gesagt, der Sinn eines jeden wahrgenommenen Objektes ist für Deleuze immer durch einen mentalen Akt des Sinn-ausdrucks *erzeugt*; das heißt, der Sinn des Objektes wird nicht gegenständlich *entdeckt*, sondern intrinsisch im Sinn-erzeugnis *ausgedrückt*.

Wie wir nun aber schon gesehen haben, hängt *jede* Erkenntnis oder Kognition von solch einem vorausgegangenen Ausdruck oder Bestimmung des Sinnes ab. Und dies ergibt jetzt ein entscheidendes Resultat für die Kritik der Repräsentanzphilosophie als Kopier-Abbildphilosophie. Denn es bedeutet, dass *was* im Denken originell repräsentiert wird, weder ein alleinstehendes physisches Ding-an-sich „dort unten" in der leiblichen Tiefe ist; noch ist es eine alleinstehende reine Idee „da oben" in der Höhe. *Was* repräsentiert wird, ist stattdessen immer nur und zuerst der *erzeugte* Sinn des Objekts.

Und das führt weiter zu einem äußerst wichtigen Ergebnis. Denn es bedeutet, dass die Objekte, an denen sich das Denken *wahrhaftig* orientiert, keine Ähnlichkeitsabbildungen sind, die ein ursprüngliches Modell eben bildlich widerspiegeln. Sie sind eher das, was Deleuze *simulacra* nennt – das heißt Abbilder, die lediglich durch das Sinnerzeugnis *simuliert* werden, Abbilder ohne Ähnlichkeit zu einem originalen Modell und deshalb bloße Scheinbilder oder Phantasmen.

Dies bedeutet für Deleuze aber keineswegs, dass die Orientierung des Denkens an solchen Scheinbildern eine Orientierung an der Illusion ist. Im Gegenteil, die Welt der *simulacra* ist, in Deleuzes Worten, die „*gelebte Realität* des

Sub-Repräsentanz-bereichs", [2] die Fläche oder Surface, an der für den Menschen „alles sich abspielt".

Wir können versuchen, dies alles durch eine andere Äußerung desselben Sachverhaltes von Deleuze anhand der Kausalität etwas klarer zu stellen. Die Behandlung der Kausalität ist wichtig, weil Deleuze in ihr versuchen wird, eine Normativität des Denkens, durch die Verbindung der *simulacra* mit der stoischen und nietzscheanischen Doktrin der ewigen Wiederkehr, wieder einzuführen. Denn solch eine Norm ist notwendig, um einen Absturz in den Nihilismus zu vermeiden, wie dies eine Orientierung an bloßen Scheinbildern *prima facie* implizieren würde.

4. Wie Kant seinerzeit, stimmt Deleuze implizit voll mit Hume überein, dass die physischen, *kausalen* Prozesse und Sequenzen, die auf unsere Körper und Sinnesempfindungen einwirken, einen vollkommen anderen genetischen Ursprung und eine andere Amtsbefugnis haben, als die *schlussfolgernden* Prozesse und Sequenzen, die die Verbindungen der Ideen lenken. Aber ebenso wie Kant ist er nicht bereit, Humes Behauptung zu folgen, dass der Verstand letztendlich überhaupt keinen Anspruch auf Herrschaft oder Steuerung gegenüber physikalischen Kausalkräften erheben kann, wenngleich Deleuze eine ganz andere Art von Herrschaft suchen wird, als das, was Kant mit seinem synthetischen *a priori* erzielte.

In möglichst einfachen Worten: Es ist natürlich wahr, dass rein körperlich gesehen, der Großteil unseres Lebens auf Gedeih und Verderb von Kausalkräften bestimmt wird, über die wir wenig Kontrolle haben. Ich kann es z.B. nicht vermeiden, dass, aufgrund der Kausalfaktoren in der Erdatmosphäre, der Mond am Horizont größer erscheint als über Kopf. Ebensowenig hat ein Soldat im Krieg die Macht eine Todeswunde, die er durch das Projektil eines Schrapnells erlitten hat, ungeschehen zu machen. Trotzdem darf man aber nicht übersehen, dass *wo* wir ursprünglich diesen eindringenden Kausalkräften begegnen, als wir ihrer erfahrungsgemäß bewusst werden, wiederum immer zu zuallererst im Sinn oder im Sinnerzeugnis ist. Und das bedeutet, dass kausale Ereignisse, insofern wir ihrer überhaupt gewahr sind, nicht *einzig und allein* das Ergebnis *materieller* Kräfte außerhalb oder innerhalb unserer Körper sind. Sie sind vielmehr, im vollen Sinne der Kausalität, immer Ereignisse, die, wie Deleuze sagt, „*in* uns realisiert oder verwirklicht werden".

Und hier erreichen wir einen entscheidenden Zielpunkt hinsichtlich der Herrschaft, die Deleuze über die materielle Kausalität sucht. Denn obwohl es zwar wahr ist, dass wir in gewisser Hinsicht keine Kontrolle oder Herrschaft über die materiellen Ursachen haben, die an unsere Körper stoßen und schneiden, können wir trotzdem tatsächlich darüber Herrschaft ausüben, wie diese Ereignisse in uns realisiert oder verwirklicht werden im Sinnerzeugnis selbiger. Deleuze beschreibt diese Erwiderung oder Verwirklichungsentscheidung als „Quasi-Ursache" oder „Quasi-Kausalität" des Ereignisses. Und die Grundherausforderung,

---

2 Deleuze, *Difference and Repetition* (New York: Columbia University Press, 1994) p. 69.

die uns in dieser Verwirklichung des Ereignisses jetzt gegenübersteht – und Deleuze beginnt nun Nietzsche heranzuziehen – ist es, *den Willen zu erreichen,* so dass wir wahrhaftig, in Deleuzes Worten, „die Quasi-Ursache *werden* von dem, was in uns erzeugt wird", oder dass wir „dessen würdig werden, was auf uns zukommt", um so wahrhaftig „ein Bürger der Welt zu werden". Nun ist solch eine Ausübung des Willens tatsächlich eine Art von Trotz oder Missachtung, aber es ist nicht die Missachtung eines Unmuts oder Ressentiment gegen das, was kausal unvermeidbar ist, nicht einmal gegen die kausale Unvermeidbarkeit des Todes. Es ist vielmehr der Trotz eines vollständigen *Wollens dessen,* einer *Sehnsucht* danach, einer *Amor fati,* in der sogar die natürliche kausale „*Neigung* zum Tode hin" umgewandelt wird in eine „*Sehnsucht* nach dem Tod", eine Todessehnsucht, die Deleuze als die gänzliche „Apotheose des Willens" beschreibt.[3]

Aber wir müssen hier sogar noch weiter gehen als das. Denn wenn wir darüber sprechen, das Ereignis *zu wollen,* dann dürfen wir nicht einmal annehmen, dass dem Willen selbst ein fortdauerndes transzendentales Subjekt innewohnt – ein Subjekt, das über alle solche gewollten Ereignisse herrscht und immer dasselbe bleibt. Denn jedes derartig angenommene Subjekt wäre selbst, *für die Orientierung des Denkens,* schon im Grunde wieder das Ergebnis einer repräsentantischen Auffassung des Ichs, die aus den geistigen Höhen bestimmt wird. Das Ich ist für Deleuze nicht in einem transzendentalen Subjekt oder Ego zentriert, das Geist und Körper vereinigt. Das Ich ist eher eine *de*-zentrierte *Ortslinie,* das durch die Zeit hindurch an einer Serie von Ereignissen entlang, sich ständig wiederholt, und das daher, weit von einer Vereinigung entfernt, eine Spaltung bildet, die die Orientierungen an körperlicher Tiefe und geistiger Höhe auf Abstand oder in Schach hält.

Bis Kant wurde dieser Bruch im menschlichen Ich, der Bruch, der impliziert ist in der thomistischen und cartesianischen Definition des Menschen als *animale rationale* – und derselbe Bruch, den wir heute auch als Geist-Körper-Problem diskutieren – dieser Bruch wurde vor Kant als Einheit zusammengehalten durch die Idee Gott. Durch Berufung auf die rationale Idee Gott – verstanden als das, was Kant „die einzige und allgenügsame Ursache aller kosmologischen Reihen" nennt – konnte vor Kant die rational völlig unerklärbare Einheit von Geist und Körper dennoch aufrecht erhalten werden, durch Berufung auf ihre gemeinsame Quelle in einer *einzigen* vereinigenden *Ursache* von *allem,* was ist. Aber mit dem definitiven Ende der rationalen Theologie bei Kant ändert sich das alles. In Deleuzes Worten, „der Tod Gottes", für den „Kant als Wendepunkt stand", „verursacht notwendigerweise auch den Zerfall des vereinigten Selbst: Gottes Grab ist auch das Grab des Selbst". Denn „der spekulative Tod Gottes impliziert die *Spaltung* des Ichs".[4] Aber am Hintergrund all dessen liegt wiederum Deleuzes Erkenntnis, dass auch die Idee des Ichs unvermeidlicherweise durch das Erzeugnis des Sinn-ausdrucks passiert. Und das bedeutet weiter für

---

3 Deleuze, *The Logic of Sense,* pp. 148-9.
4 *The Logic of Sense,* p. 294; *Difference and Repetition,* p. 87.

die Orientierung des Denkens, dass sogar die Idee des *Ichs* ihren Ursprung im *simulacrum* hat, das heißt in einem *nichts* ähnlichem Abbild, das immer nur wieder*kehrt* in der Wiederholung des gewollten Ereignisses im Verlaufe der Zeit.

Hier beginnen wir also die volle Logik der gegenseitigen Abhängigkeit der *simulacra* und der Doktrin der ewigen Wiederkehr zu sehen. Denn in der einen Richtung kann nur das *simulacrum* sicher stellen, dass der Charakter der Wiederholung nicht eine Wiederkehr des *selben* vereinigten Subjekts zu einem Ereignis des Willens ist, das ähnlich ist zu dem davor. Sie ist im *simulacrum* vielmehr eine Wiederholung, die einen wahren Unterschied bewahrt, so dass die Wiederkehr jedesmal etwas radikal Neues begründet, sowohl hinsichtlich der Willenstätigkeit des Agenten, als auch hinsichtlich dessen, was gewollt wird. Und in der anderen Richtung kann nur die Doktrin der ewigen Wiederkehr hervorbringen, was Deleuze nun die Geburt einer radikal neuen und veränderten Art von „Kohärenz" nennt, bei der das Denken vor einem Abtauchen in den Nihilismus geschützt wird. Sie ist neu und verändert, weil sie nicht eine Einheits-Kohärenz erlangt, die sich von den spekulativen Höhen letztendlich in der rationalen Idee *Gott* beschließen kann. Sie ist durch die simulacra vielmehr die *gewollte* Kohärenz einer *Anti*-Einheit und dadurch auch die Kohärenz eines Anti-Gott. Denn Gott, oder die Gottesidee, ist der letzte Garant aller solchen Einheit. Und weil nach dem spekulativen *Tod* Gottes das menschliche Ich nun eine Spaltung bildet, die geistige Höhe und körperliche Tiefe auf Abstand hält, ist der Mensch deshalb selbst das Abbild einer Anti-Einheit und folglich auch das Abbild eines Anti-Gott.

5. Wie also sollen wir nun mit unserem Problem der Verständlichkeit des Abbildes Gottes weiterkommen, wenn wir sowohl mit repräsentanzphilosophischen als auch mit anti-repräsentanzphilosophischen Bemühungen in solche Widersprüche geraten? Ich möchte vorschlagen, dass wir sogar weiter als Deleuze gehen müssen, über das „nicht mehr länger vollkommen Griechisch" Denken der Stoiker hinaus, hin zu einer Art Denken, das in seiner fundamentalen Ausrichtung überhaupt nicht griechisch ist: d.h. hin zum jüdischen Denken und speziell zur jüdischen Ausrichtung des Denkens nach der göttlichen Offenbarung. Eigentlich hat die jüdische Ausrichtung keinen Bedarf nach der poststrukturalistischen Kritik des repräsentationalen Denkens, da sie für sich allein schon unabdinglich das völlige Unvermögen irgendeiner kognitiven Fähigkeit erkennt, die Offenbarung Gottes – und somit auch die Frage nach dem Abbild Gottes – zu vermitteln, wie wir bei Augustinus schon gesehen haben. Aber wenn es somit für die Repräsentationssphäre unmöglich ist, die Enthüllung und Empfängis der Offenbarung zu vermitteln, dann ist dies sogar noch mehr der Fall für das, was Deleuze die „Sub-Repräsentationssphäre" des Sinns nennt, die für Deleuze die Domäne der *reinen* Vermittlung ist, der Ort des reinen Ereignisses, an dem „alles passiert". Denn dies ist gänzlich die Domäne der *menschlichen* Sinns*erzeugnis* schlechthin, von der als solcher jede Möglichkeit einer wahrhaftigen Enthüllung und Empfängis einer jeglichen Realität unabhängig vom Sinneserzeugnis geradezu verbannt worden war.

Aber richten wir in diesem Lichte nun unsere Aufmerksamkeit wieder auf die Frage nach der jüdischen Ausrichtung des Denkens zur Offenbarung, um von dort dann auch zur Frage des *imago dei* zu kommen. In der Geschichte des christlichen Denkens gibt es zwei durchaus unterschiedliche Einstellungen zu der Frage, was Offenbarung als göttliche Enthüllung dem Menschen gegenüber im Wesentlichsten ist. Gemäß einer Ausrichtung, die wir eine griechische nennen können und die in der Tat oft die vorherrschende Sichtweise gewesen ist, wird Offenbarung als eine Bekanntmachung göttlicher Wahrheiten gesehen, die im Grunde eine Art spezieller „Erleuchtung" des kognitiven oder spekulativen Intellekts erzeugt. Bei solch einer Auffassung nimmt der Moment der menschlichen Empfängnis oder Erkenntnis der Offenbarung den Charakter an, den Karl Bühler ein „aha-Erlebnis" genannt hat, das heißt ein Moment von plötzlichen Wahrnehmungs- oder Begriffseinsichten, in denen eine gewisse Klarheit über grundsätzlich kognitiv begegneten Wahrheiten gewonnen wird.

Aber es gibt auch viele Andere, die dies in Bezug auf das, was über den Gott der Bibel bestätigt werden muss, als fundamental fehlgeleitet oder folgewidrig angesehen haben. Offenbarung wird von diesen Anderen als göttliche Enthüllung angesehen, die nicht ursprünglich an die intrinsisch interpretierende oder mittelbare kognitive und spekulative Natur gerichtet ist, in der Art eines offenbarten „ideatums" für Einsichten des Erkenntnisvermögens; sondern vielmehr als eine Enthüllung, die ursprünglich und *un*mittelbar an die begehrende und motivierende Natur gerichtet ist, in der Art eines offenbarten Gebotes, einer Berufung oder einer Aufforderung zum gehorsamen Tun. Und wo auch immer christliche Einstellungen diese Ansicht eingenommen haben, haben sie implizit auch eine jüdische Ausrichtung angenommen. In der Tat wurde die Unterscheidung zwischen der kognitiven und der motiven Natur sogar in unserer griechischen intellektuellen Erbschaft von Aristoteles bis hin zu und inklusive Kant streng befolgt, obwohl sie größtenteils seit Kant ignoriert wurde. Und daher sollten wir eigentlich einen ausführlicheren Abschnitt der Erklärung dieser Unterscheidung widmen, aber aufgrund des vorgegebenen Platzlimits können wir nur das Folgende kurz anführen.

6. Es gibt in der theologischen und philosophischen Anthropologie seit langem das Einverständnis, dass sich Menschen – in all ihrer Vielfältgkeit – immer auf zwei grundsätzlich verschiedene Weisen die Welt in Beziehung nehmen können oder sich die Welt bewusst zuordnen können. Die eine bewusste Zuordnungsweise oder Beziehungs-Fakultät wird die *kognitive* Fakultät (lateinisch *cognitiva*) genannt. Diese bezieht sich auf diejenige Fähigkeit, durch die Menschen sich an die Welt beziehen mittels ihres Wahrnehmungs- und Erkenntnisvermögens bzw. durch sinnliche Perzeptionen und begriffsbildende Konzeptionen. Die andere wird die *appetitive* Fakultät (lateinisch *appetitiva*) bzw. die Fakultät des Begehrens genannt. Und diese deutet auf diejenige Bewusstseinsfähigkeit hin, durch die Menschen sich an die Welt beziehen, nicht durch sinnliche Perzeptionen und Begriffsbildungen – also nicht durch Sinngehalt und

Bedeutungen – sondern durch Begehren, Verlangen und Wollen, also durch Anregungen und Motivationen.

Nun wird man durch Beobachtung herausfinden, dass sich die *kognitive* Fakultät im Grunde, wie Aristoteles sagt, als eine „Unterscheidungskraft" oder eine „diskriminierende Kraft" betätigt, in der Einordnung und Klassifizierung von Empfindungen und Konzepten für bewusstes Auffassen und Begreifen. Im Gegensatz dazu wird man die „appetitive" Fakultät des Begehrens letztendlich nicht als eine *„diskriminierende* Kraft" für Auffassung und Begreifen agierend vorfinden, sondern eher intrinsisch, was Aristoteles die *„motivierende* Kraft"* (oder „motive Kraft") des Menschen nennt, um „lokale Bewegung im Raum hervorzubringen".[5] Nun erlaubt aber jede dieser zwei Hauptfakultäten eine höhere Anordnung durch die *„Urteils*kraft" der Vernunft, wobei aber der Einsatz oder *Gebrauch* der Vernunft in jedem der beiden Fälle vollkommen unterschiedlich in Struktur und Funktion ist. Im ersten Fall agiert die Vernunft in der Beziehung ‚Subjekt-Objekt' in Bezug auf die Frage nach der *Wahrheit*, wobei die angestrebte „Wahrheit" verstanden wird, als die „Übereinstimmung einer Erkenntnis mit ihrem Gegenstande", wie Kant sagt.[6] Im letzteren Fall dagegen agiert die Vernunft nicht „kognitiv" in der Beziehung von *Subjekt zu Objekt* um die Frage einer referentiellen *Wahrheit* im Denkprozess festzustellen, sondern jetzt „appetitiv" in der Beziehung von *Mittel zu Zweck* in Bezug auf die *Verwirklichung* eines bestimmten, angestrebten, raumzeitlichen Zieles durch den Bewegungsprozess der verkörperten Handlung.

Freilich sind viele unserer überlegten Bewegungen und Handlungen in diesem letzteren motiven Sinn völlig pragmatisch, wie z.B. wenn ich mich dazu entscheide, den Bus zur Paddington Station zu nehmen und nicht die U-Bahn aufgrund von Verspätungen in der Circle Line. Aber es gibt auch noch ein zusätzliches wichtiges Element des motiven Gebrauchs der Vernunft, wobei es sich das aneignet, was wir in uns als einer moralischen Natur gewahr sind. Und wie fast alle in der philosophischen Tradition seit Aristoteles erkannt haben, das, was den moralischen Gebrauch der Venunft als wahrhaftig *moralisch* und nicht nur pragmatisch auszeichnet, ist, dass er letztendlich fundiert ist in gewissen Verpflichtungen oder Imperativen, die wir nicht als bloße Mittel zu weiter verpflichtenden Zwecken kennen, sondern als *Zwecke an sich selbst* bzw. als Verpflichtungen um ihrer selbst willen. Bei Aristoteles oder Thomas v. Aquin, z.B., findet man diese Arten von Verpflichtungen in den höheren Tugenden der *dikaion/justitia* und *phronesis/prudentia*; und bei Kant in dem kategorischen Imperativ, andere Menschen nicht als bloße Benutz-Objekte zu behandeln, sondern auch immer mit der angebrachten Würde zu behandeln, die sich für Mitmenschen ziemt.

5   Aristotle, *On the Soul,* III.9 in *The Complete Works of Aristotle,* Jonathan Barnes, ed. (Princeton: Princeton University Press, 1984).
6   *Kritik der reinen Vernunft* A58/B83.

Aber jetzt gibt es besonders mit Hinblick auf diesen moralisch-motiven Gebrauch der Vernunft auch eine unterschiedliche Ausrichtung in Bezug auf die Frage nach der Wahrheit im Vergleich zum kognitiven Gebrauch. Während der kognitive Gebrauch der Vernunft sich an der Wahrheitsfrage orientiert im Sinne der ‚Übereinstimmung einer *Erkenntnis* mit ihrem Gegenstande' (grundsätzlich basierend auf den diskursiven Axiomen der Identität und der Widerspruchsfreiheit), orientiert sich der moralisch-motive Gebrauch der Vernunft an der Wahrheit einer körperlich ausgeführten *Entscheidung* in Übereinstimmung mit einer Verpflichtung oder eines Imperativs um seiner selbst willen. Wir können dies nicht weiter verfolgen, außer zu sagen, dass dieser moralisch-motive Gebrauch der Vernunft von Deleuze vollkommen übersehen wird, genauso wie sie von allen Post-Strukturalisten und in der Tat von geradezu allem kontinentalen Denken in Anschluss an Hegel übersehen wurde, der nach Kant die motivierende (‚motive') und appetitive Natur wieder völlig unter die oberste Herrschaft der kognitiven Natur subsumierte.

Aber wie Franz Rosenzweig zeigt, kann das Judentum diese Unterscheidung nicht ignorieren. Denn im Judentum wird Offenbarung ursprünglich nicht als ein erleuchteter Perzeptions- oder Konzeptionsbericht für kognitive Erkenntnis angesehen, sondern ganz anders als – Gebot. Und, wie Rosenzweig weiter mit Nachdruck zeigt, dass die Offenbarung zuerst als Gebot offen gelegt wird, bedeutet, dass sie nicht wahrhaftig *als* Offenbarung gehört und erkannt wird, wenn man sie ursprünglich in der kognitiven Natur als *Indikativ* antrifft, sondern nur, wenn sie ursprünglich direkt als *Imperativ* in der motiven und begehrenden Natur gehört wird. Denn nur diese Natur kann den Befehl nicht mehr wesentlich hinsichtlich seiner mittelbaren *Sinnbedeutung* für das *Denken* hören, sondern eher mit der Kraft einer *un*mittelbaren *Handlungs*verpflichtung, einer Verpflichtung um ihrer selbst willen, in der, wie Rosenzweig sagt, der Hörer sich nur die Unmittelbarkeit von Gehorsam und Ungehorsam vorstellen kann.

Und es folgt hieraus nun auch etwas ganz Entscheidendes für die Frage nach der Erkennbarkeit des unbeschreiblichen Gottes. Denn in Anbetracht des Vorangegangenen wird es jetzt ganz deutlich, dass der Ursprungsmoment der menschlichen *Empfängnis* der Offenbarung und damit auch der Ursprungsmoment der Er*kenn*barkeit des unbeschreiblichen Gottes nicht der Moment einer erleuchteten kognitiven Einsicht ist, also kein *aha-Erlebnis*. Der wahre Moment des Empfanges und der Erkennbarkeit ist im Gegenteil nichts anderes als der Moment, in dem das Gebot *tatsächlich befolgt wird* durch körperliches Tun im Leben.

Dies ist genau der Grund, warum Rosenzweig und Levinas sich beide an die *prima facie* kuriose Talmudische Doktrin binden, dass die Offenbarung Gottes *getan* werden muss, *bevor* man sie *versteht*, bzw. dass sie getan werden muss, *um* sie zu verstehen. Denn es ist der vorausgehende Akt des Gehorsams gegenüber dem offenbarten Gebot, der anschließend die Kenntnis der Wahrheit mit sich bringt, die in dem Gebot angeboten wird. Genau dieselbe Ordnung ist auch in Bonhoeffers Darstellung der Offenbarung anwesend, in dem *un*mittelbaren

Gehorsamen Tun des Jüngers gegenüber der Aufforderung Christi, „Folge mir nach". Die Zusammenfassung hier ist, dass Gottes unbeschreibliche und unvorstellbare transzendente Realität nur dann wirklich fassbar werden kann, wenn sie empfangen wird als eine Transzendenz, die *getan* werden muss, bevor sie kognitiv verstanden wird. Oder wie Goethe, zusammen mit dem frühen Schelling, am Ende des *Faustes* genau diese selbige Wahrheit in einem ganz anderem Zusammenhang versteht und zum Ausdruck bringt: „das Unbeschreibliche, hier ist's *getan*".

Nun aber gibt es ein bestimmtes Gebot, in dem die jüdische Offenbarung, als mosaisches Gesetz, und die christliche Offenbarung, als Jesus Christus, unumgänglich aufeinander treffen. Und dies ist auch das Gebot, das als unentbehrliches Prinzip für *das* Tun dient, durch welches der unbeschreibliche Gott verstandesmäßig anwesend wird in der Welt. Es ist das Gebot, das Christus „das größte Gebot" nennt – dasjenige, das er selbst gänzlich vollzieht und deshalb zur Erfüllung des gesamten mosaischen Gesetzes erklärt wird. Und es ist das Gebot, das auch für das Judentum, in Rosenzweigs Worten „nicht nur das Höchste der Gebote ist, sondern wahrhaftig das Einzige, der Sinn und das Wesen aller Gebote, die jemals aus Gottes Mund gekommen sein mögen."[7] „Du sollst Gott deinen HERRN lieben von ganzem Herzen, von ganzer Seele, und von allen deinen Kräften". Aber dieses Gebot ist wiederum unerlässlich mit einem anderen verbunden, so dass es unmöglich ist, das Tun des einen vom Tun des anderen zu trennen. „Du sollst deinen Nächsten lieben, wie dich selbst".

7. Und die unumgängliche Fusion dieser beiden Gebote bringt uns jetzt zu einem Endergebnis bezüglich der Frage nach dem *imago dei*. Denn wenn die Transzendenz Gottes, gemäß der Offenbarung als Berufungsimperativ, eine Transzendenz ist, die in der Welt getan werden muss, bevor sie wahrgenommen oder verstanden wird; und wenn der Mensch in*sofern* das Abbild Gottes ist, als er durch das Erhören des Imperativs ein Instrument des Willens Gottes werden kann, und somit ein kausaler Agent der göttlichen Fürsorge im Leben werden kann: dann bedeutet dies, dass das Abbild Gottes nicht länger in erster Linie als *animale rationale* betrachtet werden sollte, sondern jetzt eher als *animale politicum*.

Warum genau *animale politicum*? Um dies auszuweiten, können wir noch einmal zu Rosenzweig zurückkehren, in dessen Arbeit – wie Leora Batnitzky der Princeton University herausstellt – das Leitmotiv der Repräsentation, trotz all dem, was wir gesagt haben, absolut zentral bleibt.[8] Allerdings wird Repräsentation hier nicht mehr im üblichen post-Kantischen Sinn von *Vorstellung* behandelt, d.h. nicht mehr Repräsentation als kognitive oder wahrgenommene Kopier-Abbildung; sondern jetzt vielmehr Repräsentation als *Vertretung*, d.h. jemanden als Repräsen*tant* zu repräsentieren, für jemanden als Repräsentant,

---

7   Franz Rosenzweig, *Star of Redemption* (Madison, Wisconsin: Wisconsin University Press, 2005) p. 190.

8   Leora Batnitzky, *Idolatry and Representation* (Princeton: Princeton University Press, 2000) p. 29.

Agent oder Abgeordneter sich einzusetzen, durch körperliche Handlung. Und solches Repräsentieren, wie Batnitzky richtig erkennt, ist grundsätzlich politisch im Charakter. Es ist politisch, weil die Offenbarung Gottes – die als eine Aufforderung oder ein Berufungsimperativ enthüllt wird – nicht nur ein ethisches Prinzip ist, durch welches Einsicht in irgendein neues a priori Universal-Ideal ‚des Guten' gewonnen wird. Es ist vielmehr eine besondere Aufforderung zu gewissen Arten von Tun innerhalb ganz spezifischer körperlich-lebendiger *Machtverhältnisse* in der Welt. Und das heißt, zu gewissen Arten von Tun innerhalb der Polis, die intrinsisch um Machtverhältnisse herum definiert ist.

Es ist als solches kein Zufall, dass die zwei genauen Bezeichnungen, die in der biblischen Darstellung benützt werden, um das Abbild Gottes eindeutig zu identifizieren, keine Ausdrücke sind, die grundsätzlich auf die menschliche Fähigkeit des Denkens abzielen – ob ideal-epistemisches Denken über ‚das Wahre' oder ideal-ethisches über ‚das Gute'. Sie sind beide vielmehr Bezeichnungen, deren wesentliche Bedeutung in der Berufung auf ganz *gewisse Arten von Tun* innerhalb der einzelnen sozialen *Machtverhältnisse* in der weltlichen Polis liegt. In Adam wird das Abbild Gottes in 1 Mose, vor dem Eintritt der Sünde, im Machtverhältnis des *Herrschers* unter Gott ausgedrückt. In Christus aber, der nach dem Eintritt der Sünde kommt, wird das Abbild durch das Machtverhältnis des *Dieners*, ja sogar des leidenden Dieners ausgedrückt. Als perfektes Abbild des unsichtbaren Gottes kommt Christus „in der Form eines Dieners" (Heb. 1.3; Phil. 2.7), und *als* dieses Abbild spricht er den Offenbarungsimperativ aus: „folge mir nach".

All dies erlaubt uns jetzt, in einer neuen Weise zu Herders Auffassung des *imago dei* als einer Art Weltoffenheit zurückzukehren, obwohl wir dies nun etwas anders verstehen müssen als er. Weltoffenheit durch Vernunft und Freiheit ist zwar richtig. Aber die Orientierung dieser freien rationalen Offenheit kann jetzt nicht länger im Grunde die einer *Universal*-Anthropologie sein, angestrebt durch Selbstverbesserung und Bildung. Weit entfernt von etwas ideal-*universalem*, ist sie vielmehr jetzt eine bestimmte Art frei-rationaler Offenheit zur *Kontingenz* des leiblichen Lebens, die sich *als* Kontingenz keineswegs mehr zum eschatologischen Wunschtraum eines „ewigen Friedens" orientieren kann, sondern jetzt unentbehrlich zur gegenwärtigen Wirklichkeit des *ewigen Konflikts* orientieren muss, in dem wir unausweichlich leben. Genauer gesagt, als eine gewisse frei-rationale Offenheit zur gegenwärtigen Kontingenz, und nicht zu einem zukünftigen Ideal, ist sie eine bestimmte Art von Offenheit der *freien Kausalität* des menschlichen *Tuns* gegenüber. Oder noch präziser gesagt, sie ist eine freie unvorhersehbare Kausalität, die unter der Führung des größten Gebotes der fürsorglichen Dienerschaft im Tun, das heißt unter der Führung der Nächstenliebe um ihrer selbst willen, nicht mehr und nicht weniger ist, als auch eine Offenheit zur Offenbarung des unbeschreiblichen Gottes. Offenheit Gott gegenüber ist für die christliche Sichtweise unmöglich, außer solcher Offenheit der Welt gegenüber. Christus eigene Worte bestätigen mit einer starren Direktheit diese unverzichtbare Verbindung zwischen Weltoffenheit durch fürsorgliches Tun und Gottesoffenheit: „Was ihr einem unter diesen geringsten getan habt, das *habt* ihr *mir* getan". „Das Unbeschreibliche, hier ist's getan".

Für solch eine christliche Sichtweise kann derjenige, der kognitiv wenig oder gar nichts über den religiösen Katechismus weiß, der aber dennoch ein Leben der selbst aufopfernden Fürsorge lebt, viel mehr ein Instrument des Willens und der Wirklichkeit Gottes sein, und somit ein Abbild des unbeschreiblichen Gottes in der Welt, als einer, der zwar in doktrinalen Feinheiten wohl bewandert ist, der aber das Leben eines Machthabers lebt. Und wenn man das *imago dei* unter diesen Voraussetzungen betrachtet, ist es weder unverständlich noch anachronistisch. Noch weniger ist die fürsorgliche Dienerschaft, in der es sich gründet – wie dies in den Augen von Deleuze, Nietzsche, Dennett oder Dawkins aussehen mag – etwas willensschwaches oder armseliges: keineswegs neurotisch, komisch, psychotisch oder tragisch. Sie ist für die jüdisch-christliche Ansicht vielmehr und im wahrsten, selbst-hingebenden Sinne des Wortes – heroisch.

Karl Heinz Auer

Der Mensch im Fokus rechtsphilosophischer und theologischer Deutungsmuster

„Der zu diesem unserem Kulturbereich (irgendwie) dazugehörende
Mensch lebt gleichzeitig mit unterschiedlichsten, in keiner Weise
koordinierten, nicht auf einen Nenner zu bringenden und nicht von
einem Prinzip ableitbaren Konstruktion seiner selbst, die eben diese
Kultur aus ihrem eigensten Fundus von ihm, dem Menschen, und
für ihn entwirft."[1]

Hans Czuma

„In der Tat kann die Anthropologie der alttestamentlichen
Schöpfungslehre, die in dem universalistischen Gedanken der
Gottebenbildlichkeit des Menschen ihren verdichtetsten Ausdruck
gefunden hat, als früher Versuch einer Theologie
der Menschenwürde gelesen werden."[2]

Ulrich Barth

Die „Topologien des Menschlichen" haben sich ein hohes Ziel gesetzt. In sieben Symposien und Bänden sollen das heute verfügbare Wissen über den Menschen zusammengeführt und die unterschiedlichen Disziplinen miteinander ins Gespräch gebracht werden, um eine philosophische Reflexion über den Menschen zu ermöglichen. So der Folder der Wissenschaftlichen Buchgemeinschaft über die Buchreihe.

Nach dem letzten Symposium, das der mehrheitlich theologischen und religionsphilosophischen Reflexion des Menschen als „Geschöpf – Krone der Schöpfung – Mitschöpfer. Der Mensch – ein Abbild Gottes?" gewidmet war, erging die Einladung der Herausgeber an mich, einen Beitrag zum letzten Band der „Topologien des Menschlichen" aus rechtsphilosophischer Perspektive zu verfassen. Gerne habe ich diese ehrenvolle Einladung angenommen, zumal die Berücksichtigung von Rechtsphilosophie und Rechtsanthropologie angesichts des Anspruchs der „Topologien" unabdingbar und mir die Frage nach dem

---

1   *Czuma Hans*, Ich denke über mich nach und spreche vom Menschen. In *Hans Czuma* (Hg.), Menschenbilder. Wien 1988, 7-13, hier 9.
2   *Barth Ulrich*, Religion in der Moderne. Tübingen 2003, 351.

Menschen im Recht[3] ein echtes Anliegen ist. Dabei den Bezug zum Gedanken der Imago Dei herzustellen, wie ich gebeten wurde, ist allerdings kein leichtes Unterfangen in dem zur Verfügung stehenden Rahmen. Die Rechtswissenschaften sind – ungeachtet der Normen, die sich auf Religion und Kirchen und Religionsgesellschaften beziehen – eine säkulare Disziplin, und die Berufung auf eine Offenbarung ist keine Kategorie säkularen Rechts. Anders die Theologie. Dieser sind in ihren unterschiedlichen wissenschaftlichen Disziplinen Offenbarung und Transzendenz geradezu inhärent. Da der Mensch der Einheitsbezug sowohl der theologischen als auch der rechtsphilosophischen Perspektive ist, gibt es nicht wenige Berührungspunkte, wenn auch in unterschiedlichen Kontexten und teleologischen Ausprägungen. Methodologisch ist es angebracht, die unterschiedlichen Deutungsmuster jeweils für sich zu skizzieren und in einem abschließenden Schritt miteinander zu vergleichen. Wie zwei Folien, die übereinander gelegt werden und allfällige Schnittmengen und Unvereinbarkeiten sichtbar werden lassen.

A. Der Mensch im Recht[4]

Die Frage nach dem Menschen ist so alt wie der Mensch selbst und zieht sich durch alle Phasen der Geschichte. Für unseren Kulturkreis besonders prägend wirken der Hellenismus, die jüdisch-christliche Tradition und nach dem Paradigmenwechsel vom theozentrischen zum anthropozentrischen Weltbild die Aufklärung. Kant hebt die Priorität der Frage nach dem Menschen besonders hervor, indem er alle Bereiche der Philosophie der Anthropologie subsumiert.

„Das Feld der Philosophie … lässt sich auf folgende Fragen bringen: 1. Was kann ich wissen? 2. Was soll ich tun? 3. Was darf ich hoffen? 4. Was ist der Mensch? Die erste Frage beantwortet die Metaphysik, die zweite die Moral, die dritte die Religion, und die vierte die Anthropologie. Im Grun-

---

3   Vgl. *Auer Karl Heinz*, Rechtsphilosophie und Empirie im Kontext der Differenz zwischen Recht und Gesellschaft. In *Barta Heinz / Ganner Michael / Lichtmannegger Helmuth* (Hg.), Rechtstatsachenforschung heute. Tagungsband 2008. Erscheint 2009 bei innsbruck university press. *Auer Karl Heinz*, Das Menschenbild als rechtethische Dimension. In ARSP 93 (2007) 493-518. *Auer Karl Heinz*, Das Schulrecht aus der Perspektive des Menschenbildes in der Verfassung. In Schule und Gewalt – Aufgaben und Möglichkeiten des Rechts? ÖGSR-Tagungsband zum Symposium 1 (2007) 17-23. *Auer Karl Heinz*, Die religiöse Valenz der Menschenwürdekonzeption. In *Breitsching Konrad / Rees Wilhelm* (Hg.), Recht – Bürge der Freiheit. FS *Johannes Mühlsteiger* (= Kanonistische Studien und Texte, Bd. 51). Berlin 2006, 19-41. *Auer Karl Heinz*, Das Selbstbestimmungsrecht im Kontext der Patientenverfügung. Ein rechtsphilosophischer Zugang. In *Barta Heinz / Kalchschmid Gertrud* (Hg.), Die Patientenverfügung – Zwischen Selbstbestimmung und Paternalismus. Wien 2005, 107-131. *Auer Karl Heinz*, Das Menschenbild als rechtethische Dimension der Jurisprudenz. Wien 2005.

4   Den Ausführungen in diesem Abschnitt liegt Kap. 2 aus *Auer*, Das Menschenbild als rechtethische Dimension der Jurisprudenz (Fn. 3) zugrunde.

de könnte man aber alles dieses zur Anthropologie rechnen, weil sich die drei ersten Fragen auf die letzte beziehen."[5]

Mit der Betonung des Menschen als Vernunftwesen – pointiert auf den Punkt gebracht in Kants Appell „Sapere aude! Habe Mut, dich deines eigenen Verstandes zu bedienen!"[6] – wird die weitere geistesgeschichtliche Entwicklung und damit die Vorstellung vom Menschen nachhaltig geprägt. Es gibt keine Wissenschaft, vor allem keine Humanwissenschaft, die sich nicht des ihr zugrunde liegenden Menschenbildes vergewissern muss. In der pluralistischen Gesellschaft der Gegenwart ist der Mensch mit einer Vielzahl von Interpretationsmustern konfrontiert, er wird zum Ziel- und Konvergenzpunkt unterschiedlichster Auffassungen vom Menschen.[7]

Welches Bild vom Menschen liegt nun dem Recht zugrunde oder dem Recht voraus? Zuerst muss einmal das Phänomen des Wandels berücksichtigt werden. Heute bestreitet niemand ernsthaft das Faktum der soziokulturellen Genese von Recht und Menschenbild. Die Natur des Menschen zeigt sich in seiner Geschichte, nicht unmittelbar in ihrem Sein, sondern „grundsätzlich nur im Vollzug".[8] Die soziokulturellen Entwicklungen beeinflussen die Wertvorstellungen und führen zu einem Wandel der Familie, der Rechtsverhältnisse, des Bildungssystems sowie zu einem Wandel im Bereich von Industrie, Finanz- und Arbeitswelt, im Partnerschaftsverhalten, in Erotik und Sexualität. Radbruch weist in seiner Heidelberger Antrittsvorlesung zu recht darauf hin, dass der Wandel des Menschenbildes sehr eng mit dem Wandel der Geschichte verbunden ist. Das mittelalterlich-deutsche Bild vom Menschen, geprägt durch eine Anhäufung „pflichtdurchdrungener, pflichtgetragener Rechte" und der Zunft- und Lehensordnung, ist grundlegend verschieden von dem der Aufklärung, das einem „wohlverstandenen Individualinteresse" folgt, und dieses wiederum von dem des industriellen Zeitalters.[9] Das impliziert jedoch nicht einfach eine Auflösung des Menschenbildes „in eine Vielfalt ständig wechselnder Selbstentwürfe des Menschen", da vom Phänomen des Wandels im Menschenbild dessen „*Grundbestand allgemein-konstanter Wesenszüge*" unterschieden werden muss, „die den *Menschen schlechthin* charakterisieren, Merkmale, die er in seiner stammesgeschichtlichen Entwicklung erworben hat, und deren etwaiger Verlust in einer künftigen Entwicklung ihn um seine *Menschlichkeit*

---

5   *Kant*, Logik, *Werke* in 6 Bänden. Hg.v. *W. Weischedel*. Bd. 3, ⁶2005, 447 f.

6   *Kant*, Was ist Aufklärung? Ebd. Bd. 6, 53.

7   Vgl. *Czuma Hans* (Fn. 1), 9.

8   Vgl. *Rotter Hans*, Zwölf Thesen zur heilsgeschichtlichen Begründung der Moral. In *Rotter Hans* (Hg.), Heilsgeschichte und ethische Normen (= Quaestiones disputatae XC). Freiburg 1984, 99-127, hier 110.

9   Vgl. *Radbruch Gustav*, Der Mensch im Recht. In Gustav Radbruch Gesamtausgabe. Band 2: Rechtsphilosophie II. Hg. und bearbeitet von *Arthur Kaufmann*. Heidelbarg ²1993, 467-476, hier 467. Während bei *Radbruch* der Wechsel im Menschenbild in der Geschichte des Rechts „Epoche macht", unterliegt es bei *Henkel* dem geschichtlichen Wandel. (Vgl. *Henkel*, Fn. 10, 238.)

bringen würde".[10] Den Wandel im Konstanten und das Konstante im Wandel hat freilich schon Aristoteles erkannt.[11] War das Menschenbild vor der Französischen Revolution prinzipiell aristotelisch im Sinne des ζῷον πολιτκόν geprägt, setzt sich im Vernunftrecht das einzelne, freie, auf sich selbst gestellte Individuum durch, das als solches Subjekt – und Rechtssubjekt – ist und allen sozialen und sonstigen Gemeinschaftsbeziehungen voraus liegt.[12] Das 19. Jahrhundert als „juristisches Jahrhundert" setzt das neue Menschenbild um. Die französischen Kodifikationen des *code civil* und des *code de commerce* sind hier ebenso zu nennen wie das österreichische ABGB von 1811, die preußischen Reformen von 1807 bis 1815, die wirtschaftsliberalen Reformen im Vormärz, die Ausgestaltung einer liberalen Erwerbsgesellschaft nach 1848/49, die grundlegende nationale und liberale Gesetzgebung, wie z.b. das österreichische Staatsgrundgesetz 1867 und das deutsche Bürgerliche Gesetzbuch 1896/1900. Durch den Wechsel in der Orientierung der Rechtsordnung von den Lebenszwecken und natürlichen Pflichten des Menschen hin zu dessen Sicht als einzelne und freie, gleiche, erwerbstätige und Kapital bildende Persönlichkeit wird der Abschied vom ethisch bestimmten Rechtsbegriff und Rechtsinhalt angelegt, der heute noch stark nachwirkt.[13] Die Subjektstellung des Menschen als fundamentaler Topos des Verfassungsstaates und die Menschenwürde als heutiger Kern des rechtlichen Menschenbildes verbieten es einerseits, hinter 1789 und Kant zurückzufallen und gebieten es andererseits, auf diesem Gebiet behutsam weiterzuschreiten.[14] In einer Zeit, in der der Mensch Gefahr läuft, durch Instrumentalisierungen in den verschiedenen Lebensbereichen seine Subjektstellung zu verlieren, gehören jene Elemente zum Kernbestand des Menschenbildes, die den Menschen für die gesamte Dauer seiner Lebensspanne als Person, frei und autonom, zugleich als gemeinschaftsbezogen und ökologisch eingebettet in das größere Ganze der Natur als Um- und Mitwelt sowie als mit unveräußerlicher und unantastbarer Menschenwürde ausgestattet charakterisieren.

In der Menschenbildliteratur des rechtswissenschaftlichen Bereichs wurden als Grundmuster das normative, das idealtypische, das realtypische und das

---

10   Vgl. *Henkel Heinrich*, Einführung in die Rechtsphilosophie. Grundlagen des Rechts. München ²1977, 239.
11   Vgl. *Aristoteles*, Nikomachische Ethik, 5. Buch, 10. Kap., 1134 b 19 ff. Vgl. dazu auch *Brieskorn Norbert*, Wofür benötigen wir überhaupt ein Naturrecht? In *Härle Wilfried / Vogel Bernhard* (Hg.), „Vom Rechte, das mit uns geboren ist". Aktuelle Probleme des Naturrechts. Freiburg 2007, 97-126, hier 99.
12   Vgl. *Böckenförde Ernst-Wolfgang*, Vom Wandel des Menschenbildes im Recht. In Gerda Henkel Stiftung (Hg.), Das Bild des Menschen in den Wissenschaften. Münster 2002, 193-224, hier 195 f.
13   Vgl. ebd. 205-207, 210 f.
14   Vgl. *Häberle Peter*, Das Menschenbild im Verfassungsstaat. Berlin ³2005, 26 und 81. Vgl. dazu auch *Schünemann Bernd / Müller Jörg / Philipps Lothar* (Hg.), Das Menschenbild im weltweiten Wandel der Grundrechte (= Schriften zum Öffentlichen Recht, Band 889). Berlin 2002.

personale Menschenbild diskutiert.[15] Das normative Menschenbild misst den Menschen an den konkreten gesellschaftlichen und rechtlichen Normen und läuft damit Gefahr, den Menschen auf ein bloßes Normensystem zu reduzieren. Das idealtypische Menschenbild hat ein Bild vom Menschen zum Inhalt, wie er sein soll, nicht wie er ist, und unterliegt so der Gefahr, den Menschen ideologisch zu vereinnahmen. Das realtypische Menschenbild wiederum geht von einer „naturalistischen" Sichtweise des Menschen aus, die ihn in seiner moralischen Unzulänglichkeit wahrnimmt: „So ist er eben, der Mensch!" Dieser realtypische Ansatz ist der Gefahr ausgesetzt, einen Allgemeintypus zu konstruieren und den Menschen an diesem zu messen. Trotz oder gerade wegen der ambivalenten Züge der menschlichen Natur, zu der Menschenwürde, Freiheit und Selbstbestimmung ebenso gehören wie Hilfsbedürftigkeit, Selbstsucht und Machtgier[16], ist es der Mensch als Person, der der Rechtsordnung eines demokratisch freiheitlichen Verfassungsstaates voraus- und zugrunde liegt. Über allen Einzelaspekten und Ambivalenzen, auch über dem Deutungsmuster eines Menschenbildes, das sich als Zusammenfassung der Einzelzüge sich wandelnder und wechselnder menschlicher Selbstentwürfe versteht[17], normiert § 16 ABGB als grundlegende Prämisse, die nicht nur für das Zivilrecht, sondern für die Rechtsordnung als Ganzes bestimmend ist, dass jeder Mensch als Person zu betrachten ist, weil er „angeborne, schon durch die Vernunft einleuchtende Rechte" hat. Das personale Menschenbild ist ein offenes und dynamisch-evolutionäres, geprägt sowohl vom Wissen um die geschichtliche Entwicklung als auch um die begrenzte Erkenntnis. Es berücksichtigt den Menschen als „Phänomen, das *seinshaft und prozesshaft zugleich* ist" sowie als Person und als „Ensemble der Beziehungen, in denen der Mensch zu anderen Menschen oder zu

---

15   Vgl. dazu u.a. *Bergmann Jan Michael*, Das Menschenbild der Europäischen Menschenrechtskonvention, Baden-Baden 1995; *Brugger Winfried*, Zum Verhältnis von Menschenbild und Menschenrechten. In *Härle Wilfried / Vogel Bernhard* (Hg.), „Vom Rechte, das mit uns geboren ist". Aktuelle Probleme des Naturrechts. Freiburg 2007, 216-247; *Bydlinski Franz*, Das Menschenbild des ABGB in der Rechtsentwicklung. In FS *Bernhard Großfeld*. Hg.v. *Hübner / Ebke*. Heidelberg 1999, 119-128; *Häberle Peter*, Das Menschenbild im Verfassungsstaat (Fn. 14); *Radbruch Gustav*, Der Mensch im Recht (Fn. 9); *Schünemann Bernd / Müller Jörg / Philipps Lothar* (Hg.), Das Menschenbild im weltweiten Wandel der Grundrechte (Fn. 14); *Zöllner Wolfgang*, Menschenbild und Recht. In FS *Walter Odersky*. Hg.v. *Reinhard Böttcher / Götz Hueck / Burckhard Jähnke*. Berlin 1996, 126-140. Zu den einzelnen Grundmustern eines rechtlichen Menschenbildbegriffes im Vergleich siehe *Auer Karl Heinz*, Das Menschenbild als rechtsethische Dimension der Jurisprudenz (Fn. 3), 79-95.

16   Vgl. *Bydlinski Franz* (Fn. 15), 121. Zwei Rechtsbereiche, die offensichtlich durch ganz unterschiedliche Vorstellungen vom Menschen geprägt sind: das demokratische Wahlrecht, das einen Menschen voraussetzt, der in der Lage ist, „über die gemeinsamen öffentlichen Angelegenheiten mitzuentscheiden", und die Schutzrechte z.B. im Arbeitnehmer-, Mieter- und Verbraucherbereich, die von einer Vorstellung ausgehen, dass Menschen in bestimmten typischen Situationen „unfähig sind, sogar ihre eigenen Angelegenheiten frei und ihren Interessen gemäß wahrzunehmen". (Vgl. ebd. 121 f.)

17   Vgl. *Henkel* (Fn. 10), 237.

Sachen steht".[18] Durch die personale Fundierung ist dieses Menschenbild resistenter gegenüber Instrumentalisierungen und Reduzierungsversuchen durch Ideologien und andere Interessensgruppen, durch die evolutionäre Dynamik ist es offen und adaptabel für geänderte gesellschaftliche Herausforderungen. Vor diesem Hintergrund kann in Anlehnung an Gustav Radbruch gesagt werden, dass der personale Mensch *Grund, Maß und Ziel* allen Rechts ist, oder, wie es Arthur Kaufmann auf den Punkt gebracht hat: „Die Idee des Rechts ist die Idee des personalen Menschen oder sie ist gar nichts."[19]

B. Der Mensch als Imago Dei

Dieser Thematik war ein wesentlicher Teil des letzten Symposiums der „Topologien des Menschlichen" gewidmet. Die einschlägigen Beiträge können in diesem Tagungsband nachgelesen werden. In meinen gegenständlichen Ausführungen[20] wird darauf nur insofern Bezug genommen, als es für den gewählten methodologischen Ansatz und für die Rezeption der Imago-Dei-Vorstellung in der Geschichte der Rechtsphilosophie, vor allem im Hinblick auf die Menschenwürde und die wertbezogenen Generalklauseln im Recht, hilfreich ist.

Das Bild vom Menschen als Abbild Gottes ist für die Entwicklung des Menschenwürdegedankens und dessen Derivaten (nicht nur) im Recht von fundamentaler Bedeutung. In beiden Schöpfungsberichten – sowohl in den zur Priesterschrift gehörigen Versen Gen 1,1-2,4a als auch im Text der jahwistischen Überlieferung in Gen 2,4b-25[21] – nimmt der Mensch eine zentrale Stellung ein. Im zweiten Schöpfungsbericht im Kontext der Paradieserzählung, der Erschaffung des ersten Menschenpaares und des Sündenfalls, im ersten im Zusammenhang mit der Erschaffung der Welt:

> „Gott schuf also den Menschen als sein Abbild; als Abbild Gottes schuf er ihn. Als Mann und Frau schuf er sie." (Gen 1,27)

Dieser Vers ist eingebettet in den Auftrag an den Menschen, über die Welt zu herrschen und sich zu vermehren. Ausdrücklich ist darauf aufmerksam zu machen, dass der Schöpfungsauftrag dem Menschen in der Form eines Segenswortes übertragen wird.[22] Ein Zivilisationsverständnis, das eine weitgehende Ver-

---

18 Vgl. *Kaufmann Arthur*, Problemgeschichte der Rechtsphilosophie. In *Kaufmann Arthur / Hassemer Winfried* (Hg.), Einführung in die Rechtsphilosophie und Rechtstheorie der Gegenwart. Heidelberg ⁶1994, 30-178, hier 176.
19 Vgl. ebd. 177.
20 Diesen liegt Abschnitt 3 aus *Auer*, Die religiöse Valenz der Menschenwürdekonzeption (Fn. 3) zugrunde.
21 Über die jüngsten exegetischen Erkenntnisse in diesem Zusammenhang verweise ich auf den Beitrag von *Georg Fischer* in diesem Band.
22 Vgl. *Scheuer Manfred*, Gottebenbildlichkeit. Unveröffentlichtes Manuskript 2008.

nichtung von Flora und Fauna in Kauf nimmt, kann sich jedenfalls nicht auf den biblischen Schöpfungsauftrag berufen. Gen 1,26-28 korreliert mit dem älteren Psalm 8,5-9, der die gleiche Thematik in lyrischer Gebetsform beinhaltet:

> „Was ist der Mensch, dass du an ihn denkst, des Menschen Kind, dass du dich seiner annimmst? Du hast ihn nur wenig geringer gemacht als Gott, hast ihn mit Herrlichkeit und Ehre gekrönt. Du hast ihn als Herrscher eingesetzt über das Werk deiner Hände, hast ihm alles zu Füßen gelegt ..."

Anstelle des eher missverständlichen Begriffs „Ebenbild Gottes" wird heute in angemessenerer Übersetzung des hebräischen Wortes „tselem" der Begriff „Abbild" verwendet, im Sinne von Denkmal oder Statue, die an das Urbild erinnern soll.[23] In Bezug auf das Verhältnis der Geschlechter zueinander ist von Bedeutung, dass Gen 1,27 den Menschen als Mann *und* Frau als schöpferische Grundgegebenheit voraussetzt. Aus der Sicht moderner Exegese lässt sich aus den Schöpfungsberichten eine Über- oder Unterordnung im Verhältnis der Geschlechter zueinander nicht ableiten: sowohl Gen 1,27 als auch Gen 2,21-23 (Erschaffung der Frau aus der Rippe) werden als Ausdruck der gleichen Wesenswürde von Mann und Frau verstanden, wiewohl diese Texte in ihrer Ursprungssituation zeitbedingt einen patriarchalischen Hintergrund aufweisen. Auch der zweite Schöpfungsbericht bedient sich eines aussagekräftigen Bildes. Nach Gen 2,7

> „formte Gott, der Herr, den Menschen aus Erde vom Ackerboden und blies in seine Nase den Lebensatem."

Der anthropologische Gehalt hinter dieser Metaphorik ist der Mensch als Träger göttlichen Atems, der ebenso wie die Imago Dei als nachhaltiger Ausdruck menschlicher Würde verstanden werden kann. Während der zweite und ältere Schöpfungsbericht in Gen 2,4b-25 der Erschaffung des ersten Menschen aber nur wenige Verse widmet, stellt die Erschaffung des Menschen in der ersten universell und kosmologisch geprägten Schöpfungsdarstellung den Höhepunkt dar, der in der Gottabbildlichkeit kulminiert. Diese begründet die Sonderstellung des Menschen ebenso wie daraus resultierende besondere Verpflichtungen.[24] Dass die Priesterschrift mit einer universellen Kosmogonie[25] beginnt und nicht mit

---

23 Vgl. *Groß W.*, Gottebenbildlichkeit. In LThK[3] IV, 871, sowie *Lohfink Norbert*, Im Schatten deiner Flügel. Große Bibeltexte neu erschlossen. Freiburg 1999, 31f.

24 Vgl. *Barth Ulrich* (Fn. 2), 348 f. Unter Bezugnahme auf den aktuellen Forschungsstand weist *Barth* darauf hin, dass Gen 1,1-2,4a, obwohl in der uns vorliegenden Fassung der jüngere Text, doch auch wesentlich älteren altorientalischen Mythenstoff beinhaltet, der im Sinne aller frühen Priestertheologie die Welt als einen sinnvollen Kosmos darstellen will und sich darin mit dem Interesse der Autoren des ersten Schöpfungsberichtes trifft.

25 Dass Mythen des Anfangs und Schöpfungsmythen auch in aufgeklärten Zeiten einen wichtigen Stellenwert einnehmen, wird nicht nur durch Beispiele der Gegenwartsliteratur deutlich, häufig in der feministischen Literatur (z.B. *Mulack Christa*, Im Anfang war die Weisheit, Stuttgart 1988, oder *Göttner-Abendroth Heide*, Das Matriarchat, Stuttgart-

einer allein auf das Volk Israel bezogenen Heilsgeschichte, veranschaulicht, dass der Gedanke der Imago Dei universalistisch konzipiert ist: *Jeder* Mensch ist Abbild Gottes, *jeder* hat Anteil an der daraus abgeleiteten Menschenwürde und den damit verbundenen Verpflichtungen, unabhängig von Geschlecht, Rasse, Hautfarbe, der ethnischen oder sozialen Herkunft, der genetischen Merkmale, der Sprache, der Religion oder der Weltanschauung, der politischen oder sonstigen Anschauung, der Zugehörigkeit zu einer nationalen Minderheit, des Vermögens, der Geburt, einer Behinderung, des Alters oder der sexuellen Ausrichtung.[26]

C. Der Mensch als Einheitsbezug rechtsphilosophischer und theologischer Deutungsmuster

Soziale Wirklichkeit und Recht stehen ebenso in einem interdependenten Verhältnis zueinander wie Recht und Moral. Dies zeigt sich grundlegend darin, dass sich das Soziale im konkret Vorgegebenen als Handlungs*muster* erweist, insofern dieses „sittliches Sein-Können" formuliert und aktualisiert, es gleichzeitig aber als je zu Leistendes Handlungs*entwurf* bleibt, der im Kontext einer Sollensordnung, zu der Recht und Moral gleichermaßen gehören, je neu erbracht werden muss.[27] Rechtstatsachenforschung und Rechtssoziologie sind daher zur Rechtsphilosophie unabdingbare komplementäre Bezugswissenschaften. Während die Rechtsphilosophie in ihrer normativen, analytischen und holistischen Dimension – anders als die Rechtsdogmatik mit ihrem systemimmanenten Argumentationscharakter – systemtranszendent agiert[28], ist der Gegenstand der empirischen Rechtssoziologie der *homo sociologicus*, und zwar nicht im Verhältnis zur Natur, sondern in seinem Verhältnis zum Menschen.[29] In ihrer historischen und systemtranszendierenden Dimension reflektiert Rechtsphilosophie die vielfältigen historischen Einflüsse auf die Rechtsordnung. Zutreffend mahnt mein Lehrer der Rechtsphilosophie, Theo Mayer-Maly, dass dem, der meint, Jurisprudenz ohne Besinnung auf Geschichte und Philosophie betreiben zu können, diese alsbald zum bloßen Handwerk gerät.[30]

Berlin-Köln 1988), sondern auch durch die historische Tiefendimension, die sich aus der Beschäftigung mit den Mythen der Menschheit ergibt und einen Zugang zur Idee der Gleichwertigkeit aller Menschen und allen Lebens ermöglicht. (Vgl. *Wintersteiner Werner* in ide 1 [2000] 6 sowie *Gottwald Herwig*, Die Welt bewohnbar machen. Mythen des Anfangs und Schöpfungsmythen im Vergleich. In ide 1 [2000] 37.)

26 Vgl. Art. 21 Charta der Grundrechte der Europäischen Union.
27 Vgl. *Böckle Franz*, Wiederkehr oder Ende des Naturrechts? In *Böckle Franz / Böckenförde Ernst-Wolfgang* (Hg.), Naturrecht in der Kritik. Mainz 1973, 304-311, hier 305.
28 Vgl. *Kaufmann Arthur*, Rechtsphilosophie. München ²1997, 8.
29 Vgl. *Maihofer Werner*, Die gesellschaftliche Funktion des Rechts. In Jahrbuch für Rechtssoziologie und Rechtstheorie. Hg.v. *Maihofer/Schelsky*. Band 1. Bielefeld 1970, 13 f.
30 Vgl. *Mayer-Maly Theo*, Rechtsphilosophie. Wien-New York 2001, 5 f. Ähnlich hat schon

In den vorangegangenen Abschnitten hat sich der personale Mensch als Einheitsbezug sowohl der rechtsphilosophischen als auch der theologischen Perspektive abgezeichnet. Damit steht die Menschenwürde als das die Person charakterisierende Element im Mittelpunkt der Überlegungen, gefolgt von rechtsethischen Generalklauseln, die sich aus dieser ableiten bzw. auf diese zurückführen lassen.[31] In der Frage über die Herkunft der Menschenwürde gibt es aus rechtshistorischer Perspektive eine große Übereinstimmung darüber, dass der Gedanke der Menschenwürde religiösen Ursprungs ist. Während Christoph Enders davon ausgeht, dass diese Ursprünge im christlichen Umfeld zu suchen sind[32], und Josef Isensee die Würde des Menschen als „unmittelbares Derivat des Christentums" bezeichnet[33], betont *Martin Kriele* den allgemein-religiösen Ursprung des Menschenwürdegedankens und sieht diesen weder unilateral an das Christentum noch an den abendländischen Kulturkreis gebunden, denn „wo immer ein religiöser Bezug zwischen Gott und Mensch, Schöpfer und Geschöpf, Himmel und Erde lebendig ist, ist der Gedanke der Menschenwürde zumindest ansatzweise mitgedacht".[34] Im vorliegenden Kontext liegt der Fokus auf der jüdisch-christlichen Tradition. Im Spannungsfeld von Imago Dei und Inkarnation entwickelt sich ein dynamischer Würdebegriff, der sich auch und gerade in der Differenz von Gut und Böse bewähren muss. In dieser Differenz liegt die Freiheitsnatur des Menschen, seine Subjektqualität.[35] Enders hebt zutreffend hervor, dass es diese Seite des Würdegedankens ist, „welche seit jeher die abendländische Philosophie am meisten beschäftigt hat und durch welche sie ihre Eigenständigkeit gegenüber der Theologie errungen hat". Weil der Mensch weder mit der Natur noch mit dem göttlichen Geist eins ist, schöpft der Begriff der Menschenwürde die ihm eigentümliche Dynamik und Spannkraft „nicht aus einer einfachen Identität, sondern aus der Differenz". In diesem Spannungsverhältnis ist die Teilhabe an beiden Welten für ihn Schicksal und Möglichkeit zugleich.[36]

zuvor *Eugen Ehrlich* im Hinblick auf die Soziologie Rechtswissenschaft als Sozialwissenschaft bezeichnet und kritisiert, dass herkömmliche Jurisprudenz ohne Rechtssoziologie lediglich „juristische Handwerkstechnik" sei. (Vgl. *Ehrlich Eugen*, Grundlegung der Soziologie des Rechts, München-Leipzig 1913, 405.) Bedauerlicherweise kommt diesen Grundlagenfächern der Rechtswissenschaft an vielen juristischen Fakultäten nicht die Stellung zu, die ihrer im wahrsten Sinn des Wortes fundamentalen Bedeutung entspricht.

31 Zur Vertiefung vgl. *Auer*, Das Menschenbild als rechtsethische Dimension der Jurisprudenz, Kap. 4, und *Auer*, Die religiöse Valenz der Menschenwürdekonzeption (beide Fn 3).

32 Vgl. *Enders Christoph*, Die Menschenwürde in der Verfassungsordnung, Tübingen 1997, 177.

33 Vgl. *Isensee Josef*, Die katholische Kritik an den Menschenrechten. Der liberale Freiheitsentwurf in der Sicht der Päpste des 19. Jahrhunderts. In *Böckenförde Ernst-Wolfgang / Spaemann Robert* (Hg.), Menschenrechte und Menschenwürde. Historische Voraussetzungen – säkulare Gestalt – christliches Verständnis. Stuttgart 1987, 138-174, hier 165.

34 Vgl. *Martin Kriele*, Grundprobleme der Rechtsphilosophie, Münster-Hamburg-London 2003, 170.

35 Vgl. *Enders* (Fn. 32), 178 f.

36 Vgl. ebd. 179 f.

Im Rahmen des christlich-hellenistischen Syntheseprozesses steht die Idee der Gottähnlichkeit und der Vergöttlichung nach Platons Lehre der ὁμοίωσις θεῷ im Zentrum. Eigentlich komme es nur darauf an, Gott ähnlich zu werden.[37] Die Apologeten setzen den platonischen Gedanken der ὁμοίωσις θεῷ mit der Imago Dei in Beziehung und betrachten Letztere als Fundament der platonischen Idee des menschlichen Strebens, Gott ähnlich zu werden. Von daher ist es nur ein kurzer Schritt zur Identifizierung der Korrelation von Gottabbildlichkeit und Gottverähnlichung mit der Menschenwürde.[38] In der Tat fällt es nicht schwer, in der Anthropologie der alttestamentlichen Schöpfungslehre einen frühen „Versuch einer Theologie der Menschenwürde" zu erkennen.[39] Anders als im antiken Rom, wo *dignitas* gleichermaßen an die Person und an die *res publica*, an Macht und an Freiheit gebunden ist, wird durch die Imago Dei jedem einzelnen Menschen „eine eigene Würde zugesprochen, die definiert wird durch den direkten Bezug des Menschen zu Gott ohne Rücksicht auf die politische und soziale Stellung."[40] Dadurch wird die Menschenwürde jeder Diskussion entzogen, sie gehört zum Bereich des religiösen Tabus und wird damit einerseits der Sphäre des Heiligen übereignet und gleichzeitig menschlicher Manipulation entzogen und damit *unantastbar*.[41] Die Entwicklung des Menschenwürdegedankens führt vom Wegfall der römischen Bindung von der *dignitas* an Macht und Freiheit über das italienische Renaissance-Christentum[42] und Emanzipationsprozesse der Loslösung der weltlichen Ordnung von überkommenen religiösen Autoritäten und Bindungen[43] zur säkularen Würde. Mit Kant ist dann die Durchsetzung der freiheitstheoretischen Fassung des Menschenwürdekonzepts verbunden. Demnach ist der Mensch bereits seiner Natur nach „Person" und „von absolutem Wert"[44], und eben darin liegt seine Würde[45]. In der Grundlegung der Metaphysik der Sitten definiert Kant das aus dem Prinzip der Autonomie des Willens folgende Gebot, sich selbst und alle andere *niemals bloß als Mittel*, sondern jederzeit *zugleich als Zweck an sich selbst"* zu behandeln.[46] Wird das Prinzip der Menschenwürde bei Kant noch mit der Fähigkeit des Menschen zur

37 Vgl. *Platon,* Theaitet 176 B.
38 Vgl. *Barth* (Fn. 2), 352 f.
39 Vgl. ebd. 350 f.
40 Vgl. *Pöschl Viktor*, Der Begriff der Würde im antiken Rom und später. Heidelberg 1989, 15 f., 22, 43 f.
41 Vgl. *Barth* (Fn. 2), 367.
42 Hier sind vor allem *Giannozzo Manetti* (1396–1459) und *Giovanni Pico della Mirandola* (1463–11494) mit ihren Traktaten über die dignitas hominis zu nennen, die das klassische Menschenwürdekonzept der italienischen Renaissance verkörpern.
43 Vgl. *Böckenförde Ernst-Wolfgang*, Recht, Staat, Freiheit. Studien zur Rechtsphilosophie, Staatstheorie und Verfassungsgeschichte. Frankfurt/Main 1991, 111.
44 Vgl. *Kant*, Grundlegung zur Metaphysik der Sitten. In *Kant Immanuel,* Werke in zwölf Bänden (*Kant*-Werke). Hg.v. *Wilhelm Weischedel*, Frankfurt 1977, Band 7, 60.
45 Vgl. ebd. 68.
46 Vgl. ebd. 66.

sittlichen Vernunft begründet, liegt ihm heute eine Anthropologie zugrunde, die die Natur des Menschen als eine im Letzten noch unerkennbare Komplexität und Totalität aus natürlichen und geistigen Elementen versteht und ihn weder genetisch, noch gesellschaftlich-kulturell abschließend determiniert.[47] Mit Artikel 1 steht die unantastbare Menschenwürde als objektivrechtliche Norm an der Spitze des Grundgesetzes, übernommen aus einem grundlegenden in der europäischen Geistesgeschichte hervorgetretenen sittlichen Wert in das positive Verfassungsrecht.[48] Oder, wie es Böckenförde an anderer Stelle formuliert: *„Der freiheitliche, säkularisierte Staat lebt von Voraussetzungen, die er selbst nicht garantieren kann."*[49] Mit der Menschenwürde ist der Gesetzgeber einem Maßstab verpflichtet, der sich im Wertsystem des demokratisch freiheitlichen Verfassungsstaates widerspiegelt und der die unterschiedlichen Bereiche des materialen und auch des formalen Rechts prägt. Die Grundsätze des *suum cuique*, des *neminem laedere* oder des *fair trial*[50] sind ebenso Beispiele dafür wie die Goldene Regel als präpositive Fundamentalnorm, die guten Sitten, Treu und Glauben oder die Persönlichkeitsrechte.

Die Goldene Regel findet sich in unterschiedlichen Kulturen und Zeiten als eine auf dem Gedanken der Reziprozität beruhende Grundregel rechten Handelns. In der abendländischen Rezeptionsgeschichte sind vor allem die jüdisch-christlichen Quellen von Bedeutung. Ist doch auch die geradezu sprichwörtliche Fassung „Was du nicht willst, dass man dir tu, das füg auch keinem andern zu!" biblischen Ursprungs.[51] Diese auf dem Buch Tobit (Tob 4, 16) basierende Fas-

---

47   Vgl. *Pernthaler Peter*, Rede anlässlich der Verleihung des Franz-Gschnitzer-Preises am 19.11.2004 an der Universität Innsbruck.

48   Vgl. *Böckenförde Ernst-Wolfgang*, Die Würde des Menschen war unantastbar. In FAZ 204 (2003) 33-35, hier 33. In Art. 1 Charta der Grundrechte der Europäischen Union (GRC) ist der Satz von der Unantastbarkeit der Menschenwürde allgemeiner formuliert, weil er sich an alle richtet, nicht nur, wie Art. 1 GG, als staatsgerichtete Schutzpflicht an die Legislative. Zum Zeitpunkt der Abfassung dieser Arbeit kommt Art. 1 GRC rechtlich nur deklaratorischer Charakter zu, während Art. 1 GG Verfassungsrang genießt. In Österreich, dessen Verfassung einen Art. 1 GG oder Art. 1 GRC vergleichbaren programmatischen Artikel nicht kennt, hat der Verfassungsgerichtshof 1993 den Grundsatz der Menschenwürde als einen „allgemeinen Wertungsgrundsatz unserer Rechtsordnung" anerkannt, der besagt, „dass kein Mensch jemals als bloßes Mittel für welche Zwecke immer betrachtet und behandelt werden darf". (10.12.1993, G 167/92) Der Einfluss Kants ist unübersehbar.

49   Vgl. *Böckenförde* (Fn. 43), 112.

50   Vgl. D 1,3: *Juris praecepta sunt haec: honeste vivere, alterum non laedere, suum cuique tribuere.* Vgl. Art. 6 EMRK.

51   Diese „sprichwörtliche" Fassung entspricht der Lutherübersetzung von Tob 4, 16. Die unterschiedlichen Fassungen dieser Stelle resultieren wohl aus dem Umstand, dass das Buch Tobit ursprünglich nicht den kanonischen Schriften zugezählt wurde und erst seit dem Konzil von Hippo 393 als Teil des Alten Testaments gilt. Die Evangelischen Kirchen zählen den Liber Tobiae wiederum nicht zum Kanon atl. Schriften. Die Funde von Qumran Mitte des 20. Jahrhunderts mit hebräischen und aramäischen Fragmenten des Buches Tobit lassen die Schlussfolgerung zu, dass unterschiedliche Abschriften in grie-

sung der Goldenen Regel ist eingebettet in das Verbot der Vorenthaltung des Lohnes und die Aufforderung zu sozialem und karitativem Handeln.[52] Wolfgang Huber betont den besonders hervorgehobenen Zusammenhang der Goldenen Regel des Neuen Testaments mit der Bergpredigt. Er bezeichnet sie bei Matthäus als „Brücke zwischen Liebe und Recht" und hebt bei Lukas den Zusammenhang mit der Feindesliebe hervor, wodurch sie sogar eine „zugespitzte Kritik am Prinzip der Gegenseitigkeit" beinhalte und das Prinzip der Reziprozität sprenge. Die Goldene Regel in Lk 6, 31 sei daher nicht imperativisch, sondern indikativisch zu verstehen. In der Charakterisierung der Goldenen Regel bei Matthäus als „Inbegriff des Gesetzes und der Propheten" sieht er eine „‚Pädagogisierung' des Liebesgebots". Aus der positiven Fassung sowohl bei Mt 7, 12 als auch bei Lk 6, 32 schließt Huber zutreffend, dass die daraus resultierende Praxis ein initiatives, kein reaktives Handeln sein soll.[53] Mayer-Maly bezeichnet die Klassifikation der Goldenen Regel in Mt 7, 12b im Sinne des Inbegriffs von Gesetz und Propheten als „sensationelle Qualifikation". Dass dieser Text an der Spitze des Decretum Gratiani steht[54], führt Mayer-Maly trotz der großen Unterschiede zwischen dem biblischen und dem kanonistischen Gesetzesbegriff auf die Rede vom *Gesetz* in Mt 7, 12 zurück.[55] Es erstaunt nicht, dass die Goldene Regel vor allem in der christlichen Literatur thematisiert wird, wenn auch im Gegensatz zu Matthäus und Lukas meist in prohibitiver Form. Dass die Goldene Regel im Bereich der Jurisprudenz und der rechtswissenschaftlichen Dogmatik – obwohl „immer wieder ins Spiel gebracht" – keine wesentliche Bedeutung erlangt hat, liegt wahrscheinlich daran, dass sie den Juristen als „zu subjektsbezogen" erscheint. Weder findet sie Eingang in die römische Juris-

---

chischer, hebräischer, lateinischer und aramäischer Sprache vorhanden waren, die, wie es für apokryphe Schriften eigen ist, auch starke inhaltliche Unterschiede aufweisen. (Vgl. *Brown Raymond / Fitzmayer Joseph / Murphy Roland* [Hg], The Jerome Biblical Commentary. Vol I and II. Englewood Cliffs 1968, I/620.)

52 Vgl. *Mayer-Maly Theo,* Der Weg der Goldenen Regel. In Europas universale rechtsordnungspolitische Aufgabe im Recht des dritten Jahrtausends. FS für *Alfred Söllner.* Hg.v. *Gerhard Köbler / Meinhard Heinze / Wolfgang Hromadka.* München 2000, 755-760, hier 756. Auch *Mayer-Maly* hebt diesen Kontext hervor und verweist in Bezug auf das Verbot der Lohnvorenthaltung auf Lev 19, 13 als weitere atl. Quelle, die durch Dtn 24, 14-15 zu ergänzen ist, ebenso im NT durch Jak 5, 4. In der katholischen katechetischen Tradition zählt das Vorenthalten des Lohnes zu den *himmelschreienden* Sünden. (Vgl. Katechismus der Katholischen Kirche. München 1993, 490 Z 1867.)

53 Vgl. *Huber Wolfgang,* Gerechtigkeit und Recht. Grundlinien christlicher Rechtsethik. Gütersloh ²1999, 212.

54 Die *Distinctio Prima* beginnt mit den Worten: „Humanum genus duobus regitur, naturali uidelicet iure et moribus. Ius naturae est, quod in lege et euangelio continetur, quo quisque iubetur alii facere, quod sibi uult fieri, et prohibetur alii inferre, quod sibi nolit fieri. Unde Christus in euangelio: 'Omnia quecunque uultis ut faciant uobis homines, et uos eadem facite illis. Haec est enim lex et prophetae.'" Online in Internet. URL: http://mdz. bib-bvb.de/digbib/gratian/text/@ebt-link?target =idmatch(n,53). (Stand: 28.07.2009)

55 Vgl. *Mayer-Maly* (Fn. 52), 756.

prudenz noch in die meisten Schriften der Glossatoren und Kommentatoren. Dies, obwohl der „Grundgedanke der Goldenen Regel schon im 4. Jahrhundert v.Chr. antikes Gemeingut" war, wie Textstellen bei Herodot und Isokrates nahe legen. Während aber noch in neuzeitlichen Kodifikationsentwürfen, die philosophische Aspekte berücksichtigen, die Goldene Regel nicht aufscheint, findet sie in der neueren Rechtsphilosophie, Rechtstheorie und Rechtssoziologie starke Beachtung.[56]

Anders als die Goldene Regel haben *die guten Sitten* Eingang in das positive Recht gefunden. Die praktische Jurisprudenz ist immer wieder auf den Rückgriff auf die Generalklausel der guten Sitten angewiesen, wenn sie normative Grundlagen in ihrer Argumentation und Begründungsarbeit berücksichtigt. Damit wird der Jurisprudenz gesetzesintern ein „Weg zu anderen als etatistisch-positiven Normen" eröffnet[57], im Besonderen zur rechtsethischen Dimension. Als *boni mores* begegnet uns die maßgebliche Kategorie der guten Sitten schon im römischen Recht. Die Edikte über die *iniuria* normieren, dass das dort beschriebene Verhalten nur dann die gravierenden Folgen der Infamation nach sich zieht, wenn es *contra bonos mores* war. Älteste Zeugnisse für die Heranziehung der guten Sitten für die Geltungsfähigkeit von Rechtsgeschäften sind Julian (D 45,1,61) und Gaius (Gai inst. 3, 157). In den gegenwärtigen Rechtsordnungen der deutschsprachigen Länder haben die guten Sitten einen festen Platz sowohl im legislativen als auch im judiziellen Bereich. Im klassischen allgemeinen Privatrecht spielen sie eine besondere Rolle im Bereicherungsrecht und im Deliktsrecht. Große praktische Bedeutung kommt jenen Normen zu, die sich unter Berufung auf die guten Sitten gegen sittenwidrigen Wettbewerb richten, sowie den Normen der Schutzgesetzgebung. In diesem Bereich werden sie aber aufgrund dessen, dass der Gesetzgeber hier direkt jene Normen festlegt, die seinen Schutzvorstellungen entsprechen, selten beim Namen genannt. Die guten Sitten sind in diesem Bereich durch den Gesetzgeber in einer Vielzahl von gesetzlichen Normen konkretisiert, besonders im Arbeitsrecht, im Konsumenten- und Mutterschutz und im Mietrecht.

Eine weitere auf die Welt der Werte bezogene und aus der Menschenwürde ableitbare Generalklausel ist die von *Treu und Glauben*. Ebenso wie auf die guten Sitten ist die praktische Jurisprudenz auch auf diese normative Größe und in ihrer Konkretisierung auf eine Sollensordnung angewiesen, die den Rahmen des positiven Rechts sprengt. Rechtshistorisch geht der Grundsatz von Treu und Glauben auf die römischrechtliche *exceptio doli*, die Einrede der Arglist, zurück, die aber in den Grundzügen schon in der Nikomachischen Ethik des *Aristoteles* vorkommt, wo das Gerechte als das Proportionale, das Ungerechte als Verstoß gegen die Proportionalität verstanden wird.[58] Franz Gschnitzer

---

56 Vgl. ebd. 756 f.
57 Vgl. *Bydlinski Franz*, Themenschwerpunkte der Rechtsphilosophie bzw. Rechtstheorie. In JBl 6 (1994) 361-374 und JBl 7 (1994) 434-443, hier JBl 6 (1994) 365.
58 Vgl. *Aristoteles* (Fn. 11), 5. Buch, 7. Kap., 1131 a 18-19.

sprach vom Grundsatz von Treu und Glauben als der „Zwillingsschwester" der „Gute-Sitten-Klausel". Treu und Glauben reichen über die Sittenwidrigkeit und das Schikaneverbot hinaus und haben für diese eine komplementäre Funktion.[59] Der österreichische Verwaltungsgerichtshof bezeichnet Treu und Glauben als „eine allgemeine, ungeschriebene Rechtsmaxime, die auch im öffentlichen Recht … zu beachten ist".[60] Es zeigt sich, dass eine wertbezogene, von der Menschenwürde ableitbare Generalklausel wie die von Treu und Glauben und der Rückgriff darauf auch dann Rechtswirksamkeit entfalten kann, wenn sie – wie in Österreich – „nur" als ungeschriebene allgemeine Rechtsmaxime, als Rechtsgrundsatz bzw. als von der Rechtsprechung abgeleitetes verfassungsrechtliches Vertrauensschutzprinzip existiert.

Nicht zuletzt seien noch die Persönlichkeitsrechte angesprochen. Auch diese leiten sich aus der Menschenwürde und der Vorstellung vom Menschen als Person ab. Der Mensch als Person ist ja, wie ich aufzuzeigen versucht habe, nicht nur Zentralbegriff des Rechts und des Gerechtigkeitsdiskurses, vielmehr ist der hermeneutische Zirkel allen Verstehens in der Person des Menschen begründet und daher unaufhebbar.[61] Persönlichkeitsrechte in ihrer vielfältigen materialen und formalen Ausgestaltung haben die Aufgabe, die Person als Zentrum des menschlichen Wesenskerns angemessen zu schützen, in den Grund- und Freiheitsrechten ebenso wie im Privat- und Strafrecht sowie im Verfassungs- und Verwaltungsrecht.[62] Sie haben die Aufgabe, die Unantastbarkeit der menschlichen Würde zu wahren und die freie Entfaltung der Persönlichkeit zu schützen.

Was dem rechtsphilosophischen und dem theologischen Deutungsmuster vom Menschen gleichermaßen eigen ist, ist die unabdingbare Anthropozentrik. Ganz in diesem Sinne steht in Artikel 1 des Herrenchiemseer Entwurfs 1948 – die Parallelität zum Jesuswort, dass der Sabbat für den Menschen da ist und nicht umgekehrt, ist nicht zu übersehen – der Mensch im Mittelpunkt: *Der Staat ist um des Menschen willen da, nicht der Mensch um des Staates willen.* Recht und Theologie können der Gesellschaft einen guten Dienst erweisen, wenn sie sich in ihren Disziplinen wie auch im interdisziplinären Gespräch am Topos des Menschlichen orientieren.

---

59   Vgl. *Barta Heinz*, Zivilrecht. Grundriss und Einführung in das Rechtsdenken. 2 Bände. Wien ²2004, 752 f.
60   Vgl. VwGH-Erk. 14.07.1994, 91/17/0170.
61   Vgl. *Kaufmann* (Fn. 28), 293.
62   Vgl. *Barta* (Fn. 59), 248-271, hier 248.

PORTRAIT – MEDIUM – ANTLITZ

Clemens Sedmak

Einleitung

Ist der Mensch als „Abbild Gottes" ein Portrait Gottes? Spiegelt sich das Antlitz Gottes im Angesicht des Menschen? Ist der Mensch „Medium" des göttlichen Profils, das ausgedrückt und transportiert wird? Solchen Fragen nach der Ausdrucksdimension der Imago-Idee geht der zweite Teil des Bandes nach. Hier geht es um Kunst sowie Grundfragen der Theologie und Philosophie. Den ersten Beitrag liefert *Norbert Wolf*, Kunsthistoriker aus München. Ausgehend von der bildhaften Darstellung der Gestalt des Christophorus, der in den Portraitierungen vom „Monster" zum „Menschen" mutierte, geht Wolf der Komplexität der Imago-Idee in der Kunst nach. Diese Komplexität beginnt freilich in der Theologie; die Imago-Tradition ist Gegenstand dogmatischer Entscheidungen: Hat Gott eine sichtbare Gestalt? Heißt „Abbild" so etwas wie „Prägung" oder „Charakter"? Sind Schönheit, aufrechter Gang, freier Wille oder die bestimmte (geistige, seelische) Qualitäten ausschlaggebend für die Gottebenbildlichkeit des Menschen? Und welchen Unterschied macht die Menschwerdung Gottes in Jesus Christus für diesen Diskurs? Lässt sich die göttliche Form in Jesus Christus ikonisch einfangen? Ist die menschliche Gestalt Jesu überhaupt theologisch relevant? Solche Fragen provozierten den ersten großen Bilderstreit und den byzantinischen Ikonoklasmus, nach dem eine Fülle von Christusdarstellungen angefertigt wurden. Die Ostkirche hält an der Idee der Ikonen fest – aufgrund der Menschwerdung Gottes ist das Bilderverbot hinfällig; zudem bedürfe der Gottessohn der bildhaften Repräsentanz. Damit verschiebt sich freilich die in Gen 1,26 eingeführte Imago-Dei auf eine menschlichere, konkretere Ebene. Wir Menschen ringen um Christusähnlichkeit, die einzige wesensgleiche Ikone von Gott-Vater ist freilich Gott-Sohn.

Durch die Verschmelzung im Bildhaften von Christusverehrung und Kaiserkult erhielt auch die Kunst neue Impulse. Diesen Parallelen zwischen „imago Dei" und „imago imperatoris" geht Wolf genauer nach. Die Inspirationen wirkten in beide Richtungen – der Kaiserkult inspirierte die Christusdarstellung, die wiederum den auch später wieder kehrenden Kaiserkult beeinflusste. Ein weiterer kunstgeschichtlich entscheidender Strang ist die Imago nach dem Tode, der Auferstehungsleib. Einen eigenen Abschnitt widmet Wolf der Christoformitas des Franz von Assisi, der durch seine Stigmata zu besonderer Verehrung gelangte – und Anlass für zahllose Darstellungen bot. Wolf geht der Imago-Lehre in ihrer Rezeption in der Wahrnehmung der Abgründe des Menschseins bis hin zur Neuentdeckung der Würde des Menschen in der Renaissance nach. Damit enthalten auch die Christusdarstellungen neue Impulse. Ähnliches trifft auf die Neuentdeckung von Gott als auch handwerklich tätigem Künstler zu. Und die Künstler setzten sich in einem vorläufig letzten Akt als Schöpfer von Bildern und Ebenbildern an Gottes Stelle, wie Wolf am Beispiel Dalís zeigt... *In nuce*: Theologie, Politik und Kunst wirken auf einander ein; die Kunst ist in gewissem Sinn Spiegel wie Seismograph theologischer und politischer Entwicklungen – und, wenn dies zu sagen erlaubt ist, „Imago" von theologischem Denken und politischem Geschehen.

Der Schritt von Kunstgeschichte zu Theologie ist, wie bereits der Beitrag Wolfs angedeutet hat, gar nicht so groß. Der Theologe Eckhard Nordhofen nähert sich der Imago-Idee in einer indirekten Weise an, indem er den Menschen als „Gottesbild" oder „Gottesmedium" zeichnet. Nordhofen bezieht sich auf die neue Monotheismusdiskussion, die mit Jan Assmans Buch *Mose, der Ägypter* angestoßen wurde. Nordhofen argumentiert dabei aus medientheoretischer und nicht so sehr theologischer Perspektive. Er geht der These nach, das der Monotheismus ohne einen radikalen Medienwechsel kaum denkbar sei. Das Bild ist das älteste, verdinglichte Medium, die Bildfertigkeit Teil des genuin menschlichen Repertoires. Das Kultbild, das Göttliches darzustellen versucht, gerät selbst an die Grenzen des Immanenten. Es ist Teil einer theologischen Kritik, jedwedes Kultbild auf einen menschlichen Ursprung zurückzuführen und damit als „Bild" zu entlarven. Nordhofen weist auf die sorgsam ausgeführte Kritik am Bildnis des goldenen Kalbes im Alten Testament hin (Ex 32) – die klare Beschreibung der Entstehung des Kalbes lassen keinen Zweifel an der Materialität und Menschursprünglichkeit aufkommen. Und nun die entscheidende Frage: „Wir müssen uns heute fragen, ob diese biblische Aufklärung denkbar gewesen wäre, wenn nicht ein neues Gottesmedium, nämlich die Schrift, zur Verfügung gestanden hätte." Es ist ein folgenschwerer Medienwechsel, ein „scriptural turn". Die Schrift bietet besondere Formen der Darstellung, der „Imago"-Gedanke kann mit den Mitteln der Schrift auf andere Weise verfolgt werden als mit den Mitteln des Bildes. Aber was ist neu? Was ändert sich? Diesen Fragen geht der Beitrag nach, in dem die besondere Verehrung von Schriftrollen, von Verschriftlichtem zur Sprache kommt. Das Studium der Schrift führt zu Gott, lässt Gott erkennen. Der nächste Medienwechsel erfolgt mit der Menschwerdung Gottes in Jesus Christus, wo Wort und Bild auf neue Weise aufeinander treffen. Hier haben wir es, mit George Steiner gesprochen, mit dem Medienwechsel von der „Inlibration" zur „Inkarnation" zu tun. Die Eucharistie schlägt dann wieder ein neues Kapitel auf.

Nordhofen wirft in seinem Beitrag gegen Schluss noch theologische Herausforderungen auf, die Frage nach dem Moment des Unbildhaften, Nichtdarstellbaren im Monotheismus: Während die Epiphanien paganer Gottheiten in ihrer Anwesenheit als vollkommen geglückte Präsenzen gezeichnet werden, trifft dies im Christentum – die Erscheinung des Auferstanden wird als Beispiel herangezogen – nicht zu. Hier trifft der Mensch auf Alterität, auf Andersartigkeit und das im Modus einer gewissen Vorenthaltung, die nicht vollkommen geglückte Präsenz zulässt. Die Beschreibung der Begegnung mit dem Auferstandenen in den Evangelien bedient sich des nichtbildhaften Mediums der Schrift. Dennoch bedeutet dieser Medienwechsel, der für den Monotheismus entscheidend war, keineswegs, dass alle anderen Medien ihre Bedeutung eingebüßt hätten. Die Wirkgeschichten sind verwoben und komplex, wie denn auch die Geschichte des Monotheismus (man denke an die Trinitätstheologie) verwoben und komplex ist.

Im dritten Beitrag dieses Abschnitts bleiben wir bei der jüdischen Tradition. Der Grazer Philosoph Reinhold Esterbauer geht der Interpretation der Ebenbildlichkeit bei Levinas nach. Heinrich Schmidinger hat in seiner Einleitung auf dieses Motiv kurz Bezug genommen. In der jüdischen Philosophie im Allgemeinen wie im Werk von Levinas im Besonderen spielt die Imago-Lehre eine wichtige Rolle in Ethik, Metaphysik und Anthropologie. Levinas gibt dem Ebenbildgedanken auf dem Hintergrund einer den christlichen Inkarnationsgedanken ablehnenden Position eine neue Tiefe. Der Humanismus von Emmanuel Levinas nimmt seinen Ausgangspunkt vom anderen Menschen, der dem Ich in seinem Antlitz begegnet. Daraus ergeben sich Subjekthaftigkeit und Verantwortlichkeit, auch *in extremis*. Esterbauer geht von einem Text aus, in dem sich Levinas mit einer rabbinischen Interpretation von Gen 1,26 beschäftigt hat. Es kann gezeigt werden, wie Levinas Aussagen der rabbinischen Tradition zu allgemein philosophischen Aussagen umformen kann; gleichzeitig zeigt sich die klare Betonung der Ethik, die Levinas auch mit Blick auf die Imago-Idee vornimmt. Was heißt nun Ebenbildlichkeit des Menschen? Sie hat nichts mit Allmachtsphantasien zu tun, sondern kündigt sich im „Du" an – dabei wird nicht nur die Transzendenz Gottes belassen, sondern auch die Transzendenz des je Anderen deutlich gemacht. Das „Widerfahrnis der Transzendenz des Anderen" erweist sich bei Levinas als Schlüssel zum Verständnis von Ebenbildlichkeit. Das Antlitz des Anderen ist dabei für Levinas kein Abbild, das auf ein göttliches Urbild verweisen würde – es bleibt der Modus der Andeutung: „Nach dem Bilde Gottes sein heißt nicht, Ikone Gottes zu sein, sondern sich in seiner Spur zu befinden", lesen wir bei Levinas. Diesen Gedanken der Spur faltet Esterbauer weiter aus. Der Schlüssel zum rechten Verständnis der Ebenbildlichkeit ist die Ethik. Auch Metaphysik und Anthropologie sind der Ethik untergeordnet. Diese ethische Interpretation ist das neue Moment, das Levinas in die Diskussion um „Portrait", „Medium", „Antlitz" einbringt.

Norbert Wolf

Die Kinder Adams
Aspekte der Gottebenbildlichkeit des Menschen in der Kunst

„Lasst uns Menschen machen als unser Abbild, uns ähnlich." (Gen 1,26-27)

Augenscheinlich hatte Gott sein eigenes „kreatives Design" missachtet, als er jenen Riesen in der Welt zuließ, den die Hagiografie als anfänglich hundsköpfigen, stummen Menschenfresser zeichnete. Doch diese Kreatur machte Karriere und schwang sich im Mittelalter zu einem Kronzeugen auf für die Vermutung, dass zumindest einige jener monströsen Wesen, die angeblich die unerforschten Teile der Welt bevölkerten, mit der biblisch bezeugten Gottebenbildlichkeit des Menschen in Einklang zu bringen seien. Ein symphonisches Weltbild, das alle Kreaturen, auch die „Kakophonien" an den Grenzen der Erde, in die göttliche Heilsordnung einband, konnte solche Geschöpfe nicht einfach nur perhorreszieren, weder in der theologischen Literatur, noch in den Fiktionen der Reiseromane. Selbst Kentauren, Kynokephale, Riesen usw. suchten ihren Platz im hierarchisch gegliederten Kosmos. Augustinus (354–430) hatte den Weg gewiesen im 8. Kapitel des 16. Buches seiner *Civitas Dei*, das er überschrieb: „Alle Menschen und Völker, wenn auch noch so ungeschlacht und missgestaltet, stammen von Adam ab". Er erwägt zwar die Möglichkeit, dass diese „Rassen" Erfindung oder verkappte Tiere sind – wenn es sie aber gibt, so seine Konklusion, dann müssen sie von Adam abstammen. So wie es in einer menschlichen Familie deformierte Kinder geben könne, so im Menschengeschlecht missgestaltete Rassen.[1]

Die Hagiografie hielt allerdings eine verschönernde Transformation des eingangs erwähnten Riesen für unerlässlich, sie machte aus der hundsköpfigen, auf etlichen byzantinischen Ikonen dargestellten Missgeburt einen Täufling, dem Engel die Gnade menschlicher Sprache und Gestalt verliehen. So verwandelte sich der Bekehrte vom tierhaften Monstrum zum wahren Menschen. Nunmehr war er messbar an der in der Genesis formulierten Gottebenbildlichkeit, am Kern jüdisch-christlicher Anthropologie. Mit neuem „Image" avancierte er unter dem Namen Christophorus zu einem der meist verehrten Heiligen, nicht

---

1   Ein guter Überblick über die Schrift- und Bildtradition solcher „Exoten" bei: R. Wittkower, Die Wunder des Ostens: Ein Beitrag zur Geschichte der Ungeheuer, in: Ders, Allegorie und Wandel der Symbole in Antike und Renaissance, Köln 1983, S. 87-150

zuletzt, weil man im Spätmittelalter fest daran glaubte, dass der Anblick seines Bildes vor unvorhergesehenem Tod bewahre.[2]

Der große humanistische Gelehrte Erasmus von Rotterdam (1466/69–1536) verfasste 1509 das satirische Enkomion *Lob der Torheit* (1515 in Basel publiziert). Hans Holbein d. J (1497/98–1543) illustrierte es mit Federzeichnungen. Eine zeigt einen Narren im Gebet vor einem Christophorus-„Plakat".[3] Überall auf den Straßen und Plätzen, an und in Kirchen fand sich damals das Bild dieses Christusträgers. Erasmus dagegen schüttete Spott und Hohn über den an Heiligen- und Reliquienkult geknüpften Aberglauben aus. Er setzte dagegen, dass das Inbild Gottes bzw. Christi nicht durch materielle Medien, dass eine „Annäherung" des Gläubigen an Gott ausschließlich durch das Studium der Evangelien erfolge. Er nahm also vorweg, was Luther wenig später so formulierte: wer die Heilige Schrift höre oder lese, der habe in ihr Gott, Christus, die Apostel selbst, wogegen Bilder oder Reliquien nur eine unzureichende Begegnung ermöglichen. Eine taktische Zwischenposition bezog der Reformator Philipp Melanchthon, der in seinen 1519 publizierten *Elementa rhetorices* Christophorus-Bilder dann ästimierte, wenn sie allegorisch verstanden wurden: Als Träger Christi und des Evangeliums müsse er über große geistige Kraft verfügt haben, deshalb fassen ihn Legende und Kunst als Riesen usw.[4]

Christophorus war am Ende seiner kontrastreichen Vita zum Märtyrer und damit automatisch zum Heiligen geworden. Schon auf Erden, sagt Paulus (2 Kor 3,18), „spiegeln die Heiligen mit enthülltem Angesicht die Herrlichkeit des Herrn wider", eine Herrlichkeit, die sich als visuelle Teilhabe am absoluten Licht manifestiert. Deshalb sind den Worten des Religionswissenschaftlers Arnold Angenendt zufolge Heilige „immer Gestalten des Lichts".[5] Am Ende werden sie „im Reich des Vaters wie die Sonne leuchten" (Mt 13,43). Diese eschatologische Transfiguration ist urbildlich vorweggenommen in der apotheotischen Verklärung Christi. In den Heiligen kulminiert, so darf man sagen, der biblische Imago Dei-Gedanke in seiner ultimativsten und spirituellsten Form.

Mein Aufsatz wird sich freilich nur in *einem* Abschnitt mit der Gottebenbildlichkeit von Heiligen, ansonsten aber mit der nicht kanonisierter Menschen

---

2   Zu diesem Aspekt der Christophorus-Legende: Perrig, S. 49f.; Frübis 1995, S. 102f.; N. Wolf 2004, S. 229ff.

3   Federzeichnung, fol. K; Basel, Kunstmuseum, Kupferstichkabinett: Hans Holbein d. J. Die Jahre in Basel 1515 – 1532, München-Berlin-London-New York 2006, S. 150, Nr. 12

4   Erasmus von Rotterdam, Novum instrumentum omne, Basel 1516, Vorrede: *Atqui ut totam illius supellectilem proferas, nihil erit, quod Christum expressius av verius repraesent quam evangelicam litteram.*Zit. nach: H. Feld, Der Ikonoklasmus des Westens, Leiden-New York-Kopenhagen-Köln 1990, S. 110f. Zu Luther: V. Neuhaus, Zur Säkularisierung der Heiligenverehrung in der Goethezeit, in: Kat. Ausst. Reliquien. Verehrung und Verklärung, hrsg. von A. Legner, Köln 1989, S. 166-174, S. 171; Philipp Melanchthon, Elementa rhetorices. Grundbegriffe der Rhetorik, hrsg., übersetzt u. kommentiert von V. Wels, Berlin 2001, S. 215f.

5   A. Angenendt, Heilige und Reliquien. Die Geschichte ihres Kultes vom frühen Christentum bis zur Gegenwart. München 1994, S. 115

beschäftigen. Doch auch dafür legt der Blick auf den zweifach transfigurierten Christophorus weiterführende Fragen nahe. Sein Weg vom Ungeheuer zur humanisierten Imago Dei zeigt sich ja in zwei kategorialen Mutationen, in einer solchen der Gestalt und in einer der Seele.

Seine Suche nach der ultimativen Wahrheit führt ihn zu Christus. Die Kunst stellt den zum Menschen gewordenen Christophorus nie gleichgestaltet mit dem Bild Christi dar, wohl aber betont sie die personale Bindung, die personale Annäherung des Christophorus an Christus. Sie verankert die Imago-Vorstellung in geistig-moralischen Werten. Sie steht damit in der Tradition des Mailänder Kirchenvaters Ambrosius (um 340–397), der die Gottebenbildlichkeit des Menschen auf die Tätigkeit der Seele fokussierte, da sie der Leib nicht leisten könne; beziehungsweise in der Tradition des Athanasius (um 295–373), der mit Hinweis auf den göttlichen Logos die Imago-Qualität in der Ratio des Menschen fundierte.[6]

Hatte Christophorus, so darf man im Umfeld frühchristlicher und mittelalterlicher Theologie weiter fragen, auch in seiner primären Existenz als Heide Anteil an der Gottebenbildlichkeit? Wohl ja, postulierte doch das Gros der alten Theologen, wovon noch die Rede sein wird, dass auch der Sünder Gottes Ebenbild blieb, dass er zumindest einen Imago-Rest behielt.

Die Damnatio des um Heilige wie Christophorus getriebenen Bilderkults im Zeitalter der Reformation sowie die Konzentration der Gottesbegegnung auf Wort und Schrift tangierte naturgemäß auch die dem Imago Dei-Begriff inhärente Bildtheorie. In ihr manifestiert sich jetzt ein Paradigmenwechsel – dem sich auch die Sakralkunst der katholischen Kirche nicht entziehen konnte. Zahlreiche Metamorphosen und Verkehrungen ins Gegenteil kennzeichnen ab nun die einschlägige Semantik, insbesondere seit der Aufklärung des späteren 18. und den „Säkularisierungen" des 19. Jahrhunderts. Ins Positive gewendet, sieht neuerdings Heribert Lahme in solchen Prozessen das Imago Dei-Konzept ungebrochen, wenn auch modifiziert am Werk, sei Letzteres doch das Fundament des „Kunstkontinuums ‚Visualität'". Mehr oder weniger jedes kreative Produkt in Abstraktion, Fotografie, Multimedia, Installationen sei als funktionale Spiegelung des göttlichen Schöpfungsaktes zu deuten; die Imago sei das „teleogische Fundament menschlicher Bildkreationen".[7]

Ein solcher Ansatz unterliegt m. E. der Gefahr, den Begriff „Imago Dei" inflationär zu sprengen. Ich werde mich auf eine engere Fassung des Terminus beschränken, auf eine „Ebenbildlichkeit", die sich auf eine physische Ähnlichkeitsbeziehung zwischen Gott (Christus) und Mensch konzentriert (allerdings im Wissen darum, dass zur physischen Imago immer auch Referenzen seelisch-ethischer Natur gehören). Ich werde im Übrigen die Thematik nicht konsekutiv anhand einer Epochenabfolge erläutern, ich halte mich vielmehr an diachrone

---

6   K. L. Schmidt, Homo imago Dei im Alten und Neuen Testament, in: L. Scheffczyk 1969, S. 10-48, S. 15

7   Lahme 2007, S. 1, 14, 17 u. passim

thematische Komplexe. Es handelt sich um Sondierungen, nicht um den Versuch, das Terrain im Ganzen zu vermessen.[8]

(Bild-)Theologische Prämissen

Den beziehungsreichen, einer präzisen Definition sich proteisch entziehenden Imago-Begriff in Genesis 1,26f. griffen die meisten Kirchenväter exegetisch auf. In dem vermutlich gegen 95/96 n.Chr. in griechischer Sprache verfassten Clemensbrief ist der Mensch als von Gott erzeugter „Abdruck", als „Prägung" (*charakter*) Gottes, des göttlichen Urbildes verstanden.[9] Diese Auffassung sah sich jedoch mit dem Problem konfrontiert, ob der mosaische Gott überhaupt eine sichtbare Gestalt innehatte. Nur wenige Passagen des Alten Testaments legen das nahe. Doch die eindringlichsten Gotteserscheinungen im Alten Bund verzichteten auf Anthropomorphie, sie erfolgten immateriell, inmitten des Feuers oder verborgen hinter Wolken. Da nicht einmal die Himmel Gott zu fassen vermögen, stellt Isaias die Frage: „Wem wollt ihr also Gott vergleichen und unter welchem Bilde ihn darstellen?" (Is 40,18)[10] Viele Exegeten beschränkten sich demgemäß auf eine bildliche Minimalkonkordanz zwischen Gott und seiner menschlichen „Prägung":

> „Es gibt etwas, was den Menschen von […] allen sonstigen Lebewesen unterscheidet, das im Altertum schon beachtet wurde […] und das den Menschen […] neben Gott […] so, wie ihn sich das Alte Testament dachte, rückt. *Dies ist die aufrechte Gestalt des Menschen.*"[11]

Nur in überraschend wenigen, exegetisch zudem sehr umstrittenen Stellen des Alten Testamentes ist von der Gottebenbildlichkeit des Menschen überhaupt die Rede.[12] Deshalb wurde die Imago Dei-Lehre später zu einem Spielfeld dog-

---

8   Insbesondere klammere ich die Frage nach dem Frauen„bild" in diesem Zusammenhang aus, die zum einen deshalb naheläge, weil die in der Genesis formulierte Ähnlichkeit zwischen Gott und Mensch ausdrücklich auch Eva impliziert, die zum anderen aber auch die christologische Orientierung des neutestamentlichen Marienbildes zu berücksichtigen hätte (C. Ettl, Maria im Neuen Testament, in: S. Anneser u.a. (Hrsg.), MADONNA: Das Bild der Muttergottes, Publikation zur Ausstellung im Diözesanmuseum Freising 2003, Freising-Lindenberg i. Allgäu 2003, v.a. S. 15). Da diese Frage eine eigene Untersuchung erfordern würde, beschränke ich mich im Folgenden auf den „adamitischen" Aspekt

9   K. L. Schmidt, wie Anm. 6, S. 18f. Die ins Einzelne gehenden neueren theologischen Auseinandersetzungen um den Begriff Imago Dei und seine historische Genese, Diskussionen, die v.a. auch zwischen katholischen und evangelischen Spezialisten ausgetragen wurden, müssen uns hier nicht beschäftigen. Unter kunsthistorischer Fragestellung genügt eine Annäherung an den jeweiligen *sensus communis*.

10   P. G. Duncker, Das Bild Gottes im Menschen, in: L. Scheffczyk 1969, S. 77-87, S. 83, 85

11   L. Koehler, Die Grundstelle der Imago-Dei-Lehre, in: L. Scheffczyk 1969, S.3-9, S. 6; zu einschlägigen antiken Aussagen, insbesondere von Ovid, vgl. auch Dürig 1952, S. 18f.

12   Eine Auflistung bei R. Preimesberger, Der Verfasser der Priesterschrift: „… nach un-

matischer Entscheidungen, die nicht nur auf der Basis eines theologischen Disputs, sondern ebenso mit philosophisch-anthropologischen Argumenten ausgetragen wurden. Die Gottebenbildlichkeit verankerte man mal in der Leiblichkeit, der Schönheit oder Aufgerichtetheit der Gestalt, mal im freien Willen des Menschen (wie erstmals um 200 Tertullian[13]) oder in der Geistigkeit bzw. in seelischen Qualitäten.[14] Sofern man eine physisch festzumachende Referenz behauptete, komplizierte sich der Sachverhalt, wenn man zwischen *eikon* und *homoioma/homoiosis*, zwischen *imago* und *similitudo* unterschied, zwischen Bild, Abbild und Ähnlichkeit.[15]

Sehr viel leichter als an der „unkörperlichen" Erscheinung Jahwes im Alten Testament konnte sich der Homo-Imago-Dei-Gedanke am neutestamentlichen Christus orientieren. Der Apostel Paulus qualifiziert im Hebräerbrief (1,3) den Gottessohn selbst als Bild, als Bild des Vaters, und bestimmte dieses Verhältnis im Sinne eines „Abdrucks" (*charakter*) – und im Kolosserbrief (1,15) zitiert er dahingehend die Worte Jesu: „Wer mich gesehen hat, der hat den Vater gesehen."[16] Die Inkarnation Christi, die Fleischwerdung des Gottessohnes, bot, nachdem die seit dem ersten Konzil von Nikäa 325 nur vorläufig beigelegte Frage nach den zwei Naturen in Christo im 5. Jahrhundert endgültig zugunsten des Glaubenssatzes vom wahren Menschen und vom wahren Gott in einer Person entschieden war, die Legitimation, Christus auch in seinem Körper und als Paradigma menschlicher Imago darzustellen. Die Gottebenbildlichkeit des Menschen ist von nun an als Christusbildlichkeit (*christomorphitas*) zu fassen; sozusagen eine doppelte Spiegelung bzw. „Prägung": Wenn Christus selbst Imago Dei ist, dann ist der Christenmensch Imago Christi.[17] Vor dem Hintergrund dieser Referenz darf man zudem das theologische Paradoxon, dass Christus von Gottvater unterschieden ist wie das Ebenbild vom Abbild und zugleich wesensgleich mit dem Vater als die Offenbarung des Urbildes, als ikonografisch-

---

serem Bild, uns ähnlich' (6. Jhdt. v.Chr.), in: Preimesberger/Baader/Suthor 1999, S. 70-75

13 Dabei spielt der Taufakt die entscheidende Rolle, durch den der Täufling jenen göttlichen Geist zurückerhält, den Adam durch die Erbsünde verloren hatte: St. Otto, der Mensch als Bild Gottes bei Tertullian, in: L. Scheffczyk 1969, S. 133-143

14 Jene Kirchenväter, die wie Clemens von Alexandrien versuchten, Gnosis und Neuplatonismus in christliches Fahrwasser zu steuern, konzentrieren die Gottesebenbildlichkeit des Menschen auf den Geist, wogegen andere, die die Leibfeindlichkeit der Gnosis ablehnten, die Imago Dei dezidiert im Körperlichen verankerten.: W. Hess, Imago Dei, in: L. Scheffczyk 1969, S 405-445, S. 417f.

15 Die Problematik ist kurz zusammengefasst bei: E. Schlink, Die biblische Lehre vom Ebenbilde Gottes, in: L. Scheffczyk 1969, S. 88-113, v.a. S. 88-90 (vgl. auch Moser 1994, S. 7). Im Grunde durchzieht eine verwandte Diskussion auch den Bild- und Ähnlichkeitsdiskurs der modernen Semiotik; es ist hier freilich nicht der Platz, die entsprechenden Theoreme anzuführen. Ich verweise stattdessen auf das Buch von Belting [2]2006, das sich solchen Fragen widmet

16 Zu diesen oft angeführten Paulinischen Passagen etwa: Belting [2]2006, S. 69

17 K. L. Schmidt, wie Anm. 6, S. 45

ikonologischen Faktor der Bildkünste, etwa bei Trinitätsdarstellungen, nicht vernachlässigen. Paradigmatisch früh hat das die (1870 verbrannte) Handschrift *Hortus Deliciarum* der Herrad von Landsberg (3. Drittel des 12. Jahrhunderts) auf fol. 8r visualisiert, wo die Trinität in Gestalt dreier Personen mit identischem Christusantlitz erschien, ein Spruchband haltend, dessen Worte die Schöpfung des Menschen „ad imaginem et similitudinem nostram" beschworen.[18]

Immer dann, wenn sich die Christomorphitas des Menschen auf die Physis des Gottmenschen Christus richtete, berührte sie unweigerlich das Problem, das (angeblich) bereits Eusebius, der Bischof der palästinensischen Stadt Caesarea, im frühen 4. Jahrhundert brieflich gegenüber Konstantia, der Schwester Kaiser Konstantins, explizierte. Er lehnte ihre Bitte um ein Christusbild ab, da die göttliche Form in Jesus ikonisch nicht einzufangen sei, die sterbliche Natur in Christus, seine ephemere „Knechtsgestalt" aber sei nicht darstellenswürdig.[19] Deshalb sei es auch gleichgültig, wie der historische Jesus ausgesehen habe (z.B. mit oder ohne Bart), was – wie man folgern darf – die im Körperlichen fundierte Christomorphitas des Menschen in ein gewisses Dilemma stürzte. Den in den nächsten Jahrhunderten vehement einsetzenden Strom der Christusbilder in den Kirchen vermochte ein solches Statement freilich nicht aufzuhalten. Dieser wiederum provozierte den ersten großen Bilderstreit, den byzantinischen Ikonoklasmus.[20]

Kaiser Léon III erließ 726 ein radikales Bildverbot. Er unterstrich sein Vorhaben, indem er ein ehrwürdiges Christusbild über dem Bronzetor des Großen Palastes in Konstantinopel entfernen und wohl vernichten sowie durch ein schlichtes Kreuz ersetzen ließ – Gott ist nicht abbildbar, sondern nur zeichenhaft zu umschreiben, so die Botschaft dieser Aktion. Einen Umschwung brachte das zweite Konzil von Nikäa 787: Die Ikonen dürften verehrt werden, da die ihnen bezeigte Ehre auf das durch sie wiedergegebene Urbild übergehe. 843 entschied schließlich die in Konstantinopel abgehaltene Synode den anderthalb Jahrhunderte dauernden Streit zugunsten der Ikonenverehrer.

Die mit dem Ausgang des byzantinischen Bilderstreits sanktionierte Bildtheologie der Ikone ist noch heute gültige Lehrmeinung der Ostkirche. Sie beruht auf der Kernaussage, dass wegen der Inkarnation Christi, also durch die Emanation Gottes in die irdische Materie hinein, ein Bilderverbot hinfällig sei. Im Übrigen bedürfe der Gläubige, da der Gottessohn nunmehr *in persona* abwesend sei,

---

18   Herrad of Hohenbourg, Hortus Deliciarum, hrsg. von R. Green, M. Evans, Ch. Bischoff
       u. M. Curschmann (= Studies of the Warburg Institute, Bd. 36), London-Leiden 1979:
       Commentary, S. 91, Nr. 5

19   Schwebel 2002, S. 27; Belting ²2006, S. 53; die Authentizität dieses Briefes ist nicht unumstritten, im Kern aber wohl zu akzeptieren

20   Die Literatur dazu ist unüberschaubar geworden. Als Einblick in die bildtheologischen Implikationen ist zu empfehlen: Ch. Hecht, Das Christusbild am Bronzetor. Zum byzantinischen Bilderstreit und zum theologischen Bildbegriff, in: Möseneder 1997, S. 1-25; ich kann mich für meine Zwecke auf wenige Aspekte beschränken

dessen irdischer Repräsentanz[21] im Bild. Das mündet freilich in keinen künstlerischen Naturalismus. Nur Christus ist die wesensgleiche Ikone des Vaters, zwischen Christus und dem Menschen (bzw. dem Heiligen) waltet die Nichtidentität von Urbild und Abgebildetem, waltet die Funktionsweise des „unähnlichen Bildes". Gerhard B. Ladner, der der Kontinuität von patristischem und byzantinischem Denken über die Gottebenbildlichkeit des Menschen nachging, sieht hier eine Bilderwelt herauskristallisiert, die „sich von Christus selbst über die göttlichen Ideen, den Menschen als Ebenbild Gottes, die Symbole und Typen der Hl. Schrift bis hinunter zu den Denkmälern der Literatur und Kunst erstreckt."[22] Freilich eine extrem stilisierte Bilderwelt! Der dem ostkirchlichen Diskurs über Bilder und Christomorphitas inhärente Platonismus und die erwähnte Konzeption des „unähnlichen Bildes" veranlasste Ch. Hecht zu der berechtigten Frage, ob man nicht das Verschwinden realistischer Gestaltungsweise aus der byzantinischen Ikonenkunst nach dem Bilderstreit, die Linearisierung und Verflächigung des menschlichen Körpers, damit erklären könne![23]

Imago Dei – imago imperatoris

Als mit Kaiser Konstantin seit dem frühen 4. Jahrhundert im Imperium Romanum die *kultische* Verehrung Christi einsetzte, griff bekanntlich das nach den christologischen Streitigkeiten Zug um Zug entwickelte triumphale Christusbild auf die pagane Ikonografie des Kaiserkults zurück, ein Prozess, der im 5. und 6. Jahrhundert seinen ersten Höhepunkt erreichte. Und als Kaiser Justinian II. vor 700 das Christusbild in die staatliche Münzprägung einführte, verdrängte dieses das repräsentative Herrscherbild von der monetären Vorder- auf die Rückseite. Doch bald schon interpretierte man die Koexistenz von Herrscher- und Christusbild nicht als Konkurrenz, sondern als Allianz. Die Akten des zweiten Konzils von Nikäa von 787 hielten bezeichnenderweise mehr oder weniger die selben Worte, mit denen man die Verehrung der Christusikonen begründete, für die Reverenz der Kaiserbildnisse parat: die Ehrfurcht gelte ja nicht den Artefakten, sondern dem Kaiser selbst.[24]

Die früh- und hochmittelalterliche Allianz des göttlichen und des Imperatorenbildes stand unter der Prämisse, dass man den Herrscher als prädestinierten „Nachahmer Gottes" betrachtete, besitzt er doch wie dieser die Verfügungsgewalt über Geschöpfe und Natur. Bezeichnenderweise hat der erwähnte Eusebius von Caesarea Konstantin den Großen, dessen Vita er schrieb, als Statthalter

---

21 Die Ikone ist kein bloßer Hinweis auf das Urbild, sondern Christus wird in der Ikone gegenwärtig: Dürig 1952, S. 67
22 G. B. Ladner, Der Bildbegriff bei den griechischen Vätern, in: L. Scheffczyk 1969, S. 144-192, S. 155f.
23 Hecht, wie Anm. 20, S. 17
24 H. Belting 1990, S. 118

Gottes auf Erden und als dessen Imago „christianisiert".[25] Die literarisch und ikonisch hergestellte Ähnlichkeitsbeziehung schwankt dabei zwischen bildtypologischer Angleichung[26] und Nachahmung: der Herrscher als *christomimetes*, als „Darsteller" Christi.

Um 1100 äußerte sich ein anonymer normannischer Autor zum „Wesen" der höchsten Herrschergewalt. Der leidenschaftliche Ton seiner Schrift, ihr fast mystischer Glaube an die Macht sakramentaler Salbungen war freilich bereits überholt. Das Reformpapsttum hatte sich ja seit ein paar Jahrzehnten angeschickt, im Rahmen des Investiturstreits alle geistlichen Belange zu monopolisieren. Aber der Anonymus fasste die politischen Auffassungen des 10. und 11. Jahrhunderts zusammen.

Er sieht im Regenten eine „doppelte Person": Von Natur aus ist der Herrscher ein Mensch wie jeder andere auch; die zweite Komponente verdankt sich göttlicher Gnade, signifikant in der Salbung, die ihn über die Untertanen erhebt und ihn zum *christus* macht. Alle Herrscher sind *christi* („Gesalbte"), in der Nachfolge der Gesalbten des Alten Testaments und in der irdischen Repräsentanz des wahren königlichen Christus, des „Gesalbten der Ewigkeit". Was der namenlose Schreiber in Frankreich formulierte, entsprach der Kernaussage des im Reich bis in salische Zeit gültigen Krönungsritus: In Analogie zum großen Mittler zwischen Gott und den Menschen soll der König/Kaiser der Mittler zwischen Geistlichkeit und Volk sein, heißt es da, denn der Regent trage als *christus Domini* das Vorbild Christus in seinem Namen.[27]

Der eben skizzierte Theoriehintergrund erhält verblüffende Konturen in dem um 990 angefertigten ottonischen Evangeliar des Aachener Domschatzes.[28] Rechts auf der doppelseitigen Widmungsminiatur begegnet die außergewöhnliche Visualisierung der Apotheose Kaiser Ottos III. Der Thron steht nicht auf festem Grund wie in den Prunkbildern anderer karolingischer oder ottonischer Manuskripte. Er scheint zu schweben, obwohl ihn die weibliche Personifikation der Erde, die kauernde *tellus*, trägt. Keineswegs zufällig erinnert die Armhaltung des Kaisers an die ausgebreiteten Arme des gekreuzigten Christus. Vom Himmel herab senkt sich die Hand Gottes und berührt das Diadem auf dem Haupt des jugendlichen Kaisers.

Die Aureolen um die Gotteshand und die Kaiserfigur überschneiden sich, in dem dadurch abgegrenzten Segment findet sich das kaiserliche Antlitz. Dass oben die vier Evangelistensymbole erscheinen, erstaunt nicht, wohl aber, dass

25 Ladner, wie Anm. 22, S. 188f.

26 So ist in einem romanischen Mosaik der Martorana von Palermo mit der Krönung Rogers II. durch Christus das Gesicht des irdischen und des himmlischen Königs auffallend ähnlich: Kantorowicz 1990, S. 85; ebd. S. 106ff. auch eine Reihe schriftlicher Quellen des Mittelalters einschließlich der Krönungsordines, für die Formel: *rex imago Christi* bzw. *rex imago Dei*

27 N. Wolf 2004, S. 116ff. (ich stütze mich dabei im Detail auf Kantorowicz 1990, S. 67ff., 81ff. u. passim)

28 N. Wolf 2004, S. 118ff. (mit älterer Literatur)

sie ein weißes Tuch halten, das in schwungvoller Drapierung vor der Brust Ottos verläuft und als Zeichen für die Trennzone zwischen Himmel und Erde fungiert. Zugleich assoziiert das weiße Band jenen „Schleier", jene Vorhänge, die in byzantinischen Kirchen an der Ikonostase befestigt waren. Auch im Westen wusste man von ihnen. Beda Venerabilis erklärt an der Wende vom 7. zum 8. Jahrhundert in seinem Werk *De tabernaculo* im Einklang mit östlichen Kommentatoren, dass die Vorhänge eine Entsprechung im Alten Testament hätten: Wenn der Hohepriester einmal im Jahr am Versöhnungsfest den Vorhang des Allerheiligsten durchschritt, um zu opfern, so betrat er, wie Christus, der ewige Hohepriester, „den Himmel selbst" (*in ipsum coelum intravit*).

Links und rechts vom Schemel, außerhalb der Mandorla und nicht wie die Gestalt des kaiserlichen „Kosmokrators" in die Himmelssphäre hineinragend, stehen zwei Könige in ehrerbietiger Haltung, vermutlich als Vertreter der Vasallenreiche. Zuunterst vier hohe weltliche und geistliche Würdenträger des Reiches.

Der Kaiser wird zum Himmel erhoben, alle irdischen Mächte weit unter ihm, er selbst ist Gott am nächsten. Er erscheint in namenloser Sphäre als *christomimetes*. Der unsichtbare, nur mit seiner Hand gezeigte Himmelskönig „reproduziert" sich in einer Zwischenzone zwischen Erde und Gottes Wohnsitz im prächtigen Bild des *imperator christus*, des gesalbten Kaisers. Die beiden Naturen Christi sind auf den Herrscher übertragen, der Herrscher, „menschlich von Natur und göttlich durch die Gnade", war Christus auf Erden! Deshalb umfängt ihn die Mandorla, deshalb umringen ihn die Tiersymbole der Evangelisten, die eigentlich nur der Majestas Domini zukommen. Nur die Tatsache, dass die vier Wesen die Mandorla nicht zentralsymmetrisch umgeben, entfernt bei aller sonstigen Ähnlichkeit die Darstellung ein wenig von der Bildformel der göttlichen Majestas.

Die Vorstellung vom Herrscher als exklusive Imago Dei, als „Gott auf Erden", blieb bis zur Aufklärung virulent. Die höfische Zeremonialliteratur des 17. und 18. Jahrhunderts benutzte nach wie vor den Gottesvergleich, um die Machtstellung des absolutistischen Souveräns zu umschreiben. Zusätzlich dominierte den ikonografisch-ikonologischen Kontext jene Sonnensymbolik, die in der Nachfolge der Antike von der byzantinischen, bald auch von der abendländisch-mittelalterlichen Panegyrik gepflegt worden war. Dass die Ineinssetzung von Christus und der Sonne (u. a. in Gestalt des Sonnengottes Apollo) – *sol invictus* und *sol iustitiae* – sowie die entsprechende Herrscher-Imago im „Roi soleil" des Hochbarock, in Ludwig XIV., gipfelte, muss nicht weiter betont werden. Nur ein Punkt sei herausgegriffen:

Position und Ausgestaltung des zum Zentrum der Schlossanlage von Versailles erhobenen Paradeschlafzimmers Ludwigs XIV. gehorchen der aus der Antike herrührenden Vorstellung des *Cubiculum sacrum*, der geheiligten Ruhestätte. In diesem Schlafzimmer fanden das Zeremoniell des Levers, ferner die Audienzen des Nuntius und der Gesandten statt, von denen keiner sich setzen und bedecken durfte. In solch sakralisiertem Ambiente war dem Bett – Lager

und Thron zugleich – Reverenz zu erweisen.[29] Und deshalb ist es nur folge-
richtig, dass die niedrige Balustrade, die das Himmelbett vom Rest des Raumes
trennt, die Form einer Kommunionbank annahm.

Der irdische Herrscher als Stellvertreter Gottes auf Erden und als *christomimetes* hat indes nicht nur absolute, universale Macht zu repräsentieren, sondern
mimetisch auch die Demut Christi.

Das hatte im 13. Jahrhundert der französische König Ludwig IX., der Heilige († 1270; 1297 kanonisiert), vorgelebt. Einerseits unterstrich er sein Gottesgnadentum, erhob die Franzosen in den Rang eines auserwählten Volkes, den
Boden Frankreichs zur *terra sancta,* andererseits widmete er sich einer geradezu
mystischen Askese. Eine Illustration in den *Grandes Chroniques de France de Charles
V,* fol. 265r (Paris, Bibliothèque Nationale, Ms fr. 2813), einem Standardwerk
offizieller Geschichtsschreibung der französischen Monarchie, schildert um
1375/80, wie er die sieben Werke der Barmherzigkeit übt und u. a. Leprakranke
pflegt. Das „Königswunder" der Heilung der Skrofeln (einer Art Aussatz), das
in der Vita des heiligen Ludwig begegnet, blieb ein Dauerthema der Prediger
und Redner, die des französischen Königs Dominanz über andere Könige beweisen wollten. Noch Jahrhunderte später umgibt der gleiche Mythos die Person Napoleons I. 1804 malte Antoine-Jean Gros (1771–1835) das kolossale
Propagandabild *Bonaparte bei den Pestkranken von Jaffa* (Paris, Louvre): Napoleon
berührt mit ausgestreckter Hand den nackten Körper eines von der Pest Befal-
lenen. Der Korse führt gestisch die Zeremonie des legitimen Königtums fort,
die *touche des écrouelles*, die auf dem Glauben beruhte, dass die Berührung durch
den „heiligen" König christusgleiche heilende Kraft besitze.[30]

Die Imago nach dem Tode

> „[…] und der Odem kam in sie, und sie wurden lebendig und stellten sich
> auf ihre Füße, ein gar großes Heer. […] So spricht der Herr Jahwe: Siehe,
> ich öffne eure Gräber und hole euch heraus […]"

Vielfach hat die mittelalterliche Kunst anhand von Apokalypsedarstellungen
diese Vision des Ezechiel (Ez 37) verbildlicht, wie sich Körperteil um Körperteil der am Jüngsten Tag Auferweckten zusammenfügt, wie verstreutes Gebein,
abgetrennte Gliedmaßen wieder zu ganzen Leibern zusammenwachsen.[31]

29   H. G. Evers, Herrenchiemsee, in: Ders., Tod, Macht und Raum als Bereiche der Architek-
     tur, München (1939) 1970, S. 199-282, S. 260
30   Zum französischen König als „Heiler": Kantorowicz 1990, S. 259f.; zu den „Grandes
     Chroniques": I. F. Walther u. N. Wolf, Codices illustres. Die schönsten illuminierten
     Handschriften der Welt 400 bis 1600, Köln usw. 2001, S. 230ff.; zu dem Bild von Gros:
     A. Boime, Art in an Age of Bonapartism 1800 – 1815, Chicago-London 1990, S. 83ff.
31   Beispiele etwa bei Legner 1989, S. 33f.

Die Gnosis, die das Christentum des 2. und 3. Jahrhunderts infiltrierte, hatte im Gegenzug zu ihrer Leibfeindlichkeit bewirkt, dass die Christen sehr früh schon die Auferstehung des Fleisches propagierten und an diesem von ihrem paganen Umfeld verspotteten Glaubenssatz entschieden festhielten. Mit „ganzer", mit intakter, freilich auch, sofern es sich um die Seligen handelt, mit verklärter Leiblichkeit – im *corpus integrum* und im „Auferstehungsleib" also – werden die Toten dereinst ins Jenseits eingehen. Wenn Paulus von Christus erklärt: „Er wird unseren armseligen Leib umgestalten, dass er teilhabe an der Gestalt seines verherrlichten Leibes, vermöge der Kraft, mit der er sich alles unterwerfen kann" (Phil 3,21) – dann aber werden die Gläubigen „tragen […] das Bild des himmlischen Menschen" (1 Kor 15,49) – dann ist ausgesagt, dass sich die Imago Dei-Eigenschaft des Menschen erst angesichts der Parusie Christi, angesichts der „Schau" des auferstandenen Christus vollkommen entfalten wird. Im transzendenten Auferstehungsleib, dem der irdische Leib als Substrat dient, wird die im Menschen angelegte Christomorphitas zu ihrer triumphalen Erfüllung gelangen.

Wiederholt hat die Kunstgeschichte die Frage aufgeworfen, ob sich diese Idee nicht auf die seit dem 11. Jahrhundert einsetzende Herausbildung der Grabfiguren ausgewirkt habe. Anders als in Italien begegnet in Deutschland, Frankreich oder England das Bild des Verstorbenen als aufgebahrter Leichnam oder als ein physisch von den Spuren des Todes Gezeichneter vor dem Zeitalter der Renaissance nur selten, bevorzugt wird dagegen die Wiedergabe der „lebenden" Toten, der auf den Gräbern in wacher Erwartung ihrer Auferstehung Ruhenden. Deshalb sah sich Émile Mâle zu der These veranlasst, die Tatsache, dass das transalpine Grabbild den männlichen Verstorbenen gerne als rund Dreißigjährigen zeige, korrespondiere dem *status perfectionis*, der in der Antike mit dem dreißigsten Lebensjahr und nach christlicher Auffassung mit den dreiunddreißig Lebensjahren Christi gleichgesetzt wurde.[32] „Tatsächlich lehrten die Theologen, unter ihnen Thomas von Aquin, dass der Auferstehungsleib die Beschaffenheit des Dreißig- bzw. des Dreiunddreißig-Jährigen besitze."[33]

Im deutschsprachigen Raum muss man nur an eines der berühmtesten hochmittelalterlichen Grabmale erinnern, die steinerne Tumba Heinrichs des Löwen und seiner englischen Gemahlin Mathilde im Braunschweiger Dom, aus den Jahren um 1230. Obwohl der Herzog zum Zeitpunkt seines Todes (1195) wesentlich älter war, ist er auf dem Doppelgrab mit idealen jugendlichen Gesichtszügen, als eben der künftige „dreißigjährige" Auferstehende dargestellt.[34] Das Gleiche gilt, um ein weiteres Beispiel zu bringen, für die geschnitzte Grabfigur Heinrichs III. von Sayn, 1247/48, im Germanischen Nationalmuse-

---

32 É. Mâle, L'art religieux de la fin du moyen âge en France, Paris ²1922, S. 400ff.

33 Angenendt 1989, S. 17

34 R. Budde, Deutsche romanische Skulptur 1050 – 1250, München 1979, Nr. 268, 269; S. Wittekind (Hrsg.), Geschichte der bildenden Kunst in Deutschland, Bd. 2: Romanik, München-Berlin-London-New York 2009, Kat. Nr. 172

um Nürnberg. Dass der Graf hier mit seinen Fußspitzen einen kleinen Löwen und Drachen niedertritt, bezieht Rainer Kahsnitz überzeugend auf Psalm 90, Vers 13, wo es zu Christus heißt: „Über Aspis und Basilisk wirst du schreiten, wirst Löwen und Drachen zertreten." Seit dem 13. Jahrhundert weisen prominente Grabsteine mehrmals diese Christus als Sieger über das Böse ausweisende Bildformel auf und transponieren sie auf die jeweiligen geistlichen und weltlichen Würdenträger – wie Christus, so die Imago-Botschaft, haben jene das Böse endgültig überwunden und werden mit ihrem Auferstehungsleib in die Ewigkeit eingehen.[35]

Noch lange blieb das Bewusstsein um die künftige Herrlichkeit des Auferstehungsleibes in der Kunst gültig. 1568, um nur einen Beleg, freilich einen besonders prominenten zu bringen, schrieb Giorgio Vasari über den *Moses* des Michelangelo: „Alle Teile sind so herrlich vollendet, dass man Moses mehr denn je den Liebling Gottes nennen kann, da er ihm vor allen anderen durch die Hand des großen Michelangelo den Leib zur Auferstehung hat bereiten lassen."[36]

Die „erlittene" Christoformitas

Wohl keine andere Heiligengestalt der katholischen Kirche hat in alter und neuer Zeit so allgemeines Interesse auf sich gezogen wie Franziskus. Über kaum einen anderen ist gerade auch in der Moderne so viel geschrieben worden wie über ihn, zu keinem zweiten Heiligen des Mittelalters sind so viele Quellen erhalten wie zu dem Mann aus Assisi.

Als einzigartige Gnade wurde Franziskus, wie der Biograf Thomas von Celano schreibt, die „Nachahmung Christi" (*imitatio Christi*) in ihrer höchsten zeichenhaften Ausformung zuteil, in Form der Stigmata, die er von nun an wie ein Märtyrer als „sein eigenes Kreuz" trug. Die Stigmatisation fand am Fest der Kreuzerhöhung (14. September) 1224 in der Einsamkeit des Berges Alverna statt.

Das Phänomen der Stigmatisation hatte sich schon vor Franziskus vielfach angekündigt, besonders in Mystikerkreisen. Die 1213 in Lüttich verstorbene Begine Maria von Oignies zum Beispiel brachte sich nach der Erfahrung einer Seraphvision selbst Verletzungen zu im Muster der Wundmale Christi. Franziskus aber galt als der erste, dem *Gott* die Stigmata wirklich einprägte. Und die Kurie bestätigte das schließlich 1237; was eine Flut von Stigmatisationen bei echten oder falschen Mystikern auslöste. Von den seither kirchlich erfassten rund 300

---

35   Kahsnitz 1992, S. 72f.
36   Giorgio Vasari, Leben der ausgezeichnetsten Maler, Bildhauer und Baumeister, dt. Ausgabe von L. Schorn & E. Förster, neu hrsg. u. eingeleitet von J. Kliemann, Worms 1983, Bd. V, S. 292; zur Skulptur: F. Zöllner, Ch. Thoenes u. Th. Pöpper, Michelangelo. Das vollständige Werk, Köln usw. 2007, S. 421, S15c – wo herausgestellt wird, dass die Figur im Rahmen eines Grabmals für Papst Julius II. mit ihren Begleitfiguren die Auferstehungshoffnung visualisiert

Stigmatisationen wurden mindestens 29 noch im 19., einige im 20. Jahrhundert beobachtet. Nur ein Teil der Gezeichneten gehörte dem Franziskanerorden an, eine große Menge waren Frauen.[37]

Mit der Stigmatisation erfuhr der vom Heiligen angestrebte Parallelismus zu Christus – der Franziskanerbruder Bartholomäus Albizzi von Pisa († 1361) wies in seinem *Liber de conformitate* Punkt für Punkt nach, dass und wie sich Franziskus Christus anzugleichen suchte und darüber seine Persönlichkeit gleichsam auslöschte[38] – seine Überhöhung zur direkten Imago. Bonaventura drückte das folgendermaßen aus: Nach der Stigmatisation trug Franziskus „das Bild Christi an sich, nicht auf Stein- oder Holztafeln von der Hand eines Künstlers eingezeichnet, sondern in den Gliedern seines Fleisches durch den Finger des lebendigen Gottes eingekerbt."[39]

Die unermüdlich praktizierte *imitatio Christi* fungierte als Grundlage der nunmehr auch physischen Christoformitas des Heiligen, das Tugendleben des Franziskus erlaubte die Verähnlichung mit Gott, „mit Gott in jener Gestalt, in der er uns menschlich am nächsten gekommen ist, als der ideale Mensch: Verähnlichung mit dem Gottmenschen."[40]

Das 14. Kapitel der *Fioretti di San Francesco*, einer zwischen 1370 und 1390 vorgenommenen italienischen Übertragung der rund vier oder fünf Jahrzehnte älteren *Actus beati Francisci et sociorum eius*, erzählt, dass dem Franziskus und seinen Gefährten einmal Christus in Gestalt eines sehr schönen jungen Mannes erschienen sei.[41] Die Malerei des Due- und Trecento (wie auch späterer Epochen) bevorzugte freilich jenen Aspekt der Christoformitas, der Franziskus als Poverello, als „kleinen Armen" in der Nachfolge des demütigen, sich erniedrigenden Christus veranschaulichte.

Während die Ausmalung der Unterkirche von S. Francesco in Assisi mit dem Fresko im Vierungsgewölbe, das den Eingang des Heiligen in die himmlische Glorie verbildlicht, ihr Prunkbild besitzt, ist die in Niedrigkeit gehüllte Imago ausgedrückt in einem Fresko des Nordquerhauses eben jener Unterkirche. Fünf in „humilen", d.h. in Erdfarben dargestellte Franziskaner schauen bittend

37   Zur Stigmatisation des Franziskus und zu den stigmatisierten „Nachfolgern": N. Stefanelli, Die Zeichen am Leibe des Franz von Assisi, in: 800 Jahre Franz von Assisi, Kat. Ausst. Krems-Stein 1982, Wien 1982, S. 79-90

38   I. Gobry, Franz von Assisi, Reinbek b. Hamburg 1983, S. 58; die spätere Hagiografie ging stellenweise sogar so weit, die Geburt des Franziskus in einen Stall, zwischen Ochs und Esel, zu verlegen; kurz vor seinem Tod segnete er ein Brot und verteilte es an die sein Sterbelager umstehenden Ordensbrüder, damit die Handlung Christi beim Letzten Abendmahl wiederholend (ebd. S. 15, 54)

39   Zit. nach E. Vavra, Imago und Historia, in: 800 Jahre Franz von Assisi, Kat.Ausst. Krems-Stein 1982, Wien 1982, S. 529-532, S. 531

40   F. Dander, Gottes Bild und Gleichnis in der Schöpfung nach der Lehre des Hl. Thomas von Aquin, in: Scheffczyk 1969, S. 206-259, S. 237

41   G. Schüßler, Ein provozierendes Bildwerk der Passion: Donatellos Kruzifix von S. Croce, in: Möseneder 1997, S. 49-72, S. 64

nach oben, zu einer von Cimabue (um 1240–1302) gemalten Madonna, deren prächtigem Engelsgefolge sich auch der schlicht gekleidete Franziskus anreiht.[42] In der historischen Ärmlichkeit seiner Erscheinung, in der „Ärmlichkeit" auch der Malweise gewinnt das anfängliche Armutsideal des Ordens an dieser einen Stelle der Kirche bildkünstlerische Gestalt.

Generell existieren im Due- und Trecento zwei Typen von Franziskusbildern, kultisch gefärbte (Altar-)Bilder, die sich typologisch den byzantinischen Festikonen anglichen[43], und Bildkonzepte, die in den Imago-Koordinaten eine individualisierte, an der Demut Christi orientierte religiöse Erfahrung veranschaulichen – die dadurch die neue Gattung des Individualporträts erahnen lassen[44]: Der Poverello im Cimabue-Fresko zählt dazu.

Die hochpathetische Marmorskulptur eines *Johannes Baptista*, die Francesco Mochi (1580–1654) 1629 in Rom für Papst Urban VIII. begonnen hatte und die für die Familienkapelle der Barberini in S. Andrea della Valle – Mutterkirche des Theatinerordens – bestimmt war, klammert dagegen in ihrem Imago-Anspruch jegliche naturalististische Physiognomik aus. Die eindrückliche Lebendigkeit der Gestalt steht im Dienst visualisierter forensischer Rhetorik. In der Kirche eines gegenreformatorischen Prediger- und Missionsordens hätte die Figur, sofern sie je dorthin gelangt wäre, den Täufer als unerbittlichen Sittenprediger und Gerechtigkeitsfanatiker veranschaulicht, die affektgeladene barocke Gestalt gerinnt nicht nur mittels des geöffneten Mundes, sondern in allen ihren rhythmisierten Details zur bildgewordenen „Stimme". Der Theatinerpater Paolo Aresi bezeichnete 1624 Johannes Baptista als *ritratto di Christo*, geschaffen von der Künstlerhand Gottes, die, so der ekphrastische Vergleich, wie Apelles mit seinem Alexanderporträt dem unübertrefflichen Original eine unnachahmbare Imago gegeben habe. Auch Mochi hat dem Täufer eine fast bis zur Identität gehende Ähnlichkeit mit dem fleischgewordenen Gott, mit Christus im künstlerischen Habitus des Barock, verliehen: Christus ist der Logos – und der Täufer die Stimme (*vox*), die den inkarnierten Logos verkündet; die heilsgeschichtliche Zusammengehörigkeit manifestiert sich in der formal-künstlerischen Ununterscheidbarkeit.[45]

Beides, Porträt und Ikonentypus, macht sich dann wieder ein anderer, ein sehr viel späterer Repräsentant der „erlittenen" Imago zu eigen: Seit der Französischen Revolution stellte die Politik den kirchlichen Heiligen ausgesuchte Ersatzheilige an die Seite. Mit der „heißen Phase" besagter Revolution 1793

---

42 J. Poeschke, Wandmalerei der Giottozeit in Italien 1280 – 1400, München 2003, S. 45f.

43 Belting, 1990, S. 427ff. u. passim; K. Krüger, Der frühe Bildkult des Franziskus in Italien, Berlin 1992

44 G. Boehm, Bildnis und Individuum. Über den Ursprung der Porträtmalerei in der italienischen Renaissance, München 1985, S. 16ff.

45 Moser 2001; die Skulptur, die nie an ihrem Bestimmungsort aufgestellt war, kam 1729 nach Dresden. Partiell „zitiert" sie z. B. den Christus in Michelangelos 1541 vollendetem *Jüngstem Gericht* der Sixtinischen Kapelle. Die Ausführungen von Paolo Aresi in dessen *Imprese Sacre con triplicati discorsi illustrate et arricchite*, Venedig-Tortona-Genua 1624–1640, Liber II (1624 Tortona), Impr. V, S. 157-160

kreierten die Radikalen einen eigenen Märtyrerkult, der sich vor allem um den damals ermordeten Jean-Paul Marat rankte und in dem berühmten Bild Jacques Louis Davids (1748–1825) *Der Tod des Marat* (1793; Brüssel, Musées Royoux des Beaux-Arts)) seine „heilige Ikone" erhielt. Marat, der radikale Jakobiner, wurde 1773 von der jungen Republikanerin Charlotte Corday in der Badewanne erstochen. Die blutige Stichwunde, vor allem aber der herabhängende rechte Arm des Toten, wie man ihn vom sakralen Bildtypus der Kreuzabnahme und von Pietà-Darstellungen her kennt, verstehen sich als Allusion auf die Passion Christi – wobei das Empfehlungsschreiben der Mörderin, das Marat noch in der Linken hält, an die Inschrift (Titulus) am Kreuz denken lässt. Wie sich Christus für die Menschen geopfert hat, so Marat für die Revolution![46] Der Staatsmärtyrer einer neuen Zeit beansprucht den altehrwürdigen christlichen Bildtypus, um in solchem Parallelismus seine revolutionäre Erlöserrolle zu inszenieren. Imago Dei, Imago Christi – jetzt aber in entschiedener Umkehr: das Gottesbild ist instrumentalisiert für den politisch vergotteten Menschen, nicht länger bescheidet sich der Mensch als untergeordnete Imago des göttlichen Urbildes.

Die deformierte Imago

„Nur wenig geringer als einen Gott" habe der Schöpfer den Menschen gemacht – der Psalmist (Ps 8,6) erhebt mit solch emphatischer Aussage den Menschen fast auf eine Ebene mit den Engeln und deren Ausstattung „mit Ehre und Herrlichkeit". Dass sich der Mensch zum engelsgleichen Wesen aufzuschwingen vermag, erhärtet auch daraus, dass die Seligen Augustinus zufolge dereinst in der Hierarchie der Himmelsstadt den Platz Luzifers und der gefallenen Engel einnehmen werden.[47] Deshalb auch vermag der Mensch – im Sinne heilsgeschichtlicher Anthropologie – seine Erscheinung zu engelsähnlicher Schönheit und folglich zu einer, wenn man so will, potenzierten Imago Dei-Qualität zu sublimieren. Unzählige idealisierende Heiligendarstellungen der christlichen Kunst belegen diesen Gedanken – eine der ersten großen Ausnahmen macht Caravaggio (1571–1610), der den Heiligengestalten erdenschwere, bis zur Hässlichkeit gehende Körper und Physiognomien zuteilt.

Die Schönheit des Menschen hat zwar Laktanz (um 250–nach 317) dadurch spiritualisiert, dass sie seiner Ansicht nach nicht auf den Äußerlichkeiten der Physis, sondern auf den seelischen Qualitäten beruhe, doch setzte sich (in Kunst und Literatur) bei der Wiedergabe „edler" Menschen zunehmend jene Formel durch, die Giannozzo Manetti in seinem Traktat *De dignitate et excellentia hominis*

---

46 Ausführlich hergeleitet in der monumentalen Monografie zu diesem Werk: J. Traeger, Der Tod des Marat. Revolution des Menschenbildes, München 1986
47 G. Agamben, Die Beamten des Himmels. Über Engel, Frankfurt a. M.-Leipzig 2007, S. 31

1451/52 auf folgenden Nenner brachte: Gott habe den menschlichen Körper „vorzüglich, ja wunderbar" geformt, „damit er durch seine Gestalt ein würdiges und zugleich passendes Gefäß für die vernünftige Seele bilden könne."[48]

Doch was dann, wenn der Körper keinen solchen Inhalt beherbergt? Wenn Scheußliches Scheußliches umhüllt, wie etwa jenes eingangs vorgestellte Monstrum seine heidnische Natur, ehe sich die Missgestalt zum heiligen Christophorus transformierte?

Der Glaube, dass auch solche „Verirrungen der Natur" zumindest in Spuren Ebenbilder Gottes seien, fiel schwer, wenn er auch nicht ausgeschlossen war. Wenn etwa im romanischen Tympanon von Vézelay um 1125–1140 Kynokephale und andere „abartige" Erdrandbewohner begegnen[49], dann, um den Auftrag Christi an die Apostel zu veranschaulichen, das Evangelium bis an die Grenzen der Oikumene zu tragen – was doch besagt, dass die dortigen „Exoten" der Verkündigung zugänglich sein könnten. Augustinus zweifelte, wie bereits erwähnt, nicht daran, dass solche Wesen, sofern sie überhaupt Menschen oder Vergleichbares waren, wie Gottes anerkannte Ebenbilder von Adam und Eva abstammen müssten. Doch dass die Stammeltern Monstren gezeugt hätten, wird nirgends vermeldet. Als deren Ahnherr bot sich statt dessen der Brudermörder Kain an.

> „Allerdings wurde Kain erst aufgrund dieses Totschlags und des Fluches, der von Gott über ihn verhängt worden war [...] zum Monstrum (die Ansicht, er sei es von Geburt an – aufgrund eines Seitensprunges von Eva mit Satan gewesen, hat sich theologischerseits nicht durchgesetzt). Als das menschliche Urmonstrum aber war Kain prädestiniert, zum Stammvater der ersten Serie von Erdrandsiedlern zu werden."[50]

Seelische Depraviertheit führt zu Hässlichkeit und im extremsten Fall zu Monstrosität. Unzählige Zerr- und Spottbilder, karikierende Gestaltverfremdungen, „surreale" Kompositformen in den Drôlerien mittelalterlicher Buchmalerei, in den fantastischen Spukwelten eines Hieronymus Bosch (um 1450–1516) sowie die topische Verhässlichung der Folterknechte bei der Passion Christi, vor allem aber der Juden, gehorchen diesem Muster.

Zugegeben, nicht wenige mittelalterliche und frühneuzeitliche Autoren waren überzeugt, dass auch im Sünder ein Imago-Rest, ein Teil der Gottesebenbildlichkeit erhalten blieb, hatten doch, wie die gleichen Autoren behaupteten, die Menschen nach dem Sündenfall im Paradies ihre verbürgte Gottebenbildlichkeit keineswegs verloren.[51] Daneben existierte jedoch die gegenteilige Ansicht, wie sie Ambrosius vertrat. Er sah im Zuge der Erbsünde den Imago Dei-Status der Menschheit zunächst sehr wohl preisgegeben. Statt ihrer trägt der Mensch „die imago terrena, die Züge des Irdischen an sich, ja, die imago diaboli, die Züge des

---

48 Zit. nach H. Baader, in: Preimesberger/Baader/Suthor 1999, S. 93
49 B. Rupprecht, Romanische Skulptur in Frankreich, München ²1982, Nr. 150, 151
50 Perrig 1987, S. 46
51 L. Scheffczyk, in: Scheffczyk 1969, S. XV

Teufels. Die durch die Erlösungstat Christi wiederhergestellte Gottesnachbild-
lichkeit ist für den Menschen Gabe und Aufgabe."[52]

Nach Augustinus ist der letzte Grund aller Sünden der Hochmut des Menschen. Als Archetypus dieses Sündenverständnisses fungiert der sich gegen
Gott empörende Engel Luzifer.[53] Luzifer, der wie Gott sein wollte, gab sich
nicht damit zufrieden, „nur" Bild, Imago Gottes zu sein, er wollte eine Ähnlichkeitsbeziehung zur Gleichwertigkeit potenzieren.[54]

Gerade dieser Akt der Hybris faszinierte die späteren Jahrhunderte. Man
denke nur an Miltons 1665 vollendetes und zwei Jahre später gedrucktes mo-
numentales Epos *Paradise lost* (*Das verlorene Paradies*).[55] Inhalt sind die Folgen der
Ursünde, die Frage nach dem Sinn des Bösen in der von Gott geschaffenen
Heilsordnung. Von vornherein werden Sündenfall und Vertreibung aus dem
Paradies gedanklich mit der stolzen Auflehnung jener Engel verbunden, die
Luzifer folgten und mit diesem in die Hölle gestürzt wurden. Die unerbittlich
zerstörerische Leidenschaft Satans dominiert pathetisch den Ordnungswillen
des Gottessohnes.

Die Würde des Menschen

Die Imago Dei-Lehre erfuhr in der Philosophie der Renaissance bzw. des Humanismus einen neuen Auftrieb, da sie mit der neuplatonisch geprägten Auffassung von der *dignitas hominis*, der Würde des Menschen, eine ertragreiche
Symbiose einging. In diesem Kontext wurde die Wiedererlangung der in der
Genesis verkündeten Gottebenbildlichkeit als ein durch unablässige geistig-sitt-
liche Anstrengung erreichbares Ziel propagiert.

Den Weg hatte vor allem der Theologe, Naturwissenschaftler und Philosoph
Nikolaus von Kues (1401–1464) gebahnt, denn er sah, weil er den Menschen
als kreatives, sich selbst gestaltendes Wesen verstand, Wissenschaft, Kunst und
Religion als gleichberechtigte menschliche Fähigkeiten auf der Suche nach Gott,
der Welt und sich selbst. „Die Folgen waren unabsehbar. […] das schöpferische
Moment kann sich in der Fiktion freispielen, das Gewicht des kreativen Tuns
verlagert sich auf die Fantasie; das verschafft den Bereichen der Sprache und
Künste, den bislang nur dienenden Artes, eine bis dahin undenkbare Bedeutung."[56] Des Cusaners Konzept modifiziert die scholastische *imago Dei*-Lehre:

---

52   Dürig 1952, S. 29
53   M. Hauskeller, Geschichte der Ethik. Mittelalter, S. 66
54   K. L. Schmidt, wie Anm. 6, S. 42
55   Die endgültige, revidierte und in zwölf Bücher eingeteilte Ausgabe datiert ins Jahr 1674:
     H. H. Meier (Hrsg.): John Milton. Das verlorene Paradies, Stuttgart 1978; Barbara Le-
     walski: The Life of John Milton: A Critical Biography, Oxford, Boston u.a. 2002
56   W. Haug, Nicolaus Cusanus zwischen Meister Eckhart und Cristoforo Landino: Der
     Mensch als Schöpfer und der Weg zu Gott, in: Nicolaus Cusanus zwischen Deutschland
     und Italien, hrsg. von M. Thurner, Berlin 2002, S. 577-600, S. 599

Zwar schafft nur Gott aus dem Nichts, der Mensch bedarf dazu der Materie. Trotzdem hat der Mensch als Bild und Gleichnis Gottes Teil an der göttlichen Kreativität. Er vermag sich aufgrund dieser Gabe zum *secundus Deus*, zum „zweiten Gott" aufzuschwingen. Umgekehrt gleicht Gott, der in den Menschen lebendige „Selbstbildnisse" generiert, einem Maler.

Mit seinem Denksystem beeinflusste Cusanus maßgeblich Florentiner Humanisten wie Marsilio Ficino (1433–1499) oder Pico della Mirandola (1463–1494) – den Letzteren vor allem in seiner 1486 verfassten und postum publizierten *Oratio de dignitate hominis*.[57]

Unvergleichliche künstlerische Ausformung fand das hier nur summarisch angedeutete Imago Dei-Konzept im Schaffen Albrecht Dürers (1471–1528), der mit derartigen Gedankengängen in seiner Vaterstadt Nürnberg, einem damaligen Zentrum des Humanismus, bestens vertraut war.

Unter seinen Holzschnitten der *Großen Passion* (1510) findet sich eine bemerkenswerte ikonografische Ausdeutung des Themas *Christus in der Vorhölle*.[58] Singulär ist, dass Christus in Allusion auf seine Demut kniend dargestellt wird und dass Adam zusätzlich zum Apfel, dem Objekt des Sündenfalls, in typologischer Gegenüberstellung das Kreuz, das Instrument der Erlösung hält. Christus ist nach gängiger Exegese der neue Adam, der durch seine Passion die von den Stammeltern verursachte Erbsünde entsühnt, der die Option auf eine neue Gottesebenbildlichkeit eröffnet. Jeder Mensch, der ihm, gleich dem erlösten Adam, nachfolgt, so Pico della Mirandola, soll die in Adam anfänglich fundierte Gottebenbildlichkeit wiedererlangen. „er wird als prometheischer Schöpfer seiner selbst sich durch die Nachfolge Christi zum neuen Adam bilden und solchermaßen ins ‚Göttliche wiedergeboren werden."[59]

Auf die Gattung Porträt schließlich, genauer: aufs Selbstbildnis münzt Dürer das Imago Dei-Konzept in einer seiner berühmtesten Arbeiten, in seinem Selbstporträt von 1500.[60]

---

57   Darin ist postuliert, dass der Mensch durch Angleichung an die Engel seine Bestimmung erfüllt, eins mit dem göttlichen Geist zu werden (*unus cum Deo spiritus*), vgl. Schuster 1991, S. 178

58   R. Schoch, M. Mende u. A. Scherbaum, Albrecht Dürer. Das druckgraphische Werk, Bd. II: Holzschnitte und Holzschnittfolgen, München-Berlin-London-New York 2002, Nr. 164; zur Interpretation auch: K. Hoffmann, Dürers Darstellungen der Höllenfahrt Christi, in: Zeitschrift des Dt. Vereins f. Kunstwissenschaft, XXV, H. 1/4, 1971, S. 75-106

59   Schuster 1991, S. 336f.

60   Die Interpretationen dieses Bildes sind derart vielfältig, teils auch kontrovers, dass ich darauf hier nicht eingehen kann. Ich greife nur wenige Aspekte heraus, die mir am überzeugendsten scheinen. An Überblicksliteratur nenne ich: G. Goldberg, B. Heimberg u. M. Schawe, Albrecht Dürer. Die Gemälde der Alten Pinakothek. Hrsg. Bayerische Staatsgemäldesammlungen München, Heidelberg 1998, Nr. 6; H. Klinke, Dürers Selbstportrait von 1500. Die Geschichte eines Bildes, Norderstedt 2004; in einen umfassenderen Kontext wird es eingebettet von: J. L. Koerner, The Moment of Self-Portrature in German Renaissance Art, Chicago-London 1993

Das Distanzmoment absoluter Frontalität und idealisierter Gesichtssymmetrie erinnert an das Schema alter Christusikonen (Dürer hatte eine um 1370/80 in Prag geschaffene Kopie der römischen *Vera icon* in seiner Nürnberger „Hauskirche", in St. Sebald vor Augen) – und damit auch an einen christlichen Ursprungsmythos der Malerei.[61] Manchem Interpreten galt die Christusähnlichkeit des Dürer-Gesichtes, diese Verschmelzung der unvollkommenen eigenen Natur mit der Vollkommenheit des göttlichen Antlitzes, als Hybris. Daher die Versuche, solche Vermessenheit zu legitimieren – nicht zuletzt mit Hilfe des Fensterkreuzes, das sich im rechten Auge spiegelt und dieses metaphorisch zum „Fenster" beziehungsweise „Spiegel" der Seele erhebe. Das entspreche der neuplatonischen Auffassung einer *humanitas*, die sich vom Körperlichen zum Geistigen hinbewege; und es gehorche der an Laienchristen adressierten Lehre von der *imitatio Christi*, der mystischen Nachfolge des Heilands, die sich auch in der Redensart bekunde, der Gläubige solle sein Leben lang Christi Kreuz im Auge haben.

Indes, der von Panofsky hervorgehobene Aspekt der *imitatio Christi* ist literarisch und ikonisch immer mit der Passion verbunden, wozu die feierliche Erscheinung des Porträtierten nicht passt. Statt dessen knüpft Letztere, bis in Einzelheiten, an das schöne Aussehen Christi an, das der fiktive Brief eines angeblichen Vorgängers des Pontius Pilatus schildert. Eine Abschrift dieses „Lentulus-Briefes" (der wahrscheinlich im 14. Jahrhundert verfasst wurde) lag in der Nürnberger Bibliothek Pirckheimers, 1491 war er zudem in Nürnberg im Druck erschienen. Dürer habe die eigene Physis, so eine These, auf diese Komparatistik hin geschönt.[62]

Anlass zu weiteren Spekulationen gab die vierzeilige Inschrift: *Albertus Durerus Noricus ipsum me propriis sic effingebam coloribus aetatis anno XXVIII* („Albrecht Dürer aus Nürnberg, ich habe so im Alter von 28 Jahren mein Bildnis in den mir eigenen Farben geschaffen"). Das ungebräuchliche Imperfekt „effingebam" könnte der Humanist und Patrizier Willibald Pirckheimer seinem Freund nahegelegt haben, da angeblich der berühmte antike Maler Apelles so signierte. Die Welt der Antike beschwor auch Christoph Scheurl herauf, der 1508 Dürer mit Apelles verglich und dann auf das *Selbstbildnis* von 1500 zu sprechen kam. Dürer

---

61   E. Filippi, ,Quasi pictor, qui diversos temperat colores, ut habeat sui ipsius imaginem'. Zu Cusanus und Dürer, in: Das europäische Erbe im Denken des Nikolaus von Kues. Geistesgeschichte als Geistesgegenwart, hrsg. von H. Schwaetzer und K. Zeyer, Münster 2008, S. 175-197, S. 189, Anm. 36 (die Kopie ist erst jüngst in Privatbesitz aufgetaucht. Zur *Vera icon* in St. Peter zu Rom: Belting 1990, S. 246ff.; dass mit dem „wahren Abbild Christi" auch an den Beginn der Malerei erinnert wird, betont A. Grebe, Albrecht Dürer. Künstler, Werk und Zeit, Darmstadt 2006, S. 63

62   E. Panofsky, Das Leben und die Kunst Albrecht Dürers, München 1977, S. 57, die Ablehnung seiner These bei: L. Hilberer, Iconic world. Albrecht Dürers Bildbegriff, Würzburg 2008, S. 36; dass Dürer mit dem Münchner Selbstporträt auf die „Schönheit Christi" anspielt, betont Koerner 1993, op. cit., S. 63ff., 103f., 116ff.; der „Lentulus-Brief" ist ins Deutsche übersetzt bei: Goldberg/ Heimberg/ Schawe, op. cit., S. 325

habe es, darin der Marcia, der Tochter des Marcus Varro folgend, nach seinem Spiegelbild gemalt. Plinius d. Ä. erzählte im ersten nachchristlichen Jahrhundert von der Malerin, Boccaccio hat die Geschichte in seinem Buch über berühmte Frauen (*De claris mulieribus*, 1360/62) an die Neuzeit weitergegeben.[63]

Nimmt man das künstlerische Procedere beim Gestalten eines Selbstporträts mit der Christomorphitas des sich selbst im Spiegel-Bild erfassenden Künstlers Dürer zusammen, ergibt sich m. E. ein schlagender Hinweis auf das zugrunde liegende Imago-Konzept. Und zwar dann, wenn man die Traktate des Cusaners als Quelle heranzieht.

Viele Passagen der cusanischen Schriften operieren bekanntlich mit Spiegel-Metaphern.[64] In *De filiatione Dei* 3, h IV, n. 65,1-68,16 heißt es etwa, allein Jesus sei der gerade Spiegel, in dem das Bild Gottes exakt widerstrahlt. Die Menschen dagegen seien gekrümmte Spiegel, die Gott nur dann annähernd reflektieren können, wenn sie sich der *Form* des geraden Spiegels Jesus Christus angleichen. Thematisiert Dürer in seinem Münchner Selbstporträt nicht dieses optische wie metaphysische „Spiel" wechselnder Spiegelung?

Im Rahmen seiner Physiognomik-Studien sah der Schweizer Pfarrer Johann Caspar Lavater (1741–1801) im Antlitz Christi, tradiert in unzähligen Kultbildern und Ikonen, noch im Zeitalter der Aufklärung den Archetypus für die Lesbarkeit des menschlichen Gesichts. Entsprechend lautet die Subscriptio des ersten Bandes seiner *Physiognomischen Fragmente* 1775: „Erster Versuch: Gott schuf den Menschen sich zum Bilde". Allerdings biete die Bildüberlieferung eine kontroverse und unvollkommene Synopse der Physiognomie des Gottessohnes, ja, die überlieferten „authentischen" Christusbilder seien enttäuschend, da sie „entweder zu menschlich [waren] oder zu wenig [menschlich], ohne jedoch deswegen göttlich zu sein."[65]

Weder zu menschlich noch zu wenig menschlich – das könnte als Motto über Dürers Münchner Selbstbildnis stehen. Und vielleicht ist es kein Zufall, dass es ein Künstlerbildnis war, dem ein solches „Kunststück" gelang.

Der Künstler-Gott

Dass sich das Museum im 19. Jahrhundert zum „Tempel", zur „Kirche" inmitten einer zunehmend säkularisierten Gesellschaft, dass sich die Kunst zur Ersatzreligion aufschwang, ist hinlänglich bekannt, wird als kunstsoziologisches Faktum topisch ins Spiel gebracht. Im Kontext dieses Prozesses zeichnet sich

---

63　Scheurls Verweis auf Marcia bei J. K. Eberlein, Albrecht Dürer, Reinbek bei Hamburg 2003, S. 55

64　Bei Schuster 1991, der vielfach die eminente Bedeutung des cusanischen Denkens für Dürer hervorhebt, findet sich dieser Hinweis nicht

65　Zit. nach Belting ²2006, S. 45; vgl. v.a. N. Suthor, in: Preimesberger/Baader/ Suthor 1999, S. 387f.

auch ab, was man als eine der gravierendsten Umwertungen des Imgago Dei-Konzepts betrachten darf.

Seit jeher wurde Gott als Künstler imaginiert – in der Bibel, in der exegetischen Literatur, in der mittelalterlichen (Buch-)Malerei, sei es als Bildner des ersten Menschenpaares, sei es als Architekt mit Zirkel und Richtscheit beim „Entwurf" der kosmischen Weltenordnung. Die Umkehrung, nämlich den Künstler als „Gott", als „divino artista" zu bezeichnen, findet sich in der italienischen Kunstliteratur bereits im späten 13. Jahrhundert, setzt aber dann in ganzer Vehemenz im Italien der Renaissance, des 15. und 16. Jahrhunderts, ein.[66] Dürer fundierte dieses Selbstbewusstsein, wie wir sahen, in der traditionellen Imago Dei-Lehre, die den Künstler noch als (gespiegeltes) Abbild Christi dem „Urbild" nachordnete. Indes, im weiteren Verlauf des 16. Jahrhunderts, insbesondere im Manierismus, kündete sich an, was Peter-Klaus Schuster dahingehend charakterisiert, dass sich eine „Umkehrung der humanistischen Position" vollzog – „aus der Nachahmung der göttlichen Weisheit wird die Vergottung des menschlichen Geistes und aus der Gottebenbildlichkeit als anthropologischer Grundbefindlichkeit das Privileg eines exklusiven Geniekults." Ferner heißt es: Die Möglichkeit, „zu einer im Leben stets noch steigerungsfähigen Einheit mit Gott im Nachvollzug seiner Leiden zu gelangen, wurde im 19. Jahrhundert, beispielhaft bei Delacroix, van Gogh und Gauguin, Vorrecht des von der Welt verkannten und verachteten Künstlers."[67]

Doch man sollte schon im 18. Jahrhundert ansetzen. Je stärker damals die in die Aufklärung mündenden Säkularisierungsprozesse voranschritten, je intensiver sich andererseits um 1800, in der Frühromantik, die Religion „als Sinn und Geschmack fürs Unendliche" (Schleiermacher) darbot und darüber zur subjektiv „entgrenzten" Weltdeutung verwandelte[68], desto freier verfügbar wurden den Künstlern die christlichen Motive, desto eher konnten diese von ihnen in ungewöhnliche Gestaltungszusammenhänge integriert werden.

Ein solcher „Zeitgeist" hatte auch gegen die besagte Inversion des Imago Dei-Konzepts, die Vergottung des Künstlers, keine prinzipiellen Einwände. Als Friedrich August Werthes am 18. Oktober 1774 Goethe besuchte, notierte er in einem Brief:

„Noch nie hätt' ich das Gefühl der Jünger vom Emmaus im Evangelio so gut exegesieren und mitempfinden können, von dem sie sagten: ‚Brannte nicht unser Herz in uns, als er mit uns redete?' Machen wir ihn [Goethe] immer zu unserm Herrn Christus, und lassen Sie mich den letzten seiner Jünger sein."[69]

66 Schuster 1991, S. 184
67 Schuster 1991, S. 244
68 Schedler/Tauss 2002, S. 92; vgl. auch Heumann/Müller 1996, S. 92
69 Zit. nach: V. Neuhaus, Zur Säkularisierung der Heiligenverehrung in der Goethezeit, in: Reliquien. Verehrung und Verklärung, hrsg. von A. Legner, Kat.Ausst. Köln 1989, S. 166-174, S. 170

Die Passage ist symptomatisch für den sakralisierenden Geniekult des „Sturm und Drang". Und sie fokussiert in diesem Fall die Aura eines Dichterfürsten, der paradoxerweise die Autonomie der Kunst gefährdet sah, sollte sie sich zu sehr mit der Religion „vermischen".[70] Nach zwei maßgeblichen ikonografisch-ikonologischen Ausrichtungen lässt sich die „Imagination" des modernen Künstlers als „divino artista" ins 20. und 21. Jahrhundert hinein verfolgen. Zum einen im Sinne einer neuen „Leidensmystik", die das Außenseitertum und somit das Leiden des Künstlers an der Gesellschaft mit dem Leiden Christi und der Kreuzigung vergleicht.[71] Zum anderen in jener hybriden Selbstvergottung, die Piet Mondrian (1872–1944) in einem Brief 1910 folgendermaßen umschrieb: „Die Einsamkeit gibt einem großen Mann die Möglichkeit, sich selbst, den wahren Menschen, den Gott-Menschen und sogar Gott zu erkennen. So wächst man [...] und wird schließlich selbst zu Gott."[72]

1965 malte Salvador Dalí (1904–1989) das Bild *Gare de Perpignan* (Der Bahnhof von Perpignan; Köln, Museum Ludwig), zweifellos eines seiner Hauptwerke.

Die Mitte des fast drei Meter hohen und über vier Meter breiten Gemäldes nimmt ein magisch selbstleuchtendes Rechteck ein, von dem vier Strahlenfelder zu den Ecken des Bildes ausgehen. Im Rechteck schwebt Dalí, mit leicht ausgebreiteten Armen und angewinkelten Beinen. Die senkrechte Mittelachse ist nach oben hin besetzt mit einem perspektivisch souverän aufgenommenen Eisenbahnwaggon, über dem ein weiteres Mal Dalí, mit ähnlich ausgestreckten Armen wie unten, aus dem Bildgrund dem Betrachter entgegenschwebt. Erst allmählich wird der Rezipient im Zentrum des Ganzen jenes Hauptes mit der Dornenkrone und jenes Oberkörpers mit ausgebreiteten Armen gewahr – der heraufdämmernden (oder entschwindenden?) Vision des Gekreuzigten.

Der Schöpfer des Bildes, dessen Vorname „Salvador" dem Beinamen Christi als „Salvator", als Retter, als Heiland korrespondiert, inszeniert sich als Sohn des gestorbenen, auferstandenen und zum Himmel aufgefahrenen Salvator mundi.[73] Die Imago Dei, die Imago Christi ist nunmehr und nur mehr das Medium des genialisch „verstiegenen" Künstlers!

Wenn der Engländer Francis Bacon (1909–1992) in seinen „Kreuzigungs"-Darstellungen das Fleisch malerisch „schindet" und das Gesicht zur Fratze verwandelt, dann, um das Urbild des gequälten Gottes zum Paradigma, zum Signum für die Fleischlichkeit des Menschen und das Moribunde zu beschwören. Universaler und existentieller als Dalí vollzieht Bacon eine Inversion: Imago Dei *ex negativo*!

70 Möseneder, in: Ders. 1997, S. XXVII
71 Zahlreiche Beispiele bei: F. Gross, Die Kreuzigung Christi im nicht mehr christlichen Bild des späten 19. und des 20. Jahrhunderts, in: Schedler/Tauss 2002, S. 115-131
72 Zit. nach Lahme 2007, S. 70
73 Salvador Dalí. La Gare de Perpignan. *Pop, Op, Yes-yes, Pompier*, Kat. Ausst. Museum Ludwig Köln 2006, hrsg. von G. Kolberg, Ostfildern 2006; N. Wolf, Salvador Dalí, Bath 2008, S. 206ff.

Literatur

Angenendt 1989: A. Angenendt, Der Kult der Reliquien, in: Reliquien. Verehrung und Verklärung, hrsg. von A. Legner, Kat.Ausst. Köln 1989, S. 9-31

Bauch 1976: K. Bauch, Das mittelalterliche Grabbild. Figürliche Grabmäler des 11. bis 15. Jahrhunderts in Europa, Berlin-New York 1976

Belting 1990: H. Belting, Bild und Kult, Eine Geschichte des Bildes vor dem Zeitalter der Kunst, München 1990

Belting 2006: H. Belting, Das echte Bild. Bildfragen als Glaubensfragen, München (2005) ²2006

Dürig 1952: W. Dürig, Imago. Ein Betrag zur Terminologie und Theologie der Römischen Liturgie, München 1952

Frübis 1995: H. Frübis, Die Wirklichkeit des Fremden. Die Darstellung der Neuen Welt im 16. Jahrhundert, Berlin 1995

Heumann/Müller 1996: J. Heumann und W. E. Müller, auf der Suche nach Wirklichkeit. Von der (Un-)Möglichkeit einer theologischen Interpretation der Kunst, Frankfurt/Main 1996

Kahsnitz 1992: R. Kahsnitz, Die Gründer von Laach und Sayn. Fürstenbildnisse des 13. Jahrhunderts, Kat. Ausst. Nürnberg 1992

Kantorowicz 1990: E. H. Kantorowicz, Die zwei Körper des Königs. Eine Studie zur politischen Theologie des Mittelalters (1957), München 1990

Ladner 1983: G. B. Ladner, Images and ideas in the middle ages, II (= Storia e letteratura. Raccolta di studi e testi, 156), Rom 1983

Lahme 2007: H. Lahme, Das Ziel menschlichen Bildschaffens im Gottesbild. Perspektiven einer „Imago Dei" als Fundament des Kunstkontinuums „Visualität". Eine Untersuchung zu exemplarischen Bildphänomenen, Berlin 2007

Legner 1989: A. Legner, Vom Glanz und von der Präsenz des Heiltums – Bilder und Texte, in: Reliquien. Verehrung und Verklärung, hrsg. von A. Legner, Kat.Ausst. Köln 1989, S. 33-148

Möseneder 1997: K. Möseneder (Hrsg.), Streit um Bilder. Von Byzanz bis Duchamp, Berlin 1997

Moser 1994: S.-K Moser, Sinnbild und Abbild – zur Funktion des Bildes, in: Sinnbild und Abbild – zur Funktion des Bildes, hrsg. von P. Naredi-Rainer, Universität Innsbruck 1994, S. 3-22

Moser 2001: J. Moser, Poesie und Rhetorik in Marmor. Zu Francesco Mochis Dresdener *Johannes,* in: Ars et Scriptura. Festschrift für Rudolf Preimesberger zum 65. Geburtstag, hrsg. von H. Baader, U. Müller Hofstede, K. Patz u. N. Suthor, Berlin 2001, S. 45-62

Perrig 1987: A. Perrig, Erdrandsiedler oder die schrecklichen Nachkommen Chams. Aspekte der mittelalterlichen Völkerkunde. In: Th. Koebner und G. Pickerodt (Hrsg.): Die andere Welt. Studien zum Exotismus. Frankfurt a. M. 1987, S. 31-88.

Preimesberger/Baader/Suthor 1999: R. Preimesberger, H. Baader u. N. Suthor (Hrsg.), Porträt (Geschichte der klassischen Bildgattungen in Quellentexxten und Kommentaren, Bd. 2), Berlin 1999

Schedler/Tauss 2002: Kunst und Kirche. Beiträge der Tagung Kunst und Kirche 20.–22. September 2000 in Osnabrück, hrsg. von U. Schedler und S. Tauss, Osnabrück 2002

Scheffczyk 1969: L. Scheffczyk (Hrsg.), Der Mensch als Bild Gottes, Darmstadt 1969

Schuster 1991: P.-K. Schuster, Melencolia I. Dürers Denkbild, 2 Bde., Berlin 1991

Schwebel 2002: H. Schwebel, Die Kunst und das Christentum. Geschichte eines Konflikts, München 2002

N. Wolf 2004: N. Wolf, Die Macht der Heiligen und ihrer Bilder, Stuttgart 2004

Eckhard Nordhofen

Der Mensch – Gottesbild oder Gottesmedium?

„The medium is the message" die kleine Verblüffung, die Marshall McLuhan beim Publikum mit dieser Botschaft auslöst, macht wohl ihren Erfolg aus und alle, die zur Multiplikation dieses doch offensichtlich unsinnigen Spruches beitragen, werden sich ein wenig schmeicheln, dass sie nun zu den Aufgeklärten gehören, die nicht mehr naiv sind und glauben, dass die Botschaft selbst das sei, worauf es ankomme. Dass das Medium, die Medien, vor allen Dingen die neuen, erklärt und verstanden sein wollen, trägt zu einer Konjunktur von Medienwissenschaften und Medientheorien bei.

Viel ließe sich sagen über die Ontologie und Virtualität der neuen Medien, über die Ubiquität und Ontologie des Internet, vor allem über die Verselbständigung von zeichenhaften Entitäten, die offensichtlich mehr sind, als Transportmittel von Nachrichten zwischen Subjekten.

Nach einem ersten energischen Einspruch gegen die Verwechslung von Verpackung und Inhalt möchte ich McLuhans Bonmot gleichwohl einmal in eine Warteschleife schicken. Ist nicht schon manchem Unsinn unter speziellen Bedingungen eine erhellende Erkenntnis abgewonnen worden? So interessant sie auch ist – in die Debatte um neue Medien möchte ich nicht einsteigen, im Gegenteil. Es geht mir heute um die alten, die ältesten Medien.

Sodann gibt es eine zweite geisteswissenschaftliche Debattenkonjunktur über den Monotheismus, die Jan Assmann mit seinem Buch „Mose, der Ägypter" 1999 angestoßen hat. Seine These, dass die „Mosaische Entgegensetzung" (später „Unterscheidung") als eine Supernova der Religionsgeschichte erstmals religiös motivierte Gewalt erzeugt habe, hat eine breite und andauernde Diskussion ausgelöst, in deren Verlauf die Ausgangsthese deutlich revidiert worden ist. Ich möchte heute die beiden Diskurskonjunkturen zusammenführen, indem ich eine Grobskizze des Monotheismus unter dem Medienaspekt versuche. So oft auch die Geschichte dieses Monotheismus geschrieben und erzählt worden ist, mir erscheint es besonders interessant und erhellend, sie einmal als Mediengeschichte, genauer als eine Folge von Medienwechseln zu betrachten. Diese Skizze ist zunächst nicht eigentlich originell. Sie folgt den bekannten Stationen der Religionsgeschichte, wie wir sie aus der Forschung der altorientalischen Religionen, insbesondere des Alten Testaments aber auch des Hellenismus und des Christentums, sowie der 2000-jährigen Geschichte des Christentums kennen.

Ich beginne mit der These, dass die Entstehung des Monotheismus ohne einen radikalen Medienwechsel und ohne die Erfindung eines neuen Mediums kaum denkbar ist. Es geht um den Medienwechsel zwischen Kultbild und Schrift. Dieser Medienwechsel ist gewiss nicht von einem Tag auf den anderen vonstatten gegangen. Auch die Entwicklung der Schrift ist von Übergängen gekennzeichnet. Das Bild ist zweifellos das älteste verdinglichte Medium, das wir kennen.

Bevor ich darauf näher eingehe, will ich ein paar grundsätzliche Bemerkungen zum Medienbegriff machen. Dazu möchte ich, auch um mich vor dem *genius loci* zu verbeugen, drei Wiener Namen aufrufen, Karl Bühler, Karl Popper und Konrad Lorenz. Die beiden letzteren waren Schulkameraden und haben später einen guten Kontakt miteinander gepflegt. In einem Rundfunkgespräch[1] haben sie einmal versucht, Gemeinsamkeiten vor allem aber den wichtigsten Unterschied zwischen Mensch und Tier herauszuarbeiten. Es ist ihnen nicht schlecht gelungen. Von Aristoteles ist bei dieser Gelegenheit nicht die Rede gewesen. Es hätte aber gut sein können, denn von diesem stammt der knappe Spruch: „Anthropos zoon logon echon" – „Der Mensch ist das Lebewesen, das Sprache hat". Selbstverständlich haben auch die Tiere Sprache, sie drücken sich mit ihrer Hilfe aus, sie appellieren, warnen, locken, haben auch eine Körpersprache. Aber nun gehen die Gesprächspartner Lorenz und Popper die Karl Bühlerschen Sprachfunktionen durch: Die Appellfunktion haben Mensch und Tier zweifellos gemeinsam. Die Ausdrucksfunktion ebenfalls, aber wie steht es mit der Darstellungsfunktion?

Auch hier hat Lorenz interessante Beispiele, in denen Tiere mit symbolischen Darstellungen ansatzweise umgehen können. Schimpansen etwa, die auf einen Bildschirm blicken, der ihren eigenen Arm zeigt, wie er durch ein Loch in einer Trennwand nach einer Banane greift. Offensichtlich erkennt der Affe den Arm auf dem Bildschirm als seinen eigenen wieder. Der Schwänzeltanz der Bienen, in denen diese sich Nachrichten wie „Blühender Obstbaum – 300 m NNO" mitteilen, ist ein weiteres Beispiel, damit hört es aber auch auf. So einigt man sich auf folgendes anthropologisches Proprium: Die Darstellungsfunktion, die etwas betrifft, was nicht hier und nicht jetzt der Fall ist, findet sich nur beim Menschen. Diese, sehr nüchtern, klingende Definition hat es in sich. Ganze Welten von Wirklichkeiten, die die menschliche Kultur ausmachen, hängen an dieser Fähigkeit. Hier könnten wir uns auch auf Poppers Drei-Welten-Theorie beziehen. Seine „zweite Welt" besteht aus Propositionen, aus Sätzen. Mir geht es aber nicht nur um die Wörtersprache im engeren Sinn, sondern um eine Erweiterung, wie sie von Ernst Cassirer und seiner Schülerin Susanne Langer mit dem Begriff der „symbolischen Form" vorgeschlagen worden ist. Dieser ist für unser Verständnis von Medien sehr brauchbar. Die Wörtersprache ist nur ein Spezialfall in der Welt der Symbole, freilich ein besonders interessan-

---

1   Dem sogenannten „Altenburger Gespräch", vgl. Karl Popper/Konrad Lorenz, Das Altenburger Gespräch, Piper-Verlag, München, 1985.

ter. Aristoteles müsste also mit Cassirer amplifiziert werden: „Anthropos zoon sema echon" – „Der Mensch ist das Lebewesen, das mit Zeichen umgehen kann".

Nun hat aber Homo sapiens sapiens, das Wesen, das Sprache hat, das darstellen kann und dazu eigene Instrumente, Medien herstellt, die längste Zeit seiner Existenz ohne die Schrift gelebt. Wir kennen Fels- und Höhlenbilder und die weit auseinander driftenden Spekulationen darüber, welchen „Sitz im Leben" und welche Bedeutung sie wohl gehabt haben könnten. Auch hier könnte man in einem erweiterten Sinn von der „Sprache" dieser Bilder reden, die aber von hoher Uneindeutigkeit und von der gesprochenen Sprache weit entfernt wäre. Diese Vorüberlegungen sollen klar machen, was es für einen ungeheuren Qualitätssprung bedeutet, gesprochene Sprache nicht nur mit Bildmedien korrespondieren zu lassen, sondern sie Laut für Laut, Silbe für Silbe, zu fixieren und sie damit aus der Kontingenz des Augenblicks herauszulösen. Ich übergehe einmal die Übergänge und Zwischenstufen, die vom Bild, über Symbole und Bilderschriften zum phonetischen Alphabet beobachtet werden können, das schließlich in der Lage ist, die gesprochene Sprache genau zu fixieren. Wenn dieser Punkt aber einmal erreicht ist, ist damit die Voraussetzung für den großen Medienwechsel geschaffen.

Anthropos sema echon, mit der Fähigkeit einer Interaktion zwischen Drinnen und Draußen, zwischen Ich und der Welt, seinem Gegenüber, ist nun erstmals nicht mehr auf die unmittelbare bildliche Präsenz eines Gegenübers, sei es eine zu ihm „sprechende" Figuration der Natur oder auf eine von ihm selbst gefertigte Zubereitung, also einem Zeichen oder Bild, angewiesen. Das Kultbild oder der Fetisch waren Artefakte, die er mit Kräften und Fähigkeiten „aufgeladen" hatte, die dieses Gegenüber zu einer wie auch immer gearteten Kommunikationspartnerschaft befähigten. Religiöse Vorstellungen machen sich an Kultbildern fest, die magisch aufgeladen, zu Partnern in der Wechselwirkung von Opfer, Gebet und Ritual werden.

In der großen Gründerzeit des Monotheismus verfällt diese Praxis der Kritik. Das Vergessenmachen, das zum Kultbild gehört, wird nicht mehr zugelassen. Wir kennen aus Mesopotamien Ableugnungsrituale, bei denen die Verfertiger von Kultbildern bei deren Inthronisation oder Inkraftsetzung eifrig beteuern mussten, dass sie es keineswegs gewesen seien, denen diese Bilder ihre Existenz verdankten. Wenn die göttliche Seite wirklich göttlich sein soll, dann darf sie sich nicht der Kunstfertigkeit von irgendwelchen Machern verdanken. Im Pygmalion-Mythos treffen wir auf eine sehr schöne Inszenierung jenes blendenden Blitzes, der das Vergessen erzeugt. Ohne ihn kann der Künstler Pygmalion sich ja nicht in sein eigenes Produkt verlieben. Soeben hatte er noch letzte Hand an die Politur der schönen Frauenstatue gelegt, ihr den letzten Schliff gegeben und dann, wie mit einem Kick oder bei einem Kippbild, wird aus dem Objekt seiner Hände das Subjekt eines freilich bloß fingierten Gegenübers.

Viele Künstler sprechen auch heute noch davon, dass beim Malen eines Bildes oder bei dem Herausarbeiten einer Skulptur aus dem Stein plötzlich das

Material „etwas von mir will". Eine fiktive Interaktion zwischen Material und Künstler führt zu einer Art Wechselgesang, einer Art Antiphon, ohne die der Punkt des Vergessens und der Verselbständigung eines Bildes nicht gedacht werden kann.

Genau hier setzt die Kritik am Kultbild ein. Sie wendet sich gegen das strategische Vergessen, indem sie auf der kleinteiligen Beschreibung des Produktionsvorganges besteht, um zu verdeutlichen, dass das Kultbild ein Artefakt und tatsächlich von Menschenhand gemacht war. In diesem Sinn lesen wir die Beschreibung der Arbeitsschritte bei der Verfertigung des goldenen Kalbs in Ex 32. Wir erfahren, woher das Material stammt (goldene Ohrringe). Es ist vom Griffel die Rede und der Skizze, die Aaron macht. Wie dumm, wie verblendet müssen die Kinder Israels doch gewesen sein, wenn es im selben Vers (32,4) heißt: „Da sagten sie, das sind deine Götter, Israel, die dich aus Ägypten herausgeführt haben". Mit ähnlicher Freude am Detail beschreibt Deuterojesaia (44) den Herstellungsprozess von Götterbildern nacheinander aus verschiedenem Material, Holz, Metall etc. Das Insistieren auf der profanen Genese, also auf dem Selbstgemachten, macht den Gedanken: „Ein selbstgemachter Gott ist kein Gott" zum Widerlager der biblischen Aufklärung über Kultbilder.

Wir können uns heute fragen, ob diese biblische Aufklärung denkbar gewesen wäre, wenn nicht ein neues Gottesmedium, nämlich die Schrift, zur Verfügung gestanden hätte, denn mit dem Wegfall des Kultbilds ist nicht die Religion überhaupt verschwunden, es ist nur ein untaugliches Gottesmedium verworfen worden. Jan Assmann[2] spricht von einem Wandel des Mediums, aber es ist mehr als ein Wandel, es ist ein bewusster *Medienwechsel*. Unter der Überschrift „scriptural turn" versuchen die Religionsgeschichtler die Wende vom Kultbild zur Schrift zu fassen. Schon Moses Mendelssohn formuliert: „Mich dünkt, die Veränderung, die in den verschiedenen Zeiten der Kultur mit den Schriftzeichen vorgegangen, habe von jeher an den Revolutionen der menschlichen Erkenntnis überhaupt und insbesondere an den mannigfachen Abänderungen ihrer Meinungen und Begriffe in Religionssachen sehr wichtigen Anteil"[3].

Jan Assmanns „scriptural turn" betont nicht nur den Übergang von der Bilderschrift zur Buchstabenschrift, den schon William Warburton und Giambattista Vico bemerkt hatten, sondern vor allem den Übergang von Mündlichkeit zur Schriftlichkeit[4]. Für die Religionswissenschaft ist der Übergang von Kultreligionen zu Buchreligionen oft auch systematisch besetzt und mit den Begriffen Primär- und Sekundärreligion belegt.

Mir geht es nicht um Klassifizierungen, sondern um die grundsätzlichen Möglichkeiten, die im neuen Medium Schrift enthalten sind. Was ist neu? Was ist anders? Ein Bewusstseinsinhalt, der seine Präsenz ausschließlich der fixierten

---

2 Vgl. *Jan Assmann*. Die mosaische Unterscheidung. 2003. S. 145.
3 Vgl. *Moses Mendelssohn*, Jerusalem, in: Schriften über Religion und Aufklärung, Hg. von Martina Thom, Berlin 1989, 422 f.
4 Vgl. *Jan Assmann*, a.a.o., S. 146.

Sprache im Medium der Schrift verdankt, ist auf seltsame und einzigartige Weise anwesend und abwesend zugleich. In der Schrift entsteht ein eigener ontologischer Modus, eine besondere Art da zu sein. Ein Gegenstand aus einer primären Welt der Natur, wird er durch sein Bild re-präsentiert, unterscheidet sich in seinen Auswirkungen kaum von diesem. Eine appetitliche Frucht kann den Speichelfluss genauso anregen, wie ihre Abbildung. Daher ist die Verwechslung eines Bildes mit dem, was es darstellt, immer eine naheliegende Gefahr. Der Tromp l'Œil-Effekt ist das ganze Vergnügen einer Ästhetik der Mimesis, ein dekonstruktivistisches Spiel von Illusionierung und Entlarvung. Die religiöse Praxis in der Entstehungsphase des biblischen Monotheismus, das magische Aufladen von Fetischen und Kultbildern wird ein Gegenstand aufklärerischer Entlarvung[5]. Das Bedürfnis nach einem belebten Gegenüber, einem Partner für Wechselwirkung und Tausch, für ein illusionäres Einwirken, dort wo die eigene Macht eigentlich schon aufgehört hat, ist offenbar in der menschlichen Natur angelegt, wird aber von der Vernunft durchschaut und entkräftet. Diese Entmächtigung des alten Mediums ist erst möglich, wenn ein neues Medium zur Verfügung steht, das darstellen kann, ohne Anwesenheit zu simulieren und zur Verwechslung einzuladen. Diese Aufklärung, welche die Religionswissenschaft mit der Sekundärreligion in Verbindung bringt und die von Jan Assmann, einem Sigmund Freud'schen und Thomas Mann'schen Sprachgebrauch folgend, als „*Fortschritt der Geistigkeit*"[6] bezeichnet wird, ist in der Tat als Qualitätssprung in der Religionsgeschichte zu verbuchen. Der Gott des alten Israel, die Grundkraft des Universums, der Schöpfer des Alls, ist kein Ding in der Welt, er ist ihr Gegenüber. Diese *ontologische Singularität* drückt sich in seinem „Namen" aus, der kein Name ist, sondern der ausgezogene Endpunkt einer Abstraktionslinie: Ich bin der „Ich bin da" (Ex 3,14). Dieses reine Dasein ist, wenn man es mit dem seienden einzelnen Ding vergleicht, entweder ein Nichts oder das genaue Gegenteil, die *omnitudo realitatis*.

Wenn das reine Dasein der Name ist, sind die Gegensätze von Alles und Nichts zusammengefallen, so jedenfalls leitet Nikolaus Cusanus die ontologische Singularität des biblischen Gottes her. Für diesen ist das neue Gottesmedium, die Buchstabenschrift, das Tetragramm, in dem er sich offenbart, eine ebenfalls einzigartige Möglichkeit, die besondere Art seines Daseins als Anwesend-Abwesender darzustellen. Niemand kommt auf die Idee, den Begriff mit dem, was er bezeichnet, in der gleichen Weise zu verwechseln, wie ein illusionierendes Bild mit seinem Sujet. So ermöglicht die Schrift, unter dem Aspekt von Aufklärung und Nichtverwechselbarkeit betrachtet, tatsächlich einen eindeutigen Qualitätssprung in der Religionsgeschichte.

Die Tora genießt eine dem Kultbild vergleichbare aber dennoch ganz andersartige Verehrung. Zunächst wird sie im kostbaren und mobilen Gefäß der

---

5   Vgl. *Karl-Heinz Kohl*, Die Macht der Dinge, Geschichte und Theorie sakraler Objekte, C.H. Beck Verlag München, 2003.

6   Vgl. *Jan Assmann*, Die mosaische Unterscheidung, München/Wien 2003, S. 163.

Bundeslade aufbewahrt. Dann im Tempel, sonst Ort von Kultbildern. Dieser ist dann als kostbarer Schrein des Vermächtnisses neu konzipiert. Aber nicht der Tempel ist der Ort Gottes, sondern das, was er einhaust, die von Gott selbst geschriebene Schrift[7]. So werden die ersten fünf Bücher der hebräischen Bibel, zu denen später die prophetischen Bücher treten, zum Ort Gottes, zur Heiligen Schrift, die messianische Qualität besitzt.

Die Schrift, in der Gott sich offenbart, gibt ihn dennoch nicht in die Hand der Schriftkundigen. Es ist das Medium selbst, das die Differenz, den Abstand garantiert, den jeder Begriff von dem Gegenstand hat, auf den er sich bezieht. Mit diesem Medium der Differenz kann Gott sich offenbaren, in dem er doch verborgen bleibt und sich entzieht. Theodor W. Adorno spricht in der „Negativen Dialektik"[8] vom nicht-identischen Rest. So weit reicht die Spur der biblischen Aufklärung, die das Modell Offenbarung als Bestreitung das Mysterium installiert.

Der nächste und entscheidende Medienwechsel ist im Neuen Testament mit dem Namen Jesus verbunden. Unnachahmlich und pointiert bringt Johannes ihn in seinem Wort vom „Wort" auf den Punkt, vom Wort, das im Anfang bei Gott war, das Gott selber ist, das schließlich Fleisch geworden ist und unter uns gezeltet hat (Joh 1). Diese Inkarnation, d. h. Fleischwerdung, wird zuerst auf Jesus bezogen. Die lukanischen Kindheitsgeschichten geben die Langfassung in narrativer Form. Jesus ist der Sohn Gottes. Diese Sohnschaft Gottes macht den singulären Rang der Figur Jesus aus, wie ihn das Konzil von Chalcedon später in seiner Lehre von den zwei Naturen Jesu, der göttlichen und menschlichen, die paradoxerweise unvermischt aber auch ungetrennt zusammen gehören, zum Ausdruck bringt. Diese singuläre Stellung kommt Jesus als dem Christus auch deswegen zu, weil er das *erste Beispiel dieses zweiten Medienwechsels* liefert, das erste Beispiel, aber nicht das einzige und nicht das letzte. Was vor dem 14. Vers des Johannesprologs steht, wird gerne überlesen. Es ist nämlich nicht Jesus alleine, der als Ort Gottes ausgerufen wird. Alle nämlich haben die „Macht, Kinder Gottes zu werden, allen, die an seinen Namen glauben, die nicht aus dem Blut, nicht aus dem Willen des Fleisches, nicht aus dem Willen des Mannes, sondern aus Gott geboren sind" (1,13). Um es einfach zu sagen: *der Mensch kann zum Ort Gottes werden.*

Hier gibt es natürlich sofort Klärungsbedarf. Schon das Buch der Entstehung, Genesis, klärt die Stellung des Menschen in der Welt, vor allem, dass er nicht gottgleich ist. Er ist ein Geschöpf Gottes, und er ist aus dem Paradies vertrieben, weil er ein Sünder ist. Die Frucht vom Baum der Erkenntnis, d. h. das Wissen um das, was gut und böse ist, kommt ihm nicht zu. Er machte von seiner Freiheit einen falschen Gebrauch, aber er hatte den Atem Gottes empfangen, einen belebenden Geist, der ihn zum Mitschöpfer machte, zum Adam, der neben dem Schöpfer stand und den Tieren Namen geben durfte.

---

7   Vgl. Ex. 32,16.
8   Vgl. Th. W. Adorno, Negative Dialektik, Frankfurt/M., 1966, 1990.

Der Mensch, das *zoon logon echon*, das Tier das Sprache hat, ist zwischen seine animalische Tierähnlichkeit und seine Gottähnlichkeit eingespannt und setzt sich ins Verhältnis zu Gott und der Welt.

Das Gottesmedium Schrift kann eine naheliegende Phantasie auslösen. Wenn Gott schon unsichtbar und kein Ding in der Welt ist, so kann ich seinen Willen dennoch erfahren, indem ich das entziffere, was er zu meiner Instruktion in die Welt gesetzt, ja sogar mit eigenem Finger in die Tafeln der Bundesurkunde geschrieben hat[9]: Die Schrift. Die Schrift als Platzhalter Gottes muss also studiert und das, was sie vorschreibt, als Weisung befolgt werden.

Das orthodoxe Judentum steht bis heute in dieser Tradition der lebenspraktisch wirksamen Schriftgelehrsamkeit. Die Schrift studieren, auch den Kommentar und den Kommentar zum Kommentar, Mischna, Talmud – diese scharfsinnige Schriftgelehrsamkeit, hat erstaunliche Leistungen vollbracht. Orthodoxe Juden bringen es fertig, in der modernen Welt zu leben und im eifrigen Fortschreiben und Studieren dennoch die Gültigkeit der Tora lebensförmig zu halten. Jakob Neusner, der Rabbiner, auf den sich Benedikt XVI. in seinem Jesusbuch bezogen hat, verdeutlicht in seiner Replik „Einzigartig in 2000 Jahren"[10] seinen Standpunkt noch einmal mit wünschenswerter Klarheit: „Wir hingegen halten dafür, dass die Tora vollkommen war und ist, über jegliche Verbesserung erhaben, und dass das Judentum, das auf der Tora und den Propheten und den Schriften gründet, sowie auf den ursprünglich mündlich überlieferten Teil der Tora, die in der Mischna, im Talmud und im Midrasch niedergeschrieben sind, Gottes Wille für die Menschheit war, ist und bleibt". Das Judentum vollführt, wie George Steiner einmal formuliert hat, einen „Tanz des Wortes vor der halb geöffneten und halb geschlossenen Bundeslade des Wortes"[11].

Jesus ist nicht nur im Blick des Johannesevangeliums das große Beispiel eines Medienwechsels von der Inlibration[12] zur Inkarnation, von der Schrift zum Menschen selbst. Er propagiert und inszeniert ihn auch in seinen Streitgesprächen und Beispielen, die er in der Auseinandersetzung mit den Schriftgelehrten vorführt. Oft redet er selbst wie ein solcher. „*Kein Jota soll von Gesetz und Propheten weggenommen werden*" (*Mt. 5,18*), aber „*wenn eure Gerechtigkeit nicht weit größer ist als die der Schriftgelehrten und Pharisäer, werdet ihr nicht in das Himmelreich kommen*" (*5,20*). Er respektiert die Tora, will sie aber überbietend zur Vollendung führen.

Wenn der Medienwechsel von der Inlibration zur Inkarnation, vom Konzept der Schrift als Ort Gottes zum Konzept des Menschen als Ort Gottes gelin-

---

9   Vgl. auch Ex. 31,18.

10   *Jacob Neusner*, Einzigartig in 2000 Jahren. Die neue Wende im jüdisch-christlichen Dialog. In: Thomas Söding (Hg.), Ein Weg zu Jesus. Schlüssel zu einem tieferen Verständnis des Papstbuches, Freiburg i.Br. S. 71-87.

11   Vgl. *George Steiner*, Von realer Gegenwart, München 1991, S. 62.

12   Der Begriff „Inlibration" ist von Wolfensohn als Qualifizierung des Koran eingeführt worden, der hier außer Betracht bleibt.

gen soll, hängt alles davon ab, ob der Übergang vom paradigmatisch fleischgewordenen Wort Jesus zu allen anderen Menschen gelingt. Das Ereignis einer Inkarnation, die mit 33 Jahren Lebenszeit eine höchst überschaubare Episode geblieben wäre, verlangt nach Übertragung und Verlängerung.

Die dogmatische Entwicklung der Konzilien und des Selbstverständnisses der Kirche, jedenfalls der katholischen und der orthodoxen Kirche, ist dem Problem gewidmet, das sich im Johannesevangelium im Wort vom „bleiben" manifestiert. Wenn in Jesus sich die Möglichkeit offenbart, dass Gott in seinem Sohn und in seinen Kindern wohnen kann, dass das Wort Fleisch werden konnte, dann ist es eine buchstäbliche Überlebensfrage der Kirche, wie aus einer Episode von 33 Jahren ein fortdauerndes *bleibendes*, ja überzeitliches Heilsereignis universaler Natur werden kann.

Es ist die eucharistische Tradition, die das endgültige Medium der Inkarnation und eine sakramentale Semantik entwickelt. Der Leib Christi, der sich mit dem Leib der anderen Kinder Gottes, die seiner Spur folgen wollen, in der Kommunion vereinigt, eröffnet die Möglichkeit einer fortdauernden Anwesenheit des Christus, der nicht im Tod geblieben, sondern auferweckt worden ist. Jesus selbst hat im Rückgriff auf die Exodustradition das ungesäuerte Brot und den Wein, den die Kinder Israels zur Erinnerung an die Befreiung aus dem Sklavenhaus alljährlich am Sederabend konsumieren, in einer zweiten Semantisierung mit einem starken neuen Sinn versehen. Indem er sich mit dem Brot der Freiheit identifiziert, gibt er den Zwölfen, welche die zwölf Stämme Israels repräsentieren, zu verstehen, dass er *bleiben* wird. Er wird bleiben in dem Zeichen des ungesäuerten Brotes und des Weines, in dem Gedächtnismahl, in dem die Christen seine Gegenwart aufrufen, ihn nicht nur symbolisch anwesend sein lassen, ihn vielmehr in der Kommunion sich einverleiben, um mit ihm eins zu werden.

Übrigens konnte nur wegen dieses Medienwechsels von der Schrift zum Fleisch, zur Inkarnation, die alle umfasst, die das wollen, das Christentum in der Neuzeit überhaupt die wissenschaftliche, historisierende und dekonstruierende Kritik an seiner Heiligen Schrift überstehen. Das Neue Testament als Dokument der frühen Kirche, zusammen mit anderen Traditionen, die in der Väterzeit wirksam waren, wie überhaupt mit Vielem, was in der Geschichte der Kirche an neuen Aspekten anreichernd hinzugekommen ist, ist nicht mehr auf Buchstäblichkeit eines im emphatischen Sinn beiliegenden Textes angewiesen. Nach wie vor haben die Schriften des Alten und Neuen Testaments eine wichtige Bedeutung als Referenztexte. Die Exegese wendet eine beispielhafte Sorgfalt auf, um den Text sowohl in seinen Abkünftigkeiten wie auch in seinen historischen Relationen zu verstehen und immer neu zu deuten. So ist also die Bibel aus der Sicht der Christen nach wie vor ein ehrwürdiges, wenn man so will, auch heiliges Dokument, sie ist aber spätestens seit der deutlichen Schriftkritik Jesu, nicht mehr in der Weise Ort Gottes, wie die Tora es war. Der Text der Schrift ist sekundär. Er ist nur insofern heilig, als er das kanonische Dokument und Zeugnis für die Menschwerdung Gottes ist. Ich wiederhole: nur dieser *Medienwechsel von der Schrift zur Inkarnation* hat das Christentum modernisierungsfähig gemacht[13]. Christliche Theologie ist heute wie immer in ihrer Geschichte bestrebt, die Standards der „natürlichen Vernunft", wie das Vaticanum I sie nennt, mit den Botschaften der Bibel zu vermitteln. *Fides et ratio, fides quaerens intellectum*, das sind gerade in der katholischen Kirche unbestrittene Wege, die an Attraktivität gewinnen, je größer die Herausforderungen der modernen Philosophie und Naturwissenschaft werden. Auch die umkehrbar eindeutige Zuordnung der biblischen Tradition zu einer ganz bestimmten, nämlich der neoscholastischen Philosophie, ist Episode geworden. Dass es in der Regel nur sehr unvollkommen gelingt, die verlebendigende Kraft des inkarnierten Logos zur Geltung zu bringen, und dass es möglicherweise einfacher ist, die Bibel im selben Sinn als heiligen Text zu lesen, wie es in manchen fundamentalistischen Randgebieten des Christentums immer noch der Fall ist, steht auf einem anderen Blatt.

In einem letzten Gedankengang möchte ich zum Bild, dem entthronten, aber seltsam persistierenden Gottesmedium, etwas sagen.

Die Lehrperformance von der Zermalmung des Kultbildes, des Kalbes, das sich die Kinder Israels aus ihren eigenen Ohrringen gefertigt hatten, liefert eine sehr gute Erläuterung des zweiten der Zehn Gebote. Sie liefert die Aitiologie des Bilderverbots. Wer die Mediengeschichte des Monotheismus als Fortschrittsgeschichte beschreibt, und wer um die Bedeutung der Religionskritik im alten Israel weiß, müsste eigentlich das Medium Bild für erledigt halten. Zu sehr steht es für den überwundenen Polytheismus. Wenn ein selbstgemachter Gott durch die Einsicht in die Bedingungen seiner Herstellung und die Nichtigkeit seiner Existenz erledigt ist, dann ist die einzig denkbare Alternative zu den selbst gemachten Göttern, der Gott, der sich offenbart, der also seine Existenz sich selbst und nicht den Wünschen, Sehnsüchten und Machenschaften der Menschen verdankt.

Wie offenbart er sich? Er offenbart sich als einer, der nicht verwechselt werden will[14]. Seine Andersheit (Alterität) sichert er durch die Indices von Entzug und Verhüllung, die in allen Offenbarungsgeschichten vorkommen. Die Wolke, in der die Herrlichkeit des Herrn sich auf den Sinai niederlässt oder vor den Israeliten leuchtend herzieht, ist Offenbarung und Verhüllung zugleich[15]. Regelmäßig sind es Paradoxa, die die Offenbarungsereignisse begleiten. Der Dornbusch brennt und verbrennt nicht (Ex. 3,2). Während Mose in den Fels-

---

13   Es ist eine besondere Tragik des protestantischen „Sola-scriptura-Weges", dass der frühneuzeitliche Kult um das Wort zu einer eifrigen Exegese geführt hat, welche schließlich die Kraft einer Heiligen Schrift als Wort Gottes hat zerbröseln lassen. Die historischkritische Exegese, die ihren Ursprung in der evangelischen Theologie hat, verdient die Bewunderung der Gelehrten, hat aber die Kirchen geleert. Der Protestantismus blüht freilich dort, wo er unter Missachtung wissenschaftlicher Standards evangelikal und fundamentalistisch unterwegs ist.

14   Vgl. Thomas Ruster, Der verwechselbare Gott, Freiburg 2000.

15   David Gans, Die Wolke als Medium, in: Thomas Lentes (Hg.) Ästhetik des Unsichtbaren. Bildtheorie und Bildgebrauch in der Vormoderne, S. 171-195.

spalt gestellt wird, zieht die Herrlichkeit des Herrn an ihm vorbei, während dieser ihm auch noch die Hand vor die Augen hält und ihm schließlich seinen Rücken zeigt (Ex. 33,21-23). In Joh. 1,18 kann es heißen: „Keiner hat Gott je gesehen". In der Kunst der Erzähler liegt es, die Anwesenheit Gottes auf eine Weise vorzustellen, die diesen Index des Entzugs, *die Offenbarung als Bestreitung*[16] deutlich macht. Wenn Gott kein Ding in der Welt ist, vielmehr der Schöpfer der Welt, der Hintergrund des Seins, dann ist er ein semantischer Sonderfall, der die Menschen, deren Sprache nur dafür gemacht scheint, über Dinge in der Welt zu reden, vor ein besonderes Problem stellt. Wer von Gott nicht schweigen will, muss ihm auf eine Weise zu seiner Präsenz in der Welt verhelfen, die seine Andersartigkeit oder Alterität deutlich markiert. Diese Alteritätsmarkierung, so kennzeichnend sie für die religionsgeschichtliche Supernova ist, die der Monotheismus darstellt, ragt in ihrer sakralen Semantik weit über die Grenzen der biblischen Religion hinaus. *Alterität erzeugt Sakralität.* Zwar finden wir in der Szene vom brennenden und nicht verbrennenden Dornbusch geradezu prototypisch die Ausweisung des heiligen Bodens, auf dem Mose seine Schuhe ausziehen soll, im Kontext einer genuin biblischen Offenbarung.

Es gibt einen Einwand: Den ausgegrenzten Temenos gibt es auch pagan in nahezu allen Religionen.

Dieser Einwand ist sehr ernst zu nehmen. In der Geschichte des Monotheismus, von der prophetischen Kritik an der Opferpraxis von Böcken und Stieren, über die nach Reinheit und Perfektion strebenden Ketzer-Katharer-Bewegungen des Mittelalters, zuletzt noch in der Theologie des 20. Jahrhunderts bei Karl Barth und Dietrich Bonhoeffer, gibt es eine kultkritische, purifizierende gegen alle religiösen Objektivationen, mit denen sich der reine Glauben kontaminiert, streng kritische Tradition. Daher ist die Frage wichtig: gibt es ein Unterscheidungskriterium zwischen biblischer Alteritätsmarkierung und heidnischer Sakralität?

Ich möchte eines zur Diskussion stellen und dafür den Begriff der Privation vorschlagen. Privatio wäre das Element von Entzug, das in allen biblischen Offenbarungsgeschichten vorkommt. Ich nenne es die *„eschatologische Vorenthaltung"*. Die Epiphanien paganer Gottheiten werden in den Geschichten und Mythen, die von ihnen erzählen, immer als vollkommen geglückte Anwesenheiten gesehen. Die Götter kommen zu Besuch. Wenn wir etwa die Szene betrachten, in der uns das Urteil des París vor Augen gestellt wird, dann will uns der Mythos glauben machen, dass die drei schönen Frauengestalten wirklich solche aus Fleisch und Blut waren. In vielen der griechischen Götterepiphanien lebt die Geschichte von einer Verwechslungspointe: Der Gott oder die Göttin nimmt die Gestalt eines existierenden Menschen an. Regelmäßig erscheint in

---

16 Mit dieser Formel kann der Kerngedanke einer privativen negativen Theologie auf den Punkt gebracht werden. Vgl. E. Nordhofen, Zeitschrift für Didaktik der Philosophie, 1/Febr. 1993, S. 47. Zum Aspekt der Bestreitung. Vgl.: „Die Zukunft des Monotheismus", in Merkur 605/605, Sept./Okt. 1999, S. 828-846, auch Hans-Joachim Höhn, „Der fremde Gott", Würzburg 2008.

Homers „Odyssee" Athene ihrem Schützling Odysseus in Gestalt von normalen Menschen, z. B. Mentor. Das Kleist'sche Lustspiel Amphytrion funktioniert
nur aufgrund der Verwechselung zwischen Zeus und dem Titelhelden sowie
zwischen Hermes und Sosias. Wenn wir ein Gemälde, welches das Urteil des
Paris mit den drei Göttinnen zeigt, mit Raphaels berühmter Transfiguration
vergleichen, das die Szene auf dem Berg Tabor inszeniert, wird uns der Unterschied klar. Schon die Erzählung, die Raphael zugrunde legt, spricht Alte-
ritätsmarkierungen an. Was Verklärung bedeutet, erfahren wir durch die Beschreibung optischer Phänomene im Text Mk 9,2: „Und er wurde vor ihren
Augen verwandelt; seine Kleider wurden strahlend weiß, so weiß, wie sie auf
Erden kein Bleicher machen kann" (Vorenthaltung), ein Weiß, das die norma-
le irdische Seherfahrung überstrahlt. Es ist eine privative Verneinung, mit der
sprachlich die Alterität markiert wird. Im Vers 7 begegnet uns wieder die schon
vom Sinai her wohlbekannte Wolke, ein Medium, das zugleich etwas zu sehen
gibt, aber auch verhüllen kann. Aus ihr ertönt die legitimierende Stimme: „Das
ist mein geliebter Sohn; auf ihn sollt ihr hören". In der Mt-Parallele heißt es in
17,2 „und er wurde vor ihren Augen verwandelt; sein Gesicht leuchtete wie die
Sonne, und seine Kleider wurden blendend weiß wie das Licht." Ein Weiß, das
blendet, kann man nicht anschauen, in die Sonne kann man nicht schauen. Es
ist die Grenzerfahrung des Sehens, die hier als Alteritätsmarkierung überdeut-
lich und treffend narrativ gelingt. Die Wolke, die bei Markus einen Schatten
wirft, tut das auch bei Matthäus, aber gleichzeitig leuchtet sie. Bei Licht bese-
hen, ein eindeutiges Paradoxon. Überall da, wo im Neuen Testament die Alterität Gottes durch visuelle Erscheinungen narrativ ins Spiel gebracht wird, sind
diese Epiphanien unterschieden von paganen Epiphanien. Während diese die
Verwechselung geradezu anstreben, sollen jene durch privative Markierung von
Alterität gegen Verwechslung gesichert werden.

So wäre also die *privative Alteritätsmarkierung* tatsächlich ein Kriterium, das in
der monotheistischen Evolution zunächst narrativ auftritt. Die Bilder der Bibel
sind noch nicht gemalt, aber doch erzählt.

Eine faszinierende Szene ist die, in der Magdalena dem Auferstandenen begegnet (Joh 20,11-25). Diese Begegnung steht auf eindrucksvolle Weise in der
Tradition des zweiten der Zehn Gebote, des Bilderverbots. Patrick Roth, der
in Amerika lebende deutsche Schriftsteller, hat in seiner Novelle „Magdalena
am Grab"[17] eine Entdeckung dramatisiert und daraus eine haarsträubende Geschichte gemacht. Diese Entdeckung verdankt sich einer genauen Lektüre des
biblischen Textes. Nachdem Maria aus Magdala in die Grabkammer geschaut
und den Leichnam vermisst hatte, wendet sie sich um und erblickt die Gestalt,
die sie zunächst für den Gärtner hält. Jesus fragt sie: „Frau, warum weinst Du?
Wen suchst Du?" Sie fragt den vermeintlichen Gärtner nach dem Leichnam.
Jesus spricht sie mit ihrem Namen an: „Maria!" Und dann übersetzt die Ein-
heitsübersetzung falsch: „Da wandte sie sich ihm zu und sagte auf Hebräisch

---

17   Vgl. Patrick Roth, Magdalena am Grab, Frankfurt/M., 2006.

zu ihm Rabbuni". Im griechischen Text heißt es „strapheisa", das ist ein Aorist und bedeutet wörtlich übersetzt, „sich umgewandt habend". „Zuwenden" ist auch aus erzähllogischen Gründen unsinnig, denn Maria spricht schon die ganze Zeit mit der Gestalt, ist ihr also zugewandt. Wenn sie sich nun ein zweites Mal wendet und sie ihm schon zugewandt ist, kann es sich nur um ein Abwenden handeln. Warum aber sollte Maria sich abwenden? Die Antwort liegt in der Anrede „Rabbuni", ein Ausdruck, den Johannes selbst für erläuterungsbedürftig hält: „Ho legetai didaskale", „was heißt Meister/Lehrer". Wie Ansgar Wucherpfennig herausgefunden und mir mündlich mitgeteilt hat, ist aber in „Rabbuni" mehr enthalten. Es bedeutet bei den Targumen „Herr der Welten".

Maria hat unter dem Kreuz gestanden, den Tod Jesu miterlebt und ihn nun wiedererkannt. Er hat sie mit ihrem Namen gerufen und nun weiß sie in dieser Sekunde, wer er ist. Wir sind im Johannesevangelium, in dessen Prolog wir schon erfahren haben, wer Jesus ist. Der letzte Satz des Prologs (1,18) lautet: „Niemand hat Gott je gesehen. Der einzige, der Gott ist und am Herzen des Vaters ruht, er hat Kunde gebracht". Von hier aus erschließt sich, was es bedeutet, wenn Maria sich abwendet. Dieses Abwenden ist motiviert durch die blitzartige Einsicht, wer der Auferstandene wirklich ist: Rabbuni, der Herr der Welten. So wendet sie sich ehrfürchtig und erschüttert ab. Luther übersetzt übrigens korrekt. Er redet nicht interpolierend von einer Zuwendung: „Spricht Jesus zu ihr: Maria! Da wandte sie sich um und spricht zu ihm ‚Rabbuni'".

Zum Schluss möchte ich in einem großen Sprung über die spannenden Jahrhunderte des Bilderstreits nur noch eine Bemerkung zum Konzil von Frankfurt im Jahre 794 machen, in dem die Libri Carolini, die Theodulph von Orleans verfasst hat und für die Karl der Große als Autor figuriert, den maßgeblichen Text darstellen. Die Karolinger wenden sich gegen das zweite Konzil von Nicäa, das im Jahr 787 stattgefunden hatte. Hans Georg Thümmel[18] hat überzeugend dargelegt, dass die immer wieder vorgetragene Bewertung des Konzils korrigiert werden muss. Demnach soll die Ablehnung der Karolinger auf einem Missverständnis beruhen. Es geht um Bilder, ob sie verehrt oder angebetet werden dürfen. *Proskynesis* und *latreia*, zwei Ausdrücke, die im griechischen Horos, dem Schlussprotokoll von Nikaia, den Unterschied zwischen Verehrung und Anbetung markieren, werden beide Male undifferenziert mit *adorare* übersetzt. Thümmel zeigt in philologischem Detail, dass die Karolinger, die in der Tat eine verderbte Übersetzung vorliegen hatten, dennoch gewusst haben, was in Nikaia beschlossen wurde. Es geht um die bis heute in der Orthodoxie gültige quasi-sakramentale Auffassung von einer Gottespräsenz im Bild.

Für meine Grobskizze einer Mediengeschichte des Monotheismus als einer Geschichte von Medienwechseln ist charakteristisch, dass jeder Medienwechsel, der vom Kultbild zur Schrift und der von der Schrift zur Inkarnation, keineswegs bedeutet, dass das alte Vorgängermedium verschwindet. Dies scheint freilich beim ersten großen Medienwechsel durch das Bilderverbot zunächst der

---

18   Vgl. Hans Josef Thümmel, Konziliengeschichte, Paderborn 2005.

Fall zu sein. Die Schrift sollte das Bild vollständig ersetzen. Dies ist beim zweiten Medienwechsel anders. Die Schrift soll bleiben, kein Jota von ihr weggenommen werden, aber auch die Inkarnation soll bleiben. Ja, sie ermöglicht erst das Bleiben. Das von Jesus selbst dafür installierte Medium ist, wie wir gesehen haben, die Eucharistie. Im ersten Jahrtausend der Geschichte des Christentums wird nach vielen Kämpfen das Bild wieder im religiösen Kontext Einzug halten. Dabei ist eine Unterscheidung wichtig. Es gibt Bilder, die tatsächlich so etwas wie ein Gottesmedium sein wollen. Hans Belting hat dieser Thematik mit seiner Monografie „Das echte Bild" (2006) eine ausführliche Untersuchung gewidmet.

Es sind *acheiropoieta*, Bilder, die nicht von Menschenhand gemacht, d. h. nicht selbst gemacht sind[19]. Sie sind letztlich Taten Gottes selbst. Die Rede ist vom Abgar-Bild von Edessa, vom Mandylion, von der Legende der Vera Icon. Zu erwähnen wäre auch das Turiner Grabtuch und neuerdings das das von dem Journalisten Paul Badde lancierte „echte" Christusbild von Manoppello. Diese Bilder wollen das Bedürfnis, nach dem im Johannesevangelium so zentralen Gedanken des Bleibens bedienen. Wenigstens auf bildliche Weise bliebe Christus unter uns. Von solchen Bildern, in deren Umkreis auch alle wundertätigen Bilder gehören, die mit göttlicher Präsenz gleichsam aufgeladen sind, sind die narrativen Bilder zu unterscheiden. Den *locus classicus* liefert Gregor der Große, der den Bildern eine religionspädagogische Bedeutung vor allem für die Illiteraten zubilligte. Gregor nimmt in zwei Briefen gegen die Zerstörung von Bildern durch Serenus von Marseille Stellung. Im zweiten heißt es: „… etwas anderes nämlich ist es, ein Bild zu verehren (adorare), und etwas anders, durch das auf dem Bild Dargestellte zu lernen, was zu verehren (adorandum) sei. Denn was den des Lesens Kundigen die Schrift, das bietet den schauenden Einfältigen das Bild, denn in ihm sehen die Unwissenden, was sie befolgen sollen, in ihm lesen die Analphabeten"[20]. Diese lateinische Bildtradition wollen 794 die Libri Carolini stärken. Dass Papst Hadrian aus dem Versuch Karls, sich gegen das östliche Kaisertum mit seinem Konzil in Nikaia zu positionieren, nichts machte, sondern die Konzilsakten ins Archiv legte, ändert nichts daran, dass sich diese lateinische Bildtradition im Westen durchsetzte. Ich erwähne Frankfurt nur deshalb, weil wir an der Frömmigkeitspraxis der Karolinger ablesen können, dass es so etwas gibt wie eine Medienkonkurrenz, mindestens einen Kompensationseffekt. In dem Maße nämlich, wie die Bilder als aufgeladene Medien der Gottespräsenz gleichsam tiefer gehängt werden und zu religionspädagogischen Hilfen für die Analphabeten werden, werden die genuin inkarnatorischen Gottesmedien wieder aufgewertet. Nur im Westen entwickelt sich der über die Eucharistiefeier hinausreichende Kult eines Bleibens im Zusammenhang mit der Eucharistie. Das in den Leib Christi verwandelte Brot wird nämlich aufbewahrt. Es werden kostbare Ziborien und Tabernakel für es errichtet. Nur im

---

19 Vgl. Hans Belting, Das echte Bild, 2006.
20 Vgl. C.C. ser. Lat. L. at. 1440 A E p. XI 10,17-26.

Westen entstehen Legenden wie die von der Gregorsmesse und vom Wunder von Bolsena, nur hier entsteht das Fronleichnamsfest, nur hier entstehen kostbare Sakramentshäuser und Monstranzen. Zwar gibt es auch im Osten Reliquien, es handelt sich aber, wie z. B. bei der Kreuzreliquie, oftmals eher um kostbare Souvenirs oder Brandea, d. h. Berührungsreliquien, und weniger um Knochen. Die Knochenreliquien spielen speziell bei Karl dem Großen selber, der von einer wunderbaren Erhebung der Gebeine in Aachen beeindruckt war, eine zunehmende Rolle.

Wenn man den Kerngedanken des Monotheismus und der biblischen Aufklärung festhalten will, gibt es eine berechtigte Kritik am Reliquienwesen. Wenn es richtig ist, dass ein selbstgemachter Gott kein Gott ist, sondern ein Nichts, dann sind auch alle Erschleichungsstrategien inakzeptabel, bei denen magische Praktiken eine Rolle spielen. Magie ist der Versuch, die andere, die göttliche Seite der eigenen Manipulation zuzuführen. Hiervon wäre eine Theologie der Reliquien zu unterscheiden, die in der inkarnatorischen Tradition als eine Theologie des Leibes auftritt. Für Christen ist der Leib ein „Tempel Gottes"[21]. Das, was von einem Heiligen an sterblichen Überresten zurück bleibt zu verehren, inszeniert in abgeleiteter Weise das Mysterium der Inkarnation.

Wer die Religionsgeschichte des Monotheismus als eine Abfolge von Medienwechseln erzählt, vertritt damit eine Evolutionsthese. In gewisser Weise ist die Inkarnation, also die Präsenz Gottes im Menschenfleisch, wie wir sie bei Jesus paradigmatisch antreffen, nicht zu überbieten. Jedenfalls aus christlicher Sicht nicht und aus dieser Sicht ist natürlich die Rückkehr zu einem Konzept der Gottespräsenz in einem Text, wie sie im Islam vorliegt, ein Rückfall. Andererseits ist festzuhalten, dass mit dem Glauben an die Möglichkeit einer Gottespräsenz im Menschenfleisch, die ja vor allem auch auf die praktische Imitatio Christi abzielt, die anderen Hilfsmedien nicht verschwinden. Nach wie vor behauptet auch im Christentum die Schrift ihren Platz, nach wie vor auch die narrative Bildlichkeit, in der Orthodoxie und in Wunderbildern des Westens auch das Konzept einer Gottespräsenz im Bild.

---

21   Vgl.: 1 Kor 6,19: „Oder wisst ihr nicht, dass euer Leib ein Tempel des Heiligen Geistes ist…?"

Reinhold Esterbauer

„Stütze der Welt"
Zur Interpretation von Ebenbildlichkeit bei Emmanuel Levinas

Gewisse Bilder prägen sich einem ein. Dazu zählen Ansichten über einzelne Personen und Vorstellungen von Menschen. „Menschenbilder" sind freilich nicht nur bloße Erinnerungsbilder, sondern können mitunter sogar verhängnisvoll sein, wenn sie falsche Urteile bewirken oder Unrecht verursachen. Auf solche fatale Festlegungen weist Emmanuel Levinas hin. Dabei kommt er auf den biblischen Begriff der Gottebenbildlichkeit zu sprechen und zeigt dessen Zwiespältigkeit auf. Wenn jemand den Menschen als Gottes Ebenbild versteht, kann er die Begriffe sowohl des Menschen als auch Gottes vereinnahmen, um sie für eigene Zwecke zu instrumentalisieren und zu missbrauchen. Mit seiner Neufassung dieses biblischen Ausdrucks versucht Levinas hingegen, den verhängnisvollen Entwürfen einen unbestreitbar humanen entgegenzustellen, der den Menschen als Verantwortung tragendes Subjekt fasst. Es geht ihm darum, – wie es in der ersten Strophe des Gedichts „Die Zahlen" von Paul Celan heißt – dem „Verhängnis" der Bilder ein „Gegen-Verhängnis"[1] gegenüberzusetzen und das Subjekt von der Bibel her, aber mit philosophischen Argumenten besser zu begreifen.

Im Folgenden zeichne ich Levinas' Verständnis von Ebenbildlichkeit nach. Dazu gehe ich vom biblischen Wortgebrauch aus und analysiere einzelne Aspekte von Levinas' philosophischer Deutung dieses zunächst theologischen Ausdrucks. Dabei wird sich zeigen, dass er sowohl ontologische als auch ästhetische Bildauslegungen hinter sich lässt und eine ethische Auffassung von Gottebenbildlichkeit vertritt, die dazu zwingt, personale Relation neu zu denken.

1. Ebenbild als philosophischer Begriff

Das hebräische Wort für Ebenbild Gottes und für Götzenbild ist dasselbe. *tselem* ist nicht nur der Ausdruck für den Menschen als Bild Gottes wie in der Schöpfungsgeschichte (Gen 1,26) oder in der Perikope über Gottes Bund mit Noach (Gen 9,6), sondern auch für die Bilder Baals (2 Kön 11,18; vgl. 2 Chr 23,17) oder die Götzenbilder aus Gold- und Silberschmuck (Ez 7,20), mit de-

---

1   Celan, Paul: Die Zahlen, in: ders.: Die Gedichte. Kommentierte Gesamtausgabe in einem Band. Hg. u. kommentiert von Barbara Wiedemann, Frankfurt/M.: Suhrkamp 2005 (= st 3665), 176.

nen man Unzucht treibt (Ez 16,17).[2] Wegen seiner nicht wertenden, sondern neutralen Bedeutung kann *tselem* nicht bloß den Menschen als Bild Gottes in der Welt meinen, sondern auch ein Stück Holz als Bild beschreiben, das man für Gott selbst hält und fälschlicherweise verehrt.

Diese semantische Offenheit, die der Begriff im Hebräischen besitzt, wird allerdings durch religiöse Traditionsbildung eingeschränkt. Ging es um die Ausarbeitung einer theologischen Anthropologie oder gar einer Christologie, haben Judentum und Christentum naturgemäß getrennte Wege eingeschlagen. Eine gemeinsame Begriffsverwendung ist schon deshalb beinahe unmöglich geworden, weil „Ebenbild" in neutestamentlichen Texten – übersetzt mit dem griechischen *eikon* – nicht nur auf den Menschen, sondern auch auf Jesus Christus appliziert wurde. Zwar gibt es nach wie vor die Verwendung des Begriffs „Ebenbild" in Bezug auf den Menschen. Dieser aber wird sowohl als Bild Gottes (Kol 3,10)[3] als auch als Bild Jesu Christi (Röm 8,29)[4] vorgestellt. Darüber hinaus kann Jesus Christus selbst als Bild Gottes (Kol 1,15; 2 Kor 4,4) bezeichnet werden.[5]

Emmanuel Levinas, der sich aus jüdischer Sicht auch mit christologischen Themen wie mit der Vorstellung des Gott-Menschen und mit der Kenose beschäftigt[6] und dessen Denken auf die christlich-theologische Anthropologie und Christologie wachsenden Einfluss ausübt,[7] lehnt in Bezug auf die Frage

---

2 Vgl. Stendebach, Franz Josef: Art. *tselem*, in: ThWAT 6 (1989) 1046-1055, bes. 1050-1055.

3 Vgl. 1 Kor 11,7, wo dies nur für den Mann ausgesagt ist.

4 Vgl. Jak 3,9, wo mit dem Begriff *homoiosis* operiert wird.

5 Innerhalb des Christentums diente der Begriff „Gottebenbildlichkeit" in der Folge teilweise zu konfessionstrennenden systematisch-theologischen Differenzierungen. Dogmatische Begriffsverwendung unterscheidet seit der Scholastik nämlich zwischen *imago* und *similitudo*, eine Unterscheidung, die erstmals Irenäus von Lyon – allerdings mit anderer Ausrichtung – getroffen hat. Während nach katholischer Lehre mit der Sünde zwar die *similitudo* verloren gegangen, der Mensch aber *imago Dei* geblieben ist, interpretiert Luther die Gottebenbildlichkeit nicht ontologisch, sondern primär relational. Demnach hat der Mensch als Sünder bzw. Sünderin die Gottebenbildlichkeit gänzlich verloren. (Vgl. Scheffczyk, Leo: Gottebenbildlichkeit. III. Theologie- und dogmengeschichtlich. IV. Systematisch-theologisch, in: LThK³ 4 [1995] 874-876)

6 Vgl. Levinas, Emmanuel: Menschwerdung Gottes?, in: ders.: Zwischen uns. Versuche über das Denken an den Anderen. Aus d. Franz. v. Frank Miething, München: Hanser 1995 (= Edition Akzente), 73-82. Franz.: Levinas, Emmanuel, Un Dieu Homme?, in: ders.: Entre nous. Essais sur le penser-à-l'autre, Paris : Grasset, 69-76. Vgl. auch: Levinas, Emmanuel: Judaïsme et Kénose, in: ders.: À l'heure des nations, Paris: Les Éditions de Minuit 1988, 133-151. Siehe dazu: Poorthuis, Marcel: „Gott steigt herab". Levinas über Kenose und Inkarnation, in: Miething, Frank / von Wolzogen, Christoph (Hg.): Après vous. Denkbuch für Emmanuel Levinas. 1906–1995, Frankfurt/M.: Neue Kritik 2006, 196-212.

7 Für die franz. Theologie siehe: Labbé, Yves: La réception théologique de la philosophie de Lévinas, in: RevSR 79 (2005) 193-217. Im deutschsprachigen Bereich siehe vor allem die Arbeiten von Bernhard Casper, Josef Wohlmuth, Thomas Freyer und Erwin Dirscherl.

nach der Gottebenbildlichkeit die christliche Vorstellung von der Inkarnation ab.[8] Er geht vielmehr von der jüdischen Bibel aus und bezieht sich vor allem auf Gen 1,26f., also auf eine Stelle, die den *Menschen* als Ebenbild Gottes ausweist.

Wird der Mensch als Gottes Ebenbild in den Blick genommen, gilt es anthropologisch weiterzufragen, worin die Ebenbildlichkeit des Menschen konkret besteht. Im Laufe der Philosophie- und Theologiegeschichte ist eine Vielzahl unterschiedlicher Charakteristika genannt worden, die den Menschen zum Abbild Gottes machen sollen. Von der Vernunft über die Freiheit und das Bewusstsein bis zur Verletzlichkeit des Leibes wurden Bestimmungen gesucht,[9] die den Menschen aus der übrigen Schöpfung hervorheben, ihm besondere Würde verleihen und ihn so zum Ebenbild Gottes machen. Die jüngere Diskussion über die Menschenwürde, die in bio- und medizinethischen Kontexten philosophisch ohne Rekurs auf die Ebenbildlichkeit geführt wird, greift nicht nur auf deren säkulares Pendant der Menschenwürde zurück, sondern firmiert auch unter dem Stichwort „Humanismus". Heideggers Versuch, 1946 mit seinem „Humanismusbrief"[10] eine Neubestimmung des Menschen vorzunehmen, die die Bestimmung des *animal rationale* hinter sich lässt, und Peter Sloterdijks heftige Kritik daran, die den gegenwärtigen Naturalismus mit ins Kalkül zieht,[11] zeigen, wie virulent die Frage nach der Selbstbestimmung des Menschen und das Problem des Humanismus nach wie vor sind. Freilich ist dieser Humanismus einer, der nicht mehr auf die Ebenbildlichkeit des Menschen zurückgreift, sondern unabhängig von den biblischen Grundlagen argumentiert.

Auch Levinas geht es um einen Humanismus, allerdings ohne dass er auf den Ausdruck „Ebenbild" verzichtet. Sein Humanismus nimmt nicht vom Ich seinen Ausgangspunkt, sondern vom anderen Menschen, der dem Ich in seinem Antlitz begegnet. In einem solchen „Humanismus des anderen Menschen"[12] liegt die Menschlichkeit des Ich nicht in dessen Bewusstsein oder in anderen Vermögen, sondern in seiner Verantwortung begründet.[13] Levinas' Philosophie

8   Vgl. Poorthuis, Marcel: Asymmetrie, Messianismus, Inkarnation. Die Bedeutung von Emmanuel Levinas für die Christologie, in: Wohlmuth, Josef (Hg.): Emmanuel Levinas – eine Herausforderung für die christliche Theologie, Paderborn: Schöningh 1998, 201-213, bes. 209-212. Dazu: Poorthuis, „Gott steigt herab", 198.

9   Vgl. Hoping, Helmut: Gottes Ebenbild. Theologische Anthropologie und säkulare Vernunft, in: ThQ 185 (2005) 127-149.

10   Heidegger, Martin: Brief über den „Humanismus", in: ders.: Wegmarken, Frankfurt/M.: Klostermann 1976 (= GA 9), 313-364.

11   Sloterdijk, Peter: Regeln für den Menschenpark. Ein Antwortschreiben zu Heideggers Brief über den Humanismus, Frankfurt/M.: Suhrkamp [10]2008 (= es Sonderdruck).

12   Levinas, Emmanual: Humanismus des anderen Menschen. Üs. u. mit einer Einl. versehen v. Ludwig Wenzler, Hamburg: Meiner 2005 (= PhB 547). Franz.: Lévinas, Emmanuel: Humanisme de l'autre homme, Paris: Fata Morgana 1972 (= Le livre de poche. Biblio essais 4058).

13   Vgl. Levinas, Emmanuel: Philosophie, Gerechtigkeit und Liebe, in: ders.: Zwischen uns.

ist nämlich primär ethisches Denken, das der Ontologie den Rang als *prima philosophia* streitig macht. Er sucht einen Humanismus nach Auschwitz, der es erlaubt, den Menschen um seiner selbst willen zu retten und ihm denkerisch seine Individualität und Würde zu bewahren.[14] Bei diesem Anliegen bezieht er sich – für gegenwärtiges philosophisches Denken ungewohnt – immer wieder auf die biblische Ebenbildlichkeit.

Damit tritt eine methodische Schwierigkeit zutage. Denn einerseits möchte Levinas einen *philosophischen* Begriff der Ebenbildlichkeit gewinnen. Andererseits ist sein Denken aber nicht unabhängig von seinen *jüdischen Wurzeln* zu verstehen. Trotz der Abgrenzung von theologischen Versuchen ist Levinas' philosophisches Denken jüdisch geprägt. So zeigt Edith Wyschogrod auf, dass beispielsweise *Totalité et Infini / Totalität und Unendlichkeit*, also eines der Hauptwerke Levinas', Strukturähnlichkeiten mit einem berühmten Text des Rabbi Hillel aufweist, der gleichsam als Miniatur des Levinas'schen Buches gelesen werden kann.[15]

Dennoch argumentiert Levinas philosophisch. Denn obwohl biblische Terminologie in seinem Denken anzutreffen ist, lehnt er es ab, die Bibel oder den Talmud als Letztbegründung für seine Gedankenführung zu verwenden. So bleibt sein Denken – mit Ausnahme seiner Talmud-Interpretationen – von theologisch verstandener Offenbarung unabhängig.[16] Levinas möchte „nicht der Versuchung und der Täuschung erliegen, auf dem Wege der Philosophie die empirischen Gegebenheiten der positiven Religion wiederzufinden / [...] nous ne succomberons certes pas à la tentation et à l'illusion qui consisterait à retrouver par la philosophie les données empiriques des religions positives"[17]. Vielmehr geht es ihm um eine „Bewegung der Transzendenz / mouvement de transcendance"[18], die sich wie ein Brückenkopf der anderen Seite versichert, ohne sie – gestützt auf falsch verstandene Offenbarung – zu vereinnahmen.

Versuche über das Denken an den Anderen. Aus d. Franz. v. Frank Miething, München: Hanser 1995 (= Edition Akzente), 132-153, 142. Franz.: Levinas, Emmanuel: Philosophie, Justice et Amour, in: ders.: Entre nous. Essais sur le penser-à-l'autre, Paris: Grasset 1991, 121-139, 130.

14   Vgl. Dickmann, Ulrich: „In der Spur Gottes". Der Mensch als Ebenbild Gottes in der Philosophie von Emmanuel Levinas, in: ThGl 96 (2006) 460-480, 462f.

15   Vgl. Wyschogrod, Edith: Emmanuel Levinas und die Fragen Hillels, in: KuI 21 (2006) 3-16.

16   Vgl. Henrix, Hans Hermann: Gott und der Andere bei Emmanuel Levinas, in: ThPh 81 (2006) 481-502, 490.

17   Levinas, Emmanuel: Die Spur des Anderen, in: ders.: Die Spur des Anderen. Untersuchungen zur Phänomenologie und Sozialphilosophie. Üs., hg. und eingeleitet v. Wolfgang Nikolaus Krewani, Freiburg/Br.: München 1983 (= Alber-Broschur Philosophie), 209-235, 214. Franz.: Levinas, Emmanuel: La trace de l'autre, in: ders.: En découvrant l'existence avec Husserl et Heidegger, Paris: Vrin 2001 (= Bibliothèque d'histoire de la philosophie), 261-282, 266.

18   Levinas, Spur, 214 (266). In Kurzzitaten führe ich die jeweilige französische Stelle in Klammern hinter der Angabe der deutschen Übersetzung an.

Auch ist es Levinas nicht um eine natürliche Theologie zu tun, die mit ontologischen Mitteln und mit der Hilfe des Analogie-Begriffs eine Brücke zu Gott
schlägt.[19] Denn er möchte Gott nicht mit ontologischen Mitteln erfassen, sondern seine Nähe in ethischen Kategorien denken.

Wenn man sich der Levinas'schen Konzeption von Ebenbildlichkeit nähert,
ist also zu bedenken, dass es sich nicht um einen theologischen, sondern um
einen philosophischen Begriff handelt. Seine sich auf Ebenbildlichkeit bezie-
hende Anthropologie hat er nicht in theologischer, sondern in philosophischer
Absicht erarbeitet. Dies gilt es zu berücksichtigen, wenn im Folgenden einige
Aspekte von Ebenbildlichkeit, so wie Levinas sie versteht, untersucht werden.

2. Aspekte von Ebenbildlichkeit

Bevor ich mit Bezug auf unterschiedliche Textstellen einige Aspekte von Levinas' Auffassung hervorhebe, gehe ich kurz auf eine Schrift ein, die Levinas
in Auseinandersetzung mit einem rabbinischen Text verfasst hat. Man erkennt
daran einerseits, wie er jüdisches Denken in Philosophie umsetzt, und kann
andererseits sehen, welchen Sinn er dem Begriff der Ebenbildlichkeit schon in
seiner frühen Philosophie gibt.

2.1 Der Mensch als Seele der Welt

In seinem Kommentar[20] zur Schrift „Nefesch haChajjim / Seele des Lebens"
von Chaim Woloschiner (1759–1821)[21] kommt Levinas auf die Stellen zu sprechen, in denen der Rabbi auf Gen 1,26f. und Gen 5,1, also auf Verse Bezug
nimmt, in denen Ebenbildlichkeit thematisiert ist. Levinas möchte in dieser
Schrift des Rabbi „eine Vision des Menschlichen [...] erblicken, die heute noch
von Bedeutung ist / une vision de l'humain, signifiante encore aujourd'hui"[22],
und versucht deshalb, dem Text eine allgemeingültige Bedeutung zu geben. Levinas verweist zunächst darauf, dass Chaim Woloschiner betont,[23] dass an den
angeführten Stellen der Gottesname *Elohim* verwendet wird. Im Unterschied
zum Tetragramm, das die Transzendenz zu Welt und Geschichte in den Vor-

---

19   Vgl. Wyschogrod, Edith: Emmanuel Levinas: The Problem of Ethical Metaphysics, New
      York: Fordham University Press 2000, XII, und Henrix, Gott und der Andere, 493.
20   Levinas, Emmanuel: „Nach Gottes Bild" – Rabbi Chaim Woloschiner zufolge, in: ders.:
      Anspruchsvolles Judentum. Talmudische Diskurse. Aus dem Franz. v. Frank Miething,
      Frankfurt/M.: Neue Kritik 2005, 99-124. Franz.: Levinas, Emmanuel: «A l'image de
      Dieu», d'après Rabbi Haïm Voloziner, in: ders.: L'au-delà du verset. Lectures et discours
      talmudiques, Paris: Editions de Minuit 1982 (= Collection «Critique»), 182-200.
21   Schüler des Rabbi Eliahu (1720–1797), des berühmten Gaon von Wilna, der gegen die
      Ausbreitung des Chassidismus Widerstand leistete.
22   Levinas, „Nach Gottes Bild", 105 (186).
23   Zum Text des Rabbi siehe Poorthuis, „Gott steigt herab", 200f.

dergrund rücke, bezeichne dieser Name denjenigen Aspekt Gottes, der ihn als den Souverän aller Kräfte in Natur und Welt ausweist. Das Pluralwort *Elohim* nennt demnach den Schöpfer, der zugleich der alleinige Herrscher über alle denkbaren Welten ist und allem dauerhaft Bestand verleihen kann. Levinas interpretiert dementsprechend: „Gott [im Sinn von *Elohim*, R. E.] ist die Seele des Universums / Dieu est l'âme de l'univers."[24]

Nach Chaim Woloschiner hat der Mensch in der Schöpfung eine Sonderstellung: Er steht zwischen Elohim und der Welt bzw. den vielen möglichen Welten. Seiner Meinung nach lässt sich zwischen den menschlichen Organen und den einzelnen Welten eine Beziehung herstellen, die den menschlichen Körper so hoch auszeichnet, dass man ihn mit dem Jerusalemer Tempel vergleichen kann. Dadurch ist der Mensch Gott ähnlich, was ihm nicht nur einen besonderen Rang verleiht, sondern ihn zum Vermittler zwischen Elohim und der Welt macht. Die Kräfte Gottes und ihr Wirken hängen in der Folge wesentlich auch vom Menschen ab, weil „die Anwesenheit oder Abwesenheit Elohims in der Verkettung der Lebewesen / la présence ou l'absence d'*Elohim* à l'incaténaton des êtres" nur vom Menschen gesichert werden kann. Die Lebewesen sind, damit sie überhaupt sein können, auf Gottes „lebendige Kraft / force vive"[25] angewiesen. Wenn aber der Mensch der Vermittler dieser Kraft ist, hängt alles Lebendige auch von ihm ab. Das bedeutet: „Der Mensch ist Seele der Welt wie Elohim selbst / l'homme est l'âme du monde comme *Elohim* lui-même."[26]

Interpretiert man die Ebenbildlichkeit des Menschen so, dass dieser wie Gott selbst Seele der Welt ist und Gott seine Kräfte in die Gewalt des Menschen legt, spricht man dem Menschen eine große Verantwortung zu. Denn damit ist er nicht nur für sich oder seinesgleichen verantwortlich, sondern für die ganze Welt bzw. sogar für alle möglichen Welten.

An diesem Punkt kippt die kosmische Weltsicht des Rabbi in der Sicht von Levinas in eine ethische. Die Perspektive, die die Schöpfung – ontologisch verstanden – nicht nur an Gott, sondern auch an den Menschen bindet, wird zugunsten eines ethischen Blicks auf diesen zurückgestellt.[27] Dadurch ist die Frage, was die Ebenbildlichkeit des Menschen ausmacht, von einer ontologischen zu einer der Verantwortung des Menschen für die Welt geworden. Weil der Bestand der Welt auch von ihm abhängt, ist der Mensch Gott ähnlich und trägt für die Welt Verantwortung, eine Verantwortung, die im Grunde zu groß ist, als dass er ihr gerecht werden könnte. Das bedeutet nach jüdischem Verständnis: Wenn der einzelne Mensch das Gesetz und die Gebote erfüllt, sichert er den Bestand der Welt. Das Befolgen der Thora hat nicht bloß für einen selbst Bedeutung, sondern erlangt universale Reichweite. Denn „[d]ie Gebote

---

24   Levinas, „Nach Gottes Bild", 109 (189).
25   Levinas, „Nach Gottes Bild", 113 (192).
26   Levinas, „Nach Gottes Bild", 112 (191).
27   Vgl. Levinas, „Nach Gottes Bild", 116 (194f.).

zu erfüllen, heißt Stütze der Welt zu sein / pratiquer les commandements, c'est supporter l'être du monde"[28].

Für die Interpretation der Ausführungen von Chaim Woloschiner ist noch eine weitere Universalisierung entscheidend, durch die Levinas über die Schrift des Rabbi hinausgeht. Hatte dieser sein Buch auf die gläubigen Jüdinnen und Juden bezogen, macht Levinas die uneingeschränkte Verantwortung für die Welt zu einer Bestimmung des Menschen überhaupt. Nicht mehr die Einschränkung auf das Volk Israel, das sich aus der eigenen Tradition selbst definiert, steht im Mittelpunkt des Interesses, sondern eine allgemeingültige Anthropologie. Die Bestimmungen, die auf das Volk Israel beschränkt waren, werden von Levinas auf den Menschen im Allgemeinen übertragen. Für ihn gilt: „[...] die religiös-partikularistische Kategorie des Volkes Israel enthüllt die Subjektivität des Subjekts als radikale Verantwortung für das Universum."[29]

Die Deutung des Textes von Chaim Woloschiner zeigt nicht nur beispielhaft auf, wie Levinas Aussagen der rabbinischen Tradition methodisch zu einer allgemeinen philosophischen Bestimmung fortentwickelt, sondern macht auch zwei *inhaltliche* Entscheidungen deutlich, die sein philosophisches Konzept der Ebenbildlichkeit wesentlich prägen. Zum einen ist der maßgebliche Kontext dieses Begriffes die *Ethik*, und zum anderen ist die Verantwortung primär die *eigene* Verantwortung des Ich, nicht die eines oder einer Anderen. Dies lässt ein spezifisches Subjektverständnis erahnen, das dem Begriff der Ebenbildlichkeit zugrunde liegt. Ihm soll im Folgenden nachgegangen werden.

2.2 Ort der Ebenbildlichkeit

Bestimmt man den Menschen als das Ebenbild Gottes, so teilt sich auch dann, wenn die Ebenbildlichkeit in der Verantwortung für die Welt besteht, die Last zunächst scheinbar auf alle Menschen in gleicher Weise auf. Denn es ist keine Differenzierung zwischen Ich, Du und anderen Menschen angezeigt. Jede Person ist Ebenbild Gottes für die anderen, und diese sind es in gleicher Weise für sie. Die wechselseitigen Bezüge scheinen dialogisch und die Relation zwischen dem Ich und dem Du scheint eine symmetrische zu sein. So wie das Ich für das Du und die anderen Menschen Verantwortung trägt, so trägt dieses bzw. tragen diese Verantwortung für das Ich. Levinas bleibt allerdings nicht bei einer solchen reziproken Relation stehen, sondern setzt anstelle der Umkehrbarkeit ein asymmetrisches Verhältnis an, das die Verantwortung allein dem Ich auflastet.

Geht man vom Ich aus, so ist dieses für Levinas nicht zuerst Zentrum theoretischer Erkenntnis, sondern Fokus der Verantwortung für die Welt, wie schon die Auseinandersetzung mit Chaim Woloschiner gezeigt hat. Das Ich greift demnach nicht auf die Welt aus und ordnet sie nach eigenen Maßstäben, sodass es gleichsam seine eigene Welt aufbaute und den anderen Menschen ihren

---

28   Levinas, „Nach Gottes Bild", 115 (194). Vgl. Henrix, Gott und der Andere, 489.
29   Poorthuis, „Gott steigt herab", 205.

jeweiligen Ort zuwiese. Vielmehr verliert das Bewusstsein immer wieder seine Vormachtstellung, von der aus es durch Erinnerung und Vorausschau sowie den Bezug auf das jeweilige *hic et nunc* alles um sich anordnet und der eigenen Zeit unterstellt. Nach Levinas stört die Begegnung mit dem anderen Menschen das Ich bei dem Unterfangen, gleichsam Allmacht über eine eigene Welt zu erlangen. Levinas nennt die Begegnung mit dem anderen Menschen, die es nicht erlaubt, eine „*gemeinsame Gegenwart / présent commun*"[30] zu begründen, die Begegnung mit dessen „Antlitz/visage". Das Antlitz ist nicht erfassbar, sondern unterläuft das Ich und macht dessen Versuche, es in sein Koordinatensystem einzuordnen, zunichte. Das Ich findet sich vielmehr als eine Instanz vor, die für sein Gegenüber Verantwortung zu übernehmen hat, und zwar als Verpflichtung vor jeder eigenen Wahl. Das Antlitz des Anderen hat das Bewusstsein des Ich immer schon unterlaufen: Es „geht über die Bilder hinaus, die meinem Denken immer immanent sind, als kämen sie von mir / déborde les images toujours immanentes à ma pensée comme si elles venaient de moi"[31].

Was heißt das für die Ebenbildlichkeit des Menschen? Vor allem ist festzuhalten, dass nicht die vermeintliche eigene (All-)Macht einen selbst zum Abbild des allmächtigen Gottes macht. Nicht der Ausgriff auf die Welt und deren Anordnung um das eigene Ich, das sich ins Zentrum rückt, macht den Menschen Gott ähnlich. Die Ebenbildlichkeit hat vielmehr einen anderen Ort. Will man sich darüber Klarheit verschaffen, kann man nicht bei sich, sondern muss nach Levinas bei der Störung der eigenen Weltordnung durch das Antlitz des anderen Menschen ansetzen. Entscheidend ist, dass ursprünglicher als das Ich der Andere sich als Ebenbild Gottes erweist. Durch dieses Faktum − so Levinas − bekommt das biblische Thema von der Ebenbildlichkeit einen neuen Sinn. Er stellt fest: „[...] diese Ebenbildlichkeit kündigt sich im ‚Du' und nicht im ‚Ich' an / [...] c'est en le ‚tu' et non pas en le ‚je' que cette ressemblance s'annonce."[32] Nicht das Ich verweist als Ebenbild auf Gott, sondern die Transzendenz bricht als der andere Mensch über das Ich herein. Der Ort der Ebenbildlichkeit ist also das Antlitz des anderen Menschen, nicht das Ich.

Weil eine solche Begegnung ein Widerfahrnis ist, lässt sie sich nicht epistemologisch funktionalisieren, indem man etwa die anderen aufsucht, um aus der Erfahrung des Umgangs mit ihnen eine Gotteserkenntnis zu gewinnen. Eben-

---

30 Levinas, Emmanuel: Jenseits des Seins oder anders als Sein geschieht. Aus d. Franz. üs. v. Thomas Wiemer, Freiburg/Br.: Alber 1992 (= Alber-*Reihe* Philosophie), 200. Franz.: Levinas, Emmanuel: Autrement qu'être ou au-delà de l'essence, Den Haag: Martinus Nijhoff 1974 (= Phaenomenologica 54), 113.

31 Levinas, Emmanuel: Totalität und Unendlichkeit. Versuch über die Exteriorität. Üs. v. Wolfgang N. Krewani, Freiburg/Br.: Alber 1987 (= Alber-Broschur Philosophie), 430. Franz.: Levinas, Emmanuel: Totalité et Infini. Essais sur l'extériorité, Den Haag: Martinus Nijhoff 1961 (= Phaenomenologica 8), 273.

32 Levinas, Emmanuel: Dialog, in: Christlicher Glaube in moderner Gesellschaft 1 ([2]1981) 61-85, 79f. Franz.: Lévinas, Emmanuel: Le dialogue, in: ders.: De Dieu qui vient à l'idée, Paris: Vrin [2]1992 (= Bibliothèque des textes philosophiques), 211-230, 227.

bildlichkeit kann man nämlich nicht als erkenntnistheoretisches Vehikel zur Gotteserkenntnis missbrauchen. Vielmehr erweist sich das „Widerfahrnis der *Transzendenz des Anderen*"[33] bei Levinas als alleiniger Schlüssel zum Verständnis von Ebenbildlichkeit. Zwar führt die ethische Bewegung des verantwortlichen Ich, durch die dieses auf seinen Nächsten hin ausgerichtet wird, auch zu Gott.[34] Aber das Ich ist nicht Ursache dieser Bewegung, sondern wird vom anderen Menschen in diese Dynamik versetzt. In dieser Ausrichtung auf das Antlitz, das dem Ich gegenübersteht, begegnet auch Gott, d.h. er begegnet nur jenseits der Versuche, seiner habhaft zu werden.

Für Levinas' Auffassung von Ebenbildlichkeit gilt demnach zwar, „daß die Beziehung zum Du in ihrer Reinheit die Beziehung zum unsichtbaren Gott [ist] / que la relation au tu dans sa pureté soit la relation au Dieu invisible"[35]. Man darf aber nicht dem Missverständnis erliegen, als handle es sich dabei um eine Beziehung, die dem Ich einen Erkenntniszugang zu Gott vermittelt. In seinem Konzept, das Ebenbildlichkeit im anderen Menschen ansetzt, geht es Levinas zuerst um eine asymmetrische Beziehung zwischen dem Ich und dem Anderen. Dadurch, dass das Ich unumkehrbar in diesen ethischen Bezug versetzt wird, bricht Gott in diese Beziehung ein. Nicht aber lässt sich nach Levinas Gott in das Denken zwingen. Vielmehr begegnet er nicht ohne das Antlitz. So gilt für das Ich: Die Gottesfurcht wird zur „Furcht/crainte" nicht vor, sondern „für den Anderen / pour autrui".[36]

2.3 Antlitz versus Idol

Setzt man wie Levinas die Ebenbildlichkeit beim anderen Menschen an, der das Ich nicht nur ethisch verpflichtet, sondern in dessen Antlitz auch Gott begegnet, ist zu fragen, was es mit der Bildlichkeit dieses Ebenbildes auf sich hat. Anders gefragt: Inwiefern kann das Antlitz überhaupt Bild sein, oder welcher Bildbegriff liegt einem solchen Konzept zugrunde?

Es fällt auf, dass Levinas dem Bildbegriff äußerst skeptisch gegenübersteht. Er bleibt einerseits der jüdischen Tradition des Bilderverbots treu, rückt andererseits aber nicht vom biblischen Ausdruck, dass der Mensch Ebenbild Gottes sei, ab.[37] Sollen diese beiden Positionen nicht in einer unauflösbaren Aporie verschränkt sein, muss Levinas – wie Paul Petzel betont – „den Menschen als

---

33 Freyer, Thomas: Der Mensch als „Bild Gottes"? – Anmerkungen zu einem Vorschlag von E. Levinas im Hinblick auf eine theologische Anthropologie, in: Wohlmuth, Josef (Hg.): Emmanuel Levinas – eine Herausforderung für die christliche Theologie, Paderborn: Schöningh 1998, 81-95, 85.

34 Vgl. Levinas, Dialog, 80 (227).

35 Levinas, Dialog, 79 (226f.).

36 Levinas, Dialog, 80 (227).

37 Vgl. Hoping, Gottes Ebenbild, 130, der betont, dass „[i]n der Bibel Israels [...] Gottebenbildlichkeitsgedanke und Bilderverbot nicht miteinander in Verbindung gebracht" werden.

Ebenbild Gottes ganz vom Bilderverbot her [interpretieren]"[38]. Das bedeutet, dass eine Differenz zwischen Bildlichkeit im Kontext von Kunst und Bildlichkeit im Sinn von Ebenbildlichkeit eruierbar sein muss.

In der Tat versteht Levinas „Ebenbild" nicht in Analogie zum Bildbegriff in der Kunst, dem er reserviert gegenübersteht. Seine Bildkritik wendet sich vor allem deshalb gegen die Kunst, weil diese seiner Auffassung nach die Wirklichkeit mimetisch ersetzt. Dadurch, dass sich das Kunstwerk als Bild vor die dargestellte Wirklichkeit stelle, entwerte es die Wirklichkeit und setze sie zurück.

Mit Levinas' eigenem Vergleich gesprochen, erhält die Wirklichkeit in der Kunst einen Schatten und verschwindet gleichsam hinter diesem. Deshalb meint er in seinem frühen Aufsatz „Die Wirklichkeit und ihr Schatten / La réalité et son ombre"[39], dass sich das Objekt dadurch, dass es im Bild repräsentiert werde, zum „Nicht-Objekt/non-objet"[40] verwandle. Damit einher gehe eine „Entfleischlichung der Wirklichkeit / désincarnation de la réalité"[41]. Weil das Bild die Wirklichkeit ersetzt – so Levinas später in „Totalität und Unendlichkeit" –, verleiht es der Wirklichkeit eine Fassade und stellt sie zur Schau, ohne dass Wirklichkeit in ihrer Widerständigkeit begegnen könne.[42] Mit Bezug zum Bilderverbot, das sich in seiner frühen Philosophie als Kunstkritik niederschlägt, warnt Levinas davor, dass das Bild diesseits der Wahrheit Schein erzeuge, sodass Wirklichkeit nur mehr imaginiert, d.h. welt- und sprachlos werde.

Das bedeutet, dass sich Kunst, die bildhaft ist, zwar einerseits des Übergriffs durch das autonome Ich entzieht, weil Realität durch sie ihren Status als Wirklichkeit verliert und dadurch nicht mehr greifbar ist. Andererseits entbindet sie – so Levinas – ihre Betrachterin und ihren Rezipienten aber auch von deren Verantwortung der Welt gegenüber. Imagination führe nämlich zu „Verantwortungslosigkeit/irresponsabilité"[43], insofern sie als Fiktion bloß Unwirkliches zur Schau stelle. Weil das Kunstwerk verzaubert („ensorcellement"[44]), dispensiere es nicht nur von der Wahrheit der Wirklichkeit, sondern auch von jedem ernstzunehmenden Handeln und rücke dieses in den Bereich magischer Beliebigkeit.

Wäre das Antlitz – in Levinas' Verständnis von Ebenbildlichkeit – einem solchen Kunst-Verständnis unterzuordnen, welches Bilder von der Mimesis und der Fähigkeit, zu verzaubern und gefangen zu nehmen, her versteht, wäre der andere Mensch zwar der Verfügungsgewalt des Ich entzogen, befände sich

---

38   Petzel, Paul: „… kein Bildnis machen!" beim Erinnern? Theologische Überlegungen zur ästhetischen Repräsentationskritik, in: Bannasch, Bettina / Hammer, Almuth (Hg.): Verbot der Bilder – Gebot der Erinnerung. Mediale Repräsentationen der Schoah, Frankfurt/M.: Campus 2004, 359-380, 365.

39   Levinas, Emmanuel: La réalité et son ombre, in: Les Temps Modernes 4 (1948/49) 769-789.

40   Levinas, La réalité, 777.

41   Levinas, La réalité, 777.

42   Vgl. Levinas, Totalität und Unendlichkeit, 276 (167).

43   Levinas, La réalité, 787.

44   Levinas, La réalité, 775.

aber bloß im Status der Imagination. Eine solche Vorstellung von Ebenbildlichkeit würde der schon gewonnenen Einsicht widersprechen, dass sie im Antlitz
des Anderen liegt, das Verantwortung gerade nicht aussetzt, sondern das Ich in
Verantwortung einsetzt. Ein solches Missverständnis von Ebenbildlichkeit hätte
eine doppelte Konsequenz: Einmal wäre der andere Mensch seiner Souveränität über das Ich beraubt, die ihm in der Begegnung eigen ist. Und zum anderen
verlöre eine solche Bildlichkeit die Gottesvalenz.

Was die Souveränität des Antlitzes betrifft, erlaubt das Verständnis der anderen als einzelner Bilder, dass das Ich sie fixieren kann.[45] Denn es könnte sie als
Bild oder als Statue festmachen und sie funktionalisieren. Dadurch wäre das Ich
von seiner Verantwortung dem anderen Menschen gegenüber insofern entbun-
den, als es sich distanzieren, sich zurückhalten und die anderen nach Maßstab
der eigenen Vorgaben auf Abstand halten könnte.

> Sobald mir der Andere als Seiender in seiner Plastizität als Bild erscheint,
> bin ich in Beziehung mit dem, der sich vervielfältigen lässt und der trotz
> der unendlich vielen Reproduktionen, die ich von ihm verfertige, *intakt*
> bleibt; ich kann ihn mit Worten abspeisen, die diesen Bildern angemessen
> sind, ohne mich […] auszuliefern.

> Autrui m'apparaissant comme étant dans sa plasticité d'image, je suis en
> relation avec le multipliable qui, malgré l'infinité de reproductions que j'en
> prends, reste *intact* et je peux, à son égard, me payer de mots à la mesure de
> ces images sans me livrer […].[46]

Damit aber wäre der andere Mensch als Antlitz verfehlt, dessen ethische Herausforderung nicht im Belieben des Ich steht, sondern dieses aus seiner totalisie-
renden und über den anderen Menschen verfügenden Position wirft. Nicht das
Ich ist Souverän über das fremde Antlitz, sondern umgekehrt.

Was den Verlust des Gottesbezugs betrifft, ist darauf hinzuweisen, dass
Levinas mit seiner Bildkritik auf das Bilderverbot rekurriert, insofern es vor
allem als Reaktion auf den Missbrauch von Götzenbildern zu begreifen ist.[47]
Die Götterplastik fixiert Gott und macht ihn dadurch zum Idol. Was über das
Bild schon gesagt wurde, gilt auch hier: Die Plastik als die Verwirklichung der
Bildhaftigkeit schlechthin schiebt sich vor die Wirklichkeit Gottes und macht
ihn dadurch zum Schatten seiner selbst. Sie setzt ihn außer Geltung. Deshalb
schreibt Levinas in seinem zweiten Hauptwerk „Jenseits des Seins oder anders

---

45   Vgl. Welten, Ruud: Image and oblivion: Emmanuel Levinas' phenomenological icono-
     clasm, in: Literature & Theology 19 (2005) 60-73, 62: „For Levinas, the prohibition of
     images is an appeal for the rejection of fixedness."
46   Levinas, Jenseits des Seins, 199f. (112f.).
47   Vgl. Wohlmuth, Josef: Bild- und Kunstkritik bei Emmanuel Levinas und die theologi-
     sche Bilderfrage, in: ders.: Im Geheimnis einander nahe. Theologische Aufsätze zum
     Verhältnis von Judentum und Christentum, Paderborn: Schöningh 1996, 211-231, 219.

als Sein geschieht" mit Bezug auf seinen frühen Aufsatz „Die Wirklichkeit und ihr Schatten" über Kunst:

> In seiner indiskreten Zurschaustellung und seinem Haltmachen als Statue, in seiner Plastizität setzt sich das Kunstwerk an die Stelle Gottes.
>
> Dans son indiscrète exposition et dans son arrêt de statue, dans sa plasticité, l'œuvre d'art se substitue à Dieu.[48]

Das Antlitz – als Bild missverstanden, das plastische Züge trägt und dadurch zur Statue wird – schöbe sich wie ein Kunstwerk zwischen das Ich und Gott und machte den anderen Menschen zum Idol. Gegen eine solche Auffassung betont Levinas, dass das Antlitz nicht insofern Gottes Ebenbild ist, als es Gott verbildlicht und zum Götzenbild macht, sondern dadurch, dass Gott im ethischen Imperativ, der vom Antlitz des Anderen ausgeht, mit begegnet.

2.4 Spur

Das Antlitz des Anderen ist für Levinas kein Abbild, das auf ein Urbild, also auf Gott, verweist. Die Abbildrelation zur Charakterisierung des Verhältnisses zwischen Anderem und Gott zu verwenden geht fehl. Levinas setzt das Antlitz nicht als Idol des unsichtbaren Gottes an, der sich dort repräsentiert, sondern versucht, einen Bezug zu denken, der nicht mehr ontologisch zu verstehen ist, in dem also ein Seiendes nicht die Gestalt eines anderen Seienden wiedergibt, wie die Statue das Original abbildet. Für das, was er Ebenbildlichkeit nennt, sucht Levinas eine Beziehung, die sowohl die Abbildrelation als auch dinghafte Repräsentation hinter sich lässt. Es geht ihm um die sachgerechte Bestimmung des Zusammen von Antlitz und Gott in der Begegnung mit dem anderen Menschen. Terminologisch fasst Levinas dieses Verhältnis mit dem Begriff der „Spur/trace" und versucht, diese im Gegensatz zur Bildrelation unabhängig von ontologischen Vorgaben zu denken.

Spur wird damit zum zentralen Charakteristikum für die Ebenbildlichkeit des Menschen. Denn für Levinas gilt: „Nach dem Bilde Gottes sein heißt nicht, Ikone Gottes sein, sondern sich in seiner Spur befinden / Être à l'image de Dieu, ne signifie pas être l'icône de Dieu, mais se trouver dans sa trace."[49] Mit diesem Ausdruck wehrt er nicht nur die Vorstellung einer Abbildbeziehung ab, sondern auch diejenige einer Analogie-Relation, die es erlauben würde, vom Antlitz auf Gott zurückzuschließen. Damit weist Levinas Gedanken zurück, als

48 Levinas, Jenseits des Seins, 329, Anm. 21 (191, Anm. 21).
49 Levinas, Spur, 235 (282). Die Stelle findet sich in gleichem Wortlaut in: Levinas, Emmanuel: Die Bedeutung und der Sinn, in: ders.: Humanismus des anderen Menschen. Üs. u. mit einer Einl. versehen v. Ludwig Wenzler, Hamburg: Meiner 2005 (= PhB 547), 9-59, 59. Franz.: Levinas, Emmanuel: La signification et le sens, in: ders.: Humanisme de l'autre homme, Montpellier: Fata morgana 1972, 17-63, 63.

handle es sich beim Spur-Begriff um einen neuen Gottesbeweis, der die Erfahrung des Gesichtes zum Ausgangspunkt des Rückschlusses auf Gott macht.[50] Im Unterschied zum sichtbaren Konterfei des Gesichts ist das Antlitz das Gegenüber, das sich einerseits bildhafter Interpretation entzieht und das andererseits die Objektivierung, die das Bewusstsein mit dem Anderen versucht, von sich aus schon unterlaufen hat. Das Antlitz ist nicht Mittel zum Zweck, sondern schon „durch sich selbst Heimsuchung und Transzendenz / par lui-même visitation et transcendence"[51].

Solche Heimsuchung, die dann, wenn man über sie Bewusstheit erlangt, bereits geschehen ist, liegt der Rezeptivität des Bewusstseins deshalb voraus,[52] weil sie das Ich in seiner Verantwortung getroffen hat, wessen sich das Ich erst im Nachhinein bewusst wird. Das Bewusstsein kann den bereits ergangenen Befehl, sich für den Anderen einzusetzen, nicht neutralisieren, indem es den Appell aus solcher Vorzeitigkeit in die jeweilige Gegenwart zu transferieren versucht. Denn der Handlungsappell bleibt in einer Vergangenheit, die jenseits des Bewusstseins liegt. Dies ist auch der Grund, warum die herausfordernde Kraft einer solchen Aufforderung nicht zum Schweigen gebracht werden kann.

Das Antlitz, das den anderen Menschen zum Ebenbild Gottes macht, ist kein Zeichen, das auf Gott verweist. Ein Zeichen würde auf etwas anderes jenseits seiner selbst hindeuten, das unabhängig vom Zeichen besteht. Levinas bindet die Gottesbegegnung hingegen *unmittelbar* an das Antlitz des Anderen, sodass er sagen kann: „Der Andere ist [...] für meine Beziehung zu Gott unerlässlich / Autrui est [...] indispensable à mon rapport avec Dieu."[53] Und umgekehrt: „Das Göttliche kann sich nur über den Mitmenschen manifestieren / Le Divin ne peut se manifester qu'à travers le prochain."[54] Gott unabhängig vom Antlitz zu denken ist nach Levinas unmöglich.

Zudem könnte die Deutung des Antlitzes als eines Zeichens dazu führen, den verborgenen Gott präsent setzen oder ihn enthüllen zu wollen. Levinas wendet sich gegen jede Form einer Ontotheologie, die in der Erfahrungswirk-

50 Vgl. Levinas, Emmanuel: Max Picard ... und das Antlitz, in: ders.: Außer sich. Meditationen über Religion und Philosophie. Hg. u. aus d. Franz. v. Frank Miething, München: Hanser 1991 (= Edition Akzente), 93-98, 94. Franz.: Lévinas, Emmanuel: Max Picard et le visage, in: ders.: Noms propres, Paris: Fata morgana 1976 (= Le livre de poche. Biblio essais 4059), 111-116, 112. Levinas setzt sich an dieser Stelle mit einer Aussage von Max Picard auseinander, der im Antlitz des Menschen den Beweis für die Existenz Gottes sah.
51 Levinas, Spur, 235 (282).
52 Vgl. Dickmann, „In der Spur Gottes", 468.
53 Levinas, Totalität und Unendlichkeit, 108 (51).
54 Levinas, Emmanuel: Das jüdische Denken heute, in: ders.: Schwierige Freiheit. Versuch über das Judentum. Aus dem Franz. v. Eva Moldenhauer, Frankfurt/M.: Jüdischer Verlag 1992, 116-125, 116. Franz.: Lévinas, Emmanuel: La pensée juive aujourd'hui, in: ders.: Difficile liberté. Essais sur le judaïsme, Paris: Albin Michel ³1976 (= Le livre de poche. Biblo essais 4019), 223-233, 223.

lichkeit Zeichen für den Schluss auf Gott sucht. Gottesbegegnung zu denken kann nur diesseits der Versuche gelingen, Gott in seiner Existenz festzumachen.[55]

Levinas verwendet, um den Begriff der Spur nicht nur mittels Abgrenzungen, sondern auch inhaltlich positiv zu bestimmen, eine Stelle aus der jüdischen Bibel und reinterpretiert sie philosophisch: In Ex 33,18-23 wird erzählt, dass der Herr auf Mose Wunsch hin, er möchte seine Herrlichkeit sehen, ihm diese Bitte gewährt, aber zugleich feststellt, dass niemand das Angesicht Gottes sehen könne. Daher werde er Mose, der in einer Felsspalte stehen soll, mit seiner Hand abschirmen, bis er in seiner Herrlichkeit vorübergezogen ist. Erst wenn er vorbeigegangen sei, werde er seine Hand zurückziehen. Mose werde dann bloß den Rücken Gottes sehen.

Für Levinas zeigt diese Perikope, dass man Gott nur begegnen kann, wenn er schon vorübergegangen ist. „Er zeigt sich nur durch seine Spur / Il ne se montre que par sa trace"[56], aber nie von Angesicht zu Angesicht. Für das Ich bedeutet *Spur*, dass es Gott, der vorübergegangen ist, nicht auf seiner Spur folgen kann, um ihn schließlich einzuholen oder zu erreichen. Denn die Spur ist – wie gesagt – kein Zeichen, das seine Bedeutung in einer Verweisungsrelation hätte. Gott als derjenige, der die Spur hinterlassen hat, kann nie in dem Sinn anwesend gemacht werden,[57] dass man seiner ansichtig wird, als würde man das Original sehen, auf das das Antlitz hingewiesen hat. Die Spur deutet nicht auf Gott, sondern „bedeutet" jenseits des Seins.[58] Das meint, dass Gott transzendent bleibt, aber dennoch ethisch herausfordert, wenn auch exklusiv.[59] Denn das Ich steht nicht auf derselben Stufe wie Gott. Sich auf dieselbe Ebene wie Gott zu stellen, gelingt nämlich nur, wenn man Gott nach der Fasson des Menschen ontologisiert.

---

55 Vgl. Turner, Donald L. / Turrell, Ford: The Non-Existant God: Transcendence, Humanity, and Ethics in the Philosophy of Emmanuel Levinas, in: Philosophia 35 (2007) 375-382, bes. 378.

56 Levinas, Bedeutung, 59 (63). Franz. identisch mit: Levinas, Spur, 235 (282).

57 Vgl. Henrix, Gott und der Andere, 495.

58 Vgl. Levinas, Spur, 228f. (277).

59 Jacques Derrida hat von da her im posthumen Gespräch mit Levinas eine Philosophie der Gastlichkeit entwickelt: Derrida, Jacques: Das Wort zum Empfang, in: ders.: Adieu. Nachruf auf Emmanuel Levinas. Aus d. Franz. v. Reinold Werner, München: Hanser 1999 (= Edition Akzente), 31-170. Franz.: Derrida, Jacques: Le mot d'accueil, in: ders.: Adieu à Emmanuel Lévinas, Paris: Galilée 1997, 37-211. Vgl. dazu Wohlmuth, Josef: Grundlegung eines „Humanismus des anderen Menschen" – Jacques Derrida interpretiert Emmanuel Levinas, in: ders.: An der Schwelle zum Heiligtum. Christliche Theologie im Gespräch mit jüdischem Denken, Paderborn: Schöningh 2007 (= Studien zu Judentum und Christentum), 19-24. Zu Derrida als einem Leser von Levinas siehe auch: Beyrich, Thomas: Ist Glauben wiederholbar? Derrida liest Kierkegaard, Berlin: de Gruyter 2001 (= Kierkegaard Studies. Monograph Series 6), für den hier angezielten Zusammenhang bes. 93-98.

Wenn sein Antlitz den anderen Menschen weder zum bloßen Abzug des Originals noch zum Mittler Gottes macht, ist noch genauer zu fragen, wie das Verhältnis von Gott und Antlitz gedacht werden muss. Levinas bewahrt auf der einen Seite die Transzendenz Gottes, indem er vor aller Idolisierung warnt – und sei es vor der Idolisierung durch den intentionalen Bezug des Bewusstseins auf Gott. Auf der anderen Seite bindet er das Einbrechen Gottes in die menschlichen Weltbezüge an das Antlitz des anderen Menschen. Die Bedingung, die das Antlitz für die Gottesbegegnung bildet, ist also offenbar nicht die der bloßen Vermittlung eines Gottes, der sich selbst nicht als Seiendes zeigen kann. Vielmehr ist das Antlitz der *Anlass* der Gottesbegegnung, die sich in Handlungsforderungen ereignet.[60]

Das bedeutet, dass Levinas' Konzept von Ebenbildlichkeit, die ihren Ort im anderen Menschen hat, das Antlitz des Anderen nicht als Repräsentanten oder Mittler Gottes ansetzt – das käme nach wie vor bloß einer Bildauffassung gleich, die unter das Bilderverbot fällt –, sondern als Anlass der Heimsuchung durch Gott. Er spricht, um diesen Sachverhalt zur Sprache zu bringen, davon, dass sich der Andere als Ebenbild Gottes in dessen Spur hält. Auf Gott zugehen heißt dann nicht mehr versuchen, seiner habhaft zu werden, indem man ihn aufzuspüren versucht, sondern die Verantwortung für den anderen Menschen, in die einen Gott versetzt hat, wahrzunehmen. Das meint: sich für den anderen Menschen einsetzen.

> Zu ihm [= Gott; R. E.] hingehen heißt nicht, dieser Spur, die kein Zeichen ist, folgen, sondern auf die Andern zugehen, die sich in der Spur halten.
>
> Aller vers Lui, ce n'est pas suivre cette trace qui n'est pas un signe, c'est aller vers les Autres qui se tiennent dans la trace.[61]

Der andere Mensch veranlasst nach Levinas' Verständnis dadurch, dass er als Antlitz das Ebenbild Gottes ist, dessen Einbruch in die Ich-Totalität. Diese Heimsuchung richtet das Ich nicht auf Gott aus, sondern auf den anderen Menschen. Als Ebenbild, das sich in der Spur Gottes hält, kann der Andere nie Objekt des Bewusstseins des Ich sein, sondern er ist der Ort, von dem her Gott begegnet und das Ich in die Verantwortung für den Nächsten zwingt.

60   Vgl. Casper, Bernhard, Denken im Angesicht des Anderen – Zur Einführung in das Denken von Emmanuel Levinas, in: Henrix, Hans Hermann (Hg.): Verantwortung für den Anderen – und die Frage nach Gott. Zum Werk von Emmanuel Levinas, Aachen: Einhard 1984 (= Aachener Beiträge zu Pastoral- und Bildungsfragen 23), 17-36, 34f.
61   Levinas, Spur, 235 (282). Fast identisch mit: Levinas, Bedeutung, 59 (63).

3. Ebenbildlichkeit als beinahe relationaler Begriff

Die eben angestellten Analysen zeigen auf, wie Levinas darangeht, den Begriff der Ebenbildlichkeit von seinem eigenen Ansatz her neu zu interpretieren und ihm einen spezifischen *philosophischen,* genauer *ethischen* Sinn zu geben. Diesen gewinnt er im Ausgangspunkt von biblischen und rabbinischen Texten, von deren religiösem Kontext er sich mit der Absicht löst, allgemein verständliche anthropologische Bedingungen zu beschreiben. Versucht man, vor dem Hintergrund dieses Konzeptes von Ebenbildlichkeit das dazugehörige Menschen-„Bild" in den Blick zu nehmen, so hat es nicht nur keinen explizit theologischen Anspruch, sondern auch keinen ontologischen. Vielmehr handelt es sich bei Levinas' Ansatz um eine „ontologiekritische Lesart der Ebenbild-Problematik"[62].

Diese doppelte Denkbewegung, nämlich der Weg von biblischen Aussagen zu philosophischen und innerhalb der Philosophie die Zurückweisung der Ontologie als der *prima philosophia,* wird sichtbar in einer weiteren Aussage von Levinas zum Buch *Genesis.* Widerwillig lässt er sich in einem Interview darauf ein, – wie er sagt – Theologie zu treiben, und verdeutlicht mit der Antwort Kains auf die Frage Gottes „Wo ist dein Bruder Abel?", dass er den Versuch, Ebenbildlichkeit mit ontologischen Kategorien zu denken, ablehnt, weil er zu kurz greife. Kains Antwort: „Bin ich der Hüter meines Bruders?" (Gen 4,9) zeigt für ihn auf, dass zum einen das Antlitz Abels als Bild unter Bildern genommen wird, was es Kain erlaubt, seinen Bruder zu sich in Distanz zu setzen und dadurch Verantwortung abzuschieben. Zum anderen versuche diese Haltung, Gott aus der Situation zu nehmen, also Abel nicht als Ebenbild Gottes gelten zu lassen. Mit einem Wort: Nach Levinas fehlt in Kains Antwort jede Ethik, und die Ontologie dominiert. Daraus folgert er, dass für die Anthropologie im Allgemeinen gilt: „Wir sind durch die Ontologie geschiedene Leute / Nous sommes des êtres ontologiquement séparés."[63] Gegen diese Scheidung schreibt Levinas an, unter anderem mit seiner Interpretation des Ebenbild-Begriffs. Ihm ist es dabei darum zu tun, Subjektivität statt ontologisch *ethisch* zu fassen, und zwar als „nicht-substantielles Für-den-Anderen"[64].

Der ontologischen Geschiedenheit, die es erlaubt, Menschen gegenüber ethisch neutral zu operieren, setzt Levinas die ethische Nähe gegenüber, in der sich jenseits aller Vermittlung unmittelbare ethische Betroffenheit ereignet.

---

62 So Freyer, Mensch, 94, in seinem Vorschlag für die Ausarbeitung einer theologischen Anthropologie, in die er wesentliche Impulse von Levinas aufnimmt.

63 Lévinas, Philosophie, Gerechtigkeit und Liebe, 141 (129). Vgl. Klun, Branko: „Bin ich der Hüter meines Bruders?" Zur philosophischen Begründung einer Nächstenethik, in: öarr 55 (2008) 399-412.

64 Dickmann, „In der Spur Gottes", 473. Was die christliche Theologie betrifft, so hat Thomas Freyer mit Bezug auf Levinas herausgearbeitet, dass der Weg von der „ontologischen" zur „ethischen" Sprache keine „Einbahnstraße" ist, sondern die eine nicht ohne die andere auskommt. (Vgl. Freyer, Thomas: Inwiefern sind ontologische Kategorien für eine theologische Anthropologie unabweisbar?, in: Cath[M] 61 [2007] 15-41, 39)

Durch sein Antlitz ist der Andere nämlich einzigartige Person, anlässlich deren einem Gott begegnet. Dies betont Levinas immer wieder, sogar mit Bezug auf die Weltgerichtsrede in Mt 25.[65]

Mir scheint, dass der Versuch, Levinas' Ansatz darüber hinaus als *funktionalen* zu charakterisieren,[66] zwar seinen ethischen Grundduktus anerkennt, aber dennoch nicht zutreffend ist. Für ein solches Unterfangen bietet sich an, dass man vom biblischen Kontext zu Gen 1,26f. ausgeht, der die Ebenbildlichkeit mit dem Herrschen des Menschen über alle Tiere und die ganze Erde in Verbindung bringt. Der Mensch führe auf diese Weise das Schöpfungswerk Gottes fort und sei „in Analogie seines Handelns Gott ähnlich"[67]. Seine Gottebenbildlichkeit bestünde also darin, dass der Mensch die Funktion Gottes als Schöpfer übertragen bekommt und sich zu eigen macht.

Doch rückt Levinas in seiner Interpretation weder den erwähnten Kontext in den Vordergrund, noch denkt er funktional.[68] Schon die Ausführungen zum Text von Rabbi Chaim Woloschiner zeigen, dass er der Befolgung des Gesetzes größeres Gewicht beimisst als der Fortsetzung dessen, was Gott in der Schöpfung der Welt begonnen hat. Der Mensch ist nicht dadurch Ebenbild, dass er über die Welt herrscht bzw. sie behütet, sondern dass er durch die Erfüllung der Gebote „Stütze der Welt" ist. Man kommt Levinas' Ansatz näher, wenn man, anstatt den Begriff *Ebenbild* funktional zu interpretieren, auf die Erstverantwortung des Ich für den Andern hinweist. In der ethischen Grundsituation, in der das Ich für den Anderen in Verantwortung eingesetzt wird, erfüllt weder das Ich noch der Andere eine Funktion. Vielmehr ist das Ich – anders als ein Funktionsträger – bei Levinas in seiner Verantwortung nicht ersetzbar. Genausowenig erfüllt der Andere eine Funktion – etwa die, Gottes Imperativ zu vermitteln –, sondern ist bloß der Anlass für ethische Betroffenheit durch Gott, ohne dass ihm eine Vermittlungsfunktion übertragen wäre.

Stellt man Levinas' Betonung der einzigartigen Verantwortung des Ich für den anderen Menschen in Rechnung, liegt es näher, von einer relationalen Konzeption zu sprechen als von einer funktionalen.[69] Allerdings ist auch für diesen Begriff Vorsicht geboten. Denn Relation könnte man dialogisch missverstehen. Levinas billigt zwar zu, dass mit der „Umkehrbarkeit oder [...] Reziprozität des Ich-Du / réversiblité ou [...] réciprocité du Je-Tu"[70] das bewusstseinsphilosophische Ich-Zentrum außer Kraft gesetzt wird, sieht seinen eigenen ethischen Ansatz allerdings mit der Dialogphilosophie allein noch nicht erreicht. Denn

65 Z.B. Levinas, Philosophie, Gerechtigkeit und Liebe, 140 (128).
66 So Dickmann, „In der Spur Gottes", 465 und 479.
67 Dickmann, „In der Spur Gottes", 480.
68 Vgl. Freyer, Mensch, 93.
69 Freyer, Mensch, 86, spricht von zwei Strängen in der christlichen Interpretationsgeschichte des Begriffs der Ebenbildlichkeit, nämlich von einem „substantialen" und von einem „relationalen", die allerdings vielfach ineinander verwoben seien.
70 Levinas, Dialog, 79 (226).

hier kann das Ich zum Du werden und umgekehrt. Es geht Levinas vielmehr um eine „Relation", die jede Dialogbeziehung übersteigt[71] und das Ich unumkehrbar zu dem macht, der vom Anderen betroffen ist und daher grenzenlos Verantwortung für sein Gegenüber zu tragen hat. Ein solcher Bezug ist keine Relation im strengen Sinn. Denn er hat keine ontologisch fassbaren Größen als Korrelate, deren man habhaft werden könnte.

Eine solche „Relation ohne Korrelat / relation sans corrélat"[72] zeigt sich in Levinas' Konzeption von Ebenbildlichkeit gleich mehrfach. Zum einen ist die „Relation" zwischen Anderem und Gott keine, die es dem anderen Menschen erlauben würde, auf Gott Bezug zu nehmen. Denn Gott begegnet nicht dem Anderen, sondern dem Ich. Zum anderen gelingt es dem Ich nicht, des Antlitzes des Anderen habhaft zu werden, weil ihm dieses immer schon zuvorgekommen ist und es ethisch verpflichtet hat. Und zum Dritten kann das Ich Gott nicht fassen, weil Gott einerseits immer schon vorbeigegangen ist und andererseits der Andere, der in der Spur Gottes steht, nicht dessen Mittler ist.

Levinas versteht Ebenbildlichkeit also nur bedingt relational, denn anstatt mit Korrelaten zu operieren, denkt er unmittelbare ethische Bezüge, die keine Rückversicherung gestatten, aber dennoch Geltung beanspruchen. Das Neue an Levinas' Konzeption von Gottebenbildlichkeit ist also nicht primär, dass er sowohl ontologische und ästhetische Verstehensweisen ablehnt, sondern dass er seine eigene ethische Interpretation des biblischen Begriffes jenseits eines dialogischen Relationsrahmens ansiedelt. Dadurch wird es möglich, Ebenbildlichkeit beim Anderen anzusetzen und das Ich als unverwechselbares ethisches Subjekt zu begreifen. Das bedeutet: Nicht das Ich ist Gottes Ebenbild, aber in seiner Verantwortung für den anderen Menschen „Stütze der Welt". Dazu hat es die Begegnung mit Gottes Ebenbild eingesetzt.

---

71   Vgl. Derrida, Wort zum Empfang, 86f. (116).
72   Levinas, „Nach Gottes Bild", 121 (198).

GESCHÖPF – ERZÄHLER – STATTHALTER

Clemens Sedmak

Einleitung

Im dritten Teil wird das Wort in diesem Band an denjenigen verliehen, der sich sozusagen von Hause aus und mit großer Autorität mit Gen 1,26 beschäftigt – den Vertreter der Alttestamentlichen Bibelwissenschaft. Der Innsbrucker Ordinarius für dieses Fach, *Georg Fischer SJ*, deckt in seinem Beitrag aber auch den Horizont des Alten Orients ab. Die altorientalischen Hintergründe rekonstruiert Fischer im ersten Teil seines Beitrags. Fischer kommt in seiner Diskussion akkadischer Literatur auf die Frage nach der Motivation der Götter für die Erschaffung des Menschen zu sprechen. In den alten Texten aus Mesopotamien wird der Mensch als Geschöpf Gottes dargestellt. Einen zweiten Hintergrund für den einschlägigen alttestamentlichen Text findet Fischer im Motiv des Königs als Bild Gottes, vor allem in ägyptischen Mythen. Ein dritter Strang findet sich in der Vertretung von Gottheiten durch ihre Embleme und Statuen. Sodann wendet sich Fischer in seinem äußerst präzisen Text der biblischen Hauptstelle (Gen 1,26-31) zu. Fischer bleibt in seiner exegetischen Arbeit genau am Text und zeigt die Tiefenschichten, die sich aus der kurzen Textstelle herausarbeiten lassen. Dann wird die Fortführung des Textes in Gen 2 und die Deutung von Gen 1 im weiteren Horizont der Bibel gezeigt; das Imago-Motiv zeigt sich etwa auch bei den Propheten und in den Psalmen. Fazit: Gen 1 ist eine Infragestellung üblicher altorientalischer Auffassungen vom Menschen; hier liegt provokative Kraft. Diese provokative Kraft ist auch im 21. Jahrhundert erhalten, geht es doch auch heute um Fragen nach der Würde und Gleichheit der Menschen.

Mit Augustinuszitaten beginnend bleibt auch der Literaturwissenschaftler *Gerhard Lauer* im zweiten Beitrag bei theologischen Topoi. Die Auffassung des Menschen als Abbild Gottes hatte auch Auswirkungen auf die Literatur. Die europäische Literatur ist durch die Auseinandersetzung mit Imago-Idee und dem Christentum eine andere geworden – die Geschichten der antiken Literatur verlieren an Verankerungen: „Weder gibt es einen Grund, mit dem Schicksal zu hadern, noch kann der Mensch in sich selbst und aus sich selbst Ruhe finden, noch kann er aus sich selbst glücklich sein." Dass der Mensch Abbild Gottes ist, der aber die damit verbundene Verantwortung nicht immer zu tragen bereit ist, ist ein Motiv, das in der antiken Literatur naturgemäß nicht zu finden ist. Lauer spricht von einem „literarischen Ikonoklasmus", der sich durch die Lehre von der Geschöpflichkeit des Menschen, mit der zugleich ein neuer Blick auf die irdischen Verhältnisse geworfen wurde, ergeben hat. Entsprechend harsch ist auch so manche Kritik, die in der altchristlichen Literatur an den antiken Künsten geübt wurde. Andererseits eröffnete sich durch die christliche Literatur etwas Neues: „Gerade weil eine christliche Literatur nicht Nachahmung ist, sind ihre Handlungen und Geschichten symbolische Verweise." So wird die Imago-Idee zur Zerstörerin wie zur Ermöglicherin von literarischer Kraft. Im zweiten Teil seiner Ausführungen zeichnet Lauer die Konsequenzen der anthropologischen Wende des 16. und 17. Jahrhunderts nach. Diese Wende hat sich auch in der Literatur manifestiert. Auf subile Weise wirkt die Theologie wie die Volksfrömmigkeit auf die Literatur ein. Dies zeigt sich wiederum beim Übergang hin zur Neuzeit. „Es scheint, als würde, je weniger die Literatur in der Neuzeit den Menschen als Abbild Gottes zu zeichnen vermag, der Wunsch wachsen, eben genau das zu tun." Hier liegt ein gewisses Paradox: Je freier die Literatur von religiösen Grundvorstellungen geworden ist, je mehr sie sich sozusagen selbst verdankt und selbst begründet, desto größer wird auch das Misstrauen, das die Literatur sich selbst entgegen bringt. Die Imago-Idee hat etwas Behütendes; hier wird dem Menschen Heimat in der Welt zugesagt, weil sie ihm nicht völlig fremd ist; weil Mensch und Welt auf einander hingeordnet sind. Wenn dieser Zusammenhang, der Orientierung und Halt schafft, wegfällt, entsteht ein „unbehauster Mensch", der sich Bilder machen muss, denen er das Privileg hat, zu misstrauen.

Der Säkularisierung der Imago-Idee geht mit den Mitteln des Historikers der Salzburger Ordinarius *Heinz Dopsch* nach. Das Motiv der Ebenbildlichkeit und besonderen Gottesnähe hat auch in der Sphäre von Macht und Politik einen besonderen Stellenwert. Selbst christliche Herrscher sahen sich genötigt, den besonderen Charakter ihrer Beziehung zu Gott hervorzuheben; diesen säkularen Ausprägungen der Imago-Idee ist der dritte Beitrag dieses Abschnitts gewidmet. Dopsch zeichnet antikes Gottkönigtum mit seiner vollen Ausprägung durch Cäsars Adoptivsohn Octavian und die konstantinische Wende, die auch Konsequenzen für den Kaiserkult hatte, nach. Nach der Entscheidung Kaiser Konstantins für das Christentum wurde der Kaiserkult allmählich abgebaut, allerdings nie völlig abgeschafft. Viele Momente des römischen Kaiserkults wurden christianisiert. Im Mittelalter erlebt sakrales Herrschertum eine neue Blüte. Das mittelalterliche Königtum und Kaisertum war sakral. Dopsch nennt drei Merkmale, in denen das Naheverhältnis des Herrschers zu Gott zum Ausdruck kommt: Gnadenwahl, Statthalterschaft, priesterliche Verantwortung. So konnte sich denn auch der Kaiser zum Schutzherr der Christenheit erheben. Durch Salbung, Krönung und Weihe wird der Herrscher zum Gesalbten des Herrn. Hier spielt der Aufstieg der Karolinger zum Königtum eine wichtige Rolle. Neben der Präsentation vieler Beispielen macht Heinz Dopsch auch einen Ausflug in die Kunstgeschichte und spricht die vermittelte Gottesnähe des Herrschers im Bild an. Wieder kommen wir auf den Zusammenhang von „Abbild" und „Bild", von unterstellter Gottnähe und besonderen Medien der Darstellung. Abschließend diskutiert Dopsch das Motiv der Unsterblichkeit des

Königs. Damit verbunden sind die Begründungsmomente der Fortdauer der Königsdynastie, der korporative Charakter der Krone und die Unsterblichkeit der Königswürde. Diese Begründungsmomente fügen der Dynamik der Imago-Idee noch eine weitere Facette hinzu: Geschaffene Ebenbildlichkeit, erzählte Ebenbildlichkeit, gelebte Ebenbildlichkeit.

Georg Fischer SJ

„… nach unserem Bild und unserer Ähnlichkeit" (Gen 1,26)
Die provokante Aussage von der Erschaffung des Menschen im Horizont von Altem Testament und Altem Orient

Das Thema unserer Tagung widmet sich der Vorstellung, der Mensch sei von Gott geschaffen und stehe von daher in einem Naheverhältnis zu ihm. Diese Auffassung hat – soweit uns heute überhaupt bekannt ist – ihre *Wurzeln in der Antike*. Die ältesten bekannten Zeugnisse davon reichen zurück bis ins 3. Jahrtausend v.Chr. und sind über keilschriftliche Texte aus Mesopotamien teilweise immer noch zugänglich. Die biblische Rede vom Menschen als Bild Gottes schloß etwa in der Mitte des 1. Jahrtausends v.Chr. daran an und ist wegen ihrer außerordentlichen Wirkungsgeschichte über die Jahrtausende hinweg und bis in die Gegenwart herein für das Verständnis menschlicher Existenz bestimmend geworden.

Wir wollen den Grundlagen solchen Redens vom Menschen als Geschöpf Gottes nachgehen. Aufgrund des oben genannten Befundes bieten sich *drei Schritte* dafür an:
– zuerst ein Blick auf die altorientalischen Hintergründe (A)
– dann eine Auslegung der Hauptstelle in Gen 1 (B)
– schließlich einige Beispiele aus deren innerbiblischer Wirkungsgeschichte (C).
Am Ende soll auch noch die Bedeutung der biblischen Aussagen reflektiert werden.

A. Altorientalische Hintergründe

1. Die Erschaffung des Menschen in mesopotamischen Schöpfungserzählungen

Auch in Nicht-Fachkreisen sind die großen akkadischen Epen Atram Ḫasis[1] und Enuma Elisch[2] bekannt als Erzählungen, in denen Parallelen zu biblischen Texten zu finden sind. Doch gibt es bereits früher, bis in die altbabylonische Zeit zurückreichend, *sumerische Texte*, die ebenfalls von der Erschaffung des Menschen berichten.[3]

---

1 Deutsche Übersetzung durch W. VON SODEN (*TUAT* [= Texte aus der Umwelt des Alten Testaments] III/4), 618-645.
2 Auf deutsch von W.G. LAMBERT (*TUAT* III/4), 569-602.
3 Eine Übersicht dazu bietet G. PETTINATO, *Das altorientalische Menschenbild und die sumerischen*

Die Unterschiede zwischen den sumerischen und den akkadischen Mythen bezeugen eine *Entwicklung*. Sie bringt auf der einen Seite eine Reduktion der Weisen, wie der Mensch entstand. Während sumerisch sowohl Begriffe in Analogie zu natürlichen Vorgängen wie „(hervor-) sprießen, wachsen" als auch zu menschlichem Handeln gehörende Wörter wie „bauen, formen, machen, schaffen" belegt sind, verwenden die akkadischen Texte nur noch Ausdrücke, die dem letzteren Vorstellungsbereich zuzuordnen sind.

Auf der anderen Seite gehen die akkadischen Mythen über ihre Vorlagen hinaus, indem sie zusätzlich zu irdischem Material göttliche Elemente verwenden. In der sumerischen Erzählung „Enki und Ninmach" hatte der Schöpfergott Enki in einer ersten Phase eine Art Modell / Form des Menschen geschaffen, aus dem dann in einem zweiten Schritt durch die Verwendung von Lehm als Materie der Mensch wird.[4] Die akkadische Literatur kennt zwar die Bildung des Menschen aus Lehm allein; die beiden großen Epen jedoch nehmen jeweils zusätzlich an, daß es zur Erschaffung des Menschen das *Fleisch* und / oder das *Blut* eines eigens dafür getöteten Gottes braucht.[5]

Bedeutsam ist überdies die *Motivation*, welche die Götter zu ihrem Handeln bewegt. Die niederen Götter (Igigu) haben harte Arbeit auf der Erde zu leisten und beschweren sich darüber; ihre Klage wird beantwortet mit der Erschaffung des Menschen, wozu Enlil die Mutter-Göttin Bēlet-Ilī beauftragt:

„Du bist der Mutterleib, der die Menschheit erschafft;
    erschaffe den Urmenschen, daß er das Joch auf sich nehme!
Er nehme das Joch auf sich, das Werk des Enlil;
    den Tragkorb des Gottes trage der Mensch!"[6]

Der entscheidende Grund für die Bildung des Menschen ist also, daß er den Göttern ihre *Arbeitslast ab- und übernehme*.

Seit gut 20 Jahren ist *eine weitere babylonische Erzählung* von der Erschaffung des Menschen bekannt, die W. Mayer ediert hat.[7] Die entscheidenden, Neues bringenden Zeilen lauten:

---

und akkadischen Schöpfungsmythen (AHAW 1), Heidelberg 1971, 18f. – Für Anregungen und Hilfe in diesem Teil A) danke ich Dr. Martin Lang sehr.

4   PETTINATO, *Menschenbild* (Anm. 3) 39f.

5   Beide Materien werden explizit erwähnt z.B. im Atram Ḫasis Epos I, 210f und 225f (*TU-AT* III/4 [vgl. Anm. 1], 623f). Zusätzlich geben die großen Götter ihren Speichel auf den Lehm (Z. 233f). Siehe dazu auch die Ausführungen bei PETTINATO, *Menschenbild* (Anm. 3) 42-46 und 60.

6   Atram Ḫasis I, 194-197, zitiert nach der Übersetzung von W. von Soden in *TUAT* (Anm. 1). – Die Aufgaben der Igigu sind in I ab Z. 20 beschrieben; ihre Klagen setzen in Z. 39 ein und reichen mit Unterbrechungen bis Z. 165.

7   Werner R. MAYER, Ein Mythos von der Erschaffung des Menschen und des Königs, *Orientalia* 56 (1987), 55-68. Es handelt sich um die Keilschrifttafel VAT 17019 (BE 13383). Zwei Jahre später hat Hans-Peter MÜLLER, Eine neue babylonische Menschen-

Z. 32: *at-ti-ma tab-ni-ma* LÚ.ULÙ^{lu}-*a a-me-lu*

Z. 33: *pi-it-[qí]-ma* LUGAL *ma-li-[ku] a-me-lu*

(und in deutscher Wiedergabe)

„Du hast den lullû-Menschen geschaffen,
bilde nun den König, den überlegen-entscheidenden Menschen!"

Hier werden zwei Stufen greifbar, eine erste, bei der die *misera contribuens plebs*,[8] die lullû-Menschen, und eine zweite, bei der als eigentliches und höher stehendes Wesen der *König* erschaffen wird.[9]

Die alten Texte aus Mesopotamien bezeugen allesamt den Menschen als Geschöpf Gottes. Dabei zeigt sich eine *Bewegung* hin zur Vorstellung der Formung / Gestaltung, bei der neben Lehm auch göttliche Materie zur Bildung des Menschen verwendet wird. Ein neues Element brachte der letztgenannte Text ein, der die besondere Stellung des Königs betont, was zugleich zum nächsten Thema überleitet.

2. Die Auffassung vom König als Bild Gottes

Eine zweite Schiene, die es zum Verständnis der biblischen Aussagen von Gen 1 vorbereitend zu begehen gilt, ist der *Motivkomplex des Bildes / Abbildes*. Bereits Anm. 9 hatte dazu auf die gemeinsemitische Wurzel *ṣlm* aufmerksam gemacht. Allerdings war sie dort nicht im Sinn eines Abbildes eines Gottes, sondern in der Bedeutung „Figur" verwendet worden. Das im Akkadischen, Assyrischen und Babylonischen gebräuchliche Wort *ṣalmu*[10] hat eine große semantische Weite; es kann „Statue, Abbildung, Gestalt, Ähnlichkeit ..." ausdrücken[11] und sich auf Gottheiten, Menschen und Objekte beziehen.

Dabei fällt auf, daß es gezielt für herausragende Personen eingesetzt wird. Früher hatte G. Pettinato einen ersten Beleg schon beim sumerischen König

schöpfungserzählung im Licht keilschriftlicher und biblischer Parallelen – Zur Wirklichkeitsauffassung im Mythos, *Orientalia* 58 (1989), 61-85, eine weitere Auswertung dieses Fundes vorgenommen.

8   So die Auslegung von Müller, Menschenschöpfungserzählung (s. vorige Anm.) 74.

9   Die Tendenz dieser aus neubabylonischer Zeit stammenden Erzählung wird auch aus dem Abschluß klar, der – soweit erkennbar in Z. 42f – eine „Mahnung zur Loyalität" enthält, so Mayer, Mythos (Anm. 7), 65. Von der Formulierung her interessant ist überdies Z. 8 mit *ṣa-lam ṭi- iṭ-ṭi* „Figur von Lehm", weil sie über das erste Wort verbunden ist mit der biblischen Rede vom Menschen als צלם „Bild", welches dieselbe semitische Wurzel verwendet.

10   S. dazu *The Assyrian Dictionary* (= CAD), Band Ṣ, Chicago 1962, 78-85.

11   Doch s. demgegenüber die Einschränkung von I.J. Winter, Art *in* Empire: The Royal Image and the Visual Dimensions of Assyrian Ideology, in: S. Parpola / R.M. Whiting (Hg.), *Assyria 1995* (Helsinki 1997), 359-381. Sie plädiert stark für „image" als einheitliche Grundbedeutung, von der dann die übrigen Bedeutungen sich ableiten (S. 365).

Šulgi von Ur (Regierungszeit ca. 2047–1999) gesehen,[12] doch ist diese Deutung nach neueren Erkenntnissen nicht mehr haltbar.[13] *Ein sicheres frühes Vorkommen* der Verwendung von *ṣalmu* für einen König mit Bezug auf Gott liegt vor bei Tukulti-Ninurta I. (1247–1243 v.Chr.). In dem nach ihm benannten Epos übersetzt B. Foster den Beginn der Z. 18 von i (= Rückseite der Tafel A), *šu-ú-ma ṣa-lam* ᵈBE *da-ru-ú*, mit: „It is he who is the eternal image of Enlil ...".[14]

In späterer, neuassyrischer Zeit nimmt dieser Gebrauch von *ṣalmu* zu. Wir finden in Briefen von Adad-šumu-uṣur, des Chefs der Beschwörungspriester Asarhaddons:

AD-*šú ša* LUGAL *be-lí-ia ṣa-lam* ᵈ⁺EN-*ma šu-ú* *ù* LUGAL *be-li ṣa-lam* ᵈ⁺EN *šu-ú*

(„Der Vater des Königs, mein Herr, war das Abbild [des Gottes] Bel, und der König, mein Herr, ist das Abbild [des Gottes] Bel.")[15]

Ähnlich lautet es auf den Sonnengott bezogen:

LUGAL EN KUR.KUR *ṣa-al-mu* *ša* ᵈUTU *šu-ú*

(„Der König, der Herr der Welt, das Abbild von Schamasch ist er.")[16]

Weitere Beispiele beziehen sich auf Marduk oder sind allgemein formuliert.[17] Diese Zitate zeigen, wie assyrische Könige über die Verwendung des Motivs „Abbild von ..." in *göttliche Nähe* gerückt werden.[18] Auch das Gilgamesch-Epos

---

12 PETTINATO, *Menschenbild* (Anm. 3) 40, las in der Šulgi-Hymne (CT XXXVI, Tafel 26) damals „Ebenbild des (Gottes) Enlil" als Bezeichnung für den König.

13 Die Bearbeitung von J. KLEIN, in: W.W. HALLO (Hg.), *The Context of Scripture I*. Canonical Compositions from the Biblical World, Leiden 1997, 552f, interpretiert die betreffende Z. 19 mit „Enlil, the powerful shepherd, caused the young man to appear ..." (es handelt sich um die Geburt des Königs).

14 B.R. FOSTER, *Before the Muses*. An Anthology of Akkadian Literature I: Archaic, Classical, Mature. Bethesda 1995, 213.

15 S. PARPOLA (Hg.), *State Archives of Assyria X*. Letters from Assyrian and Babylonian Scholars (= SAA X), Helsinki 1993, Nr. 228 (S. 180f). Die zitierte Stelle gibt K 595, Z. 18f wieder.

16 Text und englische Übersetzung bei PARPOLA (s. vorige Anm.), Nr. 196 (S. 159); es handelt sich um K 583, r.4 und 5.

17 *CAD*, Band Ṣ (s. Anm. 10), 85: *šar kiššati ṣalam* ᵈ*Marduk atta* („Der Herr der Gesamtheit, das Abbild Marduks bist du"), sowie bei PARPOLA, *SAA X* (Anm. 15), Nr. 207 (S. 166): „The king is the perfect likeness of the god" (diese Stelle verwendet jedoch nicht *ṣalmu*, sondern *muššulu* „Ähnlichkeit, Spiegel [-bild]").

18 In diese Richtung interpretiert S.M. MAUL, Der assyrische König – Hüter der Weltordnung, in: *Priests and Officials in the Ancient Near East*, hg. K. WATANABE, Heidelberg 1999, 201-214, die neuassyrische Königsideologie: „Der König ... stellte sich den Menschen als ein Wesen dar, das den Göttern sehr nahe stand und das von den Göttern erschaffen wurde", und weiter: „In gewisser Weise verschmolz hier die Gestalt des Königs mit der Gestalt der Göt-

enthält eine Stelle, welche die Erschaffung des Helden mit *ṣalmu* in Verbindung bringt.[19] Der Gebrauch des Motivs „Abbild" in seiner Anwendung auf die Beziehung zwischen einer Gottheit und dem König ist *ebenfalls im Ägyptischen* belegt: Der Name des Pharao Tut-ench-Amun bedeutet „lebendes Bild des [Gottes] Amun", und Tutmoses IV wird einmal ehrend als „Ähnlichkeit des Re" benannt.

Die obigen Belege zeigen für den Alten Orient die *Verbreitung des Motivs*, den Herrscher als Bild Gottes oder als ihm ähnlich anzusehen. Eine solche Königsideologie läßt sich sowohl für Mesopotamien als auch für Ägypten nachweisen.

3. Die Vertretung von Gottheiten durch ihre Embleme und Statuen

N. Sarna hat auf einen dritten Bereich hingewiesen, der als Vergleich mit der biblischen Schöpfungserzählung in Gen 1 heranzuziehen ist.[20] Besonders auf assyrischen Stelen begegnen häufig *Göttersymbole*, die durch die bildhafte Darstellung die Wirkung oder Anwesenheit der betreffenden Gottheiten anzeigen wollen. Diese Symbole werden, wie auch die Statuen der Götter selbst, mit dem schon vertrauten Ausdruck *ṣalmu* „Bild, Abbild" benannt.

Beispiele dafür gibt es unzählige; relativ leicht zugänglich ist wegen seiner großen Verbreitung und Bedeutung der einschlägige Bildband von O. Keel.[21] Ich greife nur zwei Darstellungen von vielen heraus. Die Abbildungen 91 und 92 (S. 69f) geben ein Bronzetäfelchen wieder, das als Amulett diente und aus der Zeit ca. um 700 v.Chr. stammt. Auf der Vorderseite sind im obersten Register rechts, als eine Art *Schutzmächte* vor den tiefer unten gezeichneten Dämonen, die Embleme von Ischtar (Stern), Schamasch (geflügelte Sonne), Sin (Mondsichel) und Siebengestirn (sieben Kugeln) deutlich zu sehen (s. folgende Seite).

Abbildung 407 (S. 281; hier auf S. 123) gibt Asarhaddon (680–669) auf einer Stele wieder. Sie zeigt den siegreichen assyrischen König mit zwei am Nasenseil geführten gefangenen, um Gnade flehenden Feinden, der einen Becher erhebt zu den oben in der Mitte und rechts vereinten *Emblemen zahlreicher Gottheiten*. Er will ihnen offenbar für seinen Triumph danken. Über die schon erwähnten vier

---

ter" (beide Zitate S. 214). – Breitere Hintergründe dazu, gerade auch in der Vermischung realer und idealer Züge bei der Darstellung der Könige, finden sich bei WINTER, Art (s. Anm. 11), vor allem ab S. 369.

19 Taf. I, Z. 49 gibt S.M. Maul wieder mit: „Das Bild seines Leibes entwarf Bēlet-ilī" (*Das Gilgamesch-Epos*. Neu übersetzt und kommentiert von S.M. MAUL, München 2005); die Originalausgabe von A.R. GEORGE, *The Babylonian Gilgamesh Epic*. Introduction, Critical Edition and Cuneiform Texts. Volume I, Oxford 2003. S. 540f übersetzt mit: „Bēlet-ilī drew the shape of his body."

20 N. SARNA, *Genesis* בראשית (JPS Torah Commentary), Philadelphia 1989, 12.

21 O. KEEL, *Die Welt der altorientalischen Bildsymbolik und das Alte Testament*. Am Beispiel der Psalmen, Darmstadt ³1984.

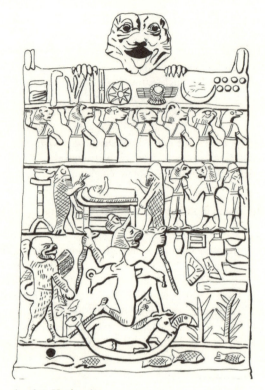

Amulett, Vorderseite

Detail aus dem obigen Amulett;
oberes Register mit den Emblemen von Gottheiten

Götter hinaus, deren Symbole hier wiederkehren, sind es vier auf Wappentieren stehende Statuen von weiteren Gottheiten sowie, am tiefsten und zusammen angeordnet, noch die vier Embleme von Marduk, Nabu, Ea und Ninurta.

Stele von Asarhaddon, 680–669 v.Chr.

Detail daraus

Die mesopotamischen Erzählungen von der Erschaffung des Menschen (oben 1.) haben deutlich gemacht, daß die biblischen Vorstellungen davon *in diesen Horizont einzuordnen* und in Beziehung darauf zu interpretieren sind. Überdies hat sich (bei 2.) gezeigt, daß das Motiv des „(Ab-) Bildes Gottes" im Alten Orient vornehmlich für den König Verwendung fand.

Auch der Brauch, *Götter* durch ihre Embleme bzw. durch Statuen *abzubilden* (3.), war im Alten Orient verbreitet. Die Bezeichnung solcher Darstellungen als *ṣalmu* „Bild, Abbild" verbindet mit der biblischen Redeweise in Gen 1 und bildet so einen weiteren Vergleichshintergrund dafür.

Dennoch zeigten schon die knappen Bemerkungen in diesem Teil, daß das *Alte Testament sich deutlich abhebt*: Dort werden nicht zwei Klassen von Menschen geschaffen. Auch bedarf es zu seiner Erschaffung nicht der Tötung eines Gottes. Gleichfalls sind die Beweggründe für Gottes Handeln verschieden, wie sich bald im Weiteren noch mehr zeigen wird. Mit diesen Befunden können wir uns nun der Bibel zuwenden.

B. Die biblische Hauptstelle: Gen 1,26-31

1. Der Kontext von Gen 1,1-2,3

Anfangspositionen in literarischen Werken tragen besondere Bedeutung. Von daher kommt der Erzählung in Gen 1 (bis 2,3)[22] ein Gewicht zu, das kaum zu überschätzen ist. Zum einen steht sie im ersten Buch des AT und der gesamten Bibel, zum anderen ist sie dessen Beginn. Als solche ist sie *tragendes Fundament* nicht nur für das Buch Genesis, sondern für die ganze Heilige Schrift.

Auf dieser Grundlage *baut alles Folgende auf*, zunächst die weitere Schilderung von der Bildung des ersten Menschenpaares in Gen 2, die vorangehende Motive aufgreift, fokussiert und vertieft (s. dazu unten bei 4). Dann aber nehmen spätere Stellen wie Gen 5,1-3; 9,1f.6f (vgl. dafür Teil C, 1) mit präzisen Formulierungen Bezug auf Gen 1, das sie so als Basis voraussetzen. Auch Schlüsselmotive bereiten schon in Gen 1 auf wesentliche Thematiken des gesamten Buches Genesis vor; zu ihnen zählen u.a. die Beziehung beider Geschlechter, von Frau und Mann zueinander, sowie das Verhältnis von Mensch und Tier.[23]

Innerhalb von Gen 1 gibt es eine *sehr klare Dynamik*, welche dem leicht erkennbaren Aufbau lebendige Bewegung verleiht und gleichzeitig gestufte Wertigkeit sichtbar werden läßt. So erfolgt eine Steigerung, die bei der unbe-

---

22 Gen 1,1-2,3 bilden eine zusammenhängende Einheit, wie durch die fortlaufende Zählung der sieben Tage und andere Motive kenntlich ist und allgemein angenommen wird. Die Abgrenzung nach hinten in 2,4a ist umstritten, doch dient der ganze Vers als Übergang, nämlich sowohl als Abschluß der ersten als auch als Überleitung zur zweiten Erzählung.

23 A. WÉNIN, La question de l'humain et l'unité du livre de la Genèse, in: DERS. (Hg.), *Studies in the Book of Genesis* (BEThL 155), Leuven 2001, 3-34, bes. ab S. 12 bzw. schon ab 5.

lebten Welt (Tage 1-4) einsetzt und zu den Lebewesen hinführt, unter denen schließlich dem Mensch aus verschiedenen, noch zu nennenden Gründen eine *besondere Stellung* zukommt.

Doch ist ernst zu nehmen, daß die Entwicklung der ersten biblischen Erzählung nicht mit der Erschaffung des Menschen, sondern mit *Gottes Ruhen*[24] *am siebten Tag* ihren eigentlichen Höhepunkt erreicht. Dies bedeutet, daß der Mensch nicht absolut, für sich, Krone der Schöpfung ist, sondern hingeordnet auf die Feier dieses Ruhetages, an dem er teilhat am Rhythmus und Lob seines Schöpfers.[25]

2. Der Plan: Gen 1,26

> Und Gott sagte: „Wir wollen (den) Menschen machen, nach unserem Bild, wie unsere Ähnlichkeit, und sie sollen herrschen über die Fische des Meeres und über die Vögel des Himmels und über die Tiere und über die ganze Erde und über alle kriechenden Tiere, die auf der Erde kriechen!" (Gen 1,26)

Innerhalb des sechsten Schöpfungstages[26] erfolgt zunächst die Erschaffung der übrigen Lebewesen auf der Erde (die Landtiere in Gen 1,24f). Damit fallen, wie am dritten Schöpfungstag,[27] zwei Werke Gottes auf einen Tag. Auch von daher *relativiert sich die Position des Menschen*, insofern er seinen Lebensbereich mit anderen Wesen teilen muß und nicht alleine Zentrum der göttlichen Aufmerksamkeit an einem Tag ist.

Die Weise aber, *wie Gott sich ihm zuwendet*, hebt ihn über alles Bisherige hinaus. Nie zuvor hatte Gott vor seinem Handeln seine Absicht kundgetan; hier jedoch teilt er in v26 ausführlich mit, was er zu tun gedenkt. Dieser Wandel zeigt sich

---

24   Vom dafür verwendeten hebräischen Verb שבת „aufhören, ruhen" ist auch das gleichlautende Nomen שבת „Sabbat, siebter Tag" abgeleitet, das aber in Gen 2,1-3 nicht explizit genannt wird. Doch enthält der Dekalog in Exodus 20,11 einen ausdrücklichen Rückverweis auf diesen Abschluß der ersten Schöpfungserzählung, der als motivierende Begründung dient und so die Kombination beider Texte zur Ätiologie für Einführung und Einhaltung des Sabbats macht.

25   Die Bedeutung des Sabbats / siebten Tages ist außerordentlich und weitreichend. Sie wird u.a. auch daran ersichtlich, daß er in den „Zehn Worten" die erste positive Forderung darstellt und am längsten entfaltet ist (Exodus 20,8-11); s. dazu D. MARKL, *Der Dekalog als Verfassung des Gottesvolkes*. Die Brennpunkte einer Rechtshermeneutik des Pentateuch in Ex 19-24 und Dtn 5 (HBS 49), Freiburg 2007, bes. 112-117.

26   Wörtlich: „der Tag des Sechsten". Die Ordnungszahl ist gegenüber den fünf vorangehenden Tagen im Hebräischen neu und deutet eine Veränderung an. Dazu und zur Bedeutung der Zeitangaben in Gen 1 s. I. WILLI-PLEIN, Am Anfang einer Geschichte der Zeit, in: *Theologische Zeitschrift* 53 (1997), 152-164, hier 161f.

27   Gen 1,9-13 berichten, daß Gott zuerst durch die Sammlung der Wasser auf der Erde das trockene Land (v9f) und dann (v11f) die Vegetation auf ihm geschaffen hat.

schon sprachlich in der Veränderung von den vorausgehenden Jussiven[28] zum Kohortativ נעשה „Wir wollen machen!".

Die Verwendung der *ersten Person Plural* („wir") für Gott hat zu ausgedehnten Spekulationen Anlaß gegeben. Sie begegnet noch öfter, sogar in der Urgeschichte weitere zwei Male (Gen 3,22; 11,7) und deutet bei ihrer Verwendung für den biblischen Gott nicht auf eine Mehrzahl von Göttern hin. Vielmehr spiegelt sich darin die Vorstellung des himmlischen Hofstaates, bei dem Gott von Engeln, Boten und anderen dienenden Wesen umgeben ist.[29]

Der Mensch soll werden בצלמנו כדמותנו „*nach unserem Bild, wie unsere Ähnlichkeit*". Bereits oben bei A, 2) sind wir auf altorientalische Parallelen zur Verwendung der Wurzel צלם „Bild" für (königliche) Menschen gestoßen. Sogar die Kombination der beiden Nomina *salm'* („Bild") und *dmwt'* (Abstraktbildung für „Ähnlichkeit") ist in einer zweisprachigen assyrisch-aramäischen Inschrift von Tell Fekheriyeh (Syrien) bezeugt,[30] doch beziehen sich die relevanten Ausdrücke auf die Abbildung des Herrschers auf der Stele und nicht auf dessen Ähnlichkeit mit einem Gott. – Auf diesem Hintergrund wird deutlich, daß sich Gen 1 von all diesen Texten markant abhebt. Die Nähe zu Gott über „Bild" und „Ähnlichkeit" besteht nicht nur für besondere Menschen, sondern für die *gesamte Menschheit*.

Die verschiedenen Präpositionen im Original (ב־ „in, nach" und כ־ „wie, gemäß") dürften hier von der Bedeutung her nicht wesentlich differieren,[31] wie auch die an nächsten kommenden Stellen in Gen 5,1 mit „nach Gottes Ähnlichkeit" und Gen 5,3 mit „nach seiner Ähnlichkeit, wie sein Bild" durch die Vertauschung zeigen. Von daher ist die etwas freiere Wiedergabe oben im Titel „… nach unserem Bild und unserer Ähnlichkeit" gleichfalls erlaubt und berechtigt.

---

28   Ab Gen 1,3 יהי אור „Es sei Licht!"; zuletzt noch v24 תוצא „Es bringe hervor …!".
29   In diese Richtung gehen nahezu alle wichtigeren Kommentatoren, z.B. B. JACOB, *Das Buch Genesis*, Stuttgart 2000 (= Berlin 1934), 57; G.J. WENHAM, *Genesis 1-15* (Word), Waco 1987, 28; N. SARNA, *Genesis* (Anm. 20), 12. Eine Stütze findet diese Deutung durch andere biblische Stellen, u.a. 1 Könige 22,19; Jesaja 6,2-4.
30   Original-Veröffentlichung durch A. ABOU-ASSAF u.a. (Hg.), *La Statue de Tell Fekherye et son inscription bilingue assyro-araméenne* (Études Assyriologiques 7), Paris 1982, im Blick auf die Bibel ausgewertet von Paul-Eugène DION, Image et Ressemblance en araméen ancien (Tell Fakhariyah), *Science et Esprit 34 (1982),* 151-153.
    Die erwähnte Kombination von „Bild" und „Ähnlichkeit" (hebräisch entsprechend den beiden Nomina salam = צלם und d'mut = דמות) befindet sich auf einer Basaltstele des aramäischen Königs Haddu-yis‛i und stammt vermutlich aus dem 9. Jahrhundert v.Chr. Die Wiedergabe von E. Dion liest:
    Z. 1: *dmwt'* de Haddu-yis‛i, qu'il a placée devant Hadad-de-Sikanu
    Z. 12: *slm* de Haddu-yis‛i,
      (13) roi de Gozan, de Sikanu et d'Azarnu
    Beide relevanten Ausdrücke begegnen nochmals in Parallele in den Zeilen 15-16 und bilden die nächste altorientalische Entsprechung zur Formulierung in Gen 1,26. Während Z. 1 sich nicht im assyrischen Text findet, steht in allen anderen Vorkommen jeweils *salmu*, und zwar sowohl für aramäisches *dmwt'* als auch für *slm*.
31   G. WENHAM, *Genesis* (Anm. 29), 28f, sieht sie als austauschbar an.

Michelangelo, Erschaffung des Menschen, Capella Sistina, Rom

Schwerer wiegen die *Unterschiede bei den Nomina.* צלם kann im Hebräischen[32] bedeuten: 1) Statue, Bildsäule; 2) Götterbild; 3) (im Plural) Bilder, Figuren; 4) (vergängliches) Bild; 5) Abbild (nur in Gen 1,26f; 5,3; 9,6). – Die häufigeren Verwendungen 1) und 2) entsprechen dem altorientalischen Gebrauch und sind auch im Aramäischen belegt.[33] Von ihnen her darf man schließen, daß in Gen 1 der Mensch als Abbild Gottes ebenso die *Rolle* übernimmt, das „Original" (in diesem Fall also *Gott) zu repräsentieren und zu vertreten.*

Das zweite Nomen „Ähnlichkeit" drückt *sowohl Nähe als auch Abstand* aus. Zum Einen betont es, das vorangehende „Bild" aufgreifend und verstärkend,[34] die hohe Übereinstimmung zwischen Gott und Mensch. Zum Anderen verhindert es, daß der Mensch zu sehr als Gott gleich angesehen werden könnte,[35] stellt also eine Art „Absicherung" gegen ein solches Mißverständnis dar. Weiters legt sich von „wie unsere Ähnlichkeit" her nahe, den ersten Ausdruck

32 Nach L. Koehler / W. Baumgartner, *Hebräisches und Aramäisches Lexikon zum Alten Testament,* Leiden 1983, 963f.

33 Siehe das große Standbild in Nebukadnezzars Traum (Daniel 2,31) oder dessen zur Verehrung angefertigtes „Bild" (Dan 3,1). In beiden Fällen steht צלם.

34 Manche Autoren, etwa Jacob, *Buch* (Anm. 29), 58, oder Sarna, *Genesis* (Anm. 20), 12, sehen die Unterschiede zwischen beiden Wörtern als sehr gering an und bezeichnen die Ausdrücke als „gleichwertig" bzw. „virtually identical in meaning"; doch dürfte dies dem besonderen Akzent des zweiten Wortes zu wenig Rechnung tragen. – Beide Wörter sind eng zusammen auch in Ezechiel 23,14f belegt, wo es sich um Ritz-Zeichnungen chaldäischer Krieger handelt.

35 V.P. Hamilton, *The Book of Genesis, Chapters 1-17* (NICOT), Grand Rapids 1990, 135. Auch C. Dohmen, Zwischen Gott und Welt. Biblische Grundlagen der Anthropologie, in: E. Dirscherl u.a., *In Beziehung leben.* Theologische Anthropologie (Theologische Module 6), Freiburg 2008, 7-45, hier 28, wehrt vehement eine Deutung als „Identifikation" ab.

„nach unserem Bild" nicht als vermittelndes „Zwischen-Bild"[36] zu interpretieren, sondern als auf Gott selber direkt und ohne Mittelglieder bezogen. Der
Mensch ist damit *Abbild von Gott selbst* und kommt ihm, wie dieser für sich ist,
ähnlich.[37]

Eine *beabsichtigte Auswirkung* dieser besonderen Qualität des Menschen be-
nennt Gott gleich anschließend mit „und sie sollen herrschen ...". Das dafür
verwendete Verb רדה besagt „zu Arbeits- und Tributleistung anhaltende Be-
fehlsgewalt"[38] und wird z.B. in Ezechiel 34,4 für die Beziehung von Hirten
zu ihrer Herde gebraucht.[39] Der Bereich menschlicher Herrschaft umfaßt dabei fünf Objekte, wobei als viertgenanntes „die ganze Erde" unter den Tieren
sonst hervorsticht. *Der gesamte Planet Erde* ist somit von Gott *in die Obhut und die
Verfügung des Menschen gegeben.*

Am Ende der Besprechung der Schlüsselstelle Gen 1,26 ist ganz wichtig zu
betonen, daß eine *eigentliche ,Definition' dessen fehlt,* was genau die Gottebenbildlichkeit des Menschen ausmacht.[40] Der Text bleibt damit offen für verschiedene
Deutungsmöglichkeiten. So wurden darunter ganz unterschiedliche Aspekte
verstanden, von Vertreter Gottes über Vize-Regent, Symbol göttlicher Gegenwart, ... bis hin zu Beseeltheit[41] oder zur Fähigkeit, Leben weiterzugeben. Sie
alle erfassen jedoch nur Teile des hier Gesagten.

---

36 Derart, daß Gott zuerst ein Bild / eine Kopie von sich machte, nach der er dann den Men-
    schen schüfe, der so gleichsam das Bild / die Kopie einer Kopie würde.
37 Es ist beliebt, daraus die Würde sowie den Wert der menschlichen Person abzuleiten; so
    spricht z.B. W. BEUKEN, The Human Person in the Vision of Genesis 1-3: A Synthesis of
    Contemporary Insights, in: *Louvain Studies* 24 (1999), 3-20, hier S. 11, von „value" als heu-
    tiger Entsprechung zur biblischen Vorstellung vom „Bild Gottes". – Noch einen Schritt
    weiter geht E. OTTO, Menschenrechte im Alten Orient und im Alten Testament, in: DERS.,
    Altorientalische und Biblische Rechtsgeschichte. Gesammelte Studien (BZAR 8 [2008]), Wiesba-
    den 2008, 120-153, vor allem ab S. 137. Er sieht über die Menschenwürde hinaus auch die
    Menschenrechte in der Gottebenbildlichkeit begründet.
38 JACOB, *Buch* (oben Anm. 29), 58.
39 Sie ist Bild für das Verhältnis von Verantwortlichen zu den ihnen Anvertrauten, das aller-
    dings in Ez 34 schwer belastet ist. Die dort zusätzlich stehenden Ausdrücke „mit Härte
    und Unterdrückung" machen deutlich, daß dies im ursprünglichen Sinn des Verbs nicht
    enthalten ist; es ist, Menschen gegenüber, in Levitikus 25,43.46.53 sogar ausdrücklich ver-
    boten – so HAMILTON, *Book* (s. Anm. 35), 137. SARNA, *Genesis* (o. Anm. 20), 12f, weist zu-
    sätzlich darauf hin, daß menschliches Herrschen begrenzt ist, eingebunden in die Abhän-
    gigkeit von Gott und in eine harmonische Welt.
40 Mit HAMILTON, *Book* (Anm. 35), 137.
41 Eine rein auf die vernunft- und geistbegabte Natur des Menschen beschränkte Deutung,
    wie sie teils früher in der Tradition vertreten wurde, greift allerdings wesentlich zu kurz,
    wie gleich an der Fortsetzung in den folgenden Versen sichtbar wird.

3. Ausführung und Ausdeutung: Gen 1,27-31

Und Gott schuf den Menschen nach seinem Bild; nach dem Bild Gottes schuf er ihn; männlich und weiblich schuf er sie. (Gen 1,27)

Nachdem Gott in v26 seine Absicht kundgetan hatte, berichtet v27 feierlich deren *getreue Durchführung*. Die dreifache Verwendung des exklusiv Gott zugeschriebenen Verbs ברא „schaffen" betont ganz stark, daß der Mensch *nur von dieser Beziehung her wirklich begriffen* werden kann, und daß er ein Ergebnis des alleine Gott möglichen schöpferischen Handelns ist.

Während die zweimalige Wiederholung von „nach dem Bild" in v27 die Aussage des vorigen Verses verstärkt, führt „*männlich und weiblich* schuf er sie" (erneut in Gen 5,2) weiter und bringt Neues. Bei allen bisher auf der Erde geschaffenen Wesen, seien es Pflanzen oder Tiere, ob in Wasser, Luft oder auf dem Land, war von deren „Arten" (hebr. מין Gen 1,11f.21.24f) die Rede gewesen. Jetzt, beim Menschen, wird diese sprachliche Formulierung – offenbar bewußt – gemieden und verändert zur Aufgliederung in zwei Geschlechter. Beide *zusammen* sind Bild Gottes, ohne Abstufung untereinander diesbezüglich.

Diese unterscheidende Redeweise hat gravierende Konsequenzen für die Auffassung vom Menschen und sogar von Gott selbst. Als Erstes bedeutet sie, daß die *ganze Menschheit eins* ist und alle Menschen zunächst fundamental gleichwertig sind, unabhängig davon, welcher Rasse, Schicht, Gruppe, Nation ... sie angehören. Weiters zeigt sie an, daß *menschliche Sexualität* wesentlich verschieden von jener der Tiere ist,[42] auch weil sich in ihr dieses Moment göttlichen Abbilds ausdrückt. Schließlich folgt daraus, daß *vielfach verbreitete, Gott mit dominierend männlichen Zügen vorstellende Rede- und Denkweisen zu korrigieren sind*; der biblische Gott zeigt sich von allem Anfang an als einer, der beiden Geschlechtern nahesteht und nicht einseitig festgelegt werden darf.[43]

Und es segnete sie Gott, und es sagte ihnen Gott: „Vermehrt euch und werdet Viele und füllt die Erde und macht sie euch untertan und herrscht über die Fische des Meeres und über die Vögel des Himmels und über alle Lebewesen, die auf der Erde kriechen! ..." (Gen 1,28)

Die Fortsetzung in v28 bringt Gottes *Segnen* des Menschen und verbindet es, wie schon in v22 bei den Tieren in Wasser und Luft, mit einem dreifachen Befehl: „... vermehrt euch, und werdet Viele, und füllt das Wasser / die Erde".

42   Mit SARNA, Genesis (s. Anm. 20), 13.
43   Darin besteht auch das berechtigte Anliegen von O. KEEL, Gott weiblich. Eine verborgene Seite des biblischen Gottes, Fribourg 2008. In dem einleitenden Beitrag des Kataloges bezieht er sich dazu zweimal explizit auf Gen 1,27 (S. 11 und 19). – Die Aufgliederung in zwei Geschlechter trägt ein zusätzliches Moment der Verschiedenheit zwischen Mensch und Gott ein, insofern Letzterer nach biblischem Zeugnis wesenhaft „einer / einzig" ist (Deuteronomium 6,4).

Fruchtbarkeit ist die Folge des Segens über beide Geschlechter und Verpflichtung daraus; sie wird besonders deutlich in den Genealogien.[44]

Beim göttlichen Segnen gibt es Unterschiede. So erhalten die Landtiere in Gen 1,24f keinen Segen; damit soll keine Konkurrenz unter den das Festland bewohnenden Lebewesen entstehen, und die *Stellung des Menschen erscheint herausgehoben*. Ähnliches zeigt der Vergleich von v28 mit v22: Während an erster Stelle der Segen nur zitiert wird,[45] führt ihn v28 zusätzlich mit „und Gott sagte zu ihnen" ein. Die explizite, direkte Anrede[46] macht den Menschen zu Gottes Zuhörer und Gesprächspartner.

Die *Überordnung des Menschen* ist auch Thema des Restes von v28. Das Verb כבש „untertan machen" ist deutlich stärker als das schon in v26 und hier wieder, gleich im Anschluß, verwendete רדה „herrschen"; dennoch darf auch es nicht als absolute, uneingeschränkte Verfügungsgewalt[47] ausgelegt werden: Erstens ist diese Vollmacht von Gott gegeben und in seinem Sinn zu gebrauchen. Und zweitens ist Gen 1 geprägt von der Vision eines wohl geordneten, in einer heilvollen Balance stehenden Kosmos; Aufgabe des Menschen ist es, diesen so zu bewahren (vgl. oben Anm. 39).

Gen 1,29f zeigt *Gottes Sorge für alle Wesen auf der Erde* und um deren friedliches Auskommen. Die Essensordnung verteilt die Nahrung nach den unterschiedlichen Arten von Pflanzen, gibt dem Menschen erneut den Vorrang[48] und sichert Nachhaltigkeit, weil alles nachwächst.

Die *Abschlußbemerkung* in v31 „und siehe, es war sehr gut" bedeutet gegenüber den bisherigen Bewertungen mit „gut" (v10.12.18.21.25) eine weitere Steigerung. Sie hebt, ebenso wie schon die *Ausführlichkeit*, mit der vom Menschen die Rede ist,[49] nochmals seine Sonderrolle hervor.

---

44 WENHAM, *Genesis* (Anm. 29), 33. Gen 5; 10 und 11,10-26 sind eindrückliche Beispiele.

45 Die Redeeinleitung besteht in einem einfachen לאמר „sagend / so / : ".

46 Auch angemerkt von SARNA, *Genesis* (Anm. 20), 13.

47 HAMILTON, *Book* (Anm. 35), 139f, bezieht כבש hier auf „settlement and agriculture". Der Aspekt der Gewalt oder des Demonstrierens von Macht, der sonst das Verb präge, sei in Gen 1 nicht angezielt. – In die gleiche Richtung geht C. DOHMEN, Gott (o. Anm. 35), 30f, mit Verweis auf E. Zenger.

48 Er wird angesprochen und erhält zuerst seine Zuteilung; außerdem stehen ihm zwei Typen von Nahrung zur Verfügung. Überdies hat v30 im Original kein eigenes Verb und ist so von der Anweisung an den Menschen in v29 abhängig. – WENHAM, *Genesis* (s. Anm. 29), 33, weist auf einen bezeichnenden Gegensatz zum Alten Orient hin: Während es in mesopotamischen Schöpfungserzählungen Aufgabe der Menschen ist, die Götter mit Nahrung zu versorgen, kümmert sich in Gen 1 Gott um das Essen von Menschen und Tieren.

49 Gen 1,26-30 beschäftigen sich mit der Erschaffung des Menschen. Kein anderes Element oder Lebewesen in Gen 1 erhält so viel Aufmerksamkeit, geschweige denn Ansprache durch Gott. Zudem verleihen der teils poetische Stil (vgl. v27 mit den drei parallelen Sätzen) sowie die akzentuierenden Wiederholungen dem Text eine besondere Feierlichkeit. – Die hier vorgelegte, sehr knappe Deutung von Gen 1 deckt sich in Vielem mit jener von U. NEUMANN-GORSOLKE, *Herrschen in den Grenzen der Schöpfung*. Ein Beitrag zur alttestamentlichen Anthropologie am Beispiel von Psalm 8, Genesis 1 und verwandten

4. Die Weiterführung in Gen 2

Am Ende von 1) haben wir bereits gesehen, daß die Spitzenstellung des Menschen durch die Fortsetzung in Gen 2,1-3 relativiert wird. Die Dynamik der ersten Erzählung der Bibel läuft zu auf *Gottes Ruhen am siebten Tag*. Auch das Stichwort „heiligen", das für ihn verwendet wird (v3) und erstmalig dort begegnet, hebt ihn ab von allem davor.

Mit 2,4 setzt eine *zweite Erzählung* ein, die vielen Auslegern Probleme bereitet wegen ihrer Spannungen mit Gen 1. Meistens werden diese Unterschiede literarkritisch gedeutet, mittels der Annahme zweier Quellen oder Schichten, doch ist dies weder notwendig noch wirklich hilfreich.[50] Statt dessen bietet sich an, analog zu Darstellungen aus mehreren Perspektiven in Gen 1-2 *zwei Sichtweisen* wahrzunehmen, die grundsätzlich eine gemeinsame Botschaft vermitteln wollen, dabei aber zwei Darstellungen einsetzen, um der Komplexität und Vielzahl der Aspekte des Stoffes einigermaßen gerecht werden zu können.[51]

Von daher erschließt sich Gen 2,4-25 als *Ergänzung, Bestätigung und Vertiefung* der ersten Erzählung in Gen 1,1-2,3. Deswegen ist sie auch für die Auslegung von Gen 1 und besonders für die Auffassung vom Menschen unbedingt mit zu berücksichtigen. Aus Zeit- und Raumgründen kann dies hier nicht in vollem Umfang erfolgen; nur andeutend sollen beispielhaft einige Punkte skizziert werden.

Und Jhwh-Gott formte den Menschen, (mit) Staub vom Erdboden, und er blies in seine Nase Atem des Lebens, und der Mensch wurde (zu) einer lebendigen Person / Seele. (Gen 2,7)

Unter dem Aspekt der Ergänzung läßt sich die *konkrete Weise des Erschaffens* des Menschen sehen. Das Verb יצר „formen, bilden, töpfern" (vgl. oben bei A 1 die

---

Texten (WMANT 101), Neukirchen 2004, 136-315. Für nähere Details sei auf ihre ausführlichen Darlegungen verwiesen.

50 Zumeist wird die erste Erzählung der sogenannten „Priesterschrift" (P) zugeschrieben, die zweite ab Gen 2,4 einer älteren Überlieferung, deren Bezeichnung und zeitliche Ansetzung sich jedoch im Lauf der letzten gut 100 Jahre wissenschaftlicher Erforschung des Pentateuch mehrfach gewandelt hat, vom „Jahwisten" (J) zu einer deuteronomistischen Kompositionsschicht (K^D, so etwa bei E. Blum), und vom 10.Jh., am Hof Salomos, hin in nachexilische Zeit (ab 6.Jh. v.Chr.). Das eigentliche Problem, daß im jetzt vorliegenden Text zwei miteinander in Spannung stehende Erzählungen aufeinander folgen und offenbar bewußt so gesetzt wurden, zumindest in der Endfassung, wird damit nicht gelöst. – S. dazu C. DOHMEN, Gott (o. Anm. 35), 14: „... Gen 1-3 ... als Einheit, die zu allererst einmal ... als *ein* Text zu betrachten ist".

51 Es gibt viele Beispiele für ähnliche Vorgehensweisen in zahlreichen Bereichen menschlichen Schaffens, von der bildenden Kunst, schon in der Antike, bis hin zur Architektur; s. dazu G. FISCHER, Wege zu einer neuen Sicht der Tora, ZAR 11 (2005), 93-106, bes. 98-100. Dort findet sich auch eine kurze Kritik bezüglich der spekulativen Annahme von „P" (ab S. 96). Für die Probleme bei der im deutschen Sprachraum weithin immer noch dominanten historisch-kritischen Auslegung der Genesis verweise ich auf meinen Beitrag: Zur Genese der Genesis, ZKTh 125 (2003), 156-166.

mesopotamischen Parallelen) in 2,7 bringt über das in Gen 1,26 verwendete, für Gott exklusive ברא „(er-)schaffen" ein handwerkliches Tun Gottes ein. Zugleich erhält der Mensch durch das Material, „Staub vom Erdboden",[52] aus dem er geformt wird, eine innere Beziehung zur Erde, auf der er lebt; diese Verbindung wird außerdem durch das Wortspiel אדם „Mensch" (*’adam*) – אדמה „Erdboden" (*’adama*) unterstrichen. Auch die Motive „einhauchen, Atem, Seele"[53] stellen gegenüber Gen 1 neue Momente dar.

Übereinstimmungen zwischen Gen 1 und 2 haben die Funktion, wesentliche Aussagen der ersten Erzählung wiederholend zu bestätigen. Dazu gehören u.a. die Sonderrolle des Menschen, seine Überlegenheit über die Tiere, wie sie etwa in der Namensgebung in 2,20 zum Ausdruck kommt, sowie die Aufgliederung in zwei Geschlechter.[54]

Die grundlegenden Gemeinsamkeiten bilden die Basis, daß Gen 2 einiges zuvor Gesagte *vertiefen* kann. Schon in 1,28-30 war der Mensch Anredepartner Gottes und bezüglich seiner Kompetenzen und Verantwortung instruiert worden; hier geht dieser Zug weiter in Erlaubnis und Verbot von 2,16f, in spezifizierender Fortführung der Essensregeln zuvor. Sie werden entscheidend den Verlauf der folgenden Erzählung ab Gen 3 prägen.

Gen 1-2 treffen *prinzipielle Aussagen* über das Menschsein in einer Präzision und Vielschichtigkeit, die heute noch staunen lassen. Zu ihnen zählen:

– Der Mensch, *ganz allgemein*, ohne Unterschied von Rasse, Geschlecht, …, ist *Bild Gottes*. Er kommt ihm nahe und spiegelt ihn wider, mehr als alles andere Geschaffene.

– Im *Unterschied zu den Tieren* ist er angesprochen, und ihm sind Verantwortung und Herrschaft übertragen.

– Zugleich werden *Grenzen menschlicher Größe und Macht* sichtbar. Zum einen läuft das göttliche Schöpfungswerk auf das Ruhen am siebten Tag zu; zum anderen ist er in allem von Gott abhängig.[55]

---

52   Müller, Menschenschöpfungserzählung (o. Anm. 7), 65, hebt den Unterschied zum Alten Orient hervor, wo Lehm für die Bildung des Menschen verwendet wird; demgegenüber erstellt das Stichwort „Staub" eine Verbindung mit Gen 3,19 und 18,27.

53   Zu letzterem Begriff s. die umfassende Darstellung von H. Hinterhuber, *Die Seele*. Natur- und Kulturgeschichte von Psyche, Geist und Bewußtsein, Wien 2002.

54   Entgegen einer über Jahrhunderte dominant gewesenen Auslegungstradition, Gen 2 in Richtung eines männlichen Vorrangs zu interpretieren, weist der Text die fundamentale Gleichwertigkeit und -rangigkeit von Frau und Mann auf, die von Letzterem in 2,23 explizit anerkannt und ausgesprochen wird. War in Gen 1,27, so wörtlich, von „männlich und weiblich" die Rede, so finden sich jetzt erstmalig die Bezeichnungen אשה „Frau" (ab 2,22, *’iššā*) und איש „Mann" (*’iš*), und beide werden in v23 im Wortspiel verbunden. – Der von manchen als Unterordnung gedeutete Ausdruck „Hilfe ihm entsprechend" (2,18.20) hat seinen Akzent nicht auf „(dienstbarer) Hilfe", sondern auf *„entsprechend"*, d.h. ihm gleichkommend, in wesentlicher und notwendiger Ergänzung und Unterstützung.

55   Die für die Tagung an zweiter und dritter Stelle genannten Konzepte „Krone der Schöpfung" und „Mitschöpfer" gehen nicht mit der Auffassung vom Menschen in Gen 1-2 zusammen: Das Wort „Krone" fällt nie, und das hebräische Wort ברא „schaffen" (s.o. am

Santiago de Compostela,	Chartres, Nordportal, 13. Jahrhundert
Kathedrale, Puerta de las Platerias,
Erschaffung Adams (1101)

– Gegenüber den altorientalischen Erzählungen gibt es *markante Differenzen*. Sie betreffen sowohl Gottes Handeln und Motivationen als auch das Verständnis vom Menschen. Gott schenkt nach dieser Darstellung Nähe,[56] läßt teilhaben an seinem Wesen und Tun, sorgt sich um Leben und menschliche Gemeinschaft. Und der Mensch als solcher, unabhängig von seiner sozialen Stellung und unterschiedslos, ist göttliches Geschöpf.

– Im Kontext des Alten Orients ist das auch als *polemische* Aussage zu verstehen: Nicht die Götterbilder und -statuen, sondern der lebendige Mensch kommt Gott in seiner ganzen Schöpfung am nächsten.

Anfang von 3) wird in der Bibel ausschließlich für Gott gebraucht, was einen bleibenden Unterschied zwischen ihm und den Menschen deutlich macht. – SARNA, *Genesis* (s. Anm. 20), 11, nennt den Menschen ausdrücklich „unbedeutend" im Vergleich mit Gott.

56	Dieser Aspekt an der Erschaffung des Menschen hat in der Kunst besonders schöne Ausdrücke gefunden; dazu zählen u.a. die Darstellung an der Puerta de las Platerias, dem Südportal der Kathedrale von Santiago de Compostela, wo Gott dem neben sich stehenden Menschen die Hand aufs Herz legt (ca. 1101), sowie jene am Nordportal der Kathedrale von Chartres (13. Jh.), bei der Gott sachte mit seinen Händen den geneigten Kopf des vor ihm ruhenden Menschen berührt.

– Die oben angeklungene *„Demokratisierung"* ursprünglich königlicher Privilegien hat Folgen für die Gesellschaftsauffassung. Es gibt nicht von Anfang an „höhere" Gruppen, Institutionen oder Menschenklassen. Dienst und Loyalität sind primär auf Gott ausgerichtet und nicht innerweltlich oder an andere Menschen gebunden.

– Über die in Gen 1 angesprochenen Verantwortungsbereiche hinaus beinhaltet die Rede vom Menschen als nach Gottes Bild geschaffen eine *weitere Verpflichtung*. An ihm sollte ablesbar sein, *wer und wie Gott ist*.[57] Damit wird aus dem Geschenk besonderer Nähe zu Gott eine gewaltige Herausforderung.

C. Gen 1 im weiteren Horizont der Bibel

Soll – wie angegeben – der in Gen 1-2 konzipierten Sicht des Menschen tatsächlich die *Bedeutung einer tragenden Grundlage* für die folgenden Bücher der Heiligen Schrift zukommen, so muß sich das an entscheidenden Stellen später zeigen.[58] Wir wollen in diesem dritten Teil, doch nur kurz, einige solche Passagen streifen.

1. Bestätigung und Klärung in der Tora

Der erste kritische Moment für die Gottebenbildlichkeit des Menschen taucht in Gen 5 auf. Es ist die Frage, ob sie nur auf die erste Generation der Menschheit beschränkt ist, oder *ob sie auch für deren Nachkommen gilt*. Nachdem v1f Gen 1 mit deutlichen Rückbezügen[59] aufgenommen und damit dieses Thema angeschnitten hat, stellt der folgende Vers 5,3 für den Sohn Set fest, daß Adam ihn

---

57 In seiner Auslegung zur Gottebenbildlichkeit deutet KOLUMBAN VON LUXEUIL, *Instructio* (Dublin 1957), 11,2, Gen 1 in Verbindung mit anderen Texten, die von Gott sprechen; ich greife daraus nur zwei Aspekte heraus: Weil er liebt, sind auch die Menschen aufgefordert zu *lieben*. Und ebenso sollen sie *„heilig"* sein, weil es Gott gleichfalls ist (schon in Levitikus 11,44 ausdrücklich so formuliert). – Auch andere Beiträge des Symposiums wiesen auf diese Zusammenhänge hin; s. dazu den „Imperativ zum Tun und Handeln" von P. Janz sowie das Reden von „Imitatio" bei K.-J. Kuschel.

58 DOHMEN, Gott (s. Anm. 35), 25, ortet eine Diskrepanz zwischen der „enormen Wirkungsgeschichte" von Gen 1,26ff und der Tatsache, daß der Text selbst im AT „nicht so breit rezipiert ist", und schreibt die Ursache dafür der Entstehung in der Spätzeit zu. Doch läßt sie sich auch anders erklären, u.a. damit, daß viele andere Stellen die Erschaffung des Menschen als selbstverständlich voraussetzen und deswegen nicht weiter ansprechen.

59 In v1 „am Tag, als Gott den Menschen schuf" und „nach Gottes Ähnlichkeit"; in v2 „männlich und weiblich schuf er sie" sowie „und er segnete sie". – In diesem Teil C führe ich die biblischen Texte nicht mehr eigens in möglichst wörtlicher Übersetzung zuvor an, weil es zu ausführlich würde, sie auch leicht in der Bibel zu finden sind und es hier nicht auf alle Details in diesem Maße ankommt.

„zeugte nach seiner Ähnlichkeit, wie sein Bild".[60] Dies bedeutet, daß die grund-
legende Qualität des Menschen als Abbild Gottes auf die Kinder übergeht.
Die nächste kritische Phase ist *nach der Sintflut*. Zwar war es schon zuvor (ab
Gen 3) zu Verfehlungen und Sünden gekommen, doch stieg deren Ausmaß bis
Gen 6 so sehr, daß eine allgemeine, nur Wenige ausnehmende Vernichtung er-
folgte. Gott hätte dabei auch die besondere Auszeichnung des Menschen, sein
Bild zu sein, zurücknehmen oder aufhören lassen können. Doch heißt es in
Gen 9,6, in einer stark warnenden Schutzbestimmung gegen das Vergießen von
Menschenblut, als Begründung: „... denn nach dem Bild Gottes hat er den
Menschen gemacht".[61] Sogar das Anwachsen der Sündhaftigkeit vermochte den
Charakter der Gottebenbildlichkeit also nicht auszulöschen. Aus Gen 5 und 9
zusammen darf man ableiten, daß sie für alle Generationen gilt und auch nicht
durch sündhaftes Verhalten, weder beim Vergehen des ersten Menschenpaares
noch bei den Verfehlungen der gesamten Menschheit, gänzlich verloren geht.
    Eine weitere wichtige Stelle findet sich im Dekalog. Exodus 20,4 *verbietet die
Anfertigung* von Statuen (פסל „Schnitz-, Gußbild") und überhaupt jeglicher Darstellung (וכל־תמונה „und[62] jede Gestalt") zur Abbildung des biblischen Gottes. Damit erhält Gen 1f von anderer Seite her eine Bekräftigung: Weil der lebendige,
mit Gottes Atem erfüllte Mensch dessen Bild ist (= Gen 1), kann keine künstlerische Anfertigung oder religiöse Werk-Herstellung diese Aufgabe und Rolle
übernehmen (= Ex 20).[63]

Schlüsselpassagen noch im selben Buch Genesis sowie dann im zentralen Rechts-
text der Sinai-Offenbarung, in der einzigen direkten Mitteilung Gottes an sein
Volk in Exodus 20 (// Dtn 5), führen das in Gen 1-2 vorgestellte Konzept des
Menschen weiter. Sie geben ihm dabei *allgemeine Gültigkeit* auch für die folgenden Generationen und sogar für den Fall schwerer Vergehen. Aus Gen 9,6 läßt
sich zudem schließen, daß *wegen* der Gottebenbildlichkeit des Menschen sein
Leben besonders geschützt ist und nicht willkürlich genommen werden darf.
Umgekehrt werden die materiellen „Gottes-Bilder" entwertet; sie sind nicht
imstande, Gott darzustellen, und werden deswegen verboten.

---

60   Die als Zeugungsalter angeführten 130 Jahre haben symbolischen Wert und folgen einer
     erstaunlichen Systematik; s. dazu JACOB, *Buch* (Anm. 29), 158-160. Überdies läßt sich daraus
     schließen, daß auch ein Zeugen in relativ hohem Lebensalter diese Wesenseigenschaft des
     Menschen, Bild Gottes zu sein, nicht schmälert.
61   SARNA, *Genesis* (s. Anm. 20), 12, schließt daraus auf den unendlichen und unverletzlichen
     Wert jedes Menschen sowie eine weitere Bestätigung seiner Überlegenheit über die Tiere.
62   Die Parallelstelle in Dtn 5,8 ist asyndetisch (ohne ו) formuliert, vom Sinn her aber gleich-
     bedeutend: s. MARKL, *Dekalog* (Anm. 25) 213.
63   Die Aufnahme von Gen 1-2 in der Tora müßte und könnte, wie auch die folgenden beiden
     Abschnitte, weiter entfaltet werden. Als Abschluß sei gerade noch auf die Vorschrift für
     die in das Land einziehenden Israeliten in Num 33,52 verwiesen, alle dort anzutreffenden
     Gußbild-Darstellungen (צלמי מסכתם) von Göttern zu zerstören.

2. Echos bei den Propheten, am Beispiel Ezechiels

Wenn der Mensch nach Gottes Bild und Ähnlichkeit geschaffen ist, dann müßte auch der Umkehrschluß, daß Gott dem Menschen nahe stehe, eine gewisse Richtigkeit haben. Als Bestätigung dafür kann man Ezechiel 1,26 ansehen; dort wird mit „Ähnlichkeit (a) wie (b) das Aussehen (c) eines Menschen" *dreifach vorsichtig zurückhaltend* (a-c) mit dem Anblick der „Herrlichkeit Jhwhs" (v28) in Beziehung gesetzt.[64] Ez 1,26 bildet so etwas wie die *Komplementärstelle zu Gen 1,26*, aus der umgekehrten Perspektive: Nimmt Gen 1 Gott als Ausgangspunkt für den Vergleich zum Menschen hin, so Ez 1 in der anderen Richtung Menschliches für das – freilich letztlich immer unangemessene – Erfassen Gottes. Beide Stellen sind zudem durch das relativ seltene Schlüsselwort דמות „Ähnlichkeit" verbunden.[65]

Gleich anschließend in Ez 2,1 wird der Prophet mit *„Menschensohn"* angeredet. Dies wird zumeist auf seine Niedrigkeit oder Sterblichkeit im Gegensatz zu den himmlischen Wesen gedeutet,[66] gewinnt aber im unmittelbaren Kontext auch den Aspekt der Nähe zu jenem Gott, der einem Menschen ähnlich erscheint.

Negativ abgrenzend führen Gerichtstexte die Anfertigung von „Bildern" (צלם im Plural) als Anklage an. Zu ihnen zählen der schwierige[67] Vers Ez 7,20 sowie der in eine große Allegorie eingebaute Vorwurf in Ez 16,17. Beide Stellen sprechen von wertvollen Materialien für die Erstellung von Götter-Bildern und begründen so Gottes Einschreiten zum Gericht an seinem Volk. Im Kontext solcher Fremdgötter-Verehrung gewinnt die Rede von der Gottebenbildlichkeit des Menschen zusätzliche *Relevanz und Schärfe*.

3. Die Psalmen 8 und 104, als Beispiele für die Schriften

Die Schriften, der dritte Kanonteil der Hebräischen Bibel, bestätigen weiter, daß die Ebenbildlichkeit des Menschen zu Gott nicht verloren gegangen ist. Sie bieten ein *sehr reiches Spektrum* bezüglich der Aufnahme von Gen 1. Es finden sich *kritische* Aussagen, wie z.B. in Ps 89,48 der Vorwurf an Gott „Gedenke ... zu welcher Leere hast du alle Menschenkinder erschaffen!", oder Ijob 7,17-19 und 10,8-17, wo die menschliche Existenz und sogar die persönliche Bildung durch Gott als unangenehme Last erfahren wird. Inmitten all seiner Skepsis, für die das Buch Kohelet bekannt ist,[68] ruft es gegen Ende in Koh 12,1 mit „Gedenke deines Schöpfers!" zur Besinnung auf Gott, die bereits in der Jugendzeit einsetzen soll; die Wahrnehmung des eigenen Geschaffenseins birgt so einen

---

64   Siehe dazu auch DOHMEN, Gott (o. Anm. 35), 28f.

65   Die Hebräische Bibel kennt 25 Belege dafür; 10 davon stehen in Ez 1.

66   So z.B. von M. GREENBERG, *Ezechiel 1-20* (HThKAT), Freiburg 2001, 89. Nach der Zählung von F.-L. Hossfeld begegnet diese Anrede an Ezechiel 93x im Buch.

67   Für mögliche Deutungen s. GREENBERG, *Ezechiel 1-20* (vorige Anm.), 188.

68   S. die vielfache Rede von הבל „Nichtigkeit", z.B. in Koh 1,2; 12,8 als starke Rahmung, oder die mühsame und nicht von Erfolg gekrönte Suche nach bleibendem Gewinn (יתרון, ab Koh 1,3) im menschlichen Leben.

Schlüssel für ein angemessenes Erfassen menschlichen Lebens und für den richtigen Umgang damit. Für eine ähnlich positive Sichtweise, doch mit noch *größerer Wertschätzung*, gehen wir kurz auf zwei Psalmen ein.

Der berühmte und auch in der „Motivation" bei der Ausschreibung zu dieser Tagung zitierte *Psalm 8* trägt zu unserem Thema einige zusätzliche Aspekte bei. Die zentrale Frage in v5

„Was ist der (schwache) Mensch, daß du seiner gedenkst,
des Menschen Kind, daß du dich seiner annimmst?"

bildet Mitte und Wendepunkt des Psalms, an dem er von Gottes Größe (s. unmittelbar zuvor noch in v4 Himmel, Mond und Gestirne) umschwenkt zur Betrachtung des Menschen. Die für die Subjekte gewählten Ausdrücke אֱנוֹשׁ „der schwache, hinfällige Mensch" und בֶּן־אָדָם „Kind des Menschen" betonen die Niedrigkeit, während die für Gott verwendeten Verben seine Sorge hervorheben. So entsteht das Paradox, daß *der alles überragende Gott*[69] *sich gerade dem niedrigen Geschöpf zuwendet* – was das Außergewöhnliche von Gottes Handeln in Gen 1 stark herausstreicht.

Diese Hinneigung zum Menschen findet dann in v6-9 eine reiche Entfaltung, die Gen 1 aufgreift und interessant weiterführt. V6a „du hast ihn entbehren lassen (nur) wenig von Gott" kann als Umschreibung der einzigartigen Nähe im Abbild-Sein verstanden werden. „Und mit Herrlichkeit und Ehre hast du ihn gekrönt" in v6b wird allgemein im Sinn einer königlichen Inthronisation[70] verstanden. Die dem Menschen damit zukommende Macht wird in v7 explizit mit „herrschen lassen" sowie „alles zu Füßen legen" benannt und in v8f mit mehreren Klassen von Tieren konkretisiert. Hatte Gen 1 auf dem Hintergrund der altorientalischen Schöpfungserzählungen allen Menschen *königliche Würde* verliehen, dies aber nicht ausdrücklich so formuliert, so vollendet Ps 8 den Gedankengang, indem es bildhaft beschreibt, wie Gott den schwachen Menschen zum *Regenten in seiner Schöpfung* einsetzt.

In eine andere Richtung geht der *Schöpfungspsalm 104*. Hier zeigen sich wesentliche Akzentverschiebungen sowohl gegenüber Gen 1, das vielfach aufgenommen wird, als auch gegenüber Ps 8. Gott bleibt viel stärker dominant und anhaltend in seiner Schöpfung wirksam, die ohne diese *dauernde Zuwendung* nicht bestehen würde (vgl. bes. v27-30).[71] Dementsprechend verändert sich die Rolle des Menschen: Er genießt Gottes Gaben, wobei die eigens erwähnten „Wein" und „Öl" seinem Herzen und Angesicht Freude und Jubel bereiten (v15), und

---

69 Der staunende Ausruf der Inklusion „Jhwh, unser Gott, wie gewaltig ist dein Name auf der ganzen Erde!" (Ps 8,2.10) setzt diesen Akzent prägnant zu Anfang und Ende des Psalms.

70 S. dazu KEEL, *Welt* (Anm. 21), 234-247, insbesondere 243. – OTTO, Menschenrechte (s. Anm. 37), 138 und 143, hebt zudem die massiv verschiedene Anthropologie von Ps 8 gegenüber dem Alten Orient hervor.

71 Mit F.-L. HOSSFELD, Psalm 104, in: DERS. / E. ZENGER, *Psalmen 101-150* (HThKAT), Freiburg 2008, 67-92, hier 84f.

geht seinem Tagwerk nach (v23), solange Gott ihm Leben gewährt (v29). Ps 104 zeigt somit einen wesentlich eingeschränkteren Herrschaftsbereich des Menschen, dafür aber weit mehr Gottes unaufhörlichen Einsatz.

Diese kurzen Blicke auf einige wenige weitere Texte in der Bibel lassen erkennen, daß die Erschaffung des Menschen in Gen 1-2 nach Gottes Bild nicht nur eine tragende Grundlage, sondern auch ein *bleibender Referenzpunkt* ist, auf den viele spätere Schriften sich beziehen.[72] Zugleich dient diese Basis dazu, das Geschaffensein des Menschen und seine Gottebenbildlichkeit je neu zu variieren und auf eigene Weise zu entfalten, wie gerade die beiden Psalmen zeigen.

Die anhaltende Provokation der Bibel

Zur Zeit, als Gen 1 geschrieben wurde, bedeutete dieser Text eine *Infragestellung* der üblichen altorientalischen Auffassungen vom Menschen, und natürlich auch von Gott. Daß ein – *einziger* – Schöpfergott *unterschiedslos* allen Menschen Dasein und Vollmacht gibt, sprengte die damals gängigen Vorstellungen.

Gegenüber gesellschaftlichen Ideologien jeglicher Zeit, die einzelne Gruppen, Rassen, Geschlechter und was auch immer sonst als „höherrangig" oder überlegen ansehen, setzt Gen 1 seine Botschaft von der *fundamentalen, unaufhebbaren Gleichwertigkeit und Einheit* aller Menschen entgegen.

Angesichts von Tendenzen in unserer modernen Welt, z.B. das menschliche Denken auf chemische Prozesse zu reduzieren und in der Folge den Menschen überhaupt nur materiell, naturalistisch zu erklären, oder aber seine Differenz zu den Tieren herunterzuspielen, erhebt Gen 1 kritisch seine Stimme. Der Beginn der Bibel weist darauf hin, daß *der Mensch nur von seiner Beziehung zu Gott her wirklich voll zu verstehen ist und über den anderen Lebewesen der Schöpfung steht.*

Für all jene, die nicht mit Gott rechnen oder ihn als ‚Konstruktion' des menschlichen Geistes ansehen,[73] ist die Erschaffung des Menschen durch ihn irreal, wenn nicht gar eine unnötige Erfindung oder böswillige Täuschung, welche die Eigenständigkeit und Freiheit des Menschen zerstört. So Denkende

---

72 Dies gilt übrigens auch für das Neue Testament. Ein Beispiel ist Jesu Antwort in der Frage der Ehescheidung, wo er in Mk 10,6 zunächst Gen 1,27 und dann im folgenden Vers Gen 2,24 zitiert und als Schlüssel für seine Argumentation einsetzt.

73 Demgegenüber formuliert etwa Psalm 100,3 in prägnanter, zugleich brillanter Kürze: „Er hat uns gemacht, und nicht wir (selbst)", in Übereinstimmung mit dem Zeugnis der gesamten Bibel. – Die Leugnung der Existenz Gottes basiert oft auf dem Fehlschluß, von der Ebene des Denkens und der Erkenntnis (d.h. dem Reden über Gott, das in Vielem Produkt menschlicher Überlegungen ist) auf jene des Seins zu wechseln; doch liegt Letztere unaufhebbar und unumgehbar voraus: Noch der Gott Ablehnende hat von ihm zuvor Leben erhalten und kann nur auf dieser Grundlage überhaupt gegen ihn Stellung beziehen.

konfrontiert Gen 1 mit der Aussage der *Geschöpflichkeit und damit auch Abhängigkeit* des Menschen, nicht ohne aber, wenn auch eingeschränkt, ihm große Verfügungsgewalt und Würde zu verleihen.

Kurz zusammengefaßt: Schon die erste Seite der Bibel hat das Potential, durch alle Zeiten hindurch auf Widerspruch und Gegnerschaft zu stoßen. Darin erweisen sich Gen 1-2 als *bleibend aktuell und relevant.* Sie sind in der Lage, Fehlentwicklungen und falsche Auffassungen zu konfrontieren und zu kritisieren sowie, positiv gesehen, bleibende Orientierung für menschliches Denken und Verhalten zu geben.

Der *Widerstand* gegen diese in Gen 1-2 dargelegte Sicht vom Menschen als Gottes Abbild, dem die Sorge über die ganze Welt anvertraut ist, *bringt nicht viel*, im Gegenteil; ganz knapp seien zwei Beispiele dafür angeführt: Werden Würde oder Gleichheit des Menschen schwer bedroht oder verletzt, führt dies zu Unfrieden, Auseinandersetzungen, bis hin zu Kriegen. Bei der Behandlung von Tieren zeigt sowohl eine nicht schöpfungsgemäße, nahezu industrielle Massentierhaltung als auch eine überzogene Liebe negative Folgen. Dies sind nur zwei Fälle, die verdeutlichen, welche schädlichen und zerstörerischen Auswirkungen die Nichtbeachtung von Gen 1-2 haben kann.

Vielleicht wäre es angesichts solcher Erfahrungen doch gut, sich auf diesen Text und seine Aussagen einzulassen und sie ernstzunehmen? Die so akkurat konstruierte, bis in kleinste Details mit höchster Präzision gestaltete und mit reichem Sinn erfüllte Erzählung *hält mehrere Einladungen bereit*: Sie regt an, Leben in Beziehung mit Gott zu gestalten und von ihm her zu sehen. Sie sieht menschliche Existenz eingefügt in eine auf Harmonie angelegte Welt, die es verantwortlich zu bewahren und zu nützen gilt. Sie legt uns nahe, in allen Menschen uns gleichgestellte, wertvolle Schwestern und Brüder zu sehen, in denen auch Gott selber aufleuchtet und begegnet.

Gerhard Lauer

Wie die Literatur den Menschen bildet
Der Mensch als Abbild Gottes in der Literatur

„Angusta est domus animae meae, quo venias ad eam: dilatetur abs te [Eng ist das Haus meiner Seele, in das du kommen sollst zu ihr: weit soll es werden, weit durch Dich]" schreibt Augustinus in seinen *Confessiones* (I, 5,6) und formuliert damit einen Grundsatz der christlichen Anthropologie: Dass der Mensch angewiesen ist und bleibt, auf den, dem er sein Leben verdankt, auf Gott. Aus sich selbst zu leben, sich eine autonome Selbstbegründung zu geben, ist nach der christlichen Lehre des Menschen nicht möglich und auch gar nicht zu erstreben. Denn gerade darin, sich selbst nicht begründen zu können, liegt die mögliche Erlösung und die Erwartung ewiger Freude. Mit immer anderen und doch ähnlichen Formulierungen umkreist Augustinus die glückliche Schuld dessen, der Abbild Gottes und nicht der Welt ist und gerade darum über alle Welt hinaus wachsen kann: „Wer gibt mir, dass ich Ruhe finde in Dir? Wer gibt mir, dass Du kommest in mein Herz und es trunken machest; dass ich mein Schlechtes vergesse und mein einziges Gut umfange – Dich?" (I, 5,5). Der Mensch ist Geschöpf und harrt darum der Erlösung, die er als autonomes Wesen nicht finden könnte. Als Geschöpf ist der Mensch in der Welt verloren und kann hier keine Ruhe finden: „Du selbst reizest an, dass Dich zu preisen Freude ist; denn geschaffen hast Du uns zu Dir, und ruhelos ist unser Herz, bis dass es seine Ruhe hat in Dir" (I, 1,1).

Der Kirchenvater Augustinus ist nicht der einzige, aber wohl der Beredste unter den christlichen Autoren, der die Hinfälligkeit des Geschöpfes Mensch erfasst und zugleich darin die Möglichkeit der Erlösung erkennen kann. Anders als in der antiken Tradition gewinnt der Mensch seine Würde nicht aus seiner gesellschaftlichen Stellung, noch ist er ohne Hoffnung den Schicksalsläufen ausgesetzt oder wäre nicht mehr als ein bloßes Abbild der Natur, sondern er lebt in dem, was im österlichen Lobgesang, dem *Exsultet* als die „glückliche Schuld" bezeichnet wird, die Angewiesenheit des Geschöpfes auf seinen Schöpfer, in dem es allein sein Grund hat.

Den Menschen als Abbild Gottes aufzufassen, war mehr als nur eine theologische Richtungsentscheidung im spätantiken Europa. Sie betraf auch die Literatur. Grundsätzlicher als bisher von den Literaturgeschichten in den Blick genommen,[1] ist die Bedeutung der christlichen Anthropologie für die europäische

---

1 Vgl. für die deutsche Literaturgeschichte Ausnahmen wie Wolfgang Frühwald: Das Ge-

Literatur – das ist die These, die hier plausibilisiert werden soll. Doch nicht so, als dass diese europäische Literatur seit der Spätantike einfach christlich in ihren Themen noch in ihren Formen geworden wäre. Das ist sicherlich auch vielfach der Fall, man denke nur an die Durchsetzung etwa des Codex anstelle der Buchrolle, an die Entfaltung neuer Gattungen wie der Legenden oder an christliche Moralvorstellungen in den Büchern von Sebastian Brant bis Dostojewski. Vielmehr so, dass die europäische Literatur eine andere geworden ist, weil sie sich mit der christlichen Auffassung vom Menschen als Abbild Gottes auseinanderzusetzen hatte. Denn diese Lehre stellt die Literatur und andere Künste grundsätzlich in Frage, eben weil sie den Menschen so radikal in Frage stellt.

I.

Mit dem Christentum werden die Geschichten, die in der antiken Literatur im Mittelpunkt standen, tendenziell unmöglich und wertlos. Weder gibt es einen Grund, mit dem Schicksal zu hadern, noch kann der Mensch in sich selbst und aus sich selbst Ruhe finden, noch kann er aus sich selbst glücklich sein. Ja mehr noch ist alles Tun und Lassen in der Zeit nur Ausdruck der Verlorenheit des Menschen, bis er in der Ewigkeit seines Schöpfers erlöst ist. Das wiederum heißt, dass es keinen großen Sinn hat die irdischen Geschichten zu erzählen, davon zu singen oder sie auf die Bühne zu stellen. Wozu erzählen, wie Hans seine Grete kriegt, also von der Liebe zu erzählen, warum eine solche Handlung auf der Bühne noch einmal wiederholen, in der der Mensch unschuldig schuldig wie Oedipus in Schuld gerät, aus der es keine Erlösung gibt, warum den Glanz der Helden besingen, wenn dieser Glanz nichts mit dem Glanz zu tun hat, von dem alles Licht der Welt kommt. Dass der Mensch Abbild Gottes ist, der aber dieses sein Ebenbild zugleich verfehlen kann, – davon wissen und sagen die antiken Autoren nichts und können davon auch nichts wissen. Weltliche Literatur, wie sie die Antike hervorgebracht hat, lenkt vom eigentlichen Ziel des menschlichen Lebens nur ab, ja mehr noch dehnt die weltliche Zeit als Negation der Ewigkeit sinnloserweise noch aus, weil sie das irdische Geschehen nachahmt, es also verdoppelt, statt es in seiner Hinfälligkeit aufzuzeigen.

Zugespitzt gesagt, muss die christliche Lehre von der Geschöpflichkeit des Menschen zu einem literarischen Ikonoklasmus tendieren. Die irdische Liebe lohnt der Darstellung nicht, weil sie von der göttlichen ablenkt. Sie verwechselt Amor und Caritas. Die Literatur redet von der Schuld des Menschen, aber weiß nichts von seiner Erlösung. Sie wiederholt nur die irdischen Gesten der Vergeblichkeit und verlängert so die Blindheiten des irdischen Lebens. Ihre Helden sind nur Helden in dieser Welt der Menschen, ohne von der Ruhe in Gott zu künden. Anders gesagt: Die Literatur malt das Bild des Menschen, ohne

dächtnis der Frömmigkeit. Religion, Kirche und Literatur in Deutschland vom Barock bis zur Gegenwart. Frankfurt/M. 2007.

auf das Urbild zu verweisen. In der Summe ist dem Christentum gerade der Nachahmungscharakter, die Mimesis, die Aristoteles in seiner *Poetik* als Kern mindestens des Drama bestimmt hat, ein Irrglauben. Dieser Irrglaube hält den Menschen dort fest, wo er doch die Welt verlassen muss. Die Welt ist das falsche Bild, Gott allein das wahre Bild. Die christliche Kritik an dem Abbilden der Welt, der Mimesis, ist Folge eines radikal anderen Verständnisses des Menschen. Als Abbild des Ewigen verdient der Mensch Achtung. Davon redet die Literatur aber gerade nicht.

Es nimmt vor diesem Hintergrund nicht wunder, dass Kirchenväter wie der römische Kirchenvater Tertullian in seiner Schrift *De spectaculis* gegen die Schaulust polemisiert hat oder ein anderer Kirchenvater in Byzanz, Johannes Chrysostomos, betont, dass das Spiel des Gottesdienstes ein grundlegend anderes sei als das des Theaters: „Wenn du dich ins Theater begibst," so schreibt Chrysostomos, „und deine Augen an den nackten Gliedern der Schauspielerinnen weidest, so ist das zwar nur vorübergehend, doch du hast dadurch einen mächtigen Zunder in dein Herz gelegt".[2] Das kritisiert die heidnische Verdopplung der Welt, das falsche Bild, das sich die Menschen machen, statt der eigenen Abbildhaftigkeit gewiss zu werden. Diese Kritik war auch deshalb gerade gegen das Theater vorgebracht worden, weil es Ausdruck des Heidentums noch lange blieb und in den Kirchen, gerade denen Ostroms auch weiterhin gespielt wurde. Man sieht: der Mensch als Geschöpf Gottes ist nicht zuerst als Motiv, noch als Thema für die Literatur von Interesse. Vielmehr geht es um ein grundsätzlicheres Problem im Verhältnis von Christentum und Literatur: Die christliche Anthropologie tendiert zu einem literarischen Ikonoklasmus, der Literatur als Nachahmung oder Abbilden der menschlichen Handlungen prinzipiell verdächtigen muss.

Es ist vor diesem Hintergrund einigermaßen erstaunlich, dass es zu einer abendländischen Kultur der Literatur gekommen ist. Wenn es wiederholt in der europäischen Geschichte zur Ablehnung aller Kunst, auch der der Literatur gekommen ist, und nur Raum für religiöse Texte bleiben sollte, so verdankt sich das dem antimimetischen Impuls der christlichen Auffassung vom Menschen. Wenn die Literatur dann aber doch den Menschen abgebildet hat, dann nicht nur deshalb, weil zur europäischen Tradition immer auch die Antike gehört oder die Menschen unvermeidlich Sünder sind und Gefallen an allerlei unterhaltsamen Nichtigkeiten hätten, so dass Literatur eines der Übel wäre, die nicht vor dem Ende der Zeiten auszurotten ist. Sondern Literatur und auch die anderen Künste gibt es deshalb, weil das Christentum das Abbilden anders aufgefasst hat, als es die antike Tradition getan hat. Nicht als Nachahmen, sondern

---

2 Joh. Chrysostomus, Kommentar zum Evangelium des Hl. Matthäus. Übersetzt von Johannes Baur. 1. Band, München 1915; vgl. dazu Silke-Petra Bergjan: „Das hier ist kein Theater, und ihr sitzt nicht da, um Schauspieler zu betrachten und zu klatschen" – Theaterpolemik und Theatermetaphern bei Johannes Chrysostomos, in: Zeitschrift für Antikes Christentum 8, 3 (2005), S. 567-592.

als Zeigen wurde es gerade in der mittelalterlichen Welt verstanden und öffnete damit einen Spielraum auch für die Literatur. Hans Maier hat für diese Öffnung der lateinischen Welt gegenüber den Künsten vor allem die Entscheidungen des karolinigischen Zeitalters namhaft gemacht, als sich in Büchern wie den *Libri carolini* gegen Ende des 8. Jahrhunderts die weströmische Welt von der sakramentalen Deutung der Bilder, wie sie im oströmischen Reich verpflichtend blieb, zu lösen begann.[3] Und das sollte Folgen haben. Die ersten Theaterstücke einer Hrotsvit von Gandersheim aus dem 10. Jahrhundert etwa – abgefasst in der liturgischen Sprache des Lateinischen – waren für die monastische *lectio* bestimmt, die gesungene Kontemplation. Sie sind gerade keine Texte, die wie etwa die Dramen des Terenz und anderer Vorbilder der Hrotsvit für die Aufführung im Sinne einer Nachahmung der Welt bestimmt gewesen wären. Das Spiel war hier das gesungene Wort, das Wort in Latein und damit das von der Nachahmung abgerückte Wort, eben Verweis auf die Erlösung, nicht Mimesis der irdischen Welt.

Die seit dem 10. Jahrhundert aufkommenden Spiele, zunächst um das Osterfest, waren keine Nachahmung der Kreuzigung und Auferstehung, sondern wiederum in lateinischer Sprache ausschließlich vom Klerus gesungene Verweise auf das, was nicht sichtbar ist, sondern nur geglaubt werden kann: die Auferstehung. Mit diesem Verweisen auf das, wovon es kein wahres Bild geben kann, aber auf das zugleich verwiesen werden muss, weil es heilsrelevant ist, gewinnt die Darstellung irdischer Handlungen gegen den tendenziellen literarischen Ikonoklasmus des Christentums Platz. Literatur ist nicht Abbild, sie ist Verweis, und darin liegt ihre Legitimation. Selbst die Epik des mittelalterlichen Europas, die vielfach auch heidnischen Erzähltraditionen verpflichtet ist, stellt in Erec, in Tristan und in Parzival Helden heraus, deren Handeln selbst in den Aventiuren Verweis und nicht Nachahmung sein soll. Diesen Verweischarakter erkennt man an der typisierten Widerholung der abenteuerlichen Ausfahrt des Helden, der nicht einmal, sondern im ,doppelten Kursus' zweimal die ähnlichen Abenteuer durchlaufen muss, bevor er als christlicher Ritter Ruhe findet. Was für eine ungewöhnliche Figur bei Chrétien wie bei Wolfram ist etwa Parzival, der sinnend über drei Tropfen Blut im Schnee jedes heroische Selbstbewusstsein verliert.[4] Statt in den Kampf zu ziehen, wie es der heidnische Held tun würde, starrt er besinnungslos auf jene drei Tropfen Blut im Schnee, die Verweis auf seine Frau und seine Mutter sind, auf Minne und Gral, darauf, dass geboren werden Schuld bedeutet, Erbsünde würde man theologisch sagen. Und zugleich verweisen die Tropfen des Blutes auf das Blut der Erlösungstat Christi, die auch der Mensch nachzuvollziehen hat, hier in Chrétiens oder Wolframs mittelalterlichem Roman dargestellt durch die erlösende Frage nach dem Leiden des Amfortas und durch die Suche nach dem Gral, der das Blut Christi aufgefangen

---

3   Hans Maier: Die Kirchen und die Künste. Guardini-Lectures. Regensburg 2008.
4   Vgl. Joachim Bumke: Die Blutstropfen im Schnee. Über Wahrnehmung und Erkenntnis im *Parzival* Wolframs von Eschenbach. Tübingen 2001.

haben soll. Ebenbild Christi zu werden, meint eine andere Nachahmung als die der Antike: die *imitatio christi*. Erst so als Verweis kann vom Sünder als Helden erzählt werden.

Gerade weil eine christliche Literatur nicht Nachahmung ist, sind ihre Handlungen und Geschichten symbolische Verweise. Die im mittelalterlichen und frühneuzeitlichen Europa so populären Heiligenlegenden des Jacobus de Voragine aus dem 13. Jahrhundert, seine *Legenda aurea* sind eine solche Sammlung symbolischer Verweise, wie das irdische Leben zu einer Nachahmung Christi werden kann. Kein Zufall, dass dieses Buch seine Geschichten nach dem Kalender des Kirchenjahres gliedert. Sie illustrieren, was nur zu glauben ist. In der Summe gehört dieses Buch des beständigen Verweisens zu den erfolgreichsten Büchern des christlichen Abendlandes.

Der Mensch als Abbild Gottes ist also vor dem Hintergrund der christlichen Vorstellung, was der Mensch sei, gerade deshalb möglich, weil er nie er selbst ist, sondern Abbild. Diese Geschöpflichkeit ist ermöglichender Grund wie ikonoklastische Infragestellung der Literatur zugleich. Und eben diese Doppelnatur der christlichen Literatur wird umso spannungsreicher, je weiter die christliche Anthropologie die Negativität der menschlichen Natur betont. Ist der Mensch Sünder und zuerst und vor allem Sünder, der zu seiner Erlösung wenig oder nichts beitragen kann, dann wird damit Literatur noch einmal in Frage gestellt. Das wird in heutigen, säkularen Literaturgeschichten zumeist nicht thematisiert, ja als Problem gar nicht gesehen. Man tut so, als wäre die Entwicklung der Literatur ein Naturvorgang der immer weiter fortschreitenden Entfaltung künstlerischer Möglichkeiten oder der Emanzipation von Subjektivität. Das trifft umso weniger zu, als mit der Reformation die christliche Anthropologie eine Radikalisierung erfahren hat, die auch den Begriff von der Ebenbildlichkeit Gottes in die schiere Unerreichbarkeit verschiebt. Wozu überhaupt sich noch ein Bild von der Welt machen, wenn dort alles Sünde ist?

II.

In der Zeit des 16. und 17. Jahrhunderts beginnt eine Anthropologie bestimmend zu werden, die vereinfacht eine negative genannt werden kann. Das hat seinen Grund in der Zuspitzung des theologischen Denkens über den Stand des Menschen seit der Erbsünde durch die Reformation.[5] Für Luther war der Mensch nach Verlust seines Urstandes Sünder und nichts als Sünder. Die Erbsünde, so die Reformatoren, hatte den Menschen seiner Gottebenbildlichkeit beraubt, ihn Gott verhasst gemacht und ihn dazu verdammt, ohne die Gnade Gottes nichts anderes zu können als zu sündigen. Der Mensch mag sich durch die Hilfe des Heiligen Geistes zwar darum bemühen, der Sünde Einhalt zu ge-

---

5   Anselm Schubert: Das Ende der Sünde. Anthropologie und Erbsünde zwischen Aufklärung und Reformation. Göttingen 2002.

bieten. Seiner Natur nach aber bleibt die Erbsünde sein unaufhebbarer Teil. Damit aber steht die Gottebenbildlichkeit des Menschen weit radikaler in Frage als bisher, denn verloren ist durch den Fall des ersten Menschen die allen Menschen gegebene *imago dei* ebenso wie die dem Menschen als besondere Gnadengabe gewährte *similitudo dei*.

Diese Radikalisierung zog Folgeprobleme nach sich, genauer zu bestimmen, was die verbliebene Natur des Menschen meine, der sich einer Erlösung überhaupt noch zuwenden könne. Wäre die menschliche Natur in Gänze korrumpiert, käme das manichäischen Vorstellungen von der grundsätzlichen Verschiedenheit von Gott und Welt gleich und damit einer häretischen Position, weil dann die Sünde ihren Ursprung in Gott hätte. Würde die Erbsünde dagegen dem Menschen nur die übernatürliche Gnade genommen haben, käme das der katholischen Position gleich, wie sie etwa Kardinal Robert Bellarmin formuliert hat, wonach die Erbsünde nur die als *superadditum* von Gott gewährte *similitudo dei* zerrüttet habe, nicht aber die *imago dei*. Damit schien entweder die Erlösungsbedürftigkeit des Menschen oder umgekehrt die Erlösungstat Gottes herabgesetzt, was beides dem reformatorischen Anliegen entgegengesetzt war.

Das alles war für die Literatur deshalb von Bedeutung, weil in dieser Auffassung eine mittelbare Rechtfertigung dafür lag, das sündige Handeln einerseits darzustellen und ihm andererseits doch nur einen Verweischarakter zuzugestehen. Die Literatur muss nun zugleich die Nichtigkeit wie die Notwendigkeit menschlichen Handelns aufnehmen und macht sich darin gerade auch selbst schuldig. Sie selbst kann sich von der Korruption nicht ausnehmen, ist das, was sie zugleich kritisiert, eben Sünde. Das ist das Thema der durch den Augustinismus geprägten französischen Frondé-Literatur von Blaise Pascal bis zu den Autorinnen am Hofe Ludwig XIV. Ihr Thema ist die *dissimulatio*, die Verstellung des Menschen, konkret die am Hofe und übertragen die Verstellung des Menschen vor Gott. Jeder ist hier nicht der, der er wirklich ist. Das Fräulein von Scudéry oder die Madame de La Fayette schreiben Romane, in denen sich die Menschen über ihre Gefühle täuschen und sich gegenseitig täuschen, das Bekenntnis der eigenen Sündigkeit aber nur als Ausnahmezustand möglich ist. In La Fayettes berühmtesten Roman, der *La Princesse de Clèves* von 1678, gelingt den beiden Protagonisten erst unter dem Eindruck des unmittelbar bevorstehenden Sterbens ein offenes Wort über ihre eigenen, wirklichen Gefühle, hier den nie vollzogenen, aber gedachten Ehebruch, Inbegriff der Sünde.[6] Der Roman umkreist nicht anders als etwa Jean Racines Drama *Phèdre* (1677) die unmögliche Möglichkeit, die Sünden in der Literatur zu bekennen. Die Literatur ist doch selbst – zumal als Roman – Ausdruck der Sünde, weil sie die Sünde – vor allem das große Thema der europäischen Literatur der Neuzeit: den Ehebruch – selbst zum Thema hat. Literatur ist hier Bekenntnis und Sünde zugleich. Die Romane der La Fayette wurden gerade wegen dieser, ihrer

---

6 Vgl. Jean Firges: Madame de La Fayette: Die Prinzessin von Clèves. Die Entdeckung des Individuums im französischen Roman des 17. Jahrhunderts. Annweiler 2001.

Bekenntnisse als Skandal in ihrer Zeit wahrgenommen und machen kompromisslos – jansenistisch – klar, dass der Mensch besser daran tut, sich um sein Seelenheil zu kümmern, statt nach irdischen Glück zu streben. Im Alten Reich hat vielleicht kein Autor so sehr wie Hans Jacob Christoffel von Grimmelshausen dieses sündige Erzählen so weit getrieben. Mit jedem weiteren Buch seiner simplicianischen Romane verstrickt sich sein Erzähler Simplicius Simplicissimus immer weiter in die Sünde. Seine Bücher werden von ihm selbst „Gauckeltaschen" genannt, Eitelkeiten der Welt auch sie. Der Erzähler ist selbst immer nur ein unzuverlässiger Erzähler, und das Erzählen ist nichts weiter als Eitelkeit und Sünde. Wenn Simplicius aus purer Angeberei seine Abenteuer mit der Hure Courage erzählt, so erzählt diese ihrerseits dem Simplicius zum Trotz – daher der Titel des Buches *Trutz Simplex* – die selbe Geschichte ganz anders. Sie aber tut es aus der Todsünde von Neid und Hass heraus, so dass auch ihr Erzählen von der Sünde korrumpiertes Erzählen ist. Die Bücher des Grimmelshausen sind – wie die Vorworte zu erkennen geben – „süße Pillulen", süße Pillen, weil sie in einer sündigen Geschichte verpackt von der im Kern dann bitteren Wahrheit handeln, dass der Mensch ein Sünder ist, der auf die Gnade Gottes angewiesen bleibt.[7] Literatur ist auch in der Frühen Neuzeit unvermindert ein Problem ihrer selbst und kann sich nur als Verweis, nicht aber als Nachahmung behaupten.

III.

Der Übergang zur Neuzeit, das 18. Jahrhundert, markiert auch deshalb eine Epochenzensur, weil die negative Anthropologie der Frühen Neuzeit von einer positiven Anthropologie abgelöst wird, die noch weitgehend die unsere ist. Hier ist die Selbstbegründung des Menschen aus seiner eigenen Vernunft heraus gerade das, was verspricht, ihn nicht als Geschöpf, sondern als Vernunftwesen zu sehen. Rousseaus berühmter Ausruf am Beginn seiner *Confessions* (1782), dieses „moi seul [ich allein]", entwirft die noch für die Zeitgenossen verstörende Begründung des Menschen nicht mehr als Geschöpf, sondern als Wesen, das gut wäre, wenn es nicht von der Gesellschaft, Zivilisation und Selbstliebe immer wieder von seiner natürlichen und als gut gedachten Bahn abgelenkt werden würde. Der Ausgang des Menschen aus seiner Unmündigkeit ist hier und nicht nur bei Rousseau der Weg einer Selbstbegründung, die nicht mehr die Geschöpflichkeit thematisiert. Dieser Mensch definiert sich gerade darin, anders zu sein als die anderen: „ich bin anders",[8] sagt Rousseau über sich selbst. Das ist radikale Selbstbegründung ganz aus sich allein heraus.

---

7 Vgl. Dieter Breuer: Grimmelshausen-Handbuch. München 1999.
8 „Je ne suis fait comme aucun de ceux que j'ai vus; j'ose croire n'être fait comme aucun de ceux qui existent", Jean-Jacques Rousseau. Œuvres complètes. Bd. I. Paris 1959, S. 5; vgl. Dieter Sturma: Jean-Jacques Rousseau. München 2001.

Das aber setzt die Literatur im weltlichen Sinn als *belles lettres* frei, die nicht mehr auf christliche Lehre vom Menschen zurückzugreifen scheint. Natürlich sind religiöse Muster nicht nur bei Rousseau – gerade in seinem Erfolgsroman der *Nouvelle Heloise* von 1761 – vielfach zu finden, sind John Miltons *Paradise lost* (1667) und sein deutscher Nachfolger Friedrich Gottlieb Klopstock mit seinem gewaltigen Gesang *Der Messias* (1749ff.) religiösen, bei Klopstock besonders pietistischen Frömmigkeitsvorstellungen verpflichtet. Klopstocks reuiger Teufel findet erst Ruhe, als er selbst wieder durch Christus in die Schar der Erlösten aufgenommen ist. Aber selbst der Teufel ist kein Sünder mehr, noch weniger ist der Gesang, der bei Klopstock zum Lob Christi angestimmt wird und sich über mehr als 20 umfangreiche Langgedichte hinzieht, ein sündiges Verlangen. Literatur verkehrt sich im 18. Jahrhundert von einem immer auch ikonoklastischen Unterfangen in Idolatrie, in einen kunstreligiösen Kultus, der alles vom Rühmen, aber fast nichts mehr von Sünde und Reue weiß.[9] Der reuige Teufel ist hier weniger Teufel denn ein moderner Held.

Kein Zufall dann, dass Goethes Held Werther seinen Klopstock intensiv liest, mit ihm die Entgrenzung in einer positiv gedachten Natur erlebt und schließlich nicht als Sünder stirbt, obgleich er Selbstmord begeht. „Kein Geistlicher hat ihn begleitet", dieser Schlusssatz des *Werther*-Romans hebt am Ende ausdrücklich hervor, dass dieses Sterben keinen Verweischarakter auf Gott mehr haben soll. Natur, auch und gerade die Natur des Menschen, ist hier ein Versprechen auf die Perfektibilität des Menschen, der an der Gesellschaft, vielleicht auch an übersteigerten Selbstansprüchen scheitern kann, nicht aber deshalb, weil er seinem Wesen nach ein Geschöpf wäre, das als solches zu einer Selbstentwicklung nicht in der Lage ist. Goethes oft scharfe Ablehnung des Christentums rührt nicht unwesentlich aus seinem positiven Begriff der Natur her, der die Natur, auch die des Menschen, nicht als göttliche Schöpfung versteht. Die entstehende Genieästhetik ist nur die andere Seite dieses nicht mehr christlichen Verständnisses von Literatur, die sich um den Menschen als Abbild Gottes nicht mehr kümmert.

Man könnte meinen, die Romantik habe diese vernünftige Selbstbegründung des Menschen aus seiner Natur umgekehrt und in ihrer religiösen Bildlichkeit, ihrem Enthusiasmus für das katholische Mittelalter die Frage nach dem Menschen als Abbild Gottes neu gestellt. Tatsächlich entwickeln etwa Novalis' *Hymnen an die Nacht* um 1800 eine Bildlichkeit, die die der Aufklärung verkehrt. Aus dem Licht der Aufklärung wird in der *Dritten Hymne* die „Nachbegeisterung", die den nach Erlösung Hungernden scheint.[10] Aber diese sind keine Sünder, sondern ruhelos deshalb, weil sie nicht „nach Hause" finden. Die Rückkehr in eine aller Gegenwart voraus liegende Einheit der Natur versteht die Natur als eins mit Gott, als das Ich, das das Nicht-Ich setzt. Damit ist die Welt und die mit ihr so eng verknüpfte Subjektivität legitimiert, freilich auf eine kaum zu sa-

---

9   Bernd Auerochs: Die Entstehung der Kunstreligion. Göttingen 2006.
10   Vgl. Dennis F. Mahoney: Friedrich von Hardenberg (Novalis). Stuttgart 2001.

gende, chiffrenhafte Weise. Der Mensch ist hier nicht das Abbild Gottes, auch kein Sünder, sondern ursprünglich einmal eins mit Gott und doch von ihm getrennt. Natur, Kunst, aber auch der Tod verspricht dieses Selbstverhältnis des Menschen wieder in eine Einheit zurückzuführen und damit Abbild und Urbild in eins zu setzen. Mit Enthusiasmus verspricht Novalis in seiner letzten Hymne, überschrieben mit *Sehnsucht nach dem Tode,* diese Selbsttrennung in Subjekt und Objekt überwinden zu können. So heißt es in den letzten drei Strophen dieser *Hymne*:

[...] Was hält noch unsre Rückkehr auf,
Die Liebsten ruhn schon lange.
Ihr Grab schließt unsern Lebenslauf,
Nun wird uns weh und bange.
Zu suchen haben wir nichts mehr –
Das Herz ist satt – die Welt ist leer.

Unendlich und geheimnißvoll
Durchströmt uns süßer Schauer –
Mir däucht, aus tiefen Fernen scholl
Ein Echo unsrer Trauer.
Die Lieben sehnen sich wohl auch
Und sandten uns der Sehnsucht Hauch.

Hinunter zu der süßen Braut,
Zu Jesus, dem Geliebten –
Getrost, die Abenddämmrung graut
Den Liebenden, Betrübten.
Ein Traum bricht unsre Banden los
Und senkt uns in des Vaters Schoß.[11]

Fast gleichzeitig schreibt Friedrich Hölderlin sein für die Zeitgenossen geradezu unverständliches Gedicht, das man später *Hälfte des Lebens* überschreiben sollte. Hier redet die erste Strophe noch einmal enthusiastisch im Bild des Dichters als Schwan davon, dass die Poesie die Welt romantisieren, ja der Mensch durch seine Poesie erlöst werden könne. Diese Poesie ist nicht sein eigenes Sprechen, sondern ein inspiriertes Sprechen durch ihn, den Dichter hindurch. Aber die zweite Strophe des Gedichts erstarrt darüber, dass dieses kunstreligiöse Versprechen nicht einzuhalten ist, dem Dichter die „Blumen der Rede" fehlen und jede Selbstbegründung in Sprachlosigkeit und tödliche Starre verfällt:

Mit gelben Birnen hänget
Und voll mit wilden Rosen
Das Land in den See,

---

11 Novalis Werke. Hrsg. und kommentiert von Gerhard Schulz. München 1981, S. 53.

Ihr holden Schwäne,
Und trunken von Küssen
Tunkt ihr das Haupt
Ins heilignüchterne Wasser.

Weh mir, wo nehm' ich, wenn
Es Winter ist, die Blumen, und wo
Den Sonnenschein,
Und Schatten der Erde?
Die Mauern stehn
Sprachlos und kalt, im Winde
Klirren die Fahnen.[12]

Die nachromantische Literatur ist voll davon, dass dem Menschen diese Selbstbegründung nicht gelingt, ohne zu einem Menschenbild zurückfinden zu können, das ihn wieder als Abbild Gottes verstünde. Stifters Naturlandschaften sind nur ein Beispiel für das Erschrecken davor, in der Natur einen Trost und eine Begründung für den Menschen finden zu wollen, die doch nirgends mehr aufzufinden ist. Die Natur ist sowenig wie der Mensch Verweis noch Abbild. Reinhold Schneiders Aufzeichnungen *Winter in Wien* wären fast hundert Jahre später zu nennen, die dieses Erschrecken vor dem Scheitern, die Natur als Schöpfung zu erfassen, herausstellen. Schneider hat selbst das Leiden an dieser Unmöglichkeit, den Menschen als Abbild noch einmal begreifen zu können, so bitter durchlitten. Die Natur als verbliebene Ganzheitsmetapher, die vielfach in der modernen Literatur an die Stelle Gottes getreten ist, verliert ihre Zusagekraft schon im 19. Jahrhundert. Noch die radikal modernen Romane wie James Joyces *Ulysses* oder Alfred Döblins *Berlin Alexanderplatz* zitieren den Menschen als Abbild Gottes auch inmitten moderner Städte, auch sie eine Metapher für das, was den Menschen übersteigt. Aber die Verweise laufen ins Leere. Die Hoffnung auf Erlösung, auf einen Ausgang aus der Sünde bleiben vage. Kafka Romane scheitern schon bei dem Versuch, als Romane überhaupt geschrieben werden zu können, so mehrdeutig, ja verrätselt scheint die Frage danach zu sein, wem der Mensch eigentlich gleicht, wessen Abbild er ist.

Es scheint, als würde, je weniger die Literatur in der Neuzeit den Menschen als Abbild Gottes zu zeichnen vermag, zugleich der Wunsch wachsen, eben genau das zu tun. Die das offen tun, wie etwa die Literatur des Renouveaux catholique oder die Romane einer Gertrud von Le Fort oder eines Graham Greene werden von der modernen Ästhetik und den Literaturgeschichten dafür meist ausgeschlossen. Sie seien nicht eigentlich modern, urteilt man dann, weil diese Autoren darauf vertrauen, dass der Mensch doch – wie verrätselt auch immer – Geschöpf und Abbild Gottes ist. Sie scheinen damit die Literatur als ästhetisches Unternehmen in Frage zu stellen, weil sie der schönen Nachahmung

---

12 Friedrich Hölderlin. Sämtliche Werke und Briefe. Hrsg. von Michael Knaupp. Bd. I. Darmstadt 1992, S. 445.

als Aufgabe der Literatur nicht trauen, aber der Literatur Verweischarakter zusprechen. Diese Autoren und ihre Werke stehen am Rande der modernen Literaturgeschichte. Je freier die Literatur von religiösen Leitvorstellungen wird, die ihren Status einmal Jahrhunderte lang bestimmt, ja prekär gemacht hat, je selbstbewusster und moderner sie geworden ist, desto mehr misstraut sie sich selbst, noch ein Bild des Menschen zeichnen zu können. Kein Abbild mehr des Menschen, aber auch kein Vertrauen in die Bildmächtigkeit der selbstgemachten Bilder mehr, das kennzeichnet die moderne Literatur. Darin ist sie tendenziell immer noch bilderstürmerisch und vielleicht mehr dem Glauben an die Schöpfung verpflichtet, als sie es selbst zugeben kann. Sie ruft die Möglichkeit auf, den Menschen zu bilden und streicht sich dabei selbst durch, so wie es Vater Mapple in Herman Melvilles großem metaphysischem Roman *Moby Dick* formuliert:

„O Vater, der ich dich meist durch Deine Rute gekannt, ob sterblich oder unsterblich, hier trete ich ab. Ich habe getrachtet, der Deine zu sein, mehr als von dieser Welt und mehr als der meine. Doch das ist nichts; ich lasse Dir die Ewigkeit; denn was ist der Mensch, daß er seinen Gott überleben sollte?"[13]

---

13 Herman Melville: Moby Dick oder Der Wal. Roman. Hrsg. von Daniel Göske, übers. von Matthias Jendis. München 2001, S. 102.

Heinz Dopsch

Gesalbter des Herrn – von Gott gekrönt
Zur Sakralität christlicher Herrscher

Wer zur Herrschaft berufen ist, muss über besondere Tugenden und Fähigkeiten verfügen. Deshalb wurde bei den meisten Völkern und in fast allen Kulturen und Religionen der Herrscher in eine besondere Nähe zu Gott oder zu den Göttern gerückt. In polytheistischen Glaubensgemeinschaften konnte der Herrscher seinen Platz unter den Göttern finden und selbst als Gottheit verehrt werden. In den großen monotheistischen Religionen wie Judentum, Christentum und Islam waren zwar ein Götterkult zu Ehren des Herrschers und eine Divinisierung seiner Person ausgeschlossen; der Herrscher wurde aber in unmittelbarer Nähe zu Gott angesiedelt. Im Christentum galt die Herrschaft, die dem König von Gott übertragen wurde, als Nachahmung des göttlichen Vorbildes (*imitatio Christi*) und er selbst wurde als Nachahmer Christi (*christomimetes*) und als Stellvertreter Gottes auf Erden (*vicarius Christi*) angesehen. Während im Islam der Prophet Mohammed und in seiner Nachfolge die Kalifen die geistliche und weltliche Macht in ihrer Hand vereinigten, erkannte das Christentum Kaisern und Königen eine besondere Stellung innerhalb der Kirche zu.

Die oströmischen und byzantinischen Kaiser sorgten als Nachfolger Konstantins für das Gedeihen der Kirche, sie beriefen die großen Konzilien der Spätantike ein und nahmen entscheidenden Einfluss auf die Beschlüsse, die auf diesen Konzilien getroffen wurden. Das byzantinische Hofzeremoniell, in dem wesentliche Elemente des römischen Kaiserkults fortlebten, billigte dem Basileus zumindest nach außen hin eine gottähnliche Stellung zu. Aber auch das weströmische Kaisertum, das durch Karl den Großen (800) und Otto den Großen (962) zweimal erneuert wurde, räumte dem Kaiser einen wichtigen Platz innerhalb der Kirche ein. Er übte seine Herrschaft durch die Gnade Gottes (*dei gratia*) aus und war zum Schutz der römischen Kirche berufen. Die Sakralität seines Herrschertums kam in den Zeremonien der Krönung durch den Papst, der Salbung und der Weihe sowie in den Lobgesängen (*laudes*), die dabei auf den Kaiser angestimmt wurden, zum Ausdruck[1].

---

1   Bloch 1998, S. 87-110; Franz-Reiner Erkens, Sakralkönigtum und sakrales Königtum. Anmerkungen und Hinweise, in: Erkens, Das frühmittelalterliche Königtum, S. 1-8; Erkens 2006, S. 133-172; Günter Dux, Die Genese der Sakralität von Herrschaft. Zur Struktur religiösen Weltverständnisses, in: Erkens 2005, S. 9-21; Boshof 2005, S. 331-358; Ernst H. Kantorowicz, Laudes regiae. A study in liturgical acclamations and mediaeval ruler worship, Berkeley/Los Angeles 1946.

In ähnlicher Form sahen sich fast alle christlichen Könige und Herrscher von Gott zur Herrschaft berufen, betonten den geheiligten Charakter ihrer Stellung und suchten eine direkte Verbindung zu Gott nachzuweisen. In Frankreich war sie durch den heiligen Balsam gegeben, der – freilich erst einer viel späteren Interpretation zufolge – für die Taufe Chlodwigs in einer Ampulle vom Himmel gesandt worden war und später für alle Salbungen französischer Könige Anwendung fand[2]. So wie einst Christus verfügten auch die „wundertätigen" französischen und die englischen Könige über die Fähigkeit zur Krankenheilung, die in der traditionellen Berührung und Heilung von Menschen, die an Skrofeln litten, zum Ausdruck kam. Die englischen Könige verfügten außerdem mit den heilkräftigen Ringen, die vor allem zur Krampflösung eingesetzt wurden, über ein einzigartiges sakrales Instrument[3].

Die Sakralität des christlichen Herrschertums wurde in Deutschland durch den Investiturstreit (1075–1122) schwer erschüttert. Sie ist aber nicht mit dem Mittelalter zu Ende gegangen, sondern bestand bis weit in die Neuzeit fort. Im Heiligen Römischen Reich wurde noch dessen letzter Herrscher, der Habsburger Franz II., 1792 zum Kaiser geweiht. Sein großer Gegner, Napoleon Bonaparte, wollte ungeachtet seiner aufgeklärten Einstellung auf die göttliche Legitimation des von ihm begründeten Kaisertums nicht verzichten und ließ sich am 2. Dezember 1804 in der Kathedrale Notre-Dame vom Papst zum Kaiser salben[4]. Als letzter König von Frankreich wurde Karl X. aus der Dynastie der Bourbonen am 29. Mai 1825 mit heiligem Öl gesalbt, geweiht und gekrönt. Zwei Tage später trat er einer Menge von etwa 120-130 an Skrofeln erkrankten Personen gegenüber, um sie nach alter Tradition durch die Berührung der kranken Stellen mit seiner Hand und die traditionellen Worte „Der König berührt dich, Gott heile dich" zu kurieren[5]. Bei der Krönung Elisabeths II. von England am 2. Juni 1953 in Westminster Abbey salbte der Erzbischof von Canterbury die junge Königin an Händen, Brust und Haupt und sprach dann, nachdem sich Elisabeth niedergekniet hatte, den Segen über sie. Die Königin ihrerseits, die ihre Weihe erwartete, erflehte die göttliche Gnade[6]. Dieses Beispiel zeigt, dass trotz der einschneidenden gesellschaftlichen Veränderungen im 19. und 20. Jahrhundert und der Demokratisierung unserer Gesellschaft die Vorstellung von der geheiligten Person des Herrschers bis in die Gegenwart fortlebt.

2	Bloch 1998, S. 250-255; Le Goff 2000, S. 730-736.
3	Bloch 1998, S. 65-86, S. 123-129 u. S. 187-210; Le Goff 2000, S. 733 f., lässt die regelmäßige Skrofelheilung der französischen Könige erst mit Ludwig IX. (1214/26–1270) beginnen. Vgl. Jaques Le Goff, Le mal royal au Moyen Age: du roi malade au roi guérisseur, in: Mediaevistik Bd. 1 (1988), S. 101-109; Fred Barlow, The kings evil, in: English Historical Review 1980, S. 3-27, sucht nachzuweisen, dass in England die dauernde Heilkraft der Könige erst mit Heinrich III. einsetzt.
4	Erkens 2006, S. 24 f.
5	Bloch 1998, S. 425-429.
6	Erkens 2006, S. 25 f.

Antikes Gottkönigtum und die Konstantinische Wende

Die frühen Hochkulturen des vorderen und mittleren Orients kannten fast durchwegs die Vergöttlichung des Herrschers. Weder die Sumerer noch die Assyrer hatten Probleme, ihre Könige der göttlichen Sphäre zuzuordnen. Dabei ging es weniger um die kultische Verehrung des göttlichen Herrschers als um dessen Mittlerstellung zwischen Göttern und Menschen. Die Vollziehung des Götterkults und die Darbringung von Opfern zur Versorgung der Götter waren die vornehmsten Aufgaben des Königs. Auch die Hethiter, die Perser, das Partherreich und das Reich der Sassaniden pflegten den Kult für den vergöttlichten König[7]. Am bekanntesten jedoch, weil in vielen Darstellungen überliefert, ist die gottähnliche Stellung des Pharao in Ägypten. Viele Bilder zeigen ihn in unmittelbarem Kontakt mit den Göttern, die ihm Befehle geben und von ihm Rechenschaft fordern konnten. Damit war der Pharao zwar keine Gottheit im vollen Rechtssinn, sondern den Göttern unterstellt; aber er war der göttlichen Sphäre zugeordnet, galt als Abbild oder Sohn einer bestimmten Gottheit, als von den Göttern beauftragt und eingesetzt und hatte den Kult für die Götter zu vollziehen. Die volle Verehrung als Gott wurde ihm – so wie später beim römischen Kaiserkult – erst nach dem Tod zuteil. Obwohl die anfangs dominante Göttlichkeit des Pharao im Laufe der Jahrhunderte zurückging, blieb sie bis zur Eroberung Ägyptens durch die Römer bestehen und wurde auch von den römischen Kaisern, die sich gerne als Pharaonen darstellen ließen, übernommen[8].

Eigenständige und für die weitere Entwicklung wichtige Nuancen erhielt der Kult um vergöttlichte Herrscher im klassischen Griechenland, im Hellenismus und in den Diadochenreichen. Entscheidend dafür war das Naheverhältnis, das in der griechischen Mythologie zwischen Göttern und Menschen bestand. Beide waren vom gleichen Stamm, die Götter besaßen zwar größere Macht, zeigten aber in ihrer Handlungsweise durchaus menschliche Züge. Halbgötter wie Herakles, die zwischen den beiden Sphären angesiedelt waren, konnten durchaus Aufnahme in den Götterhimmel finden. Die von Homer dargestellten griechischen Könige waren entweder Söhne des Göttervaters Zeus oder von diesem eingesetzt und beaufsichtigt. Zu ihren wichtigsten Aufgaben zählte die Verantwortung für den Götterkult[9].

Nach der Blüte und dem Niedergang der griechischen Demokratie kam es mit dem Auftreten Alexanders des Großen erneut zu einer Wende. Seinem Vater Philipp II. war in Makedonien bereits eine gottähnliche Verehrung zuteil geworden. Alexander selbst wurde von den Vorstellungen, auf die er in Ägyp-

---

7   Assmann 2000, passim; Erkens 2006, S. 34-37.
8   Assmann 1999, S. 159-161; Assmann 2000, S. 37-42, S. 117-122; Assmann 2001, S. 260-263; Clauss 2001, S. 193-202;
9   Christoph Elsas, Religionsgeschichte Europas. Religiöses Leben von der Vorgeschichte bis zur Gegenwart, Darmstadt 2002, S. 66-86; Walter Burkert, Die Griechen und der Orient. Von Homer zu den Magiern, München 2003, S. 9-22; Erkens 2006, S. 41-46.

ten und im Perserreich stieß, beeinflusst. Als er 332/31 v.Chr. das in der libyschen Wüste gelegene Ammon-Heiligtum in der Oase Siwa aufsuchte, wurde er dort als Sohn des Zeus-Ammon geehrt. Im Bemühen um ein einheitliches Herrscherzeremoniell forderte er auch von den Griechen und Makedonen die bei den orientalischen Völkern übliche Proskynese, den Kniefall vor dem Herrscher, der bis dahin in Griechenland nur den Göttern zugekommen war. Umstritten ist die Frage, ob Alexander seine Verehrung als Gott im Jahre 324 v.Chr. durch ein in Susa erlassenes Dekret allgemein einführte[10]. Auf jeden Fall hielten seine Nachfolger, die Diadochen, in ihren Reichen – wenn auch in unterschiedlicher Intensität – am Gottkönigtum fest und bedienten sich zur Legitimierung ihrer Herrschaft der unmittelbaren Abkunft von griechischen Göttern. Die Antigoniden in Makedonien führten ihr Geschlecht – so wie zuvor Alexander – auf Herakles zurück, und die in Persien herrschenden Seleukiden beriefen sich auf Apoll von Milet als ihren Ahnherrn. Am weitesten ging die Entwicklung des Herrscherkults in Ägypten, wo unter den Ptolemäern die Göttlichkeit des Königs bis zur Identifizierung mit einer bestimmten Gottheit gesteigert wurde[11].

Aus dem hellenistischen Herrscherkult, wie er sich seit Alexander dem Großen entwickelt hatte, ging auch der römische Kaiserkult hervor. Bereits in der Zeit der römischen Republik wurden Statthaltern in den orientalischen Gebieten des Reiches posthum besondere Ehren zuteil, bis hin zur Weihe von Altären und einem eigenen Kult. Daneben kam es zur besonderen Verehrung der Roma, des in einer Gottheit personifizierten römischen Staates[12]. Die Frage, ob für Gaius Julius Cäsar eine Verehrung als Gott bereits zu Lebzeiten vorgesehen war, ist in der Forschung umstritten. Fest steht jedenfalls, dass nach den großen Siegen Cäsars bei Thapsus und Munda der römische Senat noch im Dezember des Jahres 45 v.Chr. beschloss, dem großen Feldherrn göttliche Ehren zuteil werden zu lassen. Eine Elfenbeinstatue Cäsars wurde den Prozessionsfiguren des Circus hinzugefügt und Cäsar selbst als *Divus Julius* bezeichnet. Die Aufnahme unter die Götter des Staates war beschlossen und kein Geringerer als Antonius zum Priester (*flamen*) für den Kult zu Ehren Cäsars eingesetzt. Cäsar galt damit schon zu Lebzeiten als Staatsgott, dem man Tempel errichtete und wie die Göttin Venus feierte, da Götterbilder der beiden in den Prozessionen bei Pferderennen mitgeführt werden sollten. Ob ihm einige Zeit nach seinem Tode, nämlich am 1. Januar 42 v.Chr., eine Apotheose zuteil wurde, ist hinge-

10   Meyer 1905, S. 203-217; Wilcken 1938, S. 218-229; Balsdon 1950, S. 254-290; Assmann 1999, S. 418 f.; Pedro Barceló, Alexander der Große, Darmstadt 2007, S. 137 f., S. 211-15; Fox 2004, S. 247-276 und S. 580-611.

11   Wilcken 1938, S. 229-254; Clauss 2001, S. 452-459; Manfred Clauss, Kleopatra, München 1995, S. 68-73.

12   Bowersock 1965, S. 389-396; Clauss 1999, S. 41-46; Zum Kaiserkult vgl. auch Uta-Maria Liertz, Kult und Kaiser. Studien zu Kaiserkult und Kaiserverehrung in den germanischen Provinzen und in der Gallia Belgica zur römischen Kaiserzeit, Rom 1998; Cancik/Hitzl 2003.

gen umstritten. In diesem Kult mischten sich dann hellenistische mit römischen Motiven[13]. Seine volle Ausprägung erfuhr der Kaiserkult durch Cäsars Adoptivsohn Octavian. Bereits im Jahre 40 v.Chr. wurde ihm der bis dahin einzigartige Titel *Divi filius* („Sohn des Vergöttlichten"), der auf Cäsar Bezug nahm, zuteil. Seit dem Jahr 30 wurde sein Geburtstag als öffentlicher Feiertag begangen und drei Jahre später erhielt er den Titel Augustus, der einen Kompromiss zwischen Mensch und Gott darstellte und von allen Nachfolgern übernommen wurde. Zu einer wirklichen Vergöttlichung zu Lebzeiten des Augustus kam es aber nicht, denn man musste nach seinem Tod für ihn die himmlischen Ehren (*caelestes honores*) beschließen und erst im Jahre 14 n.Chr. erfolgte die Aufnahme des Augustus unter die Staatsgötter[14]. In den folgenden Jahrhunderten gewann der Kaiserkult immer mehr an Bedeutung, da er angesichts der vielen Religionen, die sich im Römischen Reich breitmachten, eine integrative Funktion entwickelte. Mit dem Kult für den Kaiser konnte sich jeder Bewohner des riesigen Reiches identifizieren und gleichzeitig konnte die Loyalität der Bürger anhand ihrer Teilnahme an den Festen zu Ehren des Kaisers überwacht werden. Seit Augustus war der Kaiser zu Lebzeiten auch oberster Richter und Priester (*pontifex maximus*), konnte neue religiöse Gesetze schaffen und geltendes Recht endgültig auslegen. Obwohl der Kaiser mit einer Aura göttlicher Macht umgeben war, wurde ihm die förmliche Apotheose in der Regel erst nach dem Tod zuteil. Gerade jene Herrscher wie Caligula, Nero, Domitian oder Commodus, die sich schon zu Lebzeiten im Stil von hellenistischen Gottkönigen verehren ließen, erhielten nach ihrem Tod keine weitere Verehrung, sondern verfielen durch Senatsbeschluss der Austilgung ihres Andenkens (*damnatio memoriae*). Der Kaiserkult war nicht nur im Osten des Reiches, wo seine Ursprünge lagen, sondern auch im Westen, in Italien und in Rom selbst, fest etabliert. Er führte zu einer zunehmenden Distanzierung des vergöttlichten Kaisers von der Bevölkerung, die durch die Einführung eines orientalischen Hofzeremoniells, zu dem seit Diocletian die Anbetung (*adoratio*) des Kaisers und Gottes kam, noch verstärkt wurde. Die Gäste mussten beim offiziellen Empfang vor dem Kaiser den Kniefall machen und einen Zipfel des kaiserlichen Purpurgewandes küssen[15].

Die Entscheidung für das Christentum, die Kaiser Konstantin der Große traf, bedingte zugleich eine allmähliche Abkehr vom Kaiserkult. Neben dem einen und einzigen Gott der Christen konnte es keinen Platz für einen göttlichen Kaiser geben. Die „Konstantinische Wende" war allerdings kein radikaler Bruch mit dem System, sondern eine langsame Abkehr von den durch Jahrhun-

---

13 Gelzer 1960, S. 334-339; Vogt 1953, S. 340-350; Gesche 1974, S. 368-374, Clauss 1999, S. 46-53.

14 Nock 1934, S. 377-388; Bowersock 1965, S. 393-401; Andreas Alföldi, Die zwei Lorbeerbäume des Augustus, in: Wlosok, Römischer Kaiserkult, S. 403-422; Clauss 1999, S. 54-75.

15 Bickermann 1929, S. 82-121; Clauss 1999, S. 192.

derte gewachsenen Traditionen. Noch um 330 wurde der Kaiser auf der Spitze der Konstantinssäule in der Mitte des kreisrund angelegten Forums in Konstantinopel in der Gestalt des Sonnengottes Helios dargestellt, und auch Christen scheuten sich nicht, ihn dort als Stadtgründer zu verehren[16]. Andererseits verschwanden seit 322 der Sonnengott mit seinen Emblemen und entsprechenden Inschriften von den unter Konstantin geprägten Münzen, seit 324/26 wurde in der Titulatur des Kaisers das für den Sonnengott Helios übliche Adjektiv *invictus* (unbesiegbar) durch das neutrale *victor* (Sieger) ersetzt, der Titel „göttlich" (*divus*) wurde von Konstantin selbst für seine Person nicht mehr gebraucht und jede Weihung an den Genius des Kaisers hörte auf[17].

Der Kaiserkult bestand jedoch fort, Konstantin blieb *Pontifex maximus* und nach dem Tod des Kaisers wurden zum letzten Mal Konsekrationsmünzen geprägt, wie sie seit dem Tode Cäsars anlässlich der Apotheose des Herrschers üblich waren und seit der Konsekration des Augustus (14 n.Chr.) einem festen Ritual unterlagen. Beim Tod Konstantins wurde zwar die Feuerbestattung durch die Beisetzung in einem Sarkophag im Mausoleum der Apostelkirche zu Konstantinopel ersetzt und an die Stelle der Apotheose im eigentlichen Sinne als Einreihung des Toten unter die Götter mit Opfer und Kulthandlungen trat der christliche Totengottesdienst mit den Fürbitten für den verstorbenen Kaiser, die ihn als Mensch kennzeichneten. Beibehalten wurde aber die Gewährung des Titels *Divus*, der seit dem 3. Jahrhundert seinen ausgeprägt heidnisch-religiösen Charakter verloren hatte, und die Prägung von Konsekrationsmünzen. Während die Vorderseite dieser Münzen die Inschrift *Divus Constantinus pater Augustus* trägt, herrscht auf der Rückseite als Motiv die Himmelfahrt des Kaisers vor. Konstantin steht in der von vier Rossen gezogenen Quadriga, den Helm auf dem Haupt, und erhebt die Rechte zum Himmel, der Hand entgegen, die sich ihm von oben darbietet. Diese Darstellung war nicht neu, konnte aber von den Christen mit der Entrückung des Propheten Elias, der in einem von feurigen Rossen gezogenen Wagen gegen Himmel gefahren war, und mit der starken Hand Gottes in Verbindung gebracht werden. Früher übliche Symbole wie der Scheiterhaufen und der Adlerflug, die an die Verbrennung des toten Kaisers erinnerten, sowie Tempel und Altar, die auf den Kult des neuen Gottes hinwiesen, sind auf den Konsekrationsmünzen Konstantins verschwunden[18]. Der Kerngedanke des römischen Kaiserkults, die Apotheose des Herrschers nach seinem Tod, hatte damit ein Ende gefunden. Der Kult selbst aber wurde von Konstantin nicht verboten, sondern lebte weiter. Noch Theodosius der Große

---

16 Karayannopulos 1956, S. 485-508, Clauss 1999, S. 196-207, bes. S. 206 f.; Clauss 2007a, S. 44-48; Marianne Bergmann, Konstantin und der Sonnengott. Die Aussagen der Bildzeugnisse, in: Demandt/Engemann 2007, S. 143-161.

17 Karayannopulos 1956, S. 489-496; Clauss 1999, S. 196-207; Clauss 2007a, S. 45-47.

18 Koep 1958, S. 509-527; Christoph Auffarth, Herrscherkult und Christuskult, in: Cancik/Hitzl 2003, S. 283-317; Pero Barceló, Beobachtungen zur Verehrung des christlichen Kaisers in der Spätantike, ebenda S. 319-339.

wurde unter die Staatsgötter aufgenommen. Er war der letzte Herrscher, dem der Titel *Divus* und wohl auch die Konsekration nach dem Tod zuteil wurden. Erst Theodosius II. verkündete am 5. Mai 425 durch ein Gesetz das Ende des öffentlich gepflegten Kaiserkults[19].

Für die Christen hatte schon vor dieser Entscheidung kein unüberwindlicher Gegensatz zwischen ihrer monotheistischen Religion und der Ausübung des Kaiserkults bestanden. Um hohe und höchste Ämter zu bekleiden – was seit Konstantin immer häufiger der Fall war – nahm man zumindest formal die mit dem Kaiserkult verbundenen Feierlichkeiten und Zeremonien auf sich. Deshalb erfolgte auch mit dem endgültigen Aufstieg des Christentums zur Staatsreligion kein völliger Bruch mit den älteren Traditionen. Viele Wesenszüge des römischen Kaiserkults wurden den christlichen Grundsätzen entsprechend modifiziert, der neuen Religion angepasst und lebten im sakralen Königtum und Kaisertum des Mittelalters fort. Dieses lässt sich vor allem auf zwei große Vorbilder zurückführen: Einerseits das Königtum des Alten Testaments, wie es durch David, „den Gesalbten des Herrn" und Salomo verkörpert wurde, und andererseits den römischen Kaiserkult, in dem noch viele Merkmale von älteren Formen des orientalischen und ägyptischen Gottkönigtums fortlebten[20].

Sakrales Herrschertum im Mittelalter

Sakrales Königtum und Herrschersakralität sind Begriffe, die erst seit einigen Jahrzehnten jene Bedeutung erhielten, die sie heute in der historischen Terminologie besitzen. Die lateinischen Worte *sacer* und *sanctus* bedeuten beide „geweiht, heilig, unverletzlich", überschneiden sich also in vielfältiger Weise. Daran ändert die Tatsache nichts, dass *sacer* auch für „verwünscht, verflucht" stehen kann. Das Wort *sanctus* wurde jedoch vom Christentum dermaßen für seine eigene Begrifflichkeit in Anspruch genommen, dass es heute fast ausschließlich zur Beschreibung einer tiefen geistlichen Frömmigkeit, eben der „Heiligkeit" dient. Bezogen auf Kaiser, Könige und christliche Fürsten bezeichnet es jene Herrscher, denen nach ihrem Tod durch kultische Verehrung oder auch formelle Heiligsprechung die Anerkennung als Heiliger zuteil wurde. Die Reihe dieser heiligen Herrscher des Mittelalters führt vom Burgunderkönig Sigismund († 523) bis zu Ludwig dem Heiligen von Frankreich († 1270) und dauert mit der

---

19   Koep 1958, S. 527 mit Anm. 82; Johannes Straub, Die Himmelfahrt des Iulianus Aposta-
      ta, in: Wlosok, Römischer Kaiserkult, S. 528-530; Wilhelm Ensslin, Die Religionspolitik
      des Kaisers Theodosius des Großen, in: Sitzungsberichte der Bayerischen Akademie der
      Wissenschaften, Phil.-Hist. Kl. 1953/2, München 1953; Jörg Ernesti, Princeps Christia-
      nus und Kaiser aller Römer – Theodosius der Große im Lichte zeitgenössischer Quellen
      (Paderborner theologische Studien 25), Paderborn 1998. Clauss 1999, S. 209-215 und S.
      463-465.
20   Clauss 1999, S. 420-465; Erkens 2006, S. 60-79.

umstrittenen Seligsprechung Kaiser Karls I. von Österreich bis in die Gegenwart an. Ausschlaggebend für die Einstufung als Heiliger war allein das Urteil der christlichen Kirche, seit dem Hochmittelalter besonders der Päpste, und bisweilen auch der Druck, der von weltlicher Seite auf die Kirche ausgeübt wurde. So konnten auch ausgesprochen gewalttätige Herrscher wie Stephan der Heilige von Ungarn († 1038) und Karl der Große († 814) – dem diese Ehre allerdings erst 1165 auf Intervention Friedrich Barbarossas durch den kaiserlichen Gegenpapst Paschal III. zuteil wurde – zu Heiligen erklärt werden[21].

Das Wort *sacer* hingegen bezeichnete bereits seit der Spätantike und besonders im Mittelalter alle jene Dinge, die mit dem Kaiser bzw. dem Herrscher in enger Verbindung standen. Die Palette reicht vom geheiligten Kaiser und vom allerheiligsten Augustus über die geheiligten Augen des Herrschers bis zum heiligen Palast und zum geheiligten Schlafzimmer, dem *sacrum cubiculum*. Gleichzeitig aber brachte das Wort *sacer* bzw. das entsprechende Substantiv *sacralitas* die Nähe des Herrschers zu Gott, zur göttlichen Sphäre, zum Numinosen zum Ausdruck. So stand der heiligen (katholischen) Kirche (*sancta ecclesia*) ein „geheiligtes" Reich (*sacrum imperium Romanum*) gegenüber, das freilich im Deutschen als Heiliges Römisches Reich bezeichnet wurde. Das mittelalterliche Königtum und Kaisertum war sakral, aber nur wenige Herrscher haben – wie bereits angesprochen – eine persönliche Heiligkeit (*sanctitas*) erreicht[22].

Die Instrumentalisierung der Worte heilig (*sanctus*) und Heiligkeit (*sanctitas*) im Sinne des Christentums und der katholischen Kirche machte es erforderlich, die enge Verbindung des Herrschers zu Gott und seine Sonderstellung gegenüber dem einfachen Volk mit einem anderen Wort zu kennzeichnen: der Sakralität des Herrschers im Mittelalter und in der frühen Neuzeit. Es sind vor allem drei Merkmale, in denen das Naheverhältnis des Herrschers zu Gott zum Ausdruck kommt:

1. Die Vorstellung, dass Gott selbst das Königtum geschaffen und seine Träger erwählt habe. Daher werde die Herrschaft von Gottes Gnaden (*dei gratia*) ausgeübt, wie es in den Herrscherurkunden von der frühen Karolingerzeit bis zum Ende der großen Monarchien, in England bis in die Gegenwart, betont wurde und wird.

2. Die Überzeugung, dass der christliche Herrscher als Stellvertreter oder Statthalter Gottes auf Erden wirkt. Dabei wird die Nachfolge Christi und auch die Orientierung am Vorbild Christi (*imitatio Christi*) besonders betont.

3. Die Überzeugung, dass der Kaiser oder König ähnlich wie ein Priester eine Verantwortung für die ihm anvertraute Gemeinschaft vor Gott wahrzunehmen habe (Sazerdotalität). Diese Funktion wies dem christlichen Herrscher durch viele Jahrhunderte eine wichtige Funktion innerhalb

---

21 Robert Folz, Les saints roi du moyen âge (V^e–XIIIe siècles) (Subsidia Hagiographica 68), Bruxelles 1984.
22 Bloch 1998, S. 99 f.; Erkens 2006, S. 27.

der Kirche zu. Die Bischöfe selbst erinnerten anlässlich der Krönung des deutschen Königs in dem um 960 angelegten Mainzer Krönungsordo den Herrscher daran, sich dessen bewusst zu sein „dass du durch sie [die Krone] Teilhaber an unserem Bischofsamt wirst …"[23]

Als Vorbild für die Sakralität mittelalterlichen Herrschertums, für das Naheverhältnis des Herrschers zu Gott, diente der erste christliche Kaiser, Konstantin der Große. Auf die Göttlichkeit, die ihm bis zur Übernahme des Christentums 312/13 zugekommen war, musste er formell verzichten, auch wenn der Kaiserkult noch bis in die Zeit des Theodosius fortbestand. Dafür aber wurde er von Seiten der Christen, die er von der Jahrhunderte langen Unterdrückung und Verfolgung erlöst hatte, überschwänglich gefeiert. Bischof Eusebius von Caesarea, ein bedeutender Historiker und Theologe, hat sowohl in der von ihm verfassten Lebensbeschreibung des Kaisers als auch im Lob auf Konstantin und der Festrede zum 30-jährigen Regierungsjubiläum die Ausnahmestellung des Kaisers, auch im Rahmen der christlichen Kirche, zum Ausdruck gebracht: Konstantin führe seine Regierung genau nach dem Vorbild der göttlichen Monarchie. Er befinde sich damit in unmittelbarer Nähe von Christus, dem Mitregenten Gottvaters, der die ihm vom Vater übertragene Herrschaft nur im Himmel selbst wahrnimmt, während er sie auf Erden dem Kaiser überlässt, der damit ebenfalls als ein von Gott eingesetzter Regent erscheint. Da Konstantin ein Anteil am Geist und an der Kraft Gottes beigemessen wurde, erscheine er gleichsam als dritte – allerdings menschliche – Person in der Trinität. Aufgrund dieser Ausnahmestellung nimmt der Kaiser auch den ersten Rang in der Christenheit ein und übt damit selbst priesterliche Funktionen aus. Er ist der allgemeine Bischof (*koinos episkopos*), der die oberste Aufsicht über seine Untertanen führt und damit auch das Recht besitzt, Konzilien einzuberufen, zu entscheiden, welche Fragen dort behandelt werden sollten und an den Sitzungen teilzunehmen[24]. Keinem anderen christlichen Herrscher ist später von der Kirche eine derartige Ausnahmestellung zugebilligt worden. In der Person Konstantins war damit das Bild des sakralen Kaisers vorgegeben, an dem sich über ein Jahrtausend lang die christlichen Herrscher im Osten und Westen Europas orientierten.

Konstantin selbst war offenbar überzeugt davon, dass ihm eine Position in unmittelbarer Nähe zu Christus zukam und es seine Aufgabe war, die weitere Entwicklung des Christentums in die richtigen Bahnen zu lenken. Er behielt den Titel eines *Pontifex maximus* bei und führte – in Anknüpfung an den traditionellen Kaiserkult – allen Menschen seine herausragende, gottähnliche Stel-

---

23   Erkens 2006, S. 29 f.; Le Goff 2000, S. 728-734, unterscheidet bei der Sakralität des Königs von Frankreich das Sakrale, das Religiöse, das Priesterliche und das Wundertätige.

24   Erkens 2006, S. 60-64; Bruno Bleckmann, Späte historiographische Quellen zu Konstantin dem Großen. Überblick und Fragestellungen, in: Demandt/Engemann 2007, S. 21-30; Clauss 2007.

lung durch die Errichtung einer 12 Meter hohen Kolossalstatue in Rom bei der Westapsis der Konstantinsbasilika nahe dem Forum Romanum vor Augen. Die Beisetzung in der von ihm errichteten Apostelkirche in Konstantinopel, wo sein Sarkophag inmitten von Gedenkstelen für die zwölf Apostel aufgestellt wurde, wies ihm eine apostelgleiche, wenn nicht sogar christusgleiche Stellung zu. Auch die nach seinem Tod geprägten Konsekrationsmünzen, die seine Himmelfahrt im vierspännigen Wagen zeigen und dazu die Hand Gottes, die sich ihm hilfreich entgegenstreckt, wiesen in dieselbe Richtung[25].

Die dominante Stellung des Kaisers in allen kirchlichen Streitfragen und seine gottähnliche Stellung blieben jedoch von Kritik nicht verschont. Als Konstantin gegen Donatus vorging, der 313 schismatisch zum Bischof von Karthago erhoben worden war, stellte dieser vor den Gesandten des Kaisers die Frage: „Was hat der Kaiser mit der Kirche zu schaffen?". Die Kirchenhoheit des Kaisers wurde damit erstmals in Frage gestellt, aber nicht auf Dauer erschüttert[26]. Eine weit übertriebene Ausdeutung, vor allem durch die Darstellung in neuzeitlichen Bildern und Fresken, hat die Auseinandersetzung zwischen Kaiser Theodosius dem Großen und Bischof Ambrosius von Mailand erfahren. Nach der Ermordung des gotischen Heermeisters Butherich und der Schändung von dessen Leichnam durch den Mob von Thessaloniki hatte Theodosius ein Strafgericht durch kaiserliche Soldaten angeordnet, das viele unschuldige Opfer unter der Bevölkerung forderte. Ambrosius erklärte dem Kaiser, dass er sich nur durch eine geistliche Buße von der schweren Sünde reinigen könne und führte ihm das Vorbild des büßenden Königs David aus dem Alten Testament vor Augen. Erst nachdem sich Theodosius der vom Bischof geforderten Buße unterzogen hatte, war Ambrosius bereit, in seiner Gegenwart das Messopfer zu feiern. Im Gegensatz zur Buße König Heinrichs IV. in Canossa 1077, die seine Unterwerfung unter die Forderungen Papst Gregors VII. demonstrierte, war für Theodosius die Kirchenbuße, die er freiwillig auf sich nahm, nicht mit einer Minderung seiner Macht verbunden; das Bild des bußfertigen Kaisers steigerte vielmehr sein Ansehen in der Christenheit und damit auch die Sakralität seines Herrschertums[27]. Die Berufung auf das Vorbild König Davids, aus dessen Stamm Christus hervorgegangen war, trug dazu bei, in diesem während des ganzen Mittelalters das Idealbild eines Königs zu sehen.

Die Position des Kaisers als Schutzherr der Christenheit und Leiter der Kirche, der dazu unmittelbar von Gott berufen war, wurde in Byzanz durch Justinian (527–565) weiter gestärkt. Der Kaiser, der als Theologe gezielt in die großen kirchlichen Streitfragen eingriff, begründete in seinem großen Gesetzes-

---

25 Mit Hilfe der noch vorhandenen Bruchstücke wurde für die Ausstellung über Konstantin den Großen in Trier 2007 die Kolossalstatue virtuell ergänzt und optisch rekonstruiert; zur Beisetzung Konstantins vgl. Clauss 2007; zu den Konsekrationsmünzen vgl. Anm. 18.
26 Erkens 2006, S. 64 f.
27 Leppin 2003, S. 154-162; Erkens 2006, S. 65-72.

werk, dem Codex Iustinianus, seine Fürsorge für die Kirche mit der Sicherung des Wohles von Kaiser und Reich, besonders aber mit dem Bemühen um das Seelenheil seiner eigenen Person und aller Bewohner des Reiches[28]. Die dominante Stellung des Kaisers blieb in Byzanz bis zum Untergang (1453) gewahrt. Der Herrscher galt als Stellvertreter und Nachahmer Christi, als Apostel des Herrn, als neuer David, Moses und Konstantin. Da er seine Würde unmittelbar auf Gott zurückführen konnte, bedurfte er keiner Vermittlung durch die Kirche. Die Krönung, die erstmals 450 durch den Patriarchen von Konstantinopel erfolgte, aber erst seit 602 in einer Kirche und seit 641 in der Hagia Sophia stattfand, blieb lediglich ein zeremonieller Akt, der auf das Naheverhältnis des Herrschers zu Gott und auf die Sakralität der kaiserlichen Herrschaft keinen maßgeblichen Einfluss besaß[29].

Im Weströmischen Reich und dann im Frankenreich setzte hingegen schon in der Spätantike eine andere Entwicklung ein. Sie ging vom Bischof von Rom aus, der in der Nachfolge des hl. Petrus schon damals als „Vater" (*papa*) eine führende Position in der Kirche beanspruchte, aber gegen die Konkurrenz der Patriarchen im Osten nicht durchsetzen konnte. Papst Gelasius I. (492–496) formulierte in einem Brief an den oströmischen Kaiser Anastasius I. seine Zweigewaltenlehre, die im Mittelalter immer wieder aufgegriffen wurde: „Zwei sind es nämlich erhabener Kaiser, durch die diese Welt prinzipiell regiert wird: Die geheiligte Autorität der Bischöfe und die königliche Gewalt. Von diesen beiden ist das Gewicht der Priester umso schwerer, als diese auch für die Könige der Menschen vor Gottes Gericht Rechenschaft zu geben haben." Nach seiner Vorstellung gingen sowohl die weltliche Gewalt (*regnum*) als auch die geistliche Gewalt (*sacerdotium*) unmittelbar von Gott aus und sollten in ihren eigenen Bereichen unabhängig bestehen. Beide Gewalten sollten einander gegenseitig unterstützen, doch kam der geistlichen Sphäre wegen ihrer Verantwortung für das Seelenheil aller Menschen einschließlich des Herrschers ein metaphysischer Vorrang zu[30]. Diese zur Abwehr kaiserlicher Ansprüche formulierte Lehre wurde vom Papsttum, sobald es sich von der kaiserlichen Gewalt emanzipiert hatte, wieder aufgegriffen und weiter ausgebaut. Sie war eine der Grundlagen dafür, dass der Papst mit der Übertragung des Kaisertums von den Byzantinern auf die Franken (*Translatio imperii*) und dem daraus resultierenden Recht der Kaiserkrönung einen maßgeblichen Einfluss auf das Fränkische und vor allem auf das 962 erneuerte Römische Kaisertum gewann. Die Stellung des Kaisers als Nachfolger Christi und Schutzherr der Kirche, auch seine Position innerhalb der Kirche, war davon zunächst nicht betroffen. Erst die schweren Auseinandersetzungen zwischen Papsttum und Kaisertum im Investiturstreit stellten die

---

28   Mazal 2001, S. 195-252; Erkens 2006, S. 75-77.
29   Hans-Georg Beck, das Byzantinische Jahrtausend, München 1978, S. 38-45; John Haldon, Das Byzantinische Reich. Geschichte und Kultur eines Jahrtausends, Düsseldorf/Zürich 2002, S. 177-183; Erkens 2006, S. 76 f.
30   Erkens 2006, S. 71 f.

Position des Kaisers bzw. Königs innerhalb der Kirche und auch die Sakralität seiner Herrschaft ernstlich in Frage. Die Päpste konnten zwar in der Folge den Anspruch auf Approbation des römischen Königs nicht durchsetzen, aber die einst dem Kaiser zustehende Position als Stellvertreter Christi auf Erden (*vicarius Christi*) erfolgreich für sich beanspruchen[31].

Salbung, Krönung und Weihe – Der Herrscher als Gesalbter des Herrn (*christus Domini*)

Das byzantinische Kaisertum war unmittelbar aus dem Römischen Reich hervorgegangen und bedurfte deshalb keiner neuen Legitimierung. Die Krönung des Herrschers und die Salbung, die wohl im frühen 13. Jahrhundert nach dem Vorbild des westlichen Kaisertums übernommen wurde, führten zwar dem Volk die gottähnliche Stellung des Basileus deutlich vor Augen, sie waren aber für die Regierung des Herrschers weder erforderlich noch von besonderer Bedeutung[32]. Im Gegensatz dazu bestand für die germanischen Könige, die ab dem späten 5. Jahrhundert die westlichen Gebiete des Römischen Reiches in Besitz nahmen, die Notwendigkeit, ihre Herrschaft in den Augen der bodenständigen christlichen Bevölkerung zusätzlich zu legitimieren. Dies geschah seit dem frühen Mittelalter durch die Herrscherweihe, in der zwei wichtige Rechtsakte verbunden wurden: Salbung und Krönung.

Die früher weit verbreitete Ansicht von einem sakralen Königtum bei den meisten germanischen Völkern gilt heute als widerlegt. Es gab zwar einzelne Dynastien wie jene der fränkischen Merowinger, die über ein besonderes Herrscherglück und Königsheil verfügten, das äußerlich in der langen Haarpracht zum Ausdruck kam[33]. Andere wie die Amaler bei den Ostgoten führten ihre Sonderstellung auf die Abstammung vom skandinavischen Kriegsgott Gaut

31   Zum Investiturstreit und seinen Folgen für das Verhältnis von Papsttum und Kaisertum vgl. Hartmann 1996, S. 50-52 und S. 98-103; Erkens 2003, S. 38-53; zu dem von den Päpsten beanspruchten Recht auf Approbation des römischen Königs vgl. Dagmar Unverhau, Approbatio – Reprobatio. Studien zum päpstlichen Mitspracherecht bei der Kaiserkrönung und Königswahl vom Investiturstreit bis zum ersten Prozeß Johanns XXII. gegen Ludwig IV., Lübeck 1973.

32   Die Herrschersalbung wurde in Byzanz in der Zeit des lateinischen Kaiserreichs (1204-1261) gemäß den in Mitteleuropa üblichen Formen der Königsweihe übernommen.

33   Die Ansicht von einem germanischen Sakralkönigtum stützte sich auf Otto Höfler, der Sakralcharakter des germanischen Königtums, in: Theodor Mayer (Hg.), Das Königtum. Seine geistigen und rechtlichen Grundlagen (Vorträge und Forschungen 3), Sigmaringen 1956, S. 75-104; Derselbe, Germanisches Sakralkönigtum Tl. 1, Tübingen/Münster 1952. Diese Ansicht stieß inzwischen auf allgemeine Ablehnung. Vgl. Herwig Wolfram, Frühes Königtum, in: Erkens 2005, S. 42-64. Zur Bedeutung der Haartracht vgl. Maximilian Diesenberger, Hair, sacrality and symbolic capital in the Frankish kingdoms, in: The Transformation of the Roman World 12: The construction of communities in the early middle ages, Leiden/Boston 2003, S. 173-212.

zurück[34]. Ein sakrales Herrschertum, das den König in unmittelbare Nähe zu Gott rückte und ihm auch geistliche Funktionen übertrug, hat sich aber erst unter dem Einfluss der katholischen Kirche entwickelt. Dabei griff man auf den Brauch der Salbung zurück, der in den Hochkulturen des Alten Orients ebenso wie im pharaonischen Ägypten verbreitet war. Das Alte Testament berichtet von den frühen Königen Israels, die von Gott erwählt, gesalbt und gekrönt wurden. An David, der seit dem frühen Mittelalter zum Idealbild des sakralen Königs wurde, vollzog man diese Salbung sogar dreimal: als Auserwählter des Herrn, als König von Juda und als König von ganz Israel. Das frühe Christentum entwickelte eigene Salbungstraditionen mit geweihtem Öl, die bei der Taufe, der Krankenölung und später auch der Firmung für alle Gläubigen zur Anwendung kamen. Daneben etablierte sich der Brauch, einzelne Personen durch besondere Salbungen auszuzeichnen, einerseits die Geistlichkeit mit Priestern und Bischöfen, andererseits die Könige[35].

Obwohl die Königssalbung der Bischofssalbung sehr ähnlich war, ist sie nicht aus dieser abzuleiten; vielmehr liegen für die Königssalbung ältere Berichte vor. Der erste bekannte Nachweis stammt aus dem Reich der Westgoten in Spanien. Dort war König Rekkared 587 von dem bei den germanischen Völkern dominanten Arianismus zum katholischen Glauben übergetreten. Zugleich mit der Taufe hatte er auch die damals übliche Salbung (*unctio*) empfangen. Zwei Jahre später war auf dem dritten Konzil von Toledo die Annahme des katholischen Christentums, der Religion der romanischen Bevölkerungsmehrheit, allgemein verkündet worden. In den folgenden Jahrzehnten entwickelte sich dann bei den Westgoten die Königssalbung als eigener Akt, der 672 bei der Inthronisation König Wambas erstmals sicher bezeugt ist. Vielleicht war der berühmte Bischof, Geschichtsschreiber und Universalgelehrte Isidor von Sevilla der Auslöser dieser Entwicklung, da auf dem von ihm geleiteten vierten Konzil von Toledo 633 der König in biblischer Tradition als Gesalbter des Herrn (*christus Domini*) bezeichnet wurde. In den Schriften des gelehrten Bischofs findet sich aber kein Hinweis auf eine Königssalbung, weshalb sich diese wohl erst später – im Zeitraum zwischen 633 und 672 – entwickelte.

Der durchaus tatkräftige und fähige König Wamba wurde durch die feierliche Salbung nicht vor einem unrühmlichen Ende seiner Herrschaft bewahrt: Der Adelige Ervig, der mit einer Cousine des Königs verheiratet war, verabreichte ihm am Abend des 14. Oktober 680 einen Trank aus Besenginster, der Wamba das Bewusstsein raubte. Nach der Spendung der Sterbesakramente durch Erzbischof Julian von Toledo und einer letzten Buße wurde Wamba durch Tonsur und Einkleidung in ein Mönchsgewand in den geistlichen Stand versetzt, war damit nicht mehr herrschaftsfähig und verbrachte noch mehr als sieben Jahre im Kloster. Sein Nachfolger Ervig und alle weiteren Herrscher der Westgoten

---

34   Herwig Wolfram, Die Goten. Von den Anfängen bis zur Mitte des 6. Jahrhunderts. München ⁵2009, S. 41-46.

35   Bloch 1998, S. 241-245; Erkens 2006, S. 110-115.

empfingen ebenfalls die Königssalbung, die 711 mit dem Untergang des Reiches ein Ende fand[36].

So wie Rekkared wurde auch bei den Franken der Merowinger Chlodwig anlässlich seines Übertritts zum katholischen Christentum 498 durch den Bischof Remigius von Reims getauft und gesalbt. Im Gegensatz zu den Westgoten hat jedoch bei den Merowingern das Zeremoniell der Königssalbung nicht Fuß gefasst. Diese Dynastie, deren besonderes Königsheil in dem langen Lockenhaar, das nur sie tragen durfte, zum Ausdruck kam, brauchte keine zusätzliche Legitimierung. Galten doch einige Angehörige dieses Geschlechts wie Chlodwigs frommer Enkel Gunthram († 592) schon bald als Heilige. Erst Jahrhunderte später stellte Erzbischof Hinkmar von Reims bei der Salbung König Karls des Kahlen 869 die Behauptung auf, dass jener heilige Balsam, der bei der Taufe Chlodwigs verwendet wurde, direkt in einer Ampulle vom Himmel gesandt wurde. Mit dem Öl aus dieser heiligen Ampulle, die in Reims verwahrt wurde, sind dann alle westfränkischen und französischen Könige von Karl dem Kahlen bis zu Karl X. (1825) gesalbt worden[37].

Von entscheidender Bedeutung für die Entwicklung der Herrschersalbung war der Aufstieg der Karolinger zum Königtum und der damit verbundene Dynastiewechsel im Frankenreich. Die Merowinger hatten zwar seit einigen Generationen nur mehr eine Schattenherrschaft geführt, aber ihre Dynastie verfügte über eine besondere Gottesnähe und ein Königsheil, dem die Karolinger nichts Gleichwertiges entgegensetzen konnten. Deshalb griff Pippin der Jüngere, der sich zuvor die Zustimmung von Papst Zacharias gesichert hatte und vielleicht von diesem auf das Alte Testament hingewiesen worden war, auf das Vorbild der gesalbten Könige Israels zurück. Trotz der immer noch andauernden Diskussionen in der Forschung ist davon auszugehen, dass Pippin bei seiner Inthronisation 751 von einem fränkischen Bischof die Königssalbung erhielt und dass dieser Akt drei Jahre später durch Papst Stephan II. in aller Form nochmals vollzogen wurde[38]. Ob damals noch die einst bei den Westgoten geübte Königssalbung als Vorbild diente und auf welchem Weg die Kenntnis davon zu den Franken gelangt war, ist umstritten. Hinter dem Akt der Salbung stand die Tatsache, dass sich die fränkischen Großen nach dem Vorbild der Israeliten als auserwähltes Volk Gottes betrachteten und in dem Akt der Königssalbung das besondere Naheverhältnis ihres Herrschers zu Gott, seine Stellung als Gesalbter des Herrn, zum Ausdruck kam. Dem entsprechend bezeichnete Papst Paul I. wenige Jahre später König Pippin als neuen Moses und David und gestand der fränkischen Elite zu, ein heiliges Volk (*gens sancta*) zu sein[39].

36 Klaus Herbers, Geschichte Spaniens im Mittelalter. Vom Westgotenreich bis zum Ende des 15. Jahrhunderts, Stuttgart 2006, S. 62-65; Erkens 2006, S. 97-102.

37 Bloch 1998, S. 250-255; Le Goff 2000, S. 730-736; Erkens 2006, S. 102-109 u. S. 119 f.

38 Arnold Angenendt, Pippins Königserhebung und Salbung, in: Becher/Jarnut 2004, S. 179-209; Semmler 2003, S. 1-57.

39 Erkens 2006, S. 114 f. Zu Moses als Vorbild vgl. Assmann 2000, S. 247-280.

Von diesem Vorbild ausgehend fasste das Zeremoniell der Königssalbung in ganz Europa Fuß: In England vielleicht schon 787, in Asturien am Ende des 8. Jahrhunderts, in Ungarn 1001, in Polen 1025, in Kroatien spätestens 1076 und im apulisch-sizilischen Normannenreich 1130. Es folgten die skandinavischen Königreiche, weitere Königreiche in Spanien, und am Beginn des 13. Jahrhunderts auch das ehrwürdige byzantinische Kaiserreich[40].

Im Frankenreich begründete die Salbung Pippins keine dauerhafte Tradition. Während sich bis 800 neun oder sogar zehn Salbungsakte nachweisen lassen, drohte diese Tradition nach der Kaiserkrönung Karls des Großen, bei der sein gleichnamiger Sohn zum König gesalbt und gekrönt wurde, abzureißen. Weder Karls Nachfolger, Ludwig der Fromme, noch dessen Söhne Lothar I., Pippin von Aquitanien und Ludwig der Deutsche wurden bei ihrem Regierungsantritt gesalbt. Dahinter stand wohl die Absicht, dem Papsttum auf Dauer keine entscheidende Mitwirkung an der Erhebung eines neuen Herrschers zuzugestehen. Daran änderte auch die Tatsache nichts, dass sich Papst Stephan IV. 816 selbst nach Reims zu Kaiser Ludwig dem Frommen begab und dort den Kaiser salbte und mit einer kostbaren Krone, die er selbst mitgebracht hatte, krönte. Ludwigs Sohn und Nachfolger, Kaiser Lothar I., wurde sechs Jahre nach seinem Regierungsantritt vom Papst 823 in Rom gekrönt und gesalbt. Seit diesem Zeitpunkt setzte sich zusammen mit der Kaiserkrönung auch die Salbung durch den Papst durch, die alle folgenden Kaiser bis zu Ludwig dem Blinden von der Provence (901) und Berengar von Friaul (915) empfingen[41].

Für das Königtum begründete Karl der Kahle, der jüngste Sohn Ludwigs des Frommen aus dessen zweiter Ehe mit der Welfin Judith, der 843 die Herrschaft in dem ihm zugeteilten Westfränkischen Reich antrat, eine neue Tradition. Da seine älteren Halbbrüder sein Erbrecht bestritten, bedurfte er einer besonderen Legitimierung. Karl der Kahle ließ nicht nur seinen Sohn Karl und seine Tochter Judith, die mit dem angelsächsischen König Aethelwulf von Wessex vermählt war, salben und krönen, sondern 866 auch seine Gattin Irmtrud, mit der er seit langem vermählt war. Er selbst hatte bereits 848 die Salbung empfangen. Als er 869 die Nachfolge in Lotharingien antreten wollte, ließ er sich in Metz erneut salben und krönen. Das damals von Erzbischof Hinkmar von Reims ausgearbeitete Zeremoniell mit Throngelübde, Wahl und Weihe wurde beispielgebend für alle folgenden Thronerhebungen des Mittelalters und der frühen Neuzeit. Seit der ersten Salbung Karls des Kahlen 848 sind alle westfränkischen und französischen Könige bis zur französischen Revolution 1789 und zum Regierungsantritt Karls X. 1825 gesalbt bzw. geweiht worden[42].

Im Gegensatz dazu konnte sich die Königssalbung im Ostfränkischen Reich nicht durchsetzen. Gemäß dem Bericht des Widukind von Corvey soll zwar Konrad I., der erste König, der nicht dem Karolingerhaus entstammte, gesalbt

40 Erkens 2006, S. 122 f. und die S. 246 genannte Literatur.
41 Erkens 2006, S. 115-117.
42 Schramm 1960, S. 24-32; Semmler 2003, S. 117-127; Erkens 2006, S. 117-123.

worden sein[43]. Von seinem Nachfolger Heinrich I., dem Begründer des sächsischen Kaiserhauses, wird aber ausdrücklich überliefert, dass er Salbung und Krönung, als sie ihm 919 von Erzbischof Heriger von Mainz angeboten wurden, zurückwies, da er glaubte, dieser Ehre nicht würdig zu sein[44]. Dahinter stand wohl die Absicht, einem allzu großen Einfluss der Bischöfe vorzubeugen. Diese beanspruchten gemäß der Zweigewaltenlehre des Papstes Gelasius I. eine höhere Würdestellung, da sie den Herrscher zum König weihten und krönten, während umgekehrt kein Bischof von einem weltlichen Herrscher gesalbt wurde. Erst unter Heinrichs Sohn Otto dem Großen (936–973) kam es zur dauerhaften Einführung der Königssalbung im Deutschen Reich, die in der Folge allen Königen zuteil wurde; seit dem Jahre 1002, als Heinrich II. seine Gemahlin Kunigunde in Paderborn salben ließ, wurde dieses Zeremoniell auch auf die Königinnen ausgedehnt. Der genaue Ablauf von Salbung und Krönung wurde in dem um 960 in Mainz angelegten Krönungsordo festgelegt, an dessen Stelle dann 1309 ein neu geschaffener Ordo trat[45].

Zur Salbung kam im Jahre 800 als zweiter Akt der Herrscherweihe die Krönung durch den Papst. Auch sie knüpfte an die Tradition der gekrönten Könige des Alten Tesaments an, wurde aber unmittelbar aus Byzanz übernommen, wo sich seit 450 die Krönung des Basileus durch den Patriarchen von Konstantinopel nachweisen lässt. Als Papst Leo III. am Weihnachtstag 800 im Petersdom Karl dem Großen eine Krone aufs Haupt setzte, sollte damit auch der Anspruch der Päpste auf die Übertragung des römischen Kaisertums auf die Franken dokumentiert werden. Karl der Große, der gerade von Papst Leo III. eine schlechte Meinung hatte, war aber nicht bereit, das Recht der Kaiserkrönung den Päpsten zu überlassen. Er krönte nach byzantinischem Vorbild 813 seinen Sohn Ludwig den Frommen selbst zum Mitkaiser, ohne dass der Papst daran Anteil nahm. Sein Nachfolger Ludwig verfuhr ebenso, als er 817 seinen ältesten Sohn Lothar I. zum Mitkaiser erhob. Diese Form der Kaiserkrönung konnte sich jedoch genauso wenig halten wie die Vorstellung von der Unteilbarkeit des Reiches. Lothar I. wurde 823, sechs Jahre nach seiner Erhebung zum Mitkaiser, von Papst Paschalis I. erneut gekrönt; damit sollte der Anspruch des Papstes auf die Kaiserkrönung dokumentiert werden, und die auf Lothar folgenden Kaiser wurden jeweils durch den Papst gesalbt und gekrönt[46]. In der

---

43 Franz-Reiner Erkens, König Konrad als christus domini, in: Hans-Werner Goetz (Hg.), Konrad I. Auf dem Weg zum Deutschen Reich?, Bochum 2006, S. 121-127; Hans-Werner Goetz, Der letzte „Karolinger"? Die Regierung Konrads I. im Spiegel seiner Urkunden, in: Archiv für Diplomatik 26 (1980), S. 56-125.

44 Widukinds Sachsengeschichte I, 26, in: Quellen zur Geschichte der Sächsischen Kaiserzeit (Ausgewählte Quellen zur Geschichte des Mittelalters VIII), Darmstadt 1971, S. 56-58; Johannes Fried, Die Königserhebung Heinrichs I. Erinnerung, Mündlichkeit und Traditionsbildung im 10. Jahrhundert, in: Borgolte 1989, S. 267-318; Erkens 2006, S. 124-126.

45 Erkens 2006, S. 129-132.

46 Gunther Wolf (Hg.), Zum Kaisertum Karls des Großen (Wege der Forschung 38),

Folge wurde die feierliche Krönung des Herrschers in den meisten christlichen Monarchien übernommen und auch dort zu einem wichtigen Teil der Herrscherweihe.

Im Heiligen Römischen Reich begründete die Erneuerung des Kaisertums durch Otto den Großen 962 eine Tradition der Kaiserkrönung, die sich in ihren Grundzügen bis zum Ende des Reiches und der Niederlegung der Kaiserkrone durch Franz II. 1806 hielt. Sämtliche Kaiserkrönungen des Mittelalters wurden – mit Ausnahme jener Ludwigs des Bayern 1328, der die Krone aus den Händen des römischen Volkes empfing[47] – von Päpsten oder Gegenpäpsten durchgeführt. Erst Maximilian I. setzte dieser Tradition – allerdings unbewusst – ein Ende, als er sich 1508 im Dom zu Trient mit Zustimmung des Papstes zum „erwählten römischen Kaiser" proklamieren ließ[48]. Sieht man von der Kaiserkrönung Karls V. in Bologna 1530 ab[49], gingen alle folgenden Akte dieser Art ohne Mitwirkung des Papstes vor sich. Der Herrscher als „Gesalbter des Herrn", als Nachfolger Christi, galt als von Gott gekrönt. Wer ihm nach der Salbung und der Überreichung der Herrschaftsinsignien die Krone auf das Haupt setzte, spielte keine entscheidende Rolle.

An die Position des Herrschers in der Nachfolge Christi gemahnte auch die Symbolik der Krone des Heiligen Römischen Reiches, die in der Wiener Schatzkammer verwahrt wird. Ob sie in ihren ältesten Teilen bereits auf Otto I. zurückgeht, der sie 962 zur Kaiserkrönung nach Rom mitbrachte, oder erst unter Konrad II. entstand, dessen Name auf dem perlenbesetzten Bügel der Krone verewigt ist, bleibt in der Forschung umstritten[50]. Die Krone selbst ist in ihrer achteckigen Grundform und mit ihrem Schmuck aus Perlen und Edelsteinen eine Nachbildung des himmlischen Jerusalem. Die vier Bildplatten, die eine königliche und eine göttliche Sphäre symbolisieren, verweisen auf den Ursprung des Königtums und dessen Naheverhältnis zu Gott. Die biblischen Könige David und Salomo verkörpern die königliche Gerechtigkeit und die Gottesfurcht, die Pantokratorplatte mit der Inschrift „Durch mich herrschen die Könige" (*per me reges regnant*) zeigt Christus als den Urheber der Königs-

---

Darmstadt 1972; Classen 1985, S. 62-102; Erkens 2006, S. 142-152; Rudolf Schieffer, Neues von der Kaiserkrönung Karls des Großen, in: Sitzungsberichte der Bayerischen Akademie d. Wiss., Phil.-Hist. Kl. 2004/2, München 2004.

47 Benker 1980, S. 153-159; Thomas 1993, S. 206-208.
48 Hermann Wiesflecker, Maximilian I. Die Fundamente des habsburgischen Weltreiches, Wien 1991, S. 157-159; Maximilian wurde in Trient weder gekrönt noch gesalbt, trug aber eine extra angefertigte „Infelkrone"
49 Brandi 1961, S. 235-240; Kohler 2005, S. 201 f.
50 Decker-Hauff 1965; Mechthild Schulze-Dörrlamm, Die Kaiserkrone Konrads II. (1024–1039), (Römisch-germanisches Zentralmuseum, Monographien 23), Sigmaringen 1992; Auch Adelhard Gerke, Des Deutschen Reiches Krone. Eine Datierung aus ihren Inschriften unter Mithilfe anderer zeitgenössischer Beispiele, Münsterschwarzach 2004, ist für die Entstehung unter Konrad II. eingetreten. Auf die wenig überzeugenden Versuche einer Spätdatierung bis zu Konrad III. wird hier nicht eingegangen.

herrschaft, und die Bildplatte mit dem Propheten Jesaja-Hiskia erinnert an das besondere Verhältnis des Herrschers zu Gott. Die zwölf großen Edelsteine an der Stirnplatte symbolisieren die zwölf Apostel und sind zugleich ein Hinweis auf den priesterlichen Charakter der Königswürde[51].

Die Gottesnähe des Herrschers im Bild

Die Auffassung von der Sakralität des mittelalterlichen Herrschertums fand nicht nur in zahlreichen theologischen und politischen Traktaten ihren Niederschlag, sondern wurde auch in eindrucksvollen Bildern dargestellt. Dabei ist jedoch zu berücksichtigen, wer diese Bilder in Auftrag gab, an welches Publikum sie gerichtet waren und welche Breitenwirkung sie erzielten. Zu unterscheiden sind vor allem zwei Hauptgruppen: Einerseits Werke der Buchmalerei, die in den Skriptorien bedeutender Klöster hergestellt und zumeist auch in Klöstern verwahrt wurden. Sie waren – ebenso wie einige andere kleinformatige Kunstwerke – einer breiten Öffentlichkeit nicht zugänglich, sondern wurden als besonderer Schatz gehütet. Daneben gab es schon seit der Spätantike großformatige Kunstwerke in Form von Statuen – die wie jene Konstantins in Rom bisweilen kolossale Ausmaße besaßen –, von großflächigen Mosaiken und Fresken, die allgemein zugänglich waren und die Sonderstellung des Herrschers sowie den göttlichen Ursprung seiner Herrschaft allen Betrachtern vor Augen führen sollten.

Aus der ersten Gruppe sollen nur wenige Beispiele vorgestellt werden: Vier Miniaturen, die Karl den Kahlen, den jüngsten Sohn Ludwigs des Frommen zeigen, bringen die sakrale Stellung des Herrschers deutlich zum Ausdruck: In der um 845/46 in Tours entstandenen Vivian-Bibel ist die aus dem Himmel ragende Segenshand Gottes noch durch einen Vorhang von der weltlichen Sphäre mit dem thronenden König getrennt, dem von Mönchen eine Prunkhandschrift (eben die Vivian-Bibel) gewidmet wird. Der himmlischen Sphäre gehören noch zwei engelgleiche Frauengestalten an, die goldene Kronen in den Händen halten – vielleicht die Krone des ewigen Lebens aus der Apokalypse –, die zweifellos dem König zugedacht sind[52]. In einem Psalter aus dem Besitz Karls des Kahlen, der wohl erst in den 860er Jahren angefertigt wurde, ist der König auf einem Thron unter einem Baldachin dargestellt. Unmittelbar über der Krone erscheint die Hand Gottes, die auf das Gottesgnadentum von Karls Herrschaft hinweist[53]. Eine ähnliche aber künstlerisch bedeutend wertvollere Darstellung Karls des Kahlen findet sich im Codex Aureus von St. Emmeram in Regensburg, heute in der Bayerischen Staatsbibliothek München. Über dem gekrönten Haupt des Königs erscheint in der Kuppel des von vier Säulen getragenen Bal-

---

51   Zur Deutung vgl. Decker-Hauff 1965; Erkens 2006, S. 161-166.
52   Schramm/Mütherich 1983, S. 51-53 Nr. 36 u. Abb. S. 306.
53   Schramm/Mütherich 1983, S. 53 f. Nr. 38 u. Abb. S. 310.

dachins die Hand Gottes. Zu beiden Seiten der Kuppel schweben zwei Engel als Himmelsboten[54]. Eine weitere Darstellung stammt aus dem Fragment eines Sakramentars und wird auf die Krönung Karls des Kahlen zum König von Lotharingien bezogen, die 869 in Metz stattfand. Dahinter aber soll sich die Taufe Chlodwigs durch Erzbischof Remigius von Reims und Bischof Adventius von Metz verbergen, da alle drei Personen durch runde Nimben als verstorben gekennzeichnet sind. Über dem Haupt des Herrschers erscheint die Hand Gottes, die ein kreisrundes Diadem hält. Auch das ist wohl eher als Hinweis auf den göttlichen Ursprung der Herrschaft zu verstehen und nicht auf eine Krönung des Königs durch Gott, wie sie uns in späteren Jahrhunderten begegnet[55].

Neue Dimensionen erreichte die Darstellung der Gottesnähe und der Sakralität des Herrschers unter den Kaisern der sächsischen Dynastie[56]. Eine Elfenbeintafel, die einst einen Buchdeckel zierte, zeigt Kaiser Otto II. und seine Gattin Theophanu unter dem Schutz Christi. Dieser ist ganzfigurig dargestellt, wesentlich größer als das Herrscherpaar und hält seine Hände schützend auf die beiden gekrönten Häupter. Da diese Darstellungsform unmittelbar von byzantinischen Vorbildern übernommen wurde, ist hier nicht näher darauf einzugehen[57]. Unter den zahlreichen Darstellungen Kaiser Ottos III. nimmt das auf der Reichenau angefertigte Liuthar-Evangeliar, das sich im Domschatz von Aachen befindet, eine Sonderstellung ein. Der jugendliche Kaiser thront mit seitlich ausgebreiteten Armen in der Mandorla, dem Sinnbild der Menschwerdung, und nimmt damit jenen Platz ein, der sonst Christus vorbehalten ist. Auch die Verse auf der gegenüberstehenden Seite kennzeichnen den Kaiser als „Statthalter Gottes" und „Weltenherrscher". Aus dem Himmel ragt die mächtige Hand Gottes, die Otto die Krone aufsetzt. Zu beiden Seiten des Herrschers halten die vier Evangelistensymbole ein Tuch in der Form eines Spruchbandes als Sinnbild für das Neue Testament, mit dem das Herz des Kaisers „bekleidet" wird. Da Ottos Thron von der zusammengekauerten Gestalt der Erde (*tellus*) getragen wird, hat der Kaiser sowohl an der göttlichen wie auch an der irdischen Sphäre Anteil. Es gibt keine andere Darstellung eines Herrschers, in der die Nachfolge Christi und das Gottesgnadentum derart kompromisslos zum Ausdruck gebracht werden. Der Kaiser, der Gesalbte des Herrn (*christus Domini*), erscheint hier als zweiter Christus[58].

Die zahlreichen Darstellungen Kaiser Heinrichs II. „des Heiligen" in der Buchmalerei zeigen vor allem die Krönung des Herrschers durch Christus. In

54   Schramm/Mütherich 1983, S. 54 f. Nr. 40 u. Abb. S. 312.
55   Schramm/Mütherich 1983, S. 56 f. Nr. 39 u. Abb. S. 311.
56   Dazu grundlegend Kuder 1998, S. 137-234; Zu den Darstellungen, die nicht dem Bereich der Buchmalerei angehören, Schramm/Mütherich 1983, S. 65-102 u. Abb. S. 331-385.
57   Schramm/Mütherich 1983, S. 75 Nr. 91 u. Abb. S. 342.
58   Schramm/Mütherich 1983, S. 78-80 Nr. 107 u. Abb. S. 359; Kuder 1998, S. 162-190 u. Abb. 7, der auch die umfangreiche Literatur bringt; die Ansicht von Kantorowicz 1992, S. 80-96, dass das von den vier Evangelistensymbolen gehaltene Band die göttliche von der irdischen Sphäre scheidet, hat sich nicht durchgesetzt.

dem auf der Reichenau entstandenen Perikopenbuch, das sich heute in der Bayerischen Staatsbibliothek in München befindet, wird das Herrscherpaar Heinrich II. und Kunigunde in der oberen himmlischen Sphäre durch Christus gekrönt. Als Vermittler stehen die Apostel Petrus und Paulus jeweils hinter den Herrscherfiguren, sind aber erheblich größer dargestellt. Die irdische Sphäre wird durch die Personifikation der Roma, der Germania und der Gallia verkörpert, die in ihren Händen die Herrschaftssymbole halten[59]. Das Sakramentar Heinrichs II., das sich ebenfalls in München befindet, enthält zwei Darstellungen des Herrschers, die von Künstlern in Regensburg nach älteren Vorlagen angefertigt wurden. Eine entspricht dem Bild Karls des Kahlen im Codex Aureus, mit dem thronenden Herrscher unter einem Baldachin, in dessen Kuppel die Hand Gottes erscheint[60]. Das zweite Bild zeigt Heinrich II., der von den bayerischen Heiligen St. Ulrich von Augsburg und St. Emmeram von Regensburg an den Armen gestützt wird. Mit seinen Schultern und dem Kopf ragt der Herrscher in die himmlische Sphäre hinein, verkörpert durch die Mandorla, in der Christus thront, die rechte Hand im Segensgestus erhoben, während die linke Hand die Krone an ihrem Bügel hält und dem Herrscher auf den Kopf setzt. Rechts und links der Mandorla erscheinen zwei Engel, die Heinrich die heilige Lanze in die rechte und das Reichsschwert in die linke Hand drücken. Dieser Teil des Bildes ist streng nach byzantinischen Vorbildern gearbeitet, enthält aber auch eigenständige Vorstellungen der in Regensburg tätigen Künstler[61].

Eine ganz andere Form zeigt ein ebenfalls in Regensburg entstandenes Evangeliar, das sich heute in Rom befindet. Heinrich II. ist dort als gerechter Richter dargestellt, über dessen gekröntem Haupt der hl. Geist in Gestalt einer aus dem Himmel herabstoßenden Taube schwebt; gemäß dem beigegebenen Vers soll er den Kaiser segnen. Heinrich II. selbst trägt eine breite, prunkvolle Binde, die zwar vom Vorbild des byzantinischen *loros* abgeleitet ist, in ihrer abgewandelten Form aber die Binde des Diakons symbolisieren und damit die Stellung des Kaisers innerhalb der Kirche vor Augen führen sollte: Er hatte das Recht, als Subdiakon in der Weihnachtsmesse die Epistel zu lesen. Diese, vom Papsttum später heftig bestrittene sazerdotale Funktion des Herrschers sollte dokumentiert werden[62].

In der Buchmalerei wurde damit ein gewisser Schlusspunkt erreicht. Die Sakralität des Kaisers, das Thema der Christus-Nachfolge und die Krönung des Herrschers durch Gott wurden in dieser Form nicht mehr aufgenommen. Nur noch das um 1175 entstandene Evangeliar Heinrichs des Löwen, das die

---

59 Schramm/Mütherich 1983, S. 94 Nr. 122 u. Abb. S. 374; Kuder 1998, S. 199-201 u. Abb. 18.

60 Schramm/Mütherich 1983, S. 96 Nr. 124 u. Abb. S. 377; Kuder 1998, S. 198 f. u. Abb. 13.

61 Schramm/Mütherich 1983, S. 96 f. Nr. 124 u. Abb. S. 376; Kuder 1998, S. 197 f. u. Abb. 12.

62 Schramm/Mütherich 1983, S. 97 f. Nr. 130 u. Abb. S. 383; Kuder 1998, S. 201-210 u. Abb. 22.

Krönung des Herzogs und seiner Gemahlin Mathilde von England durch Gott zeigt, nimmt nochmals diese Form der Darstellung auf[63]. Die hier vorgestellten Miniaturen bringen vor allem jene Auffassung vom Gottesgnadentum des Kaisers und seiner Stellung in der Nachfolge Christi zum Ausdruck, wie sie in kirchlichen Kreisen verbreitet war.

Ob die Klöster, in deren Skriptorien diese Werke entstanden, damit den Herrscher günstig stimmen wollten oder ihre Darstellungen gemäß den Wünschen des Herrschers konzipierten, war wohl von Fall zu Fall verschieden. Sicher ist, dass die Außenwirkung gering blieb, da die wertvollen Handschriften – soweit sie nicht als Geschenk an den Herrscher oder dessen Familie kamen – wie ein Schatz gehütet wurden und nur von Angehörigen des Klosters und hochgestellten Gästen eingesehen werden konnten.

Im Gegensatz dazu gab es monumentale Statuen, Mosaiken und Bilder, die das Naheverhältnis des Herrschers zu Gott einem breiten Publikum vor Augen führten. Von der gigantischen, etwa zwölf Meter hohen Konstantinssäule, die der Kaiser beim Forum Romanum aufstellen ließ und die durch ein Erdbeben zerstört wurde, konnte man sich dank moderner technischer Rekonstruktionsmethoden bei der Ausstellung in Trier 2007 wieder ein Bild machen. Der Eindruck auf den Betrachter muss gewaltig gewesen sein und den Kaiser schon durch die enormen Dimensionen in eine göttliche Sphäre erhoben haben[64]. Ein imposantes Bild von der Sakralität des byzantinischen Kaisertums vermitteln bis heute die Mosaiken der Basilika San Vitale in Ravenna aus dem 6. Jahrhundert. Bischof Maximianus ließ dort Kaiser Justinian und dessen Gattin Theodora – die niemals nach Ravenna kamen –, jeweils mit ihrem Gefolge, darstellen. Der Kaiser und seine Gemahlin sind in Purpurgewänder gekleidet, halten goldene Gefäße in ihren Händen und tragen reich mit Edelstein besetzte Diademe auf dem Haupt. Von besonderer Bedeutung ist, dass beide durch einen kreisrunden goldenen Nimbus ausgezeichnet werden. Dieser war in der römischen Kaiserzeit durchaus als ein kaiserliches Attribut bekannt, weist bei dem christlichen Herrscherpaar aber darauf hin, dass seine kaiserliche Gewalt göttlichen Ursprungs ist[65]. Nur wenige Kilometer entfernt findet man im alten Hafen von Ravenna in der Basilika San Apollinare in Classe eine ähnliche Darstellung. Kaiser Flavius Constantinus IV. Pagonatus überreicht dem Erzbischof Maurus von Ravenna Privilegien für dessen Kirche. Nicht nur der in Purpur gekleidete Kaiser, sondern auch seine Brüder Heraklius, Tiberius III. und Justinian II. sind mit einem goldenen Nimbus versehen – ein deutliches Zeichen dafür, dass nicht nur dem regierenden Kaiser sondern seinem ganzen Geschlecht eine sakrale Position zukam[66].

63   Schramm/Mütherich 1983, S. 126 f. Nr. 201 u. Abb. S. 455.
64   Hans A. Pohlsander, The emperor Constantine, Routledge 1996, S. 79 f.
65   Mazal 2001, S. 587-589, sieht in den Mosaiken ein politisches Manifest.
66   Mazal 2001, S. 582-587; Gianfranco Bustacchini, Ravenna. Seine Mosaiken, seine Denkmäler, seine Umgebung, Ravenna o. J., S. 141 u. Abb. 227.

Derartige Darstellungen blieben nicht auf das byzantinische Reich und dessen Außenposten in Italien beschränkt. Nur aus alten Zeichnungen und einer modernen Nachbildung an der Piazza San Giovanni ist jenes Mosaik bekannt, das einst die Apsis des Trikliniums, eines Prunksaals im päpstlichen Lateranpalast, zierte. Auf der rechten Seite dieses Kunstwerks, das Papst Leo III. zwischen 795 und 800 anfertigen ließ, war dargestellt, wie der hl. Petrus an König Karl eine Fahnenlanze als Symbol der weltlichen Herrschaft verleiht und zugleich Papst Leo III. das Pallium als Zeichen seiner geistlichen Würde überreicht. Noch wichtiger ist die Szene auf der linken Seite, in der Christus selbst die Fahne an Konstantin, den ersten christlichen Kaiser, übergibt und dem hl. Petrus (oder dem Papst Silvester, der Konstantin getauft haben soll) die Schlüssel überreicht. Damit wurde Karl zu einem zweiten Konstantin, der seine Herrschaft direkt von Christus empfing. Sowohl Karl als auch Leo III. tragen keine runden sondern quadratische bzw. rechteckige Nimben als Zeichen dafür, dass sie zum Zeitpunkt der Darstellung noch am Leben waren[67].

Patriarch Poppo von Aquileia, der einem Seitenzweig der steirischen Otakare, der Markgrafen von Steyr, entstammte, errichtete eine mächtige Basilika, die bis heute seinen Namen trägt und 1031 geweiht wurde[68]. Die Hauptapsis dieses imposanten Kirchenbaus ziert ein Freskenzyklus, der zeitweise weiß übertüncht war, und bei der Freilegung stark gelitten hat. In der Kalotte thront in der von den Evangelistensymbolen umgebenen Mandorla Maria mit dem Christuskind. An ihrer linken Seite – vom Betrachter aus rechts – sind die drei Heiligen Tatian, Hilarius und Markus dargestellt, zwischen ihnen erscheinen – wenn auch in wesentlich kleinerer Gestalt – Kaiser Konrad II., seine Gattin Gisela und der junge Thronfolger Heinrich, der spätere Kaiser Heinrich III. Damit wird die gesamte kaiserliche Familie in die Sphäre der Heiligen erhoben und ihre Nähe zu Christus und der Gottesmutter dokumentiert[69].

Zwei eindrucksvolle Beispiele, in denen die Krönung eines Königs durch Christus selbst dargestellt wird, finden sich auf dem Boden des ehemaligen Königreichs Apulien-Sizilien. In der Vorhalle der Kirche S. Maria dell'Ammiraglio in Palermo, heute als S. Maria della Martorana bekannt, zeigt ein Mosaik die Krönung Rogers II. Dieser bedeutendste Herrscher aus der ursprünglich bescheidenen normannischen Adelsfamilie von Hauteville, hatte 1130 die Verleihung der Königswürde durch den Gegenpapst Anaklet II. erreicht und war am Weihnachtstag dieses Jahres durch Erzbischof Petrus von Palermo zum König

---

67   Schramm/Mütherich 1983, S. 36-38 Nr. 7a-l u. Abb. S. 277-284; Classen 1985, S. 54-57.

68   Heinz Dopsch, Il patriarca Poppone di Aquileia (1019-1042). L'origine, la famiglia e la posizione di principe della Chiesa, in: Poppone. L'età d'oro del Patriarcato di Aquileia, Roma 1997, S. 15-40.

69   Schramm/Mütherich 1983, S. 107 f. Nr. 142 u. Abb. S. 392 f.; Die Zuordnung der Heiligen ist falsch, da sich Euphemia, Hermagoras und Fortunatus zusammen mit dem Patriarchen Poppo und dem Herzog Adalbero von Kärnten (?) rechts von der Gottesmutter (links vom Betrachter) befinden. Zur Bedeutung der Nimben vgl. Kantorowicz 1992, S. 97-104.

gekrönt und gesalbt worden. Nach dem Tode Anaklets konnte Roger II. 1139 den rechtmäßigen Papst Innozenz II. gefangen nehmen und von ihm die Anerkennung seines Königtums und die Investitur erzwingen[70]. Diese umstrittene Genese der normannischen Königsherrschaft bot den Anlass dazu, dass Georg von Antiochia, der enge Vertraute und „Premierminister" Rogers II., seine Auffassung vom Empfang der Königswürde in dem erwähnten Fresko darstellen ließ. Roger II., der im Prunkgewand eines byzantinischen Kaisers mit dem Loros um Schultern und Hüfte dargestellt ist, neigt sein Haupt vor dem viel größeren Christus, der ihm eine prächtige Krone mit Pendilien aufsetzt. Dass der Herrscher nicht nur seine Macht von Gott empfängt, sondern auch ein Ebenbild Christi ist, wird durch die auffallende Ähnlichkeit der Gesichtszüge angedeutet[71].

Auf einer Emailleplatte in der Basilika San Nicola in Bari legt der hl. Nikolaus seine Hand schützend an die Krone Rogers II. Auch hier ist der König in das Gewand eines Basileus, des byzantinischen Kaisers, gekleidet[72]. Mehr als ein halbes Jahrhundert später hat Rogers Enkel Wilhelm II. die Szene, die ihm aus der Martorana bekannt war, wieder aufgegriffen. In der Kirche des von ihm gestifteten Königsklosters Monreale ließ er selbst seine Krönung durch Christus darstellen. Auch in dieser Szene ist der byzantinische Einfluss, noch verstärkt durch die umhüllten Hände des Königs, unverkennbar[73].

Der König stirbt nie

Zu einer Zeit, in der das französische und englische Königtum durch die wunderbare Heilkraft der Herrscher ihre Sakralität und damit auch ihr Ansehen wesentlich steigern konnte, gerieten das deutsche Königtum und das daran gebundene römische Kaisertum durch den Investiturstreit (1075–1122) in eine ernste Krise. War ein König wie Heinrich IV., der vom Papst gebannt wurde, nur unter demütigenden Bedingungen die Lösung vom Kirchenbann erreichen konnte und von den deutschen Fürsten abgesetzt wurde, immer noch ein sakraler Herrscher und ein Ebenbild Christi? Zumindest beim Volk wurde der Glaube an die geheiligte Person des Kaisers durch diese Ereignisse nicht wirklich erschüttert. Nach dem Tod Heinrichs IV. am 7. August 1106 in Lüttich wurde der Leichnam des im Kirchenbann Verstorbenen aus einer ungeweihten Kapelle, wo er beigesetzt worden war, vom Volk in den Dom zurückgebracht und mit gezückten Schwertern bewacht. Da sich die Domherren weigerten, eine Totenmesse für den Exkommunizierten zu lesen, wurden an ihrer Stelle arme Priester dazu gezwungen. Die Einwohner der Stadt aber versuchten durch

---

70   Houben 1997, S. 52-75.
71   Houben 1997, S. 120 f. mit Abb. 2.
72   Houben 1997, S. 121 mit Abb. 3.
73   Houben 1997, S. 127 mit Anm. 48.

die Berührung des Leichnams eine besondere Heiligkeit zu gewinnen und die Bauern verstreuten Erde und Getreidekörner, die sie zuvor auf den Sarg gelegt hatten, auf ihren Feldern, um dadurch ihre Ernteerträge zu steigern[74]. Die Sakralität der salischen Kaiserdynastie und ihrer Nachfolger war also ebenso wenig gefährdet wie die Herleitung ihrer Herrschaft unmittelbar von Gott.

Mit der scharfen Trennung von geistlicher und weltlicher Sphäre im Wormser Konkordat 1122 wurde jedoch die priesterliche Amtsgewalt des Herrschers innerhalb der Kirche bestritten, nicht nur bei den römischen Kaisern und den deutschen Königen sondern bei fast allen christlichen Herrschern. Die Päpste, besonders Innozenz III. in seiner Dekretale „Über die heilige Salbung", versuchten in der Folge die Salbung des Herrschers am Haupt zu untersagen, weil Christus, das Haupt der Kirche, die Hauptessalbung vom Heiligen Geist erhalten habe. Damit wurde die Position des Kaisers oder Königs als Darsteller bzw. Nachahmer Christi (*christomimetes*) in Frage gestellt und die Salbung des Herrschers im Vergleich zur Bischofssalbung herabgemindert: Während das Haupt des Bischofs mit Chrisma geweiht werde, empfange der Herrscher lediglich eine Salbung mit Öl am Arm[75]. Die spätmittelalterlichen Herrscher haben – beraten von den Rechtsgelehrten und Theologen in ihrem Umkreis – darauf entsprechend reagiert: Kaiser Ludwig der Bayer ließ im Reichsgesetz „Licet iuris" festhalten, dass die kaiserliche Macht und Würde direkt von Gott gegeben sei. Ein legal Erwählter besitze alle kaiserlichen Rechte und Befugnisse bereits durch seine Wahl zum König, ohne päpstliche Billigung oder Bestätigung[76].

In England äußerte sich der Erzbischof von Canterbury, Thomas J. Cranmer, in der Ansprache anlässlich der Krönung von König Eduard VI. 1547 dazu mit folgenden Worten:

> „[Die Könige sind] Gottes Gesalbte, nicht wegen des Öls, das der Bischof verwendet, sondern wegen der Macht, die von Gott verordnet ist … und wegen ihrer Person, die von Gott erwählt und mit den Gaben seines Geistes ausgestattet sind, damit sie ihr Volk besser regieren und leiten können. Das Öl, wenn es denn verwendet wird, ist nur eine Zeremonie. Auch wenn es fehlt, ist der König immer noch ein vollkommener Herrscher, und er ist Gottes Gesalbter, auch wenn er ungesalbt ist[77]."

Während das Deutsche Reich ein Wahlreich war und blieb, in dem die Fürstenmacht immer stärker gegen den König bzw. Kaiser an Boden gewann, entwickelten sich Frankreich und England zu Erbmonarchien. Durch die dauerhafte Herrschaft der Königsdynastien wurde dort – nach dem Vorbild der göttlichen

---

74   Erkens 2006, S. 200-214 u. S. 220 f.
75   Kantorowicz 1992, S. 326-331.
76   MGH Const. 4, Nr. 1248, S. 1311 Zl. 40: … *Romano pricipi sola electio eius omnem tribuit potestatem*; vgl. Benker 1980, S. 227-233; Thomas 1993, S. 309-315; Kantorowicz 1992, S. 332-336.
77   Kantorowicz 1992, S. 326.

und der menschlichen Natur Christi – die Vorstellung von den „zwei Körpern des Königs" entwickelt. Sie fand bereits im Spätmittelalter Eingang in die englische Rechtsprechung und wurde seit dem 16. Jahrhundert von gelehrten Juristen immer sorgfältiger ausformuliert und begründet[78]. Die Wurzeln reichten teilweise in die Spätantike zurück, wo sich Konstantin auf Münzen zusammen mit dem seinen eigenen Gesichtszügen angeglichenen Profil des Sonnengottes (*Sol invictus*) abbilden ließ und damit die Verbindung von menschlicher und göttlicher Natur zum Ausdruck brachte[79]. Aber auch im Frühmittelalter war diese Vorstellung lebendig: Amalar von Metz wünschte Ludwig dem Frommen als Kaiser ein langes Leben, als dem Neuen David Ewigkeit (*Divo Hludovico vita! Novo David perennitas!*). Diese zweite Funktion rechtfertigte es auch, den Kaiser mit einem Nimbus darzustellen[80].

In England und nach diesem Vorbild auch in Frankreich unterschied man zwischen dem natürlichen Körper des Königs (*corpus naturale*), der sterblich war, und dem unsterblichen „politischen Körper" des Monarchen (*corpus mysticum*). William Shakespeare hat dieser doppelten Natur (*gemina natura*) des Königs in seinem Drama „Richard II." ein ausdruckstarkes Denkmal gesetzt[81]. Die Unsterblichkeit der Königswürde führte zu der bekannten Maxime „Der König stirbt nie", die in Frankreich und England fasst gleichzeitig zum Tragen kam. Beim Tod des französischen Königs Ludwig IX. „des Heiligen" in Afrika 1270 übernahm Philipp III., der sich damals an der Küste von Tunis befand, sofort die Macht, ohne Inthronisation oder Krönung abzuwarten. In England trat beim Ableben Heinrichs III. 1272 noch am Tag des Begräbnisses der Sohn Eduard I., obwohl er sich im Heiligen Land aufhielt, die Regierung an[82]. Damit kam man auch möglichen Ansprüchen zuvor. Früher galt das Interregnum, die Zeit vom Tod eines Königs bis zur Krönung des Nachfolgers, als eine Zeit der Herrschaft Christi und erschien auch so in den Datierungen wichtiger Urkunden: ... *regnante Christo* ... Der Papst hatte als Statthalter Christi (*vicarius Christi*) in dieser Zeit die Herrschaft im Reich beansprucht und diese Forderung verlor mit der ewigen, ununterbrochenen Königsherrschaft ihre Grundlage. Die Rechtsmeinung, dass der König nie stirbt, war aus der Würde (*dignitas*) des Amtes abgeleitet. Aus dem Prinzip *dignitas non moritur*, der Inhaber kann sterben, aber die Würde des Amtes bleibt bestehen, entstand die Lehrmeinung *le roi ne meurt jamais*, die in Frankreich seit dem späteren 16. Jahrhundert nachzuweisen ist[83]. Die beim Tod eines Königs übliche Parole *Le Roy est mort! Vive le Roy!* geht jedoch auf eine andere Wurzel zurück. Sie entwickelte sich

---

78 Kantorowicz 1992, S. 29-44 u. öfter.
79 Kantorowicz 1992, S. 500 f. Abb. 32e.
80 Kantorowicz 1992, S. 99 f.
81 Kantorowicz 1992, S. 45-61.
82 Le Goff 2000, S. 262 f; Percy Ernst Schramm, Geschichte des englischen Königtums im Lichte der Krönung, Weimar 1937, S. 166 f.
83 Kantorowicz 1992, S. 387-389 u. S. 411 f.

langsam aus den beiden getrennten Akten des Totengedenkens für den verstorbenen König und der erst nach einer längeren Pause folgenden Akklamation für den neuen König. Noch beim Herrschaftswechsel 1509 gab es eine Zwischenformel, erst seit 1515 setzte sich die bekannte Kurzform durch[84].

Die Ansicht von der Unsterblichkeit des Königs stützte sich auf drei wesentliche Faktoren: Die Fortdauer der Königsdynastie, den korporativen Charakter der Krone und die Unsterblichkeit der Königswürde. Auch bei der Krone unterschied man – ähnlich wie bei den zwei Körpern des Königs – eine sichtbare und eine unsichtbare Krone (*corona invisibilis*), die nicht untergehen konnte. Der sterbende König und der neue Herrscher wurden eins im Hinblick auf die ewige unsichtbare Krone[85]. In manchen Königreichen wurde die Krone noch mehr als der König selbst zum Zeichen der ewigen Königsherrschaft. So vertrat man in Frankreich die Ansicht, dass Gott jenen Balsam, mit dem einst Chlodwig getauft und später die Könige gesalbt wurden, gesandt habe, „um die Krone zu verteidigen". Im Königreich Ungarn, das stets eine Vielzahl von Stämmen und Völkern innerhalb seiner Grenzen vereinigte, wurde die Stephanskrone als „Heilige Krone" zum Symbol der Reichseinheit; man sprach nicht von den Ländern des ungarischen Königs sondern der Stephanskrone[86]. Das erklärt auch, warum nach der Rückgabe der Stephanskrone durch die USA im kommunistischen Ungarn Tausende Leute bisweilen tagelang warteten, um die Krone zu sehen und bei ihrem Anblick niederknieten, sich bekreuzigten und in Tränen ausbrachen.

In England versuchten zeitweise die Magnaten, der Krone eine Dominanz gegenüber der Person des Königs zu verschaffen. So wurde Richard II. bei seiner Absetzung 1399 beschuldigt, „Verbrechen gegen die Krone" begangen zu haben[87]. Durch die Absetzung eines Königs konnte der politische Körper des Königs auf den natürlichen Körper des Nachfolgers übergehen, wie das bei der Gefangennahme Heinrichs VI. durch Eduard IV.: der Fall war. Während der Zeit der Kämpfe zwischen diesen beiden Königen gab es zwar zwei natürliche Körper dieser Monarchen, aber nur einen politischen Körper des Königs und nur eine Krone[88]. Die zwei Körper des Königs wurden dadurch sichtbar gemacht, dass man in England und etwas später auch in Frankreich ein Bild oder eine ganze Figur auf den Sarg des verstorbenen Monarchen legte. Bald spielte diese Figur (*gisant*), die darauf hinwies, dass die königliche Würde nie starb, eine wichtigere Rolle als der Leichnam. Sie versinnbildlichte die gemeinsame Regierung des verstorbenen Königs mit der unsterblichen königlichen *dignitas* auf Erden. Es entwickelte sich ein doppeltes Zeremoniell, bei dem der Figur des

---

84 Kantorowicz 1992, S. 412-415; Bloch 1998, S. 244 f.;
85 Kantorowicz 1992, S. 344-387.
86 József Deér, Die heilige Krone Ungarns (Denkschriften der Österreichischen Akademie d. Wiss, Phil. Hist. Kl. 91), Wien 1966.
87 Kantorowicz 1992, S. 374 mit Anm. 186 u. 187.
88 Kantorowicz 1992, S. 375-377.

Verstorbenen dieselben Ehren erwiesen wurden, als wäre sie der König selbst. Während sich die ganze Trauer auf die nackte Leiche des Königs konzentrierte, wurde dem Abbild aller erdenklicher Prunk zuteil. Es wurde wie ein Heiligenbild verehrt und man begann, in Gerichts- und Sitzungssälen ein Bild des Königs aufzuhängen[89].

Eine beeindruckende Darstellung fand die Ansicht von den zwei Körpern in jenen Grabmälern von Bischöfen und Adeligen, die in der unteren Hälfte das Skelett des Verstorbenen als Abbild des natürlichen Körpers zeigen, in der oberen Hälfte aber den „mythischen" Körper in vollem Ornat, der mit dem Amt, das er bekleidete, ewig weiterlebt[90].

*

Die Sakralität von Kaisern und Königen wurde auch durch das gescheiterte Streben des Papsttums nach Weltherrschaft und das Ende der Kaiserkrönungen durch den Papst nicht ernstlich in Frage gestellt. Der „Weltenherrscher" Karl V. war nicht nur zutiefst von seinem Gottesgnadentum und der Sendung seines Hauses, der Casa d´Austria, überzeugt, sondern fühlte sich so sehr als Schutzherr der katholischen Kirche, dass er sein ganzes Leben um die Wiederherstellung der Glaubenseinheit kämpfte[91]. In Frankreich erfuhr der Anspruch auf die Position eines „allerchristlichsten Königs" (*rex christianissimus, roi très chretien*) erst unter dem „Sonnenkönig" Ludwig XIV. seine vollständige Ausprägung. Die Aufklärung hat zwar die Vorstellung von einem geheiligten Königtum ernstlich in Frage gestellt, untergegangen ist aber die Sakralität des Herrschers erst mit dem Ende der Monarchien, in Frankreich mit dem „Bürgerkönig" Louis Philippe, der 1830 auf jeden kirchlichen Akt und damit auch auf die traditionelle Salbung verzichtete. Nur in England blieb die Idee des sakralen Königtums bis in die Gegenwart erhalten.

Literatur

Assmann 1999: Jan Assmann, Ägypten – Eine Sinngeschichte, Frankfurt a. M. 1999.

Assmann 2000: Jan Assmann, Herrschaft und Heil. Politische Theologie in Altägypten, Israel und Europa, München/Wien 2000.

Assmann 2001: Jan Assmann, Ma´at. Gerechtigkeit und Unsterblichkeit im alten Ägypten, München 2001.

Balsdon 1950: J. P. V. D. Balsdon, Die „Göttlichkeit" Alexanders, in: Wlosok, Römischer Kaiserkult, S. 254-290.

Becher/Jarnut 2004: Matthias Becher/Jörg Jarnut (Hg.), Der Dynastiewechsel von 751. Vorgeschichte, Legitimationsstrategien und Erinnerung, Münster 2004.

---

89   Kantorowicz 1992, S. 422-432.
90   Kantorowicz 1992, S. 433-438 u. Abb. 27-31.
91   Brandi 1961, S. 436-489; Kohler 2005, S. 323-326.

Benker 1980: Gertrud Benker, Ludwig der Bayer. Ein Wittelsbacher auf dem Kaiserthron 1282-1347, München 1980.

Bickermann 1929: Elias Bickermann, Die Römische Kaiserapotheose, in: Wlosok, Römischer Kaiserkult, S. 82-121.

Bloch 1998: Marc Bloch, Die wundertätigen Könige. Deutsche Übersetzung von Claudia Märtl, München 1998.

Borgolte 1989: Michael Borgolte (Hg.), Mittelalterforschung nach der Wende 1989, München 1995.

Boshof 1993: Egon Boshof, Königtum und Königsherrschaft im 10. und 11. Jahrhundert (Enzyklopädie Deutscher Geschichte Bd. 27), München 1993.

Boshof 2005: Egon Boshof, Die Vorstellung vom sakralen Königtum in karolingisch-ottonischer Zeit, in: Erkens, Das frühmittelalterliche Königtum, S. 331-358.

Bowersock 1965 : G. W. Bowersock, Augustus und der Kaiserkult im Osten, in: Wlosok, Römischer Kaiserkult, S. 389-402

Brandi 1961: Karl Brandi, Kaiser Karl V. Werden und Schicksal einer Persönlichkeit und eines Weltreiches Bd. 1, München [6]1961.

Cancik/Hitzl 2003: Hubert Cancik/Konrad Hitzl (Hg.), Die Praxis der Herrscherverehrung in Rom und seinen Provinzen, Tübingen 2003.

Classen 1985: Peter Classen, Karl der Große, das Papsttum und Byzanz. Die Begründung des karolingischen Kaisertums (Beiträge zur Geschichte und Quellenkunde des Mittelalters 9), Sigmaringen 1985.

Clauss 1999: Manfred Clauss, Kaiser und Gott. Herrscherkult im Römischen Reich, München 1999.

Clauss 2001: Manfred Clauss, Das alte Ägypten, Darmstadt 2001.

Clauss 2007: Manfred Clauss, Konstantin der Große und seine Zeit, München [3]2007.

Clauss 2007a: Manfred Clauss, Die alten Kulte in konstantinischer Zeit, in: Demandt/Engemann 2007, S. 39-48.

Clauss 2008: Manfred Clauss, Das alte Israel. Geschichte, Gesellschaft, Kultur, München [3]2008.

Decker-Hauff 1955: Hans Martin Decker-Hauff, Die „Reichskrone", angefertigt für Kaiser Otto I., in: Percy Ernst Schramm (Hg.), Herrschaftszeichen und Staatssymbolik Bd. II (Schriften der MGH 13/II), Stuttgart 1955, S. 560-637.

Demandt/Engemann 2007: Alexander Demandt/Josef Engemann (Hg.), Konstantin der Große. Geschichte-Archäologie-Rezeption, Trier 2007.

Erkens 2003: Franz-Reiner Erkens, *Vicarius Christi – sacratissimus legislator – sacra majestas.* Religiöse Herrschaftslegitimierung im Mittelalter, in: Zeitschrift der Savigny-Stiftung für Rechtsgeschichte. Kanonistische Abteilung 89 (2003), S. 1-55.

Erkens 2005: Franz-Reiner Erkens (Hg.), Das frühmittelalterliche Königtum. Ideelle und religiöse Grundlagen (Erg. Bd. zum Reallexikon der Germanischen Altertumskunde 49), Berlin 2005.

Erkens 2006: Franz-Reiner Erkens, Herrschersakralität im Mittelalter. Von den Anfängen bis zum Investiturstreit, Stuttgart 2006.

Fox 2004: Robin Lane Fox, Alexander der Große. Eroberer der Welt, Stuttgart 2004.

Gelzer 1960: Matthias Gelzer, Ehrenbeschlüsse für Cäsar (im Jahre 45), in: Wlosok, Römischer Kaiserkult, S. 334-339.

Gesche 1974: Helga Gesche, Die Vergottung Cäsars, in: Wlosok, Römischer Kaiserkult, S. 368-374.

Hartmann 1996: Wilfried Hartmann, Der Investiturstreit (Enzyklopädie deutscher Geschichte 21), München [2]1996.

Houben 1997: Hubert Houben, Roger II. von Sizilien. Herrscher zwischen Orient und Okzident, Darmstadt 1997.

Kantorowicz 1992: Ernst H. Kantorowicz, Die zwei Körper des Königs. Eine Studie zur politischen Theologie des Mittelalters. Deutsche Übersetzung von Walter Theimer, Stuttgart 1992.

Karayannopulos 1956: Ioannis Karayannopulos, Konstantin der Große und der Kaiserkult, in: Wlosok, Römischer Kaiserkult, S. 485-508.

Klaniczay 1994: Gábor Klaniczay, Königliche und dynastische Heiligkeit in Ungarn, in: Jürgen Petersohn (Hg.), Politik und Heiligenverehrung im Hochmittelalter (Vorträge und Forschungen 42), Sigmaringen 1994, S. 343-361.

Koep 1958: Leo Koep, Die Konsekrationsmünzen Kaiser Konstantins und ihre religionspolitische Bedeutung, in: Wlosok, Römischer Kaiserkult, S. 509-527.

Kohler 2005: Alfred Kohler, Karl V. 1500–1558 – Eine Biographie, München 2005.

Kuder 1998: Ulrich Kuder, Die Ottonen in der ottonischen Buchmalerei. Identifikation und Ikonographie, in: Gerd Althoff/Ernst Schubert, Herrschaftsrepräsentation im ottonischen Sachsen (Vorträge und Forschungen 46), Sigmaringen 1998, S. 137-234.

Le Goff 2000: Jacques Le Goff, Ludwig der Heilige, Stuttgart 2000

Leppin 2003: Hartmut Leppin, Theodosius der Große, Darmstadt 2003.

Mazal 2001: Otto Mazal, Justinian I. und seine Zeit. Geschichte und Kultur des byzantinischen Reiches im 6. Jahrhundert, Köln 2001.

Meyer 1905: Eduard Meyer, Alexander der Große und die absolute Monarchie, in: Wlosok, Römischer Kaiserkult, S. 203-217.

Nock 1934: A. D. Nock, Die Einrichtung des Herrscherkultes, in: Wlosok, Römischer Kaiserkult, S. 377-388.

Schramm 1960: Percy Ernst Schramm, Der König von Frankreich. Das Wesen der Monarchie vom 9. zum 16. Jahrhundert, Darmstadt ²1960.

Schramm/Mütherich 1983: Percy Ernst Schramm, Die deutschen Kaiser und Könige in Bildern ihrer Zeit 751–1190, Neuauflage hg. von Florentine Mütherich, München 1983.

Semmler 2003: Josef Semmler, Der Dynastiewechsel von 751 und die fränkische Königssalbung (Studia Humaniora. Series Minor 6), Düsseldorf 2003.

Thomas 1993: Heinz Thomas, Ludwig der Bayer (1282–1347) – Kaiser und Ketzer, Graz/Wien 1993.

Vogt 1953: Joseph Vogt, Zum Herrscherkult bei Cäsar, in: Wlosok, Römischer Kaiserkult, S. 340-350.

Wilcken 1938: Ulrich Wilcken, Zur Entstehung des hellenistischen Königskultes, in: Wlosok, Römischer Kaiserkult, S. 218-253.

Wlosok 1978: Antonie Wlosok (Hg.), Römischer Kaiserkult (Wege der Forschung Bd. 372), Darmstadt 1978

Wolfram 2005: Herwig Wolfram, Frühes Königtum, in: Erkens 2005, S. 42-64.

DRAMA – ARCHETYPEN – UNVERLETZLICHKEIT

Clemens Sedmak

Einleitung

Die Idee der Ebenbildlichkeit des Menschen ist nicht nur eine starre Aussage; diese Idee entwickelt auch eine Eigendynamik und entfaltet ein Drama, das Drama des menschlichen Selbstverständnisses. Damit sind wir im letzten Teil des Bandes bei psychologischen Aspekten angelangt. *Lothar Laux* und *Claudia Schmitt* aus Bamberg vertreten die Persönlichkeitspsychologie und sehen keine Schwierigkeit, eine Brücke zwischen der theologischen Idee der Gottebenbildlichkeit des Menschen und dem Begriff der Persönlichkeit zu schlagen – impliziert doch die Trinitätstheologie den Personbegriff und hat doch die Person mit Bildhaftem zu tun. Der Zusammenhang zwischen Imago-Idee, die eine Ähnlichkeitsrelation zwischen Gott und Mensch unterstellt, und Persönlichkeit lässt sich auch durch psychologische Untersuchungen zur Relation zwischen Gottesbild und Selbstwertgefühl erhärten. Die Autoren gehen aber noch einen Schritt weiter: Mit dem Begriff des Selbstwertgefühls ist die Ebene von Selbstdarstellung und Selbstkonzept erreicht, über das Laux und Schmitt schreiben. Das Selbstkonzept ist als mentale Repräsentation der eigenen Person eine Form des Abbilds. Auch die Schöpfungstätigkeit Gottes kann als „Selbstdarstellung Gottes" aufgefasst werden, als Ausdruck eines Selbstkonzepts, sodass aus psychologischer Perspektive die Schöpfung des Abbilds als Akt der Selbstinterpretation Gottes angesehen werden könnte. Nach Feuerbachs Projektionstheorie kommen Laux und Schmitt auf Alfred Adler zu sprechen, der Gott als idealisiertes Ebenbild des Menschen und die Gottähnlichkeit als Selbstdarstellungsziel positioniert hat. Bei Carl Gustav Jung mutiert Gott zu einem Archetyp des Selbst. Gott hat nach Jung mit dem Menschen ein unbegreifliches und widersprüchliches Bild von sich selber gemacht „und es dem Menschen als Archetypus ins Unbewusste gelegt". Jung vertritt damit die Idee des inneren Gottes. Nach der Diskussion von C.G. Jung bringen die Autoren einen nicht so häufig auftauchenden Namen ins Spiel – J.L. Moreno, den Begründer des Psychodramas. Er beruft sich auf ein von jüdischen Quellen inspiriertes Gottesbild, nach dem die Ebenbildlichkeit des Menschen darin besteht, in der gleichen Weise wie Gott kreativ zu sein und schöpferisch-gestaltend auf die Welt einwirken zu können. Moreno stellt sich Gott als kosmisch wirkende Kraft vor, die kreativ und spontan in ihrem Wirken ist. Gott kann in solchem Handeln – auch auf der Bühne des Alltags – präsent werden, sodass es zum „Rollentausch" zwischen Gott und Mensch kommen kann. Abschließend wird ein Blick auf die

Ebenbildlichkeit mit Gott in der Postmoderne geworfen, wobei das Stichwort „histrionischer Stil" zentral wird (die Pointe soll an dieser Stelle nicht verraten werden). Der Beitrag zeigt eine erstaunliche Breite dessen, was aus psychologischer Sicht zur Imago-Idee eingebracht werden kann.

Carl B. Möller aus Münster vertritt die mehr therapeutische Richtung psychologischer Annäherungen. Er setzt sich mit „Gottesbildern" auseinander und beginnt mit der Frage, wie man mit Kindern über Gott reden solle. Gottesbilder, die auf dieser Ebene angeeignet werden, prägen das spätere Leben. Dies kann Möller mit Beispielen aus der therapeutischen Praxis belegen – mit dem Gottesbild können auch psychische Belastungen in Zusammenhang gebracht werden. Auch die therapeutischen Richtungen sind nicht frei von Gottesbildern, was sich deutlich am Beispiel der Psychoanalyse Sigmund Freuds zeigen lässt. Die Wirkung des Gottesbildes betrifft die gesamte Persönlichkeit eines Menschen, weil hier Grundvollzüge und fundamentale Wirkungen angesprochen sind. Der Zugang zu Gott ist dabei nur in anthropomorphen Bildern und Konstruktionen möglich. „Gott" bleibt ein Mysterium, weswegen die Rede von Gott eine Rede von Gottesbildern bleibt. Die Frage nach Gott hängt mit kollektiven Rahmenbedingungen wie auch der jeweils persönlichen Entwicklung eines Menschen zusammen. Hier kommt also auch die Entwicklungspsychologie ins Spiel. Möller macht in diesem Zusammenhang eine interessante Bemerkung über das Bilderverbot – Gott ist stets beides, Bild und Nichtbild, Gottesbild und Göttliches. Über die Implikationen dieser Überlegungen für die Imago-Idee müsste man noch nachdenken. In jedem Fall sagen Gottesbilder viel über den psychologischen, sozialen und auch historischen Kontext aus, in dem sie entwickelt werden. Möller geht gewissen historischen Meilensteinen der Gottesbildentwicklung in der jüdisch-christlichen Tradition nach. Dabei rühren Gottesbilder positiv wie negativ an, weil die Bilder gefühlsmäßig aufgeladen sind und auch stark von einander abweichen. Carl Gustav Jung, der bereits im vorangegangenen Beitrag angesprochen wurde, verortet im Unbewussten des Menschen die Fähigkeit, Bilder zu produzieren, die sich dann im Bewusstsein niederschlagen – diese Bilder wirken, sie sind mit Energie aufgeladen, das aufsteigende Bildmaterial beeinflusst das Handeln des Menschen. Jung spricht also der Psyche eine eigene Wirklichkeit zu, die im Menschen schöpferisch wirkt; die Psyche ist gleichsam der Motor, der dafür sorgt, dass der Mensch zu sich selbst finden kann. Hier sieht Möller auch Parallelen zur Mystik in den verschiedenen Traditionen – seelische Reifung in diesen Traditionen und Reife auf dem Hintergrund der Psychologie von C.G. Jung können durchaus aneinander herangeführt werden.

Wir beschließen diesen Abschnitt mit der Geschichtswissenschaft: *Charlotte Schubert*, Historikerin aus Leipzig, führt uns in einen Anwendungsbereich, in dem die Imago-Idee nachwirkt; es geht um die Frage nach der Unverletzlichkeit des menschlichen Lebens, die wiederum mit der menschlichen Würde zusammenhängt, die ihrerseits mit der Ebenbildlichkeit Gottes zusammen gebracht werden kann. Schubert leistet diese Exemplifikation anhand des Hippokrati-

schen Eids. In verschiedenen Versionen dieses medizinischen und medizinethischen Grundsatzdokuments wird die Unverletzlichkeit des Lebens betont.
Schubert zeichnet den historischen Kontext nach, in dem diese Rede zu situie-
ren ist. Sie referiert die Ethik der hippokratischen Ärzte, die sich an bestimmten
Wertvorstellungen und einem bestimmten Menschenbild orientiert haben. Sie
diskutiert im Detail die im hippokratischen Eid enthaltene Selbstverpflichtung
zum Schutz des menschlichen Lebens (keine Beihilfe zu Mord, Selbstmord,
Abtreibung). Diese Selbstverpflichtung entspricht keineswegs antiken Selbst-
verständlichkeiten und ist gerade daher interessant und auf den Kontext hin
zu prüfen; das leistet Schubert im dritten Abschnitt, in dem sie den medizin-
geschichtlichen Hintergrund mit erhellenden Textbeispielen rekonstruiert. Aus
diesen Einsichten lässt sich im Detail an der Exegese der Textierung der hippokratischen Eidformel feilen. Für die Imago-Idee zentral wird die Frage nach der
Rezeption dieses Gedankenguts im Christentum; christliche Prägungen finden
statt und entfalten auch eine Wirkung, ins Mittelalter hinein. Fazit: „Die Prominenz, die der Eid seit dem 1. und 2. Jahrhundert n.Chr. gewonnen hat, dürfte
sich wohl seiner Verankerung in einem durch die christliche Auffassung vom
Wert des menschlichen Lebens geprägten Kontext verdanken." So zeigt sich
auf subtile und indirekte Weise, dass die mit der Imago-Idee zusammenhängende Überzeugung von der Unverletzlichkeit des Lebens auch eine Wirkung
auf die Medizingeschichte und die Medizinethik mit der Rezeption des Schlüs-
seltexts, den der hippokratische Eid nun einmal darstellt. Auch dadurch wird
unterstrichen, dass wir mit dem Topos der Gottebenbildlichkeit des Menschen
nicht eine Randdiskussion führen, sondern uns in der Mitte geistesgeschichtli-
cher Auseinandersetzungen befinden.

Lothar Laux / Claudia Schmitt

Die Ebenbildlichkeit des Menschen mit Gott aus psychologischer Perspektive[1]

1. Persönlichkeit als göttliches Wesen

Als Persönlichkeitspsychologen fällt es uns nicht schwer, eine Brücke zum Thema „Ebenbildlichkeit des Menschen mit Gott" zu schlagen, denn der Begriff Persönlichkeit hängt – zumindest etymologisch gesehen – eng mit der Idee des Göttlichen zusammen (vgl. Koch, 1960; Laux, 2008): Der Begriff *Persönlichkeit* und seine Wurzel *Person* leiten sich vom lateinischen Wort *persona* ab. Persona bedeutete im klassischen Latein zunächst die Theatermaske, wurde später aber auch auf den Schauspieler mit seinen besonderen persönlichen Eigenschaften übertragen. In der Spätantike und im Mittelalter wurde die Entwicklung des Begriffs persona nachhaltig durch christlich-theologische Einflüsse bestimmt. So bezeichnete der Begriff im dritten Jahrhundert die drei Personen (personae) der göttlichen Dreieinigkeit (Vater, Sohn, Heiliger Geist). Neben der Gottheit wurde auch eine getaufte Person persona genannt. Durch die enge Beziehung zur christlichen Gottesvorstellung wurde persona mehr und mehr „mit tiefer Innerlichkeit durchtränkt" (Koch, 1960, S. 8). Ebenfalls im Mittelalter leiteten scholastische Philosophen von persona den Begriff personalitas ab, der dann von deutschen Mystikern mit persônlichkeit übersetzt wurde. Den mystischen Auffassungen entsprechend ist der Mensch persönlich, insofern Christus in ihm wohnt: „Persönlichkeit ist hier die göttliche, die unsterbliche Seite unseres Wesens" (Koch, 1960, S. 9). Persönlichkeit verliert auch in der heutigen Zeit als säkularisierter Begriff nie völlig den „transzendentalen" Bezug: Der Begriff Persönlichkeit wird bevorzugt dann gewählt, wenn die besondere Einmaligkeit und Einzigartigkeit des Menschen, seine rational nicht voll erfassbare Natur oder die Ablehnung seiner Erforschbarkeit mit naturwissenschaftlichen Mitteln thematisiert werden soll (vgl. Herrmann, 1991).

1 Für hilfreiche Verbesserungsvorschläge bedanken wir uns bei Charlotte Bradke, Nina Laux und Nadja Winkler. Für die ebenso sorgfältige wie ideenreiche Gesamtbearbeitung mehrerer Textversionen bedanken wir uns bei Pola Hahlweg. Anja Meier gilt unser Dank für die Gestaltung der Abbildung.

2. Die Beziehung von Selbstwissen und Gottesvorstellungen

Außerhalb solcher konzeptuell-etymologisch bestimmten Brückenschläge scheint es schwieriger zu sein, eine Beziehung zur Psychologie der Gegenwart herzustellen. „Der Mensch als Ebenbild Gottes" oder „Der Mensch als Krone der Schöpfung" sind keine Themen der stark empirisch orientierten Mainstream-Psychologie. Auf den zweiten Blick wird man aber durchaus fündig: So gibt es eine Reihe empirischer Untersuchungen im Bereich der Religionspsychologie, in denen der Frage nachgegangen wird, welche Beziehung zwischen der Art der Gottesvorstellung und dem eigenen Selbst besteht (zusammenfassend Grom, 2007; Benson & Spilka, 1973). In mehreren Untersuchungen, die in den USA und in Europa durchgeführt wurden, konnte eine positive – wenn auch nicht sehr starke – Beziehung zwischen dem Glauben an einen liebenden, akzeptierenden und fürsorglichen Gott und einem eher positiv getönten Selbst aufgezeigt werden. Dagegen ergab sich eine negative Korrelation zwischen dem Glauben an einen kontrollierenden, nachtragenden Gott und dem positiv getönten Selbst. Diese wertende Komponente des Selbst wird auch als Selbstwertgefühl bezeichnet. Es umfasst die affektiven Urteile einer Person über sich selbst. Das Selbstwertgefühl kann sich auf einzelne Teilbereiche des Selbst beziehen oder auf die Gesamtheit von Bewertungen, die eine Person über sich abgibt. Das Fazit lautet also: Persönliche Gottesvorstellungen weisen Beziehungen zu positiv oder negativ bewerteten Aspekten des Selbst auf.

Die in solchen empirischen Befunden zum Ausdruck kommende Ähnlichkeit zwischen Selbstbildern und Gottesvorstellungen lässt sich in Beziehung setzen zum jüdisch-christlichen Schöpfungsglauben, der Mensch sei als „Bild Gottes" geschaffen (Gen 1, 27): Die Ebenbildlichkeitsthese beruht ja ebenfalls auf der Annahme einer Ähnlichkeit von göttlichen und menschlichen Eigenschaften. Insbesondere geht es uns um die Darstellung und Diskussion psychologischer Theorien, die die These der Gottebenbildlichkeit des Menschen thematisieren.

Den gemeinsamen Rahmen für die Diskussion dieser verschiedenen Ansätze stellt für uns der *selbsttheoretische Zugang zur Persönlichkeit* dar. Welche Abgrenzungen und Verbindungen bestehen zwischen Selbst und Persönlichkeit? Mit der Persönlichkeit des Menschen meinen wir die „Gesamtheit seiner Eigenschaften, Stile und Verhaltensdispositionen, die ihn zeitlich relativ stabil und über verschiedene Situationen hinweg charakterisieren und von anderen Menschen unterscheiden" (Hannover, Pöhlmann & Springer, 2004, S. 317). Mit dem Terminus Selbst wird dagegen die Sicht bezeichnet, die das Individuum auf die eigene Person hat. Es geht dabei um die Gesamtheit des Wissens und der Annahmen, die eine Person im Laufe ihres Lebens erwirbt. Unserem thematischen Fokus der Gottebenbildlichkeit entsprechend sei hervorgehoben, dass das Selbst nicht nur Wissen über die eigene Person, sondern auch Wissen über Gott, also über Gottesvorstellungen umfasst.

Wie in folgendem Abschnitt deutlich wird, messen wir innerhalb des selbsttheoretischen Rahmens dem Konstrukt der *Selbstdarstellung* besondere Bedeutung zu. Durch Selbstdarstellung offenbart das Individuum anderen seine Selbstsicht und interpretiert ihre Reaktionen darauf. Wissen über die eigene Person erwirbt das Individuum somit vor allem durch die Interaktion mit anderen. Das Selbst wird also in ganz entscheidender Weise durch soziale Interaktion geprägt, in die nach unserer Konzeption auch die Wechselwirkung zwischen Selbst- und Gottesvorstellungen eingeht.

3. Selbsttheoretische Konzepte: Selbstdarstellung, Selbstkonzept und Selbstwertgefühl

Von dem Tag an, da der Mensch anfängt, durch Ich zu sprechen, bringt er sein geliebtes Selbst, wo er nur darf, zum Vorschein ... (Kant, 1982, S. 408).

Was Kant hier beschreibt, ist die von Kindheit an durchgängig erbrachte Darstellung des Selbst für andere. Immer wenn Menschen zusammentreffen, bieten sie einander Selbstbilder an. Selbstdarstellung umfasst alle Versuche, mithilfe von verbalem und nonverbalem Verhalten, durch Formen des Auftretens oder der äußeren Erscheinung Bilder der eigenen Person zu vermitteln. Wenn wir uns selbst darstellen, versuchen wir, den Eindruck zu kontrollieren und zu steuern, den wir auf andere Menschen machen. Damit beeinflussen wir, wie andere uns wahrnehmen und behandeln – und als mögliche Folge davon auch, wie wir uns selbst sehen. Selbstdarstellung kann in bewusst kontrollierter Form, aber auch weitgehend automatisiert ablaufen (siehe Laux, 2008).

Selbstdarstellung erfolgt aber nicht nur gegenüber realen Personen, sondern auch gegenüber bloß vorgestellten Interaktionspartnern, z.b. wenn sich Personen auf einer privaten Homepage im Internet darstellen. Selbstdarstellung gegenüber realen Personen ist nicht nur auf öffentliche oder formelle Situationen beschränkt (z.B. Bewerbungsgespräche), sondern betrifft auch private und intime Interaktionen mit Freunden, Familienmitgliedern, Therapeuten etc. Die Darstellung kann sich sogar primär an das *eigene Selbst* und damit an ein inneres Publikum richten (self-as-audience). Grundgedanke ist, dass bei jeder Vermittlung von Selbstbildern internalisierte Bezugspersonen (z.B. Eltern) „anwesend" sind und Standards setzen, die das Verhalten beeinflussen (vgl. Renner, 2002). Dazu lässt sich auch der übermenschliche signifikant Andere, also Gott, zählen. Auch wenn Adressaten tatsächlich vorhanden sind, kann es sich vorrangig um einen Dialog mit internen Adressaten handeln. Auf den ersten Blick mag z.B. eine prosoziale Reaktion unmittelbar auf den Partner zielen. Die zugrunde liegende Intention („Es ist für mich wichtig so zu handeln, weil dies Gott von mir erwartet") verweist jedoch zusätzlich auf den *internen Adressaten.* Selbstbilder sind häufig gleichermaßen für ein externes wie für ein internes Publikum bestimmt.

Was wird bei der Selbstdarstellung eigentlich dargestellt? Ganz einfach, könnte man meinen: Das Selbst! Die empirische Psychologie bevorzugt aber als wissenschaftlichen Terminus den Begriff *Selbstkonzept* (vgl. Mummendey, 1995): Das Selbstkonzept ist nichts anderes als die mentale Repräsentation der eigenen Person. Es umschreibt das Wissen darüber, wer man zu sein glaubt. Teilaspekte des Selbstkonzepts bezeichnen wir als *Selbstbilder*. Für die Persönlichkeitspsychologie sind zwei Kategorien von Selbstbildern von besonderem Interesse: faktische und potentielle Selbstbilder. *Faktische* Selbstbilder sind zumindest aus subjektiver Sicht empirisch abgesichert. Sie beinhalten Merkmale, die wir uns aufgrund von Erfahrungen zuschreiben, z.B. Kompetenz, Freundlichkeit, Ehrgeiz. Solche Selbstbilder stellen Kondensate bisheriger Erlebnisse in bestimmten Situationen dar, in denen man gehandelt, sich dargestellt, Leistungen vollbracht hat. In faktischen Selbstbildern sind Informationen aus sozialen Rückmeldungen verarbeitet. Von den durch Erfahrung abgesicherten faktischen müssen die *potenziellen*, bloß möglichen Selbstbilder unterschieden werden. Dazu gehören die idealen Selbstbilder, die wir anstreben (z.b. erfolgreiches, fähiges, geliebtes Selbst), aber auch diejenigen, vor denen wir uns fürchten (z.b. vereinsamtes, depressives, unfähiges Selbst). Potenzielle Selbstbilder haben Hoffnungen und Befürchtungen zum Inhalt und stehen damit für den dynamischen Teil des Selbstkonzepts.

Welche Motive oder Intentionen liegen der Vermittlung von Selbstbildern zugrunde? Klassische publikumsorientierte Motive sind die Bedürfnisse nach Anerkennung, Einfluss und Macht. Daneben werden aber auch individuumszentrierte Motive angenommen: Erstens das Bedürfnis nach *Selbstkongruenz*, d.h. der Tendenz, sich so zu verhalten, wie man sich selbst sieht. Die Annahme, dass Personen versuchen, sich ihrem Selbstkonzept entsprechend zu verhalten, ist nicht neu: Humanistische Ansätze etwa sind mit den Begriffen Selbstenthüllung, transparentes Selbst oder Echtheit eng verbunden. Eine zweite Motivgruppe bezieht sich (a) auf die *Maximierung des Selbstwertgefühls*. Darunter versteht man ein grundlegendes Bedürfnis, das eigene Selbstwertgefühl zu schützen und zu maximieren. (b) Zu dieser zweiten Gruppe gehört ein verwandtes Motiv, die *Orientierung am Selbstideal*. Jemand kann sich bei seiner Selbstpräsentation am Idealselbst orientieren, also anderen Personen gegenüber potenzielle Selbstbilder zum Ausdruck bringen, um diese an ihren Reaktionen auf Gültigkeit zu überprüfen.

Ideale Selbstbilder und beide hier dargestellten Motivvarianten sind von besonderer Relevanz, wenn es um die Genese von Gottesvorstellungen und Ebenbildlichkeit des Menschen mit Gott geht (vgl. Abschnitt 4).

4. Die Ebenbildlichkeit mit Gott: Unterschiedliche theoretische Positionen

In den folgenden Abschnitten sollen nun unterschiedliche psychologische Theorien zur Gottebenbildlichkeit dargestellt werden. Um die Spannweite möglicher Erklärungsansätze zu verdeutlichen, haben wir sowohl Theorien ausgewählt, die von der Existenz Gottes ausgehen, als auch solche, deren Vertreter sich als Agnostiker bzw. Atheisten bezeichnen. Als Ausgangsbasis dient uns die christliche Ebenbildlichkeitsthese, mit der wir beginnen.

4.1 Die christliche Ebenbildlichkeitsthese: Gott als Selbstinterpret

Nach dem christlichen Schöpfungsglauben (Gen 1, 27) schuf Gott die Menschen nach seinem Ebenbild – genau genommen schuf er sie als Mann und als Frau (vgl. Fischer in diesem Band). Das bedeutet, dass Gott seine Eigenschaften aus sich herausstellt und auf die Menschen überträgt: „Was sind die Eigenschaften des göttlichen Wesens?" fragt Hans Küng und gibt die Antwort: „Liebe, Weisheit, Gerechtigkeit …" (Küng, 1981, S. 233). Diese Eigenschaften also projiziert Gott auf die Menschen. Aus selbsttheoretischer Sicht lässt sich von einer *Selbstprojektion* oder auch von einer *Selbstdarstellung* Gottes sprechen. Die Selbstbilder, die Gott dem Menschen vermittelt, sind Ebenbilder, die für die Ähnlichkeit zwischen ihm und dem Menschen stehen.

Der Terminus Selbstdarstellung ist in der Alltagssprache eher negativ besetzt. Man assoziiert ihn oft mit kalkulierter, beschönigender oder überzogener Eindruckslenkung. Da hilft es wenig, wenn Selbstdarstellungsforscher nicht müde werden zu betonen, dass der psychologische Begriff der Selbstdarstellung alle Formen der Eindruckslenkung – von Täuschungen und Verstellungen bis hin zum Ausdruck»wahrer« innerer Eigenschaften und Befindlichkeiten – umfasst. Es erschwert die wissenschaftliche Kommunikation, wenn die psychologische Begriffsdefinition im wesentlichen Bedeutungsgehalt von der alltagssprachlichen abweicht und man ständig gegen eine eingeschliffene Begriffsbedeutung ankämpfen muss. Wir möchten daher einen unbelasteten Begriff wählen und schlagen *Selbstinterpretation* vor. Der Begriff erscheint uns für die göttliche Selbstdarstellung besonders angemessen: Gott interpretiert sein Wesen, in dem er Bilder von sich auf den Menschen überträgt. Eine solche Selbstinterpretation erweist sich als notwendig, denn Gott gilt prinzipiell als unbegreiflich. Es bedarf also eines für den Menschen verständlichen Ausdrucks des Numinosen. Damit wird auch verdeutlicht, dass Gottes Ebenbild nicht Gott selbst ist (vgl. Stock, 1999), sondern nur Aspekte seiner Göttlichkeit auf den Menschen übertragen werden. Die Bibel sagt also, dass Gott den Menschen nach seinem Bilde schuf. Unser erster Autor Ludwig Feuerbach (1841) kehrt diese Feststellung in ihr Gegenteil um.

4.2 Feuerbach: Gott als Projektion

Ludwig Feuerbach (1804–1872) hat mit seiner Projektionstheorie einen starken Einfluss bis in die gegenwärtige Diskussion um Gottesbilder hinterlassen. Die Projektionsthese besagt, dass die Menschen Gott nach ihrem Bilde geschaffen hätten. Unter der Perspektive von Selbstdarstellung vertritt er eine spektakuläre Auffassung: Der Mensch projiziert seine eigenen Selbstbilder auf eine externe

Projektionsfläche und „schafft" es dann, sein eigenes Produkt als fremd und unheimlich wahrzunehmen. In den Worten von Küng (1981, S. 233): „Gott als ein außerhalb des Menschen existierendes, von ihm selbst vorgespiegeltes, gespenstisches Gegenüber. Der Mensch ein großer Projektor. Gott die große Projektion". Mehr noch: Der Mensch als Schöpfer fühlt sich seinem als fremd und mächtig wahrgenommenen Geschöpf unterlegen und betet es an – ein Prozess der Selbstentfremdung par excellence. Religion ist für Feuerbach die Entzweiung des Menschen mit sich selbst.

Das projizierte göttliche Wesen ist also nach Feuerbach (1841) nichts anderes als das menschliche Wesen, wenn auch stark komprimiert und von irdischen Restriktionen mehr oder weniger befreit: „In der Personhaftigkeit Gottes feiert der Mensch die Unabhängigkeit, Unbeschränktheit, Unsterblichkeit seiner eigenen Persönlichkeit" (Küng, 1981, S. 235). Jede Kultur bringt nach Feuerbach ihre eigenen Götter hervor, die in etwa mit der idealtypischen Persönlichkeitsstruktur dieser Kultur – ihren Zielen, Werten, Motiven, Kompetenzen, Erfahrungen – vergleichbar sind. Wer also die Menschen erkennen möchte, muss ihre Gottesbilder analysieren. Dabei lässt Feuerbach prinzipiell Raum für individuelle Ausgestaltungen des Gottesbildes: Selbst innerhalb eines etablierten Gottesbildes einer religiösen Gemeinschaft ist es also für den Einzelnen möglich, seine Gottesvorstellung so zu modulieren, dass sie den Bedürfnissen seiner einzigartigen Persönlichkeits- bzw. Bedürfnisstruktur entspricht.

Feuerbach geht aber noch einen Schritt weiter und führt aus, dass das Gottesbild für den Menschen eine grandiose Illusion sei, mit dem er sich nun in seiner ganzen irdischen Erbärmlichkeit vergleicht. Wenn der Mensch aber auf diese Illusionen verzichte, dann würde die Wirklichkeit für ihn reichhaltiger, schöner und vor allem auch humaner. Das Wegfallen der Projektion bedeutet bei Feuerbach eine Befreiung des Menschen. Diejenigen Persönlichkeitsanteile, die der Mensch vorher aus sich herausprojiziert hat, kann er nun wieder internalisieren und damit über den Reichtum seiner Potenziale verfügen. Dies ist der Kerngedanke der *anthropologischen Reduktion*, die Feuerbach in die Religionspsychologie eingeführt hat:

> Es handelt sich um eine philosophische Operation, die Schritt für Schritt Gott als Ganzes und die Religion in allen ihren Details auf das in ihnen enthaltene und verborgene Menschliche zurückführt. Diese mühevolle Arbeit hat Feuerbach selbst in großem Stil unternommen; sein Leben lang versuchte er, in den Geist aller Religionen der Vergangenheit und der Gegenwart einzudringen, um aus ihnen die *wahre Idee des Menschen* zu destillieren, gemäß der These, dass *das Geheimnis der Theologie die Anthropologie* sei (Rattner, 1990, S. 162).

4.3 Adler: Gott als idealisiertes Ebenbild des Menschen und Gottähnlichkeit als Selbstdarstellungsziel

Alfred Adler (1870–1937) lebte und wirkte in Wien. Als Begründer der Individualpsychologie prägte er eine Reihe von Begriffen, die in die Alltagssprache eingegangen sind, z.b. das Minderwertigkeitsgefühl oder den Minderwertigkeitskomplex. Ein weiteres wichtiges Konzept der Individualpsychologie ist das Streben nach Vollkommenheit: In seinem Perfektionsbedürfnis ist der Mensch nach Adlers Auffassung bestrebt, seine Selbsteinschätzung, sein Selbstwertgefühl zu erhöhen. Der Mensch als Wesen mit ausgeprägten Minderwertigkeitsgefühlen kann diese Vollendung aber nie erreichen. Er benötigt nach Adler eine Instanz, die für ihn die perfekte Manifestation der Vollkommenheit darstellt – eben Gott. Als ewig Strebender kann der Mensch nicht wie Gott sein, aber es ist ihm möglich, sich eine Vorstellung von der Vollkommenheit zu machen. Gott bedeutet für Adler also die Konkretisierung der Idee der Vollkommenheit:

> Die beste Vorstellung, die man bisher von dieser idealen Erhebung der Menschheit gewonnen hat, ist der Gottesbegriff. Es ist gar keine Frage, dass der Gottesbegriff eigentlich die Bewegung nach Vollkommenheit in sich schließt als ein Ziel und dass er dem dunklen Sehnen des Menschen, Vollkommenheit zu erreichen, als konkretes Ziel der Vollkommenheit am besten entspricht. Freilich scheint es mir, daß jeder sich seinen Gott anders vorstellt (Adler, 1933, S. 165).

Hinsichtlich der Ebenbildlichkeit des Menschen mit Gott ergibt sich aus individualpsychologischer Sicht die Konsequenz, dass Gott eher das idealisierte Ebenbild des Menschen ist als umgekehrt der Mensch ein Abbild Gottes. Gott als vom Menschen erdachte Idee der Vollkommenheit verträgt sich begreiflicherweise nicht mit der christlichen Auffassung von Gott. Gott wird im Christentum als menschenunabhängige Instanz gesehen: Die Menschheit ist Gottes Schöpfung. Genau dies wurde Adler von seinen kirchlichen Kritikern auch vorgehalten. In einem gemeinsam veröffentlichten Buch „Religion und Individualpsychologie" haben Alfred Adler und der Pastor Ernst Jahn 1933 ihre Standpunkte ausgetauscht. Jahn insistierte unter anderem darauf, dass Gott nicht einfach eine Idee, sondern „überwältigende Wirklichkeit" sei. Adler – so Jahn – vertrete den anthropozentrischen Standpunkt. Die christliche Lebensdeutung sei aber theozentrisch, denn die Menschheit stehe unter dem Gericht Gottes (siehe Abb. 1). Ein Kenner Adlers, nämlich Josef Rattner kommentiert dies in folgender Form: „Pastor Jahn … beeilt sich, Adlers allzu humanistische Gedankengänge zu entschärfen und sie mit einem theologischen Zuckerguß zu beträufeln" (1990, S. 65).

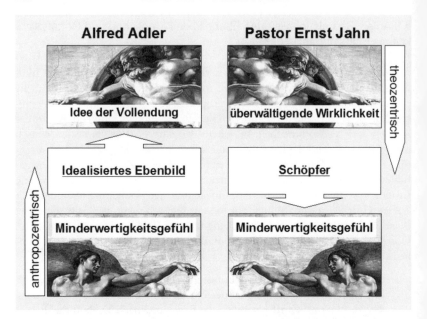

Abb. 1 Anthropozentrische und theozentrische Sicht (nach Michelangelo: Die Erschaffung des Adam, Ausschnitt aus dem Deckengemälde der Sixtinischen Kapelle 1502–1512; adaptiert von Anja Meier)

Adlers Individualpsychologie war aber auch eine entlarvende Psychologie. Für eine selbstdarstellungstheoretische Sicht liefert sie viele Anhaltspunkte: So kann der Wunsch nach Gottähnlichkeit eine außerordentliche Rolle im Leben mancher Menschen spielen. Sie wollen vor sich selbst und vor anderen als „göttlich" erscheinen, bringen es aber tragischerweise nur zu „Karikaturen dieser Deifikation" (vgl. Rattner, 1990, S. 60). Adler zufolge können auch viele religiöse Praktiken zur trickreichen neurotischen Selbsterhöhung eingesetzt werden. So lassen sich büßerische Veranstaltungen, etwa übersteigertes Fasten und Beten, als Versuche interpretieren, sich in erster Linie von anderen Gläubigen durch ein Gefühl der Überlegenheit abzuheben. So kann die Selbstglorifikation schließlich sogar in die Selbstvergottung münden. Rattner fühlt sich bei Adlers Darlegungen an den Satz von Jean-Paul Sartre erinnert: „Der Mensch ist ein verunglücktes Unternehmen, Gott zu werden" (zitiert nach Rattner, 1990, S. 60).

Aber auch jenseits der neurotischen Selbsterhöhung neigen bestimmte exponierte Personen dazu, sich als gottähnlich darzustellen. Damit erfüllen sie häufig die Erwartungen oder Forderungen anderer Menschen, die Adressaten dieser Darstellung von Göttlichkeit sind:

> Sowohl in den Hochkulturen des vorderen Orients und Ägyptens als auch in hellenistischer und römischer Zeit wurde einzelnen herausragenden Menschen Göttlichkeit zugesprochen – in der Regel Herrschern, Helden

und Dichtern/Künstlern. Sie wurden als Götter verehrt, waren nicht selten Inkarnationen göttlicher Macht und insofern vergegenwärtigen sie Göttliches – wie Bilder nach vorneuzeitlichem Verständnis Wirklichkeiten vermittelten (Sedmak & Schmidinger, 2008, S. 2).

Für den Bereich der Kunst sei auf die Selbstbildnisse oft kultisch verehrter Maler hingewiesen. Berühmt ist z.b. die Selbstdarstellung Albrecht Dürers als Idealgestalt aus dem Jahr 1500. Die Ähnlichkeit mit zeitgenössischen Christusdarstellungen ist unverkennbar. Nach unserer Selbstdarstellungskonzeption (vgl. Abschnitt 3) veranschaulicht sein Selbstbild die Kategorie der potenziellen Selbstbilder. Die Intentionen, die Dürer zu seinem berühmtesten Selbstbildnis veranlasst haben, sind gut untersucht: Dürer selbst hat dazu Stellung genommen. Er entwirft mit diesem Selbstbildnis ein Programm von sich, das er in den kommenden Lebensjahren ausfüllen wollte. Er wendet sich mit dem Bild sowohl an den internen als auch an den externen Adressaten: Das Bild ist einerseits Dokument der Aussprache des Künstlers mit sich selbst, andererseits vermittelt es als Schauobjekt, das in der Werkstatt hängt, seinen Kunden und Schülern den besten Eindruck vom Können des Meisters (vgl. Laux, 2008).

Gottähnlichkeit war auch das Selbstdarstellungsziel „seltsamer Heiliger der Kunst" in neuerer Zeit (vgl. Kipphoff, 2008). Sie waren Gegenstand einer großen Berliner Ausstellung mit dem Titel „Unsterblich! Der Kult des Künstlers". Sie zeigt, wie und warum Künstler wie Beuys oder Warhol kultisch verehrt wurden und welchen Beitrag sie selbst zu dieser Verehrung leisteten:

‚Sakralität wandert, aber verschwindet nicht.' Für die Feststellung des Philosophen Eckard Nordhofen und das Bedürfnis, das Unbehagen an der defizitären Realität metaphysisch zu kompensieren, gibt es gerade im kirchenfernen 20. Jahrhundert eklatante Beispiele (Kipphoff, 2008, S. 65).

So hat z.b. Joseph Beuys von Beginn an seine Aufgabe als Künstler mit der Funktion des Heilsbringers und Erlösers gleichgesetzt. Als Meister der Selbstinszenierung nutzte Beuys alles, was ihm Kult und Religion an Ausdrucksmitteln, Kostümen und Effekten zur Verfügung stellten. Es war auch durchaus von ihm intendiert, dass Werk und Person eine Einheit bildeten: „Wenn jemand meine Sachen sieht, dann trete ich in Erscheinung" (zitiert nach Kipphoff, 2008, S. 65).

4.4 Jung: Gott als Archetyp des Selbst

Im Gegensatz zu den beiden anderen Pionieren der Psychoanalyse Freud und Adler war Jung (1885–1961) ein tief religiöser Mensch. Jung distanzierte sich ausdrücklich von dem mechanistischen Ansatz Freuds mit seinem Primat von Vernunft und Aufklärung. Jungs Position war demgegenüber besonders durch Irrationalismus, Antimaterialismus, Antipositivismus und Mystik bestimmt. Wieder im Gegensatz zu den beiden anderen Erzvätern nahm die Religion einen enorm breiten Raum in seinem Lebenswerk ein. Kritiker wie z.b. Rattner

(1990) werfen ihm sogar vor, dass er die von ihm entwickelte analytische oder komplexe Tiefenpsychologie primär dazu benutzte, um seine Religion zu verkünden.

Es besteht für uns kein Zweifel, dass Jung ganz neue, außergewöhnlich originelle Konzepte zum psychoanalytischen Verständnis des Menschen beigesteuert hat. Zu nennen ist vor allem der Begriff *Persona* als die öffentliche Seite der Persönlichkeit, die Seite, die man anderen vorführt, eine Art Maske, die Individualität vortäuscht und doch nur eine Rolle ist, aus der die Kollektivpsyche spricht (vgl. Laux, 2008). Als gewichtigster Beitrag aber gilt seine Lehre vom *kollektiven Unbewussten*. Unterhalb der Ebene des persönlichen Unbewussten von Freud siedelte Jung das kollektive Unbewusste an, in dem sich die *Archetypen* befinden sollen. Dies sind emotional besetzte Urbilder, die er als Niederschlag uralter Menschheitserfahrungen deutete. Sie sind nicht als konkrete Bilder gespeichert, sondern als Grundmuster, die in Mythen, Märchen, Träumen und religiösen Erfahrungen zum Ausdruck kommen. Beispiele dafür sind vor allem der *Schatten* (die Mängel und Schwächen des Menschen) sowie die beiden gegengeschlechtlichen Seelenbilder *Animus* und *Anima*. Für unsere Fragestellung von hervorgehobener Bedeutung ist der Archetypus des *Selbst,* der sich mit dem Gottesbild deckt:

> Gott hat, ohne Mithilfe des Menschen, ein unbegreiflich herrliches und zugleich unheimlich widerspruchsvolles Bild von sich selber gemacht und es dem Menschen als einen Archetypus … ins Unbewusste gelegt, nicht damit die Theologen aller Zeiten und Zonen sich darüber in die Haare geraten, sondern damit der nichtanmaßliche Mensch in der Stille seiner Seele auf ein ihm verwandtes, aus seiner eigenen seelischen Substanz erbautes Bild blicken mag, welches alles in sich hat, was er sich je über seine Götter oder über seinen Seelengrund ausdenken wird (Jung, 1983, S. 341).

> Intellektuell ist das Selbst nichts als ein psychologischer Begriff, eine Konstruktion, welche eine uns unerkennbare Wesenheit ausdrücken soll, die wir als solche nicht erfassen können, denn sie übersteigt unser Fassungsvermögen… Sie könnte ebensowohl als „der Gott in uns" bezeichnet werden (Jung, 1984, S. 120).

In diesen beiden Schlüsselzitaten verdeutlicht Jung die zentrale Idee des inneren Gottes. Damit wird auch klar formuliert, dass er Gott nicht als externe Instanz begreift. Wie kategorisch er die christliche Auffassung ablehnt, wird aus folgendem Zitat deutlich:

> Was man beinahe eine systematische Blindheit nennen könnte, ist einfach die Wirkung des Vorurteils, dass die Gottheit außerhalb des Menschen sei. Obwohl dieses Vorurteil nicht ein ausschließlich christliches ist, gibt es gewisse Religionen, welche es keineswegs teilen. Im Gegenteil bestehen sie, wie es auch gewisse christliche Mystiker tun, auf der wesenhaften Identität von Gott und Mensch … (Jung, 1984, S. 63).

Für Jung ist also undenkbar, Gott als etwas ganz anderes, als etwas Außenstehendes aufzufassen, weil die Gottesvorstellung für ihn aus dem vertrauten Innersten des Menschen kommen muss. So lehnte er auch die dialektische Theologie von Karl Barth entschieden ab. Für das psychologische Gottesbild von C.G. Jung ist ferner charakteristisch, dass er nicht die Existenz Gottes nachweisen möchte. Vielmehr ist es sein Ziel, nur rein phänomenologisch das mitzuteilen, was er bei seinen Patienten als religiöses Erlebnis, als psychologische Wahrheit, als Gottesbild empirisch vorgefunden hat:

> Es wäre ein bedauerlicher Irrtum, wenn jemand meine Beobachtungen als eine Art Beweis für die Existenz Gottes auffassen wollte. Sie beweisen nur das Vorhandensein eines archetypischen Bildes der Gottheit, und das ist alles, was wir, meines Erachtens, psychologisch über Gott aussagen können. Aber da es ein Archetypus von großer Bedeutung und starkem Einfluss ist, scheint sein relativ häufiges Vorkommen eine beachtenswerte Tatsache für jede Theologia naturalis zu sein (Jung, 1989, S. 63).

Es geht Jung also nicht um den theologisch bestimmten Gottesgedanken, sondern nur um die individuelle Gotteserfahrung. Zu dieser echten Gotteserfahrung kommt es, wenn die Energien des archetypischen Selbst sich im individuellen Selbst auswirken. Diese Erfahrung hat nichts mit dem Glauben zu tun, der ja auf der „Zustimmung zu einer Kollektivmeinung beruht" (Lämmermann, 2006, S. 172).

4.5 Moreno: Der Rollentausch mit Gott

Moreno (1889–1974) gehört nicht zu den Autoren wie Freud, Adler oder C.G. Jung, die im Zentrum religionspsychologischer Veröffentlichungen stehen. In den Standardwerken z.b. von Küng und Rattner sucht man seinen Namen vergeblich: Zu Unrecht, wie wir zeigen wollen, denn die Basiskonzepte von Morenos therapeutischer Philosophie betreffen das Thema der Ebenbildlichkeit des Menschen mit Gott in ganz zentraler Weise. Insbesondere seine Idee des Rollentauschs mit Gott steht für eine ganz neue, aufregende, wenn nicht sogar provozierende Sichtweise der Gottebenbildlichkeit.

Sehr bekannt ist Moreno dagegen als einflussreicher Pionier der Gruppenpsychotherapie, der Aktionsforschung und der Soziometrie. Sein Hauptverdienst wird in der Entwicklung des *Psychodramas* gesehen. Das Verfahren des Psychodramas spielt heute eine große Rolle in der Psychotherapie, in der Personal-, Team- und Organisationsentwicklung sowie in vielen anderen Anwendungsfeldern wie Schule, Erwachsenenbildung, Mediation (vgl. von Ameln, Gerstmann & Kramer, 2004). Die hinter dem Psychodrama stehende therapeutische Philosophie ist allerdings so gut wie unbekannt geblieben (vgl. Buer, 1999).

Moreno wurde 1889 in Bukarest geboren, lebte und arbeitete lange Zeit in Wien und Umgebung. Im Gegensatz zum jungen Freud sind Morenos Ideen aus seiner Frühzeit weniger bekannt geworden. Sein Gedankengut in Handlungen umzusetzen, stand für Moreno in dieser Phase stärker im Mittelpunkt als die Ausarbeitung theoretischer Konzepte (vgl. Buer, 1999). Zudem veröffentlichte Moreno in jungen Jahren meist anonym. Sein Lebenswerk wurde sehr stark durch die jüdische Tradition und Philosophie bestimmt. Wie Geisler (1999, S. 59) ausführt, macht die Erfahrung der Heimatlosigkeit die Juden „… fähig für ein Leben in äußerster Bedrängnis und fähig für außergewöhnliches Handeln, Denken, Fühlen und Leiden". Das Ebenbild des jüdischen Menschen mit Gott besteht darin, in gleicher Weise wie Gott kreativ und spontan schöpferisch auf die Welt einzuwirken. Dieses jüdische Gottesbild eines aktiven schöpferischen Gottes steht in Kontrast zu dem christlichen Gott, der nach vollendeter Schöpfung ewig ruht (vgl. Geisler, 1999).

Dem jüdischen Gottesbild entsprechend ging es Moreno vor allem um die Freisetzung von Kreativität und Spontaneität durch unmittelbares Spiel und in der Begegnung von Mensch zu Mensch. Er kritisierte Rollen- und Kulturkonserven und damit auch die traditionellen Formen des Theaters, bei denen die Schauspieler einem vom Dramaturg vorgefertigten Text folgen müssen und die Rolle nicht aus dem Augenblick kreieren. Moreno forderte die Revolution des Theaters durch eine Umsetzung von Stegreifspielen, in denen ein möglichst spontanes, authentisches und damit wahrhaft schöpferisches Handeln im Hier und Jetzt auf der Bühne stattfindet (vgl. Buer, 1999). Bald erkannte Moreno auch die befreiende, therapeutische Wirkung des spontanen Spiels und entwickelte auf dieser Grundlage das Psychodrama und die Gruppenpsychotherapie sowie die Soziometrie als wissenschaftliche Methoden. Besonders deutlich wird Morenos Aufruf zur Theaterrevolution in seinem 1919 veröffentlichten Schauspiel „Die Gottheit als Komödiant". Darin wird ein Schauspieler kritisiert, dass er nur Rollen spiele, aber nicht selbst die Rolle sei. In diesem Schauspiel lässt sich Moreno selbst sagen:

> Gott schafft aus dem Nichts, aber ganz genau: sein Ebenbild. … Die alten Spaßmacher sind vertan! Aber Gott und die Personen seines Stückes treten … selber auf die Bühne. … In dieser Nacht haben wir erfahren, dass das Theater gestorben ist. In dieser Nacht haben wir erfahren, dass sich das jüngste Theater um Gott selbst wieder aufbauen wird. Gehen wir ihm entgegen! Kommt! (Moreno, 1919, S. 61-63)

Bereits in diesem Frühwerk von Moreno ist seine Idee des Rollentauschs mit Gott angelegt.

Moreno stellt sich Gott als kosmisch wirkende Kraft vor, die Kreativität und Spontaneität in sich vereinigt. Dies führte ihn zu dem Schluss, dass Gott durch die Aktion des Stegreifspiels in der Begegnung auf der Bühne – und diese Bühne kann auch das tägliche Leben sein – immanent wird. Indem der Protagonist in die Rolle Gottes schlüpft, sein eigenes Drama bewusst wieder erlebt und damit selbst kreiert, spontan und authentisch handelt, können die Beteiligten die volle Schöpfungskraft Gottes selbst erfahren. In Erwiderung auf Nietzsches Ausspruch vom Tode Gottes formuliert Moreno: „Gott ist nicht tot. Er lebt im Psychodrama!" (Moreno, 1978, S. 111).

Der Rollentausch gilt heute als die wichtigste Technik des Psychodramas (von Ameln et al., 2004). Beim Rollentausch im Coaching von Führungskräften z.b. schlüpft der Protagonist aus seiner Rolle als Führungskraft in die Rolle des Mitarbeiters. Er versucht dabei, sich völlig in die andere Rolle hineinzufühlen und aus dieser Rolle heraus zu handeln. Der Protagonist übernimmt im Rollentausch nicht nur die Rolle des Mitarbeiters wie in einem Rollenspiel, sondern auch die Rolle des anderen in der Beziehung zu sich selbst und auch wieder die eigene Rolle in der Beziehung zum Mitarbeiter. Eine der wichtigsten Effekte des Rollentauschs ist die Erhöhung der Empathie des Protagonisten gegenüber seinem Interaktionspartner.

Dass der Ursprung des Rollentauschs in Morenos stark religiös geprägten Frühwerken zu finden ist, wird in den Lehrbuchdarstellungen des Psychodramas kaum noch erwähnt. Moreno selbst aber stellt den Rollentausch mit Gott an den Anfang der Entwicklung seines Lebenswerks, wie Hutter, ein Moreno-Kenner, hervorhebt:

> Die Szene, die Moreno beschreibt, zeigt ihn im Spiel mit einigen Kindern im Keller des elterlichen Hauses. Auf seine Initiative hin spielen die Kinder „Gott und seine Engel" mit Moreno in der Hauptrolle „Gott", hoch oben auf einem von den Kindern aus Stühlen und einem Tisch aufgeschichteten „Himmel" thronend. Als ein Kind fragt, warum er nicht mit seinen Engeln fliege, breitet er seine Arme aus und versucht es. Das Spiel endet damit, dass Moreno mit gebrochenem Arm auf dem Boden liegt (Hutter, 2000, S. 133).

Eng verbunden mit dem Rollentausch ist Morenos Vorstellung des Ich-Gottes – des Gottes in jedem Menschen. Moreno verwandelt den Du-Gott, den er in Christus sieht, zum Ich-Gott: Nach Moreno erfährt sich jeder Mensch zu Beginn seines Lebens als eins mit Gott. Doch diese Erfahrung wird im Verlaufe der Entwicklung, u.a. wegen der Übernahme von Rollen- und Kulturkonserven, zerstört. Im Psychodrama kann diese Erfahrung des Ich-Gottes nach Moreno immer wieder spontan erneuert werden (vgl. Buer, 1999, S. 25). Der Rollentausch mit Gott erinnert den Menschen an das ursprüngliche Einssein mit Gott. Gott ist nach dieser Vorstellung nicht über, sondern in uns. Hutter (2000) führt aus:

> Der Ich-Gott ist die Beschreibung des Individuums, das sich in all seinen Dimensionen wahrnimmt und realisiert (S. 134) … Zugespitzt auf die Beschäftigung mit dem höchsten Wert führt Moreno dies zu seinem Konzept einer experimentellen Theologie, das auf der Annahme beruht, dass die Gottesidee reflexiv nicht erfassbar, sondern nur verkörperbar ist. Erst wenn sie in einem Protagonisten Fleisch wird, kann sie auch existentielle

Bedeutung erlangen … An die Stelle Gottes tritt die Verkörperung dessen, was Gott für jeden einzelnen Menschen bedeutet … Im Rollentausch mit der Gottheit wird der Mensch zum Mitschöpfer des Universums und dadurch mitverantwortlich für alles, was darin geschieht (S. 331f.).

Dieses Zitat macht deutlich, dass der Mensch, der Gott spielt, nicht mehr Teil der Schöpfung ist, sondern selbst Schöpfer wird. Das bedeutet, er wird *Mitschöpfer* der Welt und damit auch *mitverantwortlich*, für das, was in dieser Welt geschieht.

4.6 Die Ebenbildlichkeit mit Gott in der Postmoderne: Der histrionische Stil

Zum Abschluss wollen wir uns mit postmodern-pluralistischen Einflüssen auf Gottesvorstellungen befassen. Die Idee eines Subjekts, das durch Vielheit und nicht durch monolithische Einheit gekennzeichnet ist, wurde schon in früheren Jahrhunderten erörtert. Neu ist, dass die Ausnahme zur Regel wird (vgl. Welsch, 1991). Pluralität gilt heute als wichtigstes Merkmal postmoderner Theorie. Die Postmoderne tritt für die Vielheit von Denkansätzen, Handlungsformen und Lebensweisen ein: Traditionelle Sinngebungen, Ideologien, universelle Gesetze, religiöse Überzeugungen, letzte Begründungen etc. werden abgelehnt oder in spielerisch-spöttischer Weise ironisiert. Fausts anspruchsvolles Streben nach einem zentralen Erklärungsprinzip („Dass ich erkenne, was die Welt im Innersten zusammenhält") wäre demnach überholt.

Die postmoderne Kultur lässt sich auch als eine Kultur der Inszenierung beschreiben: In allen gesellschaftlichen Bereichen wetteifern Einzelne oder Gruppen in der Kunst, sich selbst und ihre Lebenswelt wirkungsvoll in Szene zu setzen (vgl. Laux & Renner, 2004). Verbunden damit ist die Neigung zum Entertainment:

> Die Postmoderne lädt also ein, den Clown auf den Schultern zu tragen – um immer bereit zu sein, aus dem „ernsthaften Charakter" herauszutreten und seine Absicht zu erkennen, uns zu parodieren oder nachzuäffen. Das Leben selbst mag eine Form von Theaterstück werden, in dem man Wagnisse in Abenteuer, Zweck in Darstellung und Verlangen in Drama transformiert. Die Kultur erscheint als ein Jahrmarkt, mit einem nimmer endenden Aufgebot an Schaubuden (Gergen, 1996, S. 309).

In unseren eigenen Arbeiten haben wir einen Selbstdarstellungsstil konzipiert, der die postmoderne Entertainmentkultur exemplarisch repräsentiert und den wir als *histrionisch* bezeichnen. Dieser Stil ist bei solchen Personen stark ausgeprägt, die soziale Situationen als Gelegenheit zum Rollenspiel auffassen und Freude aus den vielen Formen der Selbstdarstellung gewinnen (vgl. Laux & Schmitt, 2009; Renner & Laux, 2006).

Was genau meint der Begriff *histrionisch*? Ursprünglich bezeichnete der Begriff *Histrione* einen etruskischen Gaukler, dann später einen Schauspieler im antiken Rom. Der Begriff dient heute vor allem im klinisch-psychologischen Bereich zur Bezeichnung einer Persönlichkeitsstörung. Nach unserer normal-psychologischen Konzeption fassen Personen, bei denen dieser Stil sehr ausgeprägt ist, soziale Alltagssituationen als Gelegenheit zum Rollenspiel auf, d. h. sie führen absichtlich und explizit vor Zuschauern eine kurzfristige Handlungsepisode aus, die für sie Als-ob-Charakter hat. Solch ein Rollenspiel kann nur dann gelingen, wenn auch die Interaktionspartner den Als-ob-Charakter wahrnehmen und akzeptieren. Auf beiden Seiten herrscht oft ein stillschweigendes Einverständnis, sich auf das Spiel einzulassen. Alltagssituationen werden damit in kleine dramatische Szenen umgewandelt. Hier ein Beispiel, wie histrionisches Verhalten in einer Alltagssituation aussehen könnte: Stellen Sie sich vor, Sie sitzen in einer Diashow zum Thema Israel als Reiseziel. Der Saal ist verdunkelt. Am Ende der Diashow warten alle im Publikum darauf, dass das Licht wieder angeht – aber nichts passiert. Es entsteht eine peinliche Pause. Plötzlich steht ein Zuhörer aus dem Publikum auf, hebt die Arme zum Himmel und sagt in vollem Brustton: „Es werde Licht!" – Es geht also um erkennbares, humorvolles Als-ob-Verhalten in Alltagssituationen.

Wie oben ausgeführt (vgl. Abschnitt 3), basiert Selbstdarstellung auf faktischen und potenziellen Selbstbildern. Histrionische Selbstdarsteller benötigen darüber hinaus eine dritte Kategorie, nämlich Rollenbilder, die durch ihre eigenen Selbstbilder nicht unmittelbar abgedeckt sind. Die Rollenbilder erlauben Histrionen eine große Vielfalt von unterschiedlichen Darstellungen, denen die Abweichung von einer Norm gemeinsam ist – sei es von der buchstäblichen Bedeutung, von der Routine, vom Vertrauten oder von der Tradition. Derart gekennzeichnete histrionische Tendenzen entdecken wir auch in den Versuchen, das traditionelle Christusbild zu erweitern z.B. durch die Darstellung eines heiteren, sogar lachenden Jesus.

Ein bekanntes Beispiel dafür ist der 1979 gedrehte Film *Das Leben des Brian*, eine Komödie der britischen Komikergruppe Monty Python. In dieser Parodie auf Bibelfilme geht es um den naiven Brian, der zur gleichen Zeit wie Jesus geboren wurde und aufgrund von Missverständnissen unfreiwillig zum Messias auserwählt wurde. Wie dieser endet er am Kreuz. In der Schlussszene ermuntert ihn ein Mitgekreuzigter, ein heiteres Lied über die Absurdität des Lebens mitzusingen: *Always look on the bright side of life.* Beschwingt stimmen alle Gekreuzigten ein.

Der Film wird auch heute noch von einigen religiösen Gruppen als Beispiel für Gotteslästerung angesehen. Andere betonen, dass er sich nicht gegen den Glauben an Gott richtet, sondern primär den religiösen Dogmatismus kirchlicher Autoritäten karikiert. Ganz im Sinne der Postmoderne ist eine der Grundideen des Films, dass jedes Leben ohne übergeordneten Sinn in ganz individueller Weise gelebt werden muss (vgl. de.wikipedia.org/wiki/Das Leben des Brian). Was die Ebenbildlichkeit des Menschen mit Gott angeht, regt die Filmsatire an, sich jenseits des tradierten leidbestimmten Märtyrerbildes von Jesus auch neuen befreienden Auffassungen zuzuwenden: Brian sozusagen als alter ego, ein heiterer Jesus, ein heiliger Narr, der mit Gelassenheit und Humor sein Schicksal annimmt.

Der österreichische Zeichner Gerhard Haderer geht über Monty Python hinaus, indem er nicht einen Stellvertreter einführt, sondern direkt an der Figur von Jesus ansetzt, dem er ganz neue Züge verleiht. In seinem Bildband „Das Leben des Jesus" (2002) wird z.b. über die Wundertaten des Heilands berichtet: „Er nahm einen tiefen Zug Weihrauch, ein Stück flaches Treibholz und ging damit über das Wasser" (Haderer, 2002). Auf dem entsprechenden Bild sieht man den mit einem luftigen Bademantel bekleideten Jesus in Siegerpose mit ausgebreiteten Armen über den See Genezareth surfen. Das Schlussbild zeigt ihn sanft lächelnd auf einer Wolke liegend, die eigenartig riecht, weil sie aus purem Weihrauch ist. Wunderschöne Engel – darunter unschwer erkennbar John Lennon und Jimi Hendrix – singen frohlockend ihre Gesänge. Also auch hier kein leidender Jesus mehr, wie Harald-Alexander Korp, ein Religionswissenschaftler und Spielfilmregisseur resümiert,

> vielmehr ein genießender, kindlich verspielter, heiterer Jesus, einem fröhlichen Menschen gleich. Das Jesuskonzept vom Sterben für die menschlichen Sünden wird radikal infrage gestellt. Bombendrohungen und Strafanzeigen gegen Haderer waren die Folge. Haderer sagte dazu, dass sein Buch niemals als Tabubruch angelegt war. Es gehe um die Darstellung einer sympathischen Jesusfigur (Korp, 2008, S. 79).

Dass nun einige Filmschaffende und Karikaturisten das Publikum mit einem aufreizend neuen Jesusbild konfrontieren, ist nicht so verwunderlich, da Provokation gewissermaßen zu ihrem beruflichen Credo gehört. Überraschend ist dagegen, dass die katholische Kirche – zumindest eine Zeitlang – Lachen, Witz und Humor, sogar derbe und zweideutige Schwänke in der Osterpredigt einsetzte. Die Pfarrer sollten die Gläubigen in der Osternacht zum Lachen bringen, die Lust am Leben und die Freude an der Sexualität zum Ausdruck bringen. Das *Ostergelächter* (risus paschalis) stand für die frohe Botschaft, dass Jesus auferstanden ist. Lachen und Freude statt Leiden und Angst vor dem Tod: „Mit der Reformation wurde jedoch das Ende des Ostergelächters eingeläutet. Zwar bewies Luther Humor, als er feststellte: ‚Aus einem verzagten Arsch kommt kein fröhlicher Furz.' Aber mit dem Osterlachen war es vorbei" (Korp, 2008, S. 75).

Histrionische Christusbilder berühren grundlegende Wertvorstellungen und provozieren profunde Grundsatzfragen, die das Menschenbild des Christentums betreffen. Zumindest zwei Fragen, die unmittelbar mit der Ebenbildlichkeitsthese zusammenhängen, wollen wir hier formulieren: Verträgt sich die Vorstellung eines lachenden Jesus überhaupt mit dem christlichen Schöpfungsglauben? Ist die Vorstellung eines histrionisch agierenden heiligen Narrens vereinbar mit dem Christentum, das auf dem Martyrium Jesu und einer tiefen Erfahrung von Leid beruht (vgl. Korp, 2008)? Solche Grundsatzfragen lassen erkennen, wie problematisch es ist, histrionische Christusbilder rein spielerisch oder aus bloßer Unterhaltungsabsicht medial zu verbreiten.

5. Vergleich und Fazit

Vergleichend und zusammenfassend ergeben sich folgende Punkte:

(1) Feuerbachs und Adlers Konzeption weisen große Ähnlichkeiten auf: Beide zielen darauf ab zu verstehen, aus welchen Motiven heraus Menschen sich Gott schaffen. Im Kern beruhen ihre Ansätze auf einer Projektionstheorie, die die christliche Ebenbildsthese in ihr Gegenteil verkehrt. Der Unterschied zwischen beiden liegt vor allem in der Radikalität des Deutungsanspruches und in den Konsequenzen, die sie daraus ziehen. Adler war zwar wie Feuerbach (und auch Freud) ein überzeugter Atheist und Agnostiker, nahm jedoch einen toleranten Standpunkt den Religionen gegenüber ein und suchte daher das Gespräch mit liberalen Vertretern der Religion wie etwa mit Pastor Jahn. Wie Hans Vaihinger in seiner „Philosophie des Als-Ob" betrachtete Adler die Religion als nützliche Fiktion. Für den Humanisten Adler ist die Gottesidee ein Ausdruck menschlicher Größe – ganz im Sinne des Schriftstellers Safranski: „Der Mensch ist ein Wesen, das transzendieren, das heißt: über sich hinausgehen kann; ein Wesen, zu dem es gehört, dass es sich nicht selbst gehört" (Safranski, 2004, S. 46). Religion und Individualpsychologie kommen für Adler im Streben nach Vollkommenheit des Menschen zusammen. Adler kann sich daher der Religion gegenüber als großzügig erweisen: Er sieht sie als wertvoll an, solange sie das Wohl der Gesamtheit anstrebt. Feuerbach nimmt eine vergleichbare humanistisch-anthropologische Haltung ein, interpretiert aber den religiösen Menschen als pathologische Existenz. Er ist nach seiner Lesart ein innerlich verarmter, beschränkter, neurotischer Mensch, der keinen Zugang findet zu seinen reichhaltigen Ressourcen, die er ja auf Gott projiziert hat. Hans Küng drückt dies knapp und treffend aus: „Der arme Mensch hat einen reichen Gott" (1981, S. 235). Erst die Rücknahme der Projektion ist der entscheidende Schritt in Richtung Heilung. Dabei verdammt Feuerbach aber die Religion nicht einfach, sondern sieht sie als notwendigen Zwischenschritt auf dem Weg zur Menschwerdung.

(2) C.G. Jung weist als Homo religiosus naturgemäß eine große Distanz zu den Atheisten Adler und Feuerbach auf. Für ihn stellt Gott keine Erfindung des Menschen dar. Ganz ohne Zweifel ist für ihn Gott dem Menschen inhärent – als innerer Gott, als Selbstarchetyp. Der stark von mystischen Gedanken bestimmte Jung taugt aber nicht für eine Fundierung der christlichen Ebenbildlehre, da er sich mit Entschiedenheit gegen die Position eines menschenunabhängigen externen Gottes wendet. Ein Christ ist für ihn im Innersten dann unterentwickelt, wenn er „... den ganzen Gott ‚draußen' hat und ihn nicht in der Seele erfährt" (Jung, 1989, S. 16f).

(3) Jung und Moreno ist gemeinsam, dass sie die Existenz Gottes nicht in Zweifel ziehen. Im Alter resümiert Moreno sogar, dass sein ganzes Leben einen religiösen Untergrund habe (vgl. Geisler, 1999, S. 64). So weit wir wissen, hat Moreno seine Konzeption des Ich-Gottes nicht explizit mit dem archetypischen Gottesbild von Jung verglichen. Bei allen Unterschieden in der Ter-

minologie stimmen Moreno und Jung aber zweifellos in der Vorstellung eines inneren Gottes überein, denn der archetypische Gott Jungs ist wie der Ich-Gott Morenos ein immanenter Gott.

Für die meisten Christen ist die Vorstellung des Rollentausches mit Gott unannehmbar. Eine Auffassung wie die folgende schätzen sie Geisler (1999) zu Folge als Blasphemie ein:

> Wir sehen anstelle des toten Gottes Millionen Menschen, die Gott in ihrer eigenen Person verkörpern können... das Bild Gottes kann in jedem Menschen Gestalt annehmen, – durch den Epileptiker, den Schizophrenen, die Prostituierte, die Armen und Unterdrückten verkörpert werden (Moreno, 1978, S. 110-11).

Auch die Proklamation eines Ich-Gotts weckte, wie Geisler 1999 konstatiert, den Verdacht der Megalomanie. In der Tat fühlte sich Moreno als Schöpfer einer Idee der Welterneuerung und verkündete seine religiösen Ideen nicht ohne Hybris. Allerdings ging er dabei von traditionsreichen Konzepten aus, die ihm die jüdische (insbesondere die chassidische) Philosophie anboten. Schließlich muss auch bedacht werden, dass der Rollentausch mit Gott keine leichtfertige Spielerei darstellt: Wenn Moreno den Menschen im Psychodrama zu seiner göttlichen Bestimmung führt, dann fordert er ihn im gleichen Atemzuge auf, in der Rolle des Schöpfers eine besondere Verantwortung gegenüber der Schöpfung zu übernehmen.

(4) Bei aller Divergenz der bisher dargestellten Positionen ist ihnen doch gemeinsam, dass die charakterlichen Attribute ihres Gottesbildes innerhalb tradierter Grenzen bleiben. Humorvoll-komische Züge gehören jedenfalls nicht dazu. Die Postmoderne dagegen versucht sich von den tradierten Gottesvorstellungen zu emanzipieren bzw. sie zu erweitern: Ein lachender, sogar ein närrischer Jesus repräsentiert die neue spielerisch-histrionische Attitüde. Ohne Frage wird damit ein schwer zu durchschauendes Spannungsfeld geschaffen – zwischen zeitgemäßer Ebenbilderweiterung und religiöser Collagementalität, mit der sich jeder seinen Gott selbst basteln kann.

(5) Beim Vorbereiten dieses Beitrags haben wir uns gefragt, welche Argumente die hier vorgestellten Protagonisten wohl erörtert hätten, wenn es zu einer direkten Begegnung gekommen wäre. Tatsächlich – das ergab die Recherche der Autorin – haben sich zwei von ihnen, nämlich Adler und Moreno, persönlich gekannt und – kaum zu glauben – sogar ihre unterschiedlichen Gottesvorstellungen ausgetauscht. Ein Blick in Morenos Autobiografie liefert die Einzelheiten:

> Alfred Adler bewegte sich frei in unserem Kreis von Philosophen und Künstlern im Café Herrenhaus und Café Museum. Er hatte *Das Stegreiftheater* gerade gelesen. Eines Tages brachte er das Buch ins Café und öffnete es auf Seite 70, wo er auf das Wort „Gottähnlichkeit" deutete. Er las den folgenden Absatz:

Wie ein Vogel fliegen – wenn nicht mit Eigenflügeln, so durch Technik – oder wie ein Gott leben können – wenn nicht wirklich, zumindest im Theater – es sind die zwei ältesten Wünsche der Menschen. Sie haben einen gemeinsamen Ursprung. Es ist der Wunsch durch ein Wunder zu beweisen, dass das Streben nach Gottähnlichkeit begründet ist.

Dann sagte Adler mit einem Augenzwinkern, während er die gewohnte Zigarre aus seinem Mund nahm: „Stimmen wir zu?". „Wir stimmen nicht zu", antwortete ich. „Ich versuche, Gott *hervorzubringen*. Du versuchst, ihn zu *verstehen*. Wir sind eigentlich auf derselben Spur jedoch an zwei entgegensetzten Enden." … (Moreno, 1995, S. 84)

Literatur

Adler, A. & Jahn, E. (1975).(1933). Religion und Individualpsychologie. Frankfurt am Main: Fischer Taschenbuch.

Adler, A. (2008).(1933). Der Sinn des Lebens. Göttingen: Vandenhoeck & Ruprecht.

Ameln, F. von, Gerstmann, R. & Kramer, J. (2004). Psychodrama. Berlin: Springer.

Benson, P.L. & Spilka, B.L. (1973). God-image as a function of self-esteem and locus of control. Journal for the Scientific Study of Religion., 12, 297-310.

Buer, F. (Hrsg.). (1999). Morenos therapeutische Philosophie. Die Grundlagen von Psychodrama und Soziometrie. Opladen: Leske & Budrich.

Feuerbach, L. (1841;1956). Das Wesen des Christentums. Berlin: Akademie-Verlag.

Geisler, F. (1999). Judentum und Psychodrama. In F. Buer (Hrsg.), Morenos therapeutische Philosophie. Die Grundlagen von Psychodrama und Soziometrie (S. 49-74). Opladen: Leske & Budrich.

Gergen, K. J. (1996). Das übersättigte Selbst. Identitätsprobleme im heutigen Leben. Heidelberg: Auer.

Grom, B. (2007). Religionspsychologie (3. Aufl.). München: Kösel.

Haderer, G. (2002). Das Leben des Jesus. Wien: Ueberreuter.

Hannover, B., Pöhlmann, C. & Springer, A. (2004). Selbsttheorien der Persönlichkeit. In K. Pawlik (Hrsg.), Theorien und Anwendungsfelder der Differentiellen Psychologie. Enzyklopädie der Psychologie (S. 317-363). Göttingen: Hogrefe.

Herrmann, T. (1991). Lehrbuch der empirischen Persönlichkeitsforschung (6. Aufl.). Göttingen: Hogrefe.

Hutter, C. (2000). Psychodrama als experimentelle Theologie. Rekonstruktion der therapeutischen Philosophie Morenos aus praktisch-theologischer Sicht. Münster: LIT Verlag.

Jung, C.G. (1983). Das C.G. Jung Lesebuch. Olten: Walter.

Jung, C.G. (1984). Grundwerk C.G. Jung, Band 3: Persönlichkeit und Übertragung. Olten: Walter.

Jung, C.G. (1989). Grundwerk C.G. Jung, Band 4: Menschenbild und Gottesbild. Olten: Walter.

Jung, C.G. (1984). Grundwerk C.G. Jung, Band 5: Traumsymbole des Individuationsprozesses. Olten: Walter.

Kant, I. (1982). (1798). Anthropologie in pragmatischer Hinsicht. In W. Weischedel (Hrsg.), Immanuel Kant. Schriften zur Anthropologie, Geschichtsphilosophie, Politik und Pädagogik 2. Werkausgabe Band XII. Frankfurt a. M.: Suhrkamp.

Kipphoff, P. (2008). Die seltsamen Heiligen der Kunst. ZEIT ONLINE, 39, S. 65.

Koch, M. (1960). Die Begriffe Person, Persönlichkeit und Charakter. In P. Lersch & H. Thomae (Hrsg.), Handbuch der Persönlichkeitspsychologie (Bd. 4, S. 3-29). Göttingen: Hogrefe.

Korp, H.-A. (2008). Jesus lacht. Psychologie heute compact. Glaubenssachen. Religion, Spiritualität, Esoterik (S. 74-79).

Küng, H. (1981).Existiert Gott? Antworten auf die Gottesfrage der Neuzeit. München: dtv.

Lämmermann, G. (2006). Einführung in die Religionspsychologie. Grundfragen – Theorien – Themen. Neukirchen: Neukirchner Verlag.

Laux, L. & Renner, K.H. (2004). Theater als Modell für die Persönlichkeitspsychologie. In E. Fischer-Lichte, C. Horn, S. Umathum & M. Warstat (Hrsg.), *Theater als Modell in den Kulturwissenschaften* (S. 83-110). Tübingen: Francke.

Laux, L. & Schmitt, C. (2009 im Druck) Performatives Verstehen durch histrionische Darstellung: Liebe in der Vorlesung. München: Fink.

Laux, L. (2008). Persönlichkeitspsychologie (2. Aufl.). Stuttgart: Kohlhammer.

Moreno, J.L. (1919). Die Gottheit als Komödiant. Der Neue Daimon, 49.

Moreno, J.L. (1978). Die Psychiatrie des zwanzigsten Jahrhunderts. In H. Petzoldt (Hrsg.), Angewandtes Psychodrama in Therapie, Paedagogik, Theater & Wirtschaft (3. Aufl.). Paderborn: Junfermann (S. 101-112).

Moreno, J.M. (1995). Auszüge aus der Autobiographie. Köln: inScenario.

Mummendey, D. H. (1995). Psychologie der Selbstdarstellung (2. Aufl.). Göttingen: Hogrefe.

Rattner, J. (1990). Tiefenpsychologie und Religion. Berlin: Ullstein.

Renner, K.-H. & Laux, L. (2006). Histrionische Selbstdarstellung als performative Praxis. In U. Rao (Hrsg.), Kulturelle VerWandlungen. Die Gestaltung sozialer Welten in der Performanz (S. 133-155). Frankfurt a. M.: Lang.

Renner, K.-H. (2002). Selbstinterpretation und Self-Modeling bei Redeängstlichkeit. Göttingen: Hogrefe.

Safranski, R. (2004). Gott ist doch nicht tot. Cicero. Magazin für Politische Kultur. Online Mai 2004, S.46.

Sedmak, C. & Schmidinger, H. (2008). Geschöpf – Krone der Schöpfung – Mitschöpfer. Der Mensch: ein Abbild Gottes? Symposium der Arbeitsgemeinschaft „Topologien des Menschlichen" der Österreichischen Forschungsgemeinschaft (S. 1-3).

Stock, K. (1999). Das Menschenbild der Theologie. In R. Oerter (Hrsg.), Menschenbilder in der modernen Gesellschaft (S. 65-76). Stuttgart: Enke.

Welsch, W. (1991). Unsere postmoderne Moderne. Weinheim: Acta humaniora.

Carl B. Möller

„Gott wird Mensch"
Über Gottes Menschwerdung in den archetypischen Bildern des Menschen

Die Religionspädagogik hat sich stets neu damit auseinandergesetzt, wie denn mit Kindern über Gott zu reden sei. Nicht selten hat sie bei dieser schwierigen Fragestellung Kinder- und Jugendbuchliteratur zu Rate gezogen, in besonderer Weise Bilderbücher, die anhand von Bild und Text Sichtweisen von Gott in einfacher Form den Kindern nahe zu bringen versuchen.

Vor zwei Jahren erschien ein Bildband, verfasst von zwei zehnjährigen Jungen mit dem Titel: ‚Gott' – Gedanken zu Gott von Clemens Dieler und Camillo von Ketteler.

Es beginnt mit einer himmelblau schraffierten Seite und dem Text:

> Hier oben soll Gott wohnen.
> Aber wie sieht er eigentlich aus?

> Er muss eine große Nase haben für all die Gemeinheiten,
> die zum Himmel stinken.
> Ein Auge braucht er zum Aufpassen.
> Ein zweites, um auch mal ein Auge zudrücken zu können.
> Ein Ohr für Gebete ist sehr wichtig.
> Einen Mund für Propheten braucht Gott, damit er zu uns sprechen kann.
> …
> Das große Herz für Liebe ist ebenfalls sehr wichtig.
> Aus ihm entspringt Gottes Güte und Barmherzigkeit.
> Ohne sein Herz wäre er vielleicht ein schreckliches Ungeheuer.
> …
> Gott hat grüne Haare.
> Und wenn er im Frühling Haarausfall hat,
> dann wird auf der Erde alles grün.
> …
> Unvorstellbar große Hände muss Gott haben,
> denn mit gewaltiger Kraft hält er die Erde.
> Wird eine Hand zur Faust,
> gibt es Donnerwetter.

Die vorletzte Seite des Kinderbuches bleibt leer, ein weißes Blatt. Die zwei zehnjährigen Jungen haben auch den Nicht-Bild-Aspekt Gottes erkannt, den unergründlichen Teil Gottes, sein Mysterium, das weit über das menschliche Erfassen hinausgeht, jenseits der menschlichen Kriterien von Zeit und Raum. Daher schreiben sie als Kommentar zum weißen Blatt: ‚Das Nichts für die Unendlichkeit.' Die letzte Seite zeigt als Zusammenfassung der vorhergehenden Bilder und Kommentare ein Gesamtbild von Gott, darüber aber steht geschrieben „GOTT" mit anschließenden Punkten und einem großen Fragezeichen. Lässt sich Gott also gar nicht abbilden und haben zehnjährige Kinder das bereits erfasst?

Gott – welch' ein Wort, mit wie vielen Assoziationen wird es sofort belegt, nachdem es ausgesprochen wird und gehört worden ist.

G – O – T –T … ein tröstendes, beruhigendes, ein aufwühlendes, ärgerlichprovokantes, ein geheimnisvolles Wort. Das Wort Gott ist ein Wort, das eine Wirkung auf mich hat. Der Auseinandersetzung mit dem Wort Gott und der ‚Rede über Gott' kann sich der Mensch nicht dauerhaft entziehen.

Wenn das Kind beginnt, die W-Fragen zu stellen, dann fragt es in der Regel auch irgendwann nach Gott, unabhängig von einer atheistisch oder religiös geprägten Erziehung. Die Frage öffnet das Kind für die Antworten und insbesondere für die Beeinflussung durch die Antworten. Es kann der Beginn einer heilvollen oder unheilvollen religiösen Entwicklung sein.

Die zwei Jungen gehen von ihren menschlichen Erfahrungen aus und übertragen diese auf ihr Bild von Gott. Intuitiv erfassen sie dabei die Frage nach Gottes dunkler und heller Seite ebenso wie die Frage seines Mysteriums, erkennen die Unergründlichkeit Gottes im Begriff der Unendlichkeit. Die Gottesbilder von Kindheit und Jugend prägen das spätere Leben. So ist der folgende Sprung zu einer 56-jährigen Ordensfrau, einer sogenannten frommen Frau, im Verhältnis zu den zehnjährigen Buben wie ein Sprung in eine ganz andere Welt.

Auf die Ordensfrau haben die Gottesbilder aus der Kindheit, Jugend und vor allem aus ihrer späteren Ordenserziehung eine verheerend zerstörerische Wirkkraft gehabt. Als sie sich bei mir meldete, lebte sie seit ca. 30 Jahren in einem kleinen Konvent eines sogenannten dienenden Ordens. Sie ist nicht wirklich glücklich, denn sie erlebt in sich immer dann eine tiefe Traurigkeit, wenn sie – vor allem von ihren Ordensoberen – getadelt wird. Sie zieht sich in sich selbst zurück, geht in die Kapelle, um Gott von ihrer Trauer mitzuteilen, und greift schließlich zur Gitarre. Mit diesem Mechanismus ist sie seit Jahren vertraut: „Ich will immer alles gut machen", sagt sie, „und ich will das aus tiefster Überzeugung". Sie will dies, so bekräftigt sie, nicht nur, um die Anerkennung der Oberen zu erhaschen. Nein, sie ist seit ihrer Kindheit davon überzeugt, dass das so richtig ist. Man hat eben alles gut zu machen. So haben sie es die Eltern, Erzieherinnen, Lehrer und Pfarrer gelehrt. Diese Botschaft ihrer Kindheit fand Bestätigung in ihrer Ordenserziehung und wurde daher in ihrer Grundhaltung auf die Ordensoberen übertragen. Es gelingt nun im Gespräch mit ihr, diese Zusammenhänge ihr bewusst werden zu lassen. Die Ordensfrau tastet sich dabei schrittweise an ihre Abwehr heran, die sie gegen die Botschaft, „alles gut machen zu müssen" richtet. Sie entdeckt schließlich ihre Wut gegen jene, die dieses von ihr verlangt haben. Auf die Frage, warum sie diese Wut bisher nie geäußert habe, antwortet sie geradezu entsetzt: „Ich darf doch weder gegen meine Eltern noch gegen meine Oberen wütend sein!"

Diese Wut hat sie sich also nie gestattet. Das Frömmigkeitsideal, das sie von Kindheit an übernommen hat, besonders enthalten im 4. Gebot: „Du sollst Vater und Mutter ehren, auf dass es dir wohlergehe, und du lange lebst auf Erden", hatte das innere Verbot verursacht: „Niemals darfst du deine Wut äußern, besonders nicht gegenüber Autoritätspersonen, geschweige denn über Gott." Dieses Gebot hat sie schließlich von Gott selbst empfangen!

So richtete sie ihre Wut stets nach innen. Es entstand immer wieder eine für sie unbegreifliche Trauer, mit der sie aber nun nicht mehr leben wollte. Die neuen Erfahrungen in einem kleinen, für sie ungewohnt aufgeschlossenen Konvent hatten dazu geführt, ihr Problem zunächst anonym im Telefonat bei der Telefonseelsorge zu benennen, um dann – wenn eben möglich – einen Modus zu finden, sich von dieser stets wiederkehrenden Traurigkeit zu befreien. Das Gespräch konnte ihr die Wut, die sie seit Jahren in sich trug, bewusst machen. Hierdurch befreit, fasste sie den Entschluss, diese Wut künftig zunächst einmal in ihrem Konvent zu äußern und zu beobachten, ob dann die Traurigkeit ausbliebe. Die Trauer trat immer mehr zurück, sie bekam ein besseres Verhältnis zu Autoritäten, so auch zu Gott.

Das Beispiel zeigt also einen Wandlungsprozess, vor allem aber zeigt es, wie krankmachend religiöse Normen und Gesetze sein können, hinter denen nicht selten Bilder eines grausamen, brutalen, strafenden Gottes stehen.

Dieses Beispiel befindet sich innerhalb einer Kette sich teilweise drastisch steigender Verhaltensweisen, die eine praktizierte Pastoral hervorgerufen hat, die den Menschen nicht das von Gott zugedachte Heil (Heilung) vermittelt, sondern zu teilweise erheblichen psychischen Störungen und Erkrankungen geführt hat, ein Phänomen das letztlich allen Religionen und sogenannten geistlichen Bewegungen als Möglichkeit innewohnt.

Der heutigen Psychologie ist es u.a. zu verdanken, dass solche Zusammenhänge aufgedeckt werden konnten.

Ähnlich wie diese Ordensfrau berichten viele Menschen von unzähligen Varianten eines zerstörerischen Gottesbildes; viele von ihnen legen aber auch authentisches Zeugnis von einer befreienden Wandlung ihres Gottesbildes ab.

Das Wort Gott hat für mich in meiner Funktion als Theologe, Priester, Therapeut und Psychoanalytiker eine besondere Bedeutung. Das Spannungsverhältnis von Theologie und Psychologie ist eine besonders schwierige Beziehung. Beide neigen zu Dogmatismus und Überheblichkeit.

Die Psychoanalyse eines Sigmund Freud steht für mich, neben allen anderen großen Versuchungen, sich selbst zu einer Art religiösen Lehre zu erheben, ganz im Zeichen einer völlig geradezu simplifizierten Auffassung von der Nicht-Existenz Gottes:

Ich zitiere den evangelischen Theologen, Logotherapeuten und Jungschen
Analytiker Davis Josdahl aus seinem Buch ‚Psychotherapeuten denken religiös':

> Bis vor kurzen litt die Psychoanalyse Freudscher Prägung an einem fatalen
> Hang, auch das Religiöse auf den ‚Familienroman' zu reduzieren, d.h. Gott
> verstanden als lediglich eine Projektion eines strengen Papas. Auch das
> Symbolverständnis der Psychoanalyse basierte bis vor kurzem auf einer
> primär sexuellen Deutung von Symbolen. Inzwischen ist eine weitreichen-
> de Revision dieser beiden zentralen Gebiete vollzogen worden. Was bleibt
> ist die Angriffslustigkeit der Psychologen, auch der Analytischen Psycho-
> logie C.G. Jungs auf alles, was Kirche und Theologie betrifft. Zum Glück
> oft auch eine notwendige und heilsame Distanz, bisweilen aber auch deut-
> lich den Blick für tiefere, den Menschen in seinem Selbstwerdungsprozess
> positiv begleitende Momente.

Mir geht es in diesem Beitrag um jene Aspekte, die zu einem befruchtenden
Austausch dieser Disziplinen führen können, hier zwischen einem der Grundbegriffe der Analytischen Psychologie Carl Gustav Jungs, dem Begriff der
Selbstwerdung (der Individuation) und dem Wandel von Gottesbildern als
einen unumgänglichen Prozess auf dem Weg geistlicher Selbstwerdung. Ich tue
dies als ein Mensch, dessen Leben im ständigen Dialog mit Gott bzw. dem
Göttlichen steht. Ich setze also die Existenz Gottes im Folgenden voraus, ohne
natürlich zu wissen, wer Gott ist oder was das Göttliche sein mag. Ich kann nur
Phänomene beschreiben und diese zu deuten versuchen.

Ich wiederhole den eingangs erwähnten zentralen Satz:

> Das Wort Gott ist ein Wort, das eine Wirkung auf mich hat.

Peter Schellenbaum, Jungscher Analytiker und bekannter Autor im Bereich
Jungscher Psychologie, nennt das Wort GOTT deshalb ein Wirkwort und definiert es so:

> Das Wort ‚GOTT' bezeichnet kein konkret mit unseren Sinnen und un-
> serem Denken fassbares bestimmtes Gegenüber. Das Wort Gott bezeich-
> net eine Erfahrung, die zusammen mit einem bestimmten Wort oder Bild
> gemacht wird, worauf wir von einem Gotteswort oder Gottesbild spre-
> chen.

Ich nenne einige Beispiele: Gott als Vater, Mutter, als Weiser, als Richter, die
Allmacht und die Liebe. Weitaus schwieriger ist das Wort Gott im Begriff der
Dreifaltigkeit, das Bild von Gott im trinitarischen Entwurf.

Gleichwohl: Es geht um die Erfahrung einer Wirkung, die *ein Du* auf ein Ich
ausüben kann, das Wort Gott, ob es personal oder apersonal verstanden wird,
ist ein Wirkwort.

Die Wirkung, die mich ein Wort als Gotteswort und ein Bild als Gottesbild
bezeichnen lässt, ist die einer völligen Wandlung des Ich auf eine umfassendere
und zentralere Persönlichkeit hin. Für das, was sich mir in diesem Vorgang aus

dem Gegenüber mitteilt, braucht es ein eigenes, unverwechselbares Wort. In einer noch nicht personalistischen Weltschau ist dieses besondere Wort ein bloßer Energiebegriff, das sogenannte „Mana" der Naturvölker. Dessen Wirkung wird magisch erlebt und noch nicht dialogisch auf die aktive Integration des Ansprechenden hin begriffen.

So bedeutet zum Beispiel das altgermanische Wort für Gott „das Angerufene, was man zu sich ruft, das Beschworene" (Handwörterbuch des dt. Aberglaubens. Hrsg. Eduard Hoffmann-Kryes u. Hanns Bächthold-Stäubli. Berlin 1927–1942). Hier handelt es sich um eine sogenannte Namensmagie. Der Anrufer unterstellt dem Angerufenen magische Kräfte, die z.b. der Beter von Gott her unmittelbar erwartet.

Das Aussprechen des Wortes in diesem ursprünglichen Sinn bewirkt die Sprengung der Einsamkeit im Ich. Es ist das Wirkwort der Beziehung. Schon der Stoßseufzer „Mein Gott" kann vielleicht die Blockierung des Ich in einer schwierigen inneren und äußeren Situation lösen und auf etwas noch Unausgesprochenes, etwas Geahntes hin öffnen. Vom Menschen her entwickeln sich subjektive Vorstellungen, Bilder, Theorien von Gott, von Gott her ist es ein Akt zunehmender Offenbarung seiner Wirklichkeit.

Vom Menschen her gedacht ist es verständlich, diesem Du einen Namen zu geben und seine Qualitäten zu beschreiben. Dabei aber gerät der Mensch immer wieder in Turbulenzen, in existentielle Verunsicherungen. Ich kann nicht sagen, wer Gott ist. Ich kann besser sagen, wer er nicht ist, kann schlussendlich behaupten: ER sei der immer wieder ganz andere. Jene, die diese Unsicherheit nicht aushalten, schaffen eine unumstößliche, dogmatisch fixierte Rede von Gott, die immer wieder zu Verhärtung und Erstarrung und in bittere Auseinandersetzungen, Kämpfe und Kriege um den jeweils richtigen Gott in der Geschichte der Menschheit geführt hat. Oft beginnt der Mensch in Notsituationen sich an Gott zu wenden, sich ihm stammelnd zu nähern, weiß er doch nicht, wer oder wie Gott ist, wie ihn ansprechen, wie mit ihm reden. Eine solche Not macht erfinderisch. Mündet diese Not in eine positive, gar heilsame Erfahrung mit Gott, gelingt der Dialog. Es entsteht das Bedürfnis über ihn zu anderen zu reden. Der Mensch hilft sich auch hier mit der Sprache der Bilder, um etwas von der eigenen tiefen Erfahrung dem anderen mitzuteilen. Alle Versuche jedoch bleiben wiederum anfanghaft, vielleicht sogar stümperhaft, da es auf die Frage, wer Gott denn nun sei, keine endgültige Antwort gibt.

Ich vertrete die Auffassung, dass das auch überhaupt nicht vonnöten ist, gar nicht im Sinne Gottes liegt. Ich vertrete vielmehr die These und schaffe damit den Bogen von der Aussage der Theologie: „Gott ist immer der ganz andere" zur Analytischen Psychologie C.G. Jungs und zum Begriff der Wandlung als einer ‚conditio sine qua non' im Selbstwerdungsprozess des Menschen und so zwangsläufig auch im geistlichen Selbstwerdungsprozess.

Der Mensch scheint so angelegt, dass er u.a. auf seinem geistlichen Reifungsweg zahlreiche Vorstellungen von Gott durchläuft, sich bisweilen mit den unterschiedlichsten Gottesbildern konfrontiert sieht, diese durchschreitet bis zu jenem Moment, da er Gott – und auch das kann jetzt nur Bildrede sein – schaut von Angesicht zu Angesicht.

Zu dem unzugänglich bleibenden Gott gleichzeitig – was ein Pardoxon ist – Zugang zu finden und den persönlichen Erfahrungen von und mit Gott Ausdruck zu geben, kann nur in archetypischen Bildern von Gott, in urbildlichen Darstellungen des Göttlichen und von Menschen geprägten Theorien geschehen. Das ist gut so, weil in dieser formlosen Annäherung Gott als unergründliches Mysterium unangetastet bleibt. Dem Menschen, der sich Gott als einem großen Geheimnis anzunähern versucht, wird offenbar, dass er zur Ergründung dieses Mysteriums einen geistlichen Weg gehen muss. Diese Wege weisen trotz vieler gravierender Unterschiede und der jeweiligen Einzigartigkeit der großen Weltreligionen wesentliche Gemeinsamkeiten auf, u.a. auch außerhalb des Christentums in der Entfaltung unzähliger Bilder bzw. durch das Verbot eines Bildes von Gott.

Auf diesen geistlichen Wegen müssen sich die Bilder von Gott schon allein auf der Basis entwicklungspsychologischer Schritte und Aspekte, aber auch aufgrund plötzlich hereinbrechender Lebensereignisse wandeln. Die eingangs erwähnten von Kindern gemalten und beschriebenen Bilder und der von der Ordensfrau beschrittene Reifungsprozess zum Erwachsensein im Glauben beschreiben die Notwendigkeit, dass sich das Bild von Gott wandeln muss, um sich dem zu nähern, wer Gott wirklich ist. Es ist eine Bewegung des Menschen auf Gott hin aber auch umgekehrt. Dadurch, dass Gott sich dem Menschen durch die Zerstörung alter und die Entwicklung neuer Gottesbilder zeigt, kann er sich schrittweise dem Menschen offenbaren. Nur so verkraftet der Mensch die Erfahrung, wie Gott wirklich ist und muss nicht an der überwältigenden Größe Gottes, die er nicht zu verkraften im Stande wäre, scheitern.

Es gibt von daher keinen Sinn, die Bilder von Gott dogmatisch gegeneinander auszuspielen und ständig den Kampf um die letzte, ‚alleinseligmachende‘ Wahrheit zu kämpfen. Das schließt natürlich die Warnung vor trügerischen und verführerischen Gottesbildern, die es gewiss auch gibt, ein.

So kann der oben genannte Ansatz einen konstruktiven Beitrag zum interreligiösen Dialog leisten. Selbst das Bilderverbot erübrigt sich, obwohl gleichzeitig die Warnung vor dem Bild Bestand hat. Angesichts meiner These ergibt sich zwangsläufig, dass Gott beides ist, Bild und Nicht-Bild gleichzeitig.

Bisher ist anfanghaft der Zusammenhang von persönlicher Reifung und der Entwicklung und Wandlung von Gottesbildern dargestellt worden.

Die Frage, wer ist Gott, stellt sich aber nicht nur in der persönlichen Entwicklung des jeweiligen Menschen, sondern ist auch in ihrer historischen Dimension immer wieder neu gestellt worden. Das ist nicht nur in den oft sehr unterschiedlichen Aussagen über Gott in den großen Weltreligionen geschehen, sondern auch innerhalb der Religionen in ihren jeweiligen Strömungen. Ebenso gab und gibt es immer wieder Menschen, die glauben, Gott eindeutig definieren zu können, ja, ihn eindeutig definieren zu müssen.

Seit Jahren befinden wir uns, nicht nur im Christentum und Islam, wieder einmal in einer Phase eines extrem zunehmenden Fundamentalismus. Sich einem sich wandelnden Gottesbild auszusetzen, das dennoch zu dem einzig wahren Gott führt, beinhaltet ein großes Wagnis, ist mit enormer Unsicherheit verbunden und setzt beim Menschen nicht selten ungeahnte Ängste frei. Außerdem impliziert es die ständige Gefahr von Willkür und Beliebigkeit, kann schnell die berechtigten und durchaus sinnvollen Unterschiede und Begrenzungen zwischen den Religionen verwischen. Nachfolgend soll der Fokus auf die individuelle Reifung des Menschen innerhalb unserer jüdisch-christlichen Tradition gerichtet werden, auf die Vielfalt ihrer sich teilweise sogar widersprechenden Gottesbilder. Es sind die Angebote von Gottesbildern, die die jüdisch-christliche Tradition den heutigen Menschen macht und die seine geistliche Individuation begleiten bzw. herausfordern. Die Entwicklung neuer, ganz persönlicher Gottesbilder schließt das nicht aus.

– Da gibt es einen Schöpfergott, der sieht und bestimmt, dass alles, was er geschaffen hat gut, ja sehr gut ist. Gott selbst legt damit das Gute an sich als erste bestimmende Kraft in seine Schöpfung; aber in der Unterschiedlichkeit der Fülle von Gottesbildern erscheint er als völlig widersprüchlicher Gott; er erscheint als Herrscher, als Beherrscher der Welt und wird damit gleichzeitig zum Richtergott, zum grausamen Rächer über jene, die ihm nicht folgen; aber im letzten lässt er das von ihm erwählte Volk nicht im Stich.

– Der Gott der jüdisch-christlichen Tradition offenbart sich Mose im Dornbusch als der, der von sich ganz einfach sagt: ‚Ich bin, der ich bin da' und der sich wenig später, als er Moses die Steintafeln mit den zehn Geboten überbringt, als jemand zeigt, der die Menschen per Gebot darauf verpflichtet: Du sollst Dir kein Bildnis machen. Der Gott des AT lässt sich nicht festlegen. Er zeigt sich sogar seinem Volk in einer Fülle von Eigenschaften, im Sturm, Feuer, im vorüberziehenden Schweigen. Letztlich erweist er sich als ein treuer Gott, der dem Volk etwas versprochen hat und sein Versprechen hält. Er führt Israel in das Land, in dem Milch und Honig fließen.

– Schließlich zeigt er sein Gesicht, sein Wesen, in seinem Sohn Jesus Christus. Schauen wir das neue Testament genau an, erleben wir einen Jesus, der, so eng er auch in der Beziehung mit seinem ‚Vatergott' lebt, stets aufs Neue mit seinem Bild von Gott ringen muss, es von Gott her wandeln lässt und auf den wahren Gott hört.
Während seines 40-tägigen Aufenthaltes in der Wüste erlebt er radikale Allmachtsphantasien, die ‚der Böse' einsetzt, um ihn zu versuchen. Innerpsychisch spiegelt dies einen Prozess wieder, in dem er seine eigene dunkle Seite auf dämonische Bilder von Gott projiziert. Ergebnis dieses Ringens ist jedoch, dass er schlussendlich schon am Beginn seiner Sendung zu den Menschen den liebenden, erbarmungsvollen Gott ins Zentrum seines Gottesbildes setzt.

Aber diese tiefen Erkenntnisse müssen sich erst bewähren: Er ist immer wieder in Zurückgezogenheit ganz beim ‚Abba', beim ‚geliebten Vater' im Gebet auf dem Berg, während der Verklärung etc., bis dann am Ende noch einmal radikal gerungen werden muss. Am Ölberg ringt er um sein Gottesbild, ringt er um seinen Gottesglauben. Sein Karfreitagsgott wirkt abwesend, leer, desinteressiert – durch den Karsamstagsgott hindurch. Im Schrei am Kreuz baut es sich gegen den liebenden Gott auf im großem ‚Warum', bis das Gesicht des Ostergottes folgt, der den Menschen in sein Herz aufnimmt.

Im Verlauf der Kirchengeschichte haben die biblischen Gottesbilder unendliche Variationen und Vereinnahmungen erfahren, sei es nun

- der liebe Gott
- der böse Gott
- Gott als Helfer
- Gott als Familienmitglied
- Vater, Mutter, Bruder, Schwester
- der omnipotente, allmächtige Schöpfer
- der zeugende Vater, Herrscher
- der Schöpfer und Erhalter der Welt
- der Richter, Buchhalter, der Automatengott

oder ganz biblisch abgeleitet von Jesus Christus: das Bild des menschgewordenen Gottes, der Heil bringt, heilt, auch das Bild eines sterbenden und auferstehenden Gottes.

Bei den unterschiedlichen Erfahrungen von Gottesbildern möchte ich unterscheiden zwischen einer Erfahrung von oben und einer Erfahrung von unten, d.h. theologisch müssen wir unterscheiden zwischen Gott selbst und den vielen Bildern, die wir Menschen uns machen, deutlich geprägt durch die jeweilige Art, den Lebenskontext unseres Menschseins – kollektiv ebenso wie individuell. Gleichzeitig vollzieht sich die Erfahrung von oben, indem Gott sich den Menschen offenbart, was er auch wiederum von sich aus in der Vielfalt von Bildern tut, bis hin zum Bilderverbot, wie bereits ausgeführt.

Daher bedarf es eines Weges der Gotteserkenntnis, wie ebenfalls bereits erläutert, eines sogenannten geistlichen Weges, den der Mensch geht, ein geistlicher Weg, geprägt durch eine Vielzahl sich wandelnder, aber immer auf Gott selbst hinweisender Bilder, die mir, der ich diesen Weg gehe, einen menschlichen dialogischen Zugang und daher eine Auseinandersetzung mit diesem Gott ermöglichen. Diese dialogische Auseinandersetzung mit einem wie auch immer geprägten personalen göttlichen Gegenüber ist die Einfallstür zu Wachstum und Reifung im Glauben. Genau an dieser Stelle wird der Begriff C.G. Jungs der Selbstwerdung, der Individuation relevant. Die Individuation ist ein psychischer Reifungs- und Wandlungsprozess, dem in der Jungschen Psychologie eine zentrale Bedeutung zukommt. Von der Vielzahl der Aspekte der Individuation sei zunächst der Differenzierungsprozess genannt, „der die Entwicklung der individuellen Persönlichkeit zum Ziel hat" (C.G. Jung. Gesammelte Werke

6, § 825). Damit verbunden ist das Herauswachsen der Individualität aus den Kollektivnormen und aus den kollektiven psychischen Strukturen. Dieser individuelle Weg führt nicht in einen Gegensatz zur Kollektivnorm, sondern es kommt nur dann zum Konflikt, wenn individuelle Normen zur Allgemeingültigkeit erklärt werden.

Für Jung ist die Individuation ein psychischer Naturvorgang und ein Modell für seine Behandlungsmethode. (Lexikon Jungscher Grundbegriffe, hrsg. von Helmut Hark, Zürich, Düsseldorf 1998).

Ich, der Mensch, bin Subjekt einer Erfahrung, die ich, gemäß der Terminologie von Carl Gustav Jung, zunächst allgemein als Erfahrung des Numinosen bezeichnen möchte, einer Erfahrung im weitesten Sinne mit dem ‚Göttlichen', die mich erschreckt, erschüttert und gleichzeitig fasziniert und anzieht. In Jungscher Terminologie könnte man diesen Prozess als einen archetypischen Vorgang bezeichnen.

Wird diese Erfahrung als ein persönliches Gegenüber erlebt und gedeutet, ist es gar eine in Bildern erlebte Erfahrung, nimmt sie in der Regel anthromorphe Züge an.

Wenn der Mensch Gott in Bildern wahrnimmt, setzt das voraus, dass die menschliche Psyche die Fähigkeit besitzt, komplizierte Zusammenhänge des Lebens bis hin zum Geheimnis des Göttlichen u.a. in Bildern zu erfassen und zu verarbeiten. Diese Bilder beinhalten Symbole, die der Deutung bedürfen, bzw. vom Menschen auch intuitiv in ihrem Sinngehalt erfasst werden können. Um das Unaussprechliche Gottes auszudrücken, greift der Mensch in der Weisheitsliteratur, in religiösen Schriften zu Bildern, wie es auch die Sprache der Mythologie, der Träume und Märchen tut, um tiefere Lebenszusammenhänge und Lebenswahrheiten auszudrücken.

Indem Jesus selbst in Form von Gleichnissen und Bildern spricht, gelingt es ihm, die Menschen tiefer zu berühren, als es nur mit dem Verstand möglich gewesen wäre. Über den bildhaften Ausdruck erschließt er der Zuhörerschaft im Gleichnis die tiefere Wahrheit seiner Botschaft. Es scheint, als klinge dadurch dem Menschen Vertrautes in seiner Seele an: Ich werde berührt. Ich finde mich im Gehörten, im innerlich Mit-gesehenen wieder; es erschließt sich mir eine tiefere Sinnebene.

Die Jungsche Tiefenpsychologie verortet im Unbewussten, im kollektiven ebenso wie im persönlichen Unbewussten, die Fähigkeit, Bilder zu produzieren, die sich im Bewusstsein unterschiedlich niederschlagen.

Diesen Bildern wohnt eine eigene Energie inne, deren Wirkkraft sich beim Menschen im Erleben dieser Bilder, in ihrer den Menschen berührenden und bewegenden Kraft niederschlägt.

Der Mensch, der seit Jahrtausenden Bilder produziert (Höhlenmalerei), hat demnach einerseits die Fähigkeit, eine unzählige Variation von Bildern aus dem Urgrund seiner Psyche heraufzuholen, andererseits wird er durch Außenbilder in der Tiefe seiner Seele angesprochen. Er wird positiv wie negativ angerührt, da diese Bilder in ihrer gefühlsmäßigen Aufladung sehr divergieren können (vgl.

die Ausführungen C.G. Jungs zur Energetik der Seele). So besteht die Möglichkeit, schwierigste Zusammenhänge des menschlichen Lebens zu erfassen und für das Leben, in unserem Zusammenhang für die geistliche Reifung, fruchtbar werden zu lassen. Andererseits können aber auch sogenannte Trugbilder die Psyche des Menschen ergreifen und gefangen nehmen (siehe die Kraft der inneren Bilderwelt bei psychischen Erkrankungen, z.b. Psychosen). Es ereignet sich eine Überidentifizierung mit dem innerlich aufsteigenden Bildmaterial. Nur schwerlich kann man daraus wieder befreit werden.

Eine weitere Kategorie menschlichen Bilderlebens sind die Tag- bzw. Nachtträume. Letztere sind bei der Entwicklung der Gottesbilder von besonderer Bedeutung, offenbart sich doch sowohl der alttestamentarische als auch der neutestamentliche Gott im nächtlichen Traumerleben, beispielsweise die Josefs-Träume im Alten Testament am Hof des ägyptischen Pharao oder auch die Träume Josefs, des Pflegevaters Jesu, im Neuen Testament. Beide sind eine entscheidende Weichenstellung für den Verlauf der jeweiligen Erzählung. Im Traum, in den tiefsten Schichten des Unbewussten, offenbart sich Gott wirkmächtig in der in Traumbildern enthaltenen Symbolsprache. Die biblischen Träume können als Ort der Gottesbegegnung, als Räume für göttliche Offenbarungen verstanden werden.

Es muss also deutlich revidiert werden, dass das ‚Bilder-Denken' etwas Primitives sei und es modernen wissenschaftlichen Erkenntnissen konträr gegenüberstehe, weil es zu vage, zu spekulativ erscheint. Dass die Menschen der Frühzeit weitaus intensiver in Bilderwelten lebten als wir, lag nicht an ihrer Unfähigkeit zu abstraktem Denken und Formulieren oder an noch nicht vorhandenen wissenschaftlichen Methoden. Man wusste vielmehr, dass man in Bildern viel deutlicher vermitteln konnte, was im Inneren erlebt worden war, insbesondere wenn es um das Erfassen tiefer Lebenszusammenhänge, um das Mysterium Leben ging.

In diesem Zusammenhang muss auf die wegweisenden neuen Erkenntnisse der Neurowissenschaft zum Bilderleben des Menschen hingewiesen werden, die u.a. für die Theorien Carl Gustav Jungs eine wissenschaftliche Grundlage bilden (vgl. z.B. Gerald Hüther, Erwin Speckmann u.a.).

C.G. Jung spricht also der Psyche – im Jungschen Sinne kann ich durchaus von Seele sprechen – eine eigene Wirklichkeit zu, die im Menschen eigenständig und schöpferisch wirkt; d.h. die Seele/Psyche ist gleichsam der Motor, dass der Mensch sich entfaltet und zu sich selbst findet. Dieses Zu-sich-selbst-Finden ist aber nicht ein Um-sich-selbst-Kreisen, sondern der schöpferische Anstoß, sich seiner Lebensberufung – werde, der du bist! – bewusst zu werden und diese zu entfalten. Es ist ein finaler Vorgang. In religiöse Sprache übersetzt könnte das auch heißen: auf die Stimme Gottes in mir hören lernen. Der Mystiker würde die Bildsprache wählen und vom ‚göttlichen Funken' sprechen, jener Lebensflamme in mir, die nicht nachlässt, mich dahingehend zu motivieren, zu entflammen, zu dem zu werden, der ich von Gott her gedacht bin, das bedeutet auch: Gott zu finden als den, der er wirklich ist. Gottesbilder und Selbstwerdung sind unabdingbar miteinander verknüpft. Sie gehören zu einem ganzheitlich gedachten therapeutischen Prozess ebenso wie zum geistlichen Weg des Menschen zu Gott. Zu beiden gehören Reinigung und Läuterung als eine der Grundlagen im Wandlungsprozess des Menschen, u.a. durch die stete Veränderung der Bilder von Gott. Das innere Bilderleben ist also nach Jung eine dem Menschen immanente Fähigkeit. Die Deutung der Symbolsprache dieser inneren Bilder gibt konkrete Aufschlüsse für den Selbstwerdungsprozess des Menschen, für seine ‚Individuation'.

Die geistlichen Traditionen aller Kulturen geben Anweisungen und Begleitung auf diesem Weg der Gotteserkenntnis, dem geistlichen Individuationsweg, der sich in der Regel in drei Schritten vollzieht, die aber ineinander greifen können und nicht zeitlich aufeinander folgen müssen:
– Selbsterfahrung,
– Seinserfahrung/Sinnerfahrung,
– Gotteserfahrung.
Dieser Weg führt also durch das ‚Unten', durch die tiefste Dimension des Menschseins an seinen Urgrund, wo ich nur noch Gott treffen kann. Bilderleben ist – ich wiederhole – dem Menschen zutiefst eigen. Diese Erlebnisfähigkeit ist naturgemäß, ja schöpfungs- bzw. schöpfergemäß in den Menschen gelegt, eine Ur-Erfahrung, die sich in Ur-Bildern äußert: ein archetypischer Vorgang (der Archetyp von Weg und Wandlung), gekennzeichnet durch das konkrete ur-bildhafte Erleben.

Mit dem katholischen Theologen Leo Scheffczyk möchte ich an dieser Stelle sagen:

> Hier ist das Mystische so weit in die Natur des Menschen hinabgesenkt, dass es zur Entwicklung einer neuen Mystik der Natur kommt, die als das Entscheidende für den modernen Menschen angesehen wird. Tatsächlich gibt es eine solche Naturmystik, ein intensives Eindringen in das Weltgeheimnis aufgrund natürlicher Anlagen und Kräfte, wie sie z.B. bei Künstlern angenommen werden [eigene Anm.: hier bezogen auf das Bilderleben]

Scheffczyk wendet dann sofort ein:

> Aber ein solches Erfahren der Wirklichkeit wäre sowohl dem Inhalt wie der Verursachung nach von übernatürlich Mystischem wesentlich zu unterscheiden.

Ich unterstreiche durch das Heranziehen tiefenpsychologischer Erkenntnisse mit Nachdruck die Entwicklung einer neuen Mystik der Natur, würde aber die wesentliche Unterscheidung von Scheffczyk insofern modifizieren, als dass ich sage, dass diese natürliche Mystik die Voraussetzung bildet für die übernatürliche Offenbarung. So schließe ich nicht aus, dass der Gott der Offenbarung sich den Menschen auch in übernatürlich mystischen Erfahrungen auf außerordentliche Weise zeigt.

In beiden Erfahrungsebenen sehe ich kein statisches Ereignis, sondern einen Prozess seelischer Reifung, in der Gott sich immer mehr als der erweist, der er wirklich ist, und der Mensch zu dem wird, als der er von Gott in seiner je eigenen Lebensberufung gedacht ist. Gott macht sich in Bildern erlebbar, begleitet den Menschen auf dem Weg zu sich selbst und über sich selbst hinaus, u.a. durch innere Bilder von sich selbst, zur Erkenntnis der göttlichen Dimension im menschlich-irdischen Leben.

Literatur

Dieler, Clemens/Ketteler, Camillo von, Gott, Münster 2007.

Frielingsdorf, K., Dämonische Gottesbilder, Mainz 1991.

Hark, H. (Hg.), Lexikon Jungscher Grundbegriffe, Zürich/Düsseldorf 1998.

Hark, Helmut, Der Traum als Gottes vergessene Sprache, Olten 1982.

Hillmann, J., Suche nach innen, Einsiedeln 1994.

Hüther, Gerald, Bedienungsanleitung für ein menschliches Hirn, Göttingen 2006.

–   Die Macht der inneren Bilder, Göttingen 2006.

Jacobi, Jolande, Vom Bilderreich der Seele, Olten 1969.

Jaschke, H., Dunkle Gottesbilder, Freiburg 1991.

Jung, C.G., Ges. Werke Bd. 7, Zwei Schriften über Analytische Psychologie, Düsseldorf 1995.

–   Ges. Werke Bd. 18,1, Düsseldorf 1995.

–   Ges. Werke Bd. 9,1, Die Archetypen und das kollektive Unbewusste, Düsseldorf 1995.

–   Ges. Werke, Bd. 8, Die Dynamik des Unbewussten, Düsseldorf 1995.

Kassel, M., Das Auge im Bauch, Olten 1986.

Kast, V., Die Dynamik der Symbole, Olten 1990.

Krause, B.J., Müller-Gärtner, H.-W. (Hg), Bildgebung des Gehirns und Kognition, Landsberg 2003.

Müller, L./Knoll, D., Ins Innere der Dinge schauen, Zürich/Düsseldorf 1998.

Samuels, A./Scherter, B./Plant, F., Wörterbuch Jungscher Psychologie, München 1991.

Speckmann, Erwin J., Das Gehirn meiner Kunst, Bielefeld 2008.

Werbick, Jürgen, Gott verbindlich, Freiburg 2007.

Zellner, L., Gottestherapie – Befreiung von dunklen Gottesbildern, München 1995.

Charlotte Schubert

Der hippokratische Eid und die Vorstellung von der Unverletzlichkeit menschlichen Lebens

Der hippokratische Eid gilt als das Grundsatzdokument der abendländischen Medizin. Dieses Dokument ist mit dem Namen des Hippokrates verbunden, demjenigen antiken Arzt, der seit dem 4. Jahrhundert v.Chr. als Begründer der abendländischen Medizin gilt. Hippokrates ist in der Antike, im Mittelalter, in der Neuzeit und auch im heutigen Verständnis die berühmteste Arztfigur überhaupt gewesen und ihm also wird der hippokratische Eid zugeschrieben, in dem so allgemein grundlegende Prinzipien ärztlich-medizinischen Handelns formuliert sind, dass er auch heute noch als Richtschnur gilt, und zwar insbesondere dann, wenn die zentralen Probleme medizinischer Ethik zur Sprache kommen. Diese Problemzonen sind ganz konkret die Fragen des Menschen- und Tierversuchs, der Todeszeitbestimmung, Schwangerschaftsunterbrechung, Sterbehilfe, künstlichen Erzeugung von Menschenleben (In-vitro-Fertilisation und Genmanipulation), Organverpflanzung etc. Im Mittelpunkt all dieser Probleme steht in jeder Diskussion, die von ärztlicher Seite aus geführt wird, in vielen Stellungnahmen von Seiten der Medizinethik der Bezug auf das – wie es immer heißt – Tötungsverbot des hippokratischen Eides und die damit vorausgesetzte Auffassung, dass menschliches Leben durch den Arzt zu schützen und niemals, unter welchen Umständen auch immer, zu beschädigen sei. Es wird also ein außerordentlicher und unbedingter Wert des menschlichen Lebens angenommen.[1] Neben diesem als selbstverständlich vorausgesetzten Bezug im hippokratischen Eid findet sich aber gerade in der medizinhistorischen Fachdiskussion seit dem wegweisenden Beitrag von Ludwig Edelstein[2] eine extrem kontroverse Debatte zu der Bedeutung des hippokratischen Eides. Gerade die Frage, ob in dem Eid ein unbedingter Wert des menschlichen Lebens zum Ausdruck gebracht wird oder eher das Gegenteil davon, bewegt die Diskussion nun schon seit langem. Im wesentlichen ist es die Frage, ob sich der Eid überhaupt historisch kontextualisieren lässt und ob daraus etwas für das Verständnis der genannten Aspekte abzuleiten ist.

Man geht heute in der Regel davon aus, dass der Text des Eides nicht von Hippokrates selbst stammt, und es ist wohl auch auszuschließen, dass er über-

---

1 Vgl. dazu auch Genesis 1 und 2, vor allem aber Genesis 9,6, wo sich aus der Gottebenbildlichkeit begründet, warum der Mensch nicht getötet werden darf.

2 L. Edelstein (1967).

haupt aus seinem Umkreis stammt.[3] Im Gefolge und später auch unter seinem Namen versammelt ist ein Corpus von über 200 Werken entstanden. Der Eid gehört nicht zu diesen Werken, ist aber irgendwann in diese Schriftensammlung aufgenommen worden.[4] Wir wissen nicht einmal mit Sicherheit zu sagen, in welchem Jahrhundert der Eid formuliert wurde: Zur Diskussion stehen das 4. Jahrhundert v.Chr., das 3. Jahrhundert v.Chr., vielleicht aber auch das erste nachchristliche Jahrhundert – jedenfalls wird der Eid als solcher zum ersten Mal im 1. Jahrhundert n.Chr. erwähnt.[5] Er weist auch inhaltlich Besonderheiten auf wie das Gelöbnis, keine Beihilfe zu Mord, Selbstmord und Abtreibung zu leisten

Οὐ δώσω δὲ οὐδὲ φάρμακον οὐδενὶ αἰτηθεὶς θανάσιμον, οὐδὲ ὑφηγήσομαι ξυμβουλίην τοιήνδε· ὁμοίως δὲ οὐδὲ γυναικὶ πεσσὸν φθόριον δώσω.[6]

und auch jegliche Form der Chirurgie abzulehnen:

Οὐ τεμέω δὲ οὐδὲ μὴν λιθιῶντας, ἐκχωρήσω δὲ ἐργάτῃσιν ἀνδράσι πρήξιος τῆσδε.[7]

In beiden Bestimmungen des Eides kommt nun ein besonderes Verständnis vom Wert des menschlichen Lebens zum Ausdruck. Allerdings sieht man an den sehr unterschiedlichen Übersetzungen dieser zentralen Passagen, dass die genannte Kontroverse sich hier in unübersehbarer Deutlichkeit niederschlägt.[8]

---

3   Eine Ausnahme stellt die Position von Lichtenthaeler (Der Eid des Hippokrates, 1984) dar.

4   Ausf. hierzu Schubert (2005) 15ff.

5   Vgl. dazu ausf. Schubert (Der hippokratische Eid, Darmstadt 2005) 16.

6   „Ich werde niemandem ein todbringendes Mittel geben, nicht einmal nachdem ich gebeten worden bin, noch werde ich zu einem solchen Rat anleiten. Gleichermaßen werde ich keiner Frau einen abtreibenden Tampon verabreichen." (Üs aus Schubert [Der hippokratische Eid, Darmstadt 2005] 9). Die maßgebliche Edition ist nach wie vor Heiberg, CMG I 1; vgl. dazu Jouanna (1995) 253-272 mit wichtigen Korrekturen und Ergänzungen. Dem folgt die Ausgabe von Schubert (2005) 8f., die hier zugrundeliegt (Zählung der Abschnitte, Text und Übersetzung).

7   „Ich werde nicht schneiden, und zwar auch nicht bei solchen, die ein Steinleiden haben, sondern ich werde den Männern Platz machen, die in diesem Handwerk beschäftigt sind." (Üs aus Schubert [Der hippokratische Eid, Darmstadt 2005] 9).

8   Diller (1994) 9 übersetzt etwa die Ablehnung der Beihilfe zu Mord und Abtreibung: „Auch werde ich niemandem ein tödliches Mittel geben, auch nicht, wenn ich darum gebeten werde, und werde auch niemanden dabei beraten; auch werde ich keiner Frau ein Abtreibungsmittel geben." Lichtenthaeler (1984) 20 übersetzt dagegen: „ Nie werde ich irgend jemandem, auch auf Verlangen nicht, ein tödliches Mittel verabreichen oder auch nur einen Rat dazu erteilen; ebenso werde ich keiner Frau ein keimvernichtendes Vaginalzäpfchen verabreichen." Ebenso unterschiedlich sind die Übersetzungen zu dem Schneideverbotssatz. Diller: „ Ich werde nicht schneiden, sogar Steinleidende nicht, sondern werde das den Männern überlassen, die dieses Handwerk ausüben." Lichtenthaeler: „Nie und nimmer werde ich bei (Blasen)steinkranken den Schnitt machen, sondern sie zu den werkenden Männern wegschieben, die mit diesem Geschäft vertraut sind."

Im Folgenden soll nun der historische Kontext des Eides, insbesondere dieser zentralen Passagen rekonstruiert werden. Denn erst eine genauere zeitliche Einordnung kann der heute weit verbreiteten Haltung begegnen, die dazu neigt, den Eid als überzeitliches Dokument zu behandeln. Hier soll jedoch nicht die Kritik an der – zugegebenermaßen – oft unkritischen Instrumentalisierung des Eides im Vordergrund stehen, sondern die Aufdeckung eines bisher verdeckten Stranges in der Entstehungs- und Rezeptionsgeschichte des Eides. Denn gerade für die Frage, welche Vorstellung vom Wert des Lebens hier zum Ausdruck kommt, ist es essentiell, die Frage nach dem Umfeld der Entstehung beantworten zu können.

Diese beiden genannten Bestimmungen des Eides haben zu einer langanhaltenden Kontroverse Anlass geben. Zum einen ist die Vermutung vertreten worden, dass er von einer kleinen, völlig unbedeutenden Sekte verfasst und geschworen wurde, zum anderen aber auch, dass es sich bei diesen Besonderheiten um die Regelpraxis der antiken Ärzte gehandelt habe.[9]

Daher soll nun, bevor die Frage erörtert wird, welches Verständnis von menschlichem Leben im hippokratischen Eid zum Ausdruck kommt und in welchen Kontext dies gehört, ein kurzer Einblick in den Eid selbst und die allgemeine Entwicklung der medizinischen Ethik der Antike vorangestellt werden.

Der Eid beginnt in seiner heute als gesichert angenommenen Form[10] mit einer Anrufung der antiken Heilgötter (I) und einer Verpflichtung zu Unterricht und Ausbildung (II). Es folgen an der zentralen Mittelstellung des Eides ein Gelöbnis, dem Kranken zu nutzen und nicht zu schaden (III), niemandem ein todbringendes Mittel zu verabreichen (IV), keine Abtreibungen durchzuführen (IV), die eigene Lebensweise und die ärztliche Kunst rein und unbefleckt zu halten (V) sowie keinerlei chirurgische Maßnahmen anzuwenden (VI). Bei Behandlungen soll jedweder sexuelle Kontakt mit den Kranken oder ihren Angehörigen vermieden werden (VII) und alle während der Behandlung erhaltenen Informationen sollen dem Schweigegebot unterliegen (VIII). Schließlich

---

9   Übersicht zum Stand der Forschung bei Leven (2005) s.v. Hippokratischer Eid, 420ff.; Schubert (2005) 19ff.; Schubert/Scholl (2005) 247ff.

10   Heiberg, CMG I 1; vgl. dazu Jouanna (1995) 253-272; Schubert (2005) 8f.: Die Nummerierungen der Abschnitte folgen dem dort abgedruckten Text mit Übersetzung. Die in der Bibliotheca Ambrosiana in Mailand liegende Handschrift B 113 sup.fol. 2 (aus dem 14. Jahrhundert) enthält sowohl eine pagane als auch eine christliche Fassung des Eides. Die pagane gehört zu einem Überlieferungsstrang des Eides, dem heute generell mehr Bedeutung gegeben wird (Jouanna 1995) als dem christlichen Zweig: Die Differenzen des griechischen Textes zu der heute als Standard verwendeten Textausgabe bei Heiberg führen zwar nicht zu grundlegend verschiedenen Übersetzungen, doch zeigen die Vergleiche mit anderen Texten und Überlieferungen, die aus der Antike und dem Mittelalter erhalten sind, Unterschiede in der Reihenfolge der Einzelbestimmungen und Auslassungen verschiedener Teile, so dass hieraus wichtige Stationen in der Entwicklung des Eidestextes und seiner sprachlichen Gestalt zu erkennen sind.

folgt die bei antiken Eiden übliche Abschlussformel, die für die Erfüllung des Eides ewigen Ruhm in Aussicht stellt, bei einer Missachtung jedoch das Gegenteil (IX).

1. Die Ethik der hippokratischen Ärzte

Der zentrale Gedanke des Eides ist es, das Handeln des Arztes nach Nutzen und Schaden zu bewerten.[11] Menschliches Handeln generell nach den Kriterien von Nutzen und Schaden zu bewerten, ist im Bereich der ältesten alltagsethischen Handlungsmaximen zu erkennen, die noch aus dem archaischen Vergeltungsdenken stammen.[12] Ein Regelsystem mit einer allgemeinen Vorstellung von Gerechtigkeit erlaubt es, richtiges und falsches Handeln zu unterscheiden. Die Werturteile für das alltägliche Handeln in der Lebenswelt gehen auf diese normative Richtschnur zurück. Schon bei Hesiod findet sich die geläufige Maxime, die aus diesem Vergeltungsdenken abgeleitet ist: den Freunden zu nützen und den Feinden zu schaden.[13] Die hier zugrunde liegende einfache Gegenüberstellung von Nutzen und Schaden ist auch in den Schriften des *Corpus Hippocraticum* zu finden.[14] Bei Platon wird sie dann später mit Bezug auf Semonides als allgemein übliche Auffassung eines gerechten Handelns, u.a. in der Medizin, diskutiert.[15] Platon lässt seinen Sokrates daran jedoch Kritik üben, denn zu einem gerechten Handeln könne es nicht gehören, anderen Schaden zuzufügen.[16]

In der berühmten Empfehlung des ersten Epidemienbuches, das zusammen mit den allerältesten Schriften des *Corpus Hippocraticum* in das 5. Jahrhundert v.Chr. gehört, findet sich jedoch eine deutliche Zurückhaltung dem zweiten Teil der Maxime gegenüber: ὠφελεῖν ἢ μὴ βλάπτειν.[17] Die medizinische Ethik geht mit dieser Veränderung der Perspektive der allgemein-philosophischen Ethik voran und es ist auch zu vermuten, dass sie hier für alltags- und populär-ethische Einstellungen eine Schrittmacherfunktion gehabt hat.[18] In der Geschichte der Perserkriege des Herodot findet sich ein historischer Beleg dafür, dass diese Maxime im 5. Jahrhundert bereits in die Grundsätze ärztlichen Handelns eingegangen war. Nach Herodot war der aus Unteritalien stammende Arzt Demokedes (5. Jh. v.Chr.) in persische Gefangenschaft geraten und hatte versucht,

---

11   Vgl. zu diesem Abschnitt im Einzelnen: Schubert (2005) 54ff.
12   Vgl. dazu ausf. Schubert (1997); K. Latte, Schuld und Sühne in der griechischen Religion, Archiv für Religionswissenschaft 20, 1920/21, 254-298; ders., Der Rechtsgedanke im archaischen Griechentum, Antike u. Abendland 2, 1946, 63-76.
13   Hesiod, Erga 351; vgl. Pind., Pyth. 2,83; Lys., 9,20.
14   Z.B.: De fract 22,2 (L.); 30,51 (L.); De hum. 4,11 (L.); De affect. 47,5 (L.).
15   Plat., Pol.331 e1ff.; vgl. dazu Kudlien (1970) 91-121, bes. 91ff.
16   Plat., Pol.335 b2ff.
17   Epid.1,11.
18   Flashar (1997) 10ff., bes. 14 mit Verweis auf Hdt., 3,129-130.

seine ärztliche Profession geheim zu halten. Dies gelang jedoch nicht und so sah er sich verpflichtet, den erkrankten Perserkönig medizinisch zu versorgen. Obwohl der Perserkönig ein Feind war, hatte Demokedes als Arzt zu helfen![19] Dies zeigt immerhin, dass es sich hier nicht nur um eine intellektuelle Diskussion handelte, die sich ausschließlich im medizinischen Bereich abgespielt hat, sondern um eine seit dem 5. Jahrhundert v.Chr. in den Alltag des Handelns eingegangene Regel.

Der Autor von *De arte*, einer ebenfalls noch dem 5. Jahrhundert angehörenden medizinischen Schrift, vertritt einen ganz anderen Standpunkt, wenn er die Grenze zwischen Nutzen und Schaden für den Patienten, nämlich das ὀρθόν, beschreibt. Er erläutert dies ausführlich anhand der Frage, ob aussichtslose Fälle behandelt werden sollen, und lehnt die Behandlung von aussichtslosen Fällen strikt ab:

De arte 8:
(3) Ὧν γὰρ ἔστιν ἡμῖν τοῖσί τε τῶν φυσίων τοῖσί τε τῶν τεχνέων ὀργάνοισιν ἐπικρατεῖν, τούτων ἔστιν ἡμῖν δημιουργοῖσιν εἶναι, ἄλλων δὲ οὔκ ἐστιν. Ὅταν οὖν τι πάθῃ ὤνθρωπος κακὸν ὃ κρέσσον ἐστὶν τῶν ἐν ἰητρικῇ ὀργάνων, οὐδὲ προσδοκᾶσθαι τοῦτό που δεῖ ὑπὸ ἰητρικῆς κρατηθῆναι ἄν· ...
Τῶν μὲν οὖν ἡσσόνων τὰ κρέσσω οὔπω δῆλον ὅτι ἀνίητα, τῶν δὲ κρατίστων τὰ κρέσσω πῶς οὐ δῆλον ὅτι ἀνίητα; ... (5) ωὗτός δέ μοι λόγος καὶ ὑπὲρ τῶν ἄλλων, ὅσα τῇ ἰητρικῇ συνεργεῖ. Ὧν ἁπάντων φημὶ δεῖν ἑκάστου καταστυχόντα τὸν ἰητρὸν τὴν δύναμιν αἰτιᾶσθαι τοῦ πάθεος, ἀλλὰ μὴ τὴν τέχνην. (6) Οἱ μὲν οὖν μεμφόμενοι τοὺς τοῖσι κεκρατημένοισι μὴ ἐγχειρέοντας παρακελεύονται καὶ ὧν μὴ προσήκει ἅπτεσθαι οὐδὲν ἧσσον ἢ ὧν προσήκει· παρακελευόμενοι δὲ ταῦτα ὑπὸ μὲν τῶν ὀνόματι ἰητρῶν θαυμάζονται, ὑπὸ δὲ τῶν καὶ τέχνῃ καταγελῶνται.

(3) Denn in den Fällen, in denen es uns möglich ist, mit den Werkzeugen der Natur oder der Kunst die Oberhand zu gewinnen, können wir als Handwerker tätig sein, nicht aber in den anderen. Wenn nun der Mensch an irgendeiner Krankheit leidet, die stärker ist als die Werkzeuge der Heilkunst, darf man nicht erwarten, dass diese Krankheit irgendwie von der Heilkunst besiegt werden könnte. (…) Wenn nun die Krankheit stärker ist als die schwächeren Mittel, so ist es doch nicht sicher, dass sie unheilbar ist. Wenn die Krankheit aber stärker ist als die stärksten Mittel, wie sollte es da nicht sicher sein, dass sie unheilbar ist? (…) (5) Dieses mein Argument gilt auch für andere Werkzeuge, die der Heilkunst dienen. Wenn der Arzt

---

19   Diese hier zu erkennende andere Gewichtung der Nutzen/Schaden-Maxime findet sich auch in der Konzeption von Vertragsverhältnissen, die die Beziehungen zwischen zwei Poleis regeln sollten. Die aus der zweiten Hälfte des 5. Jahrhunderts belegten Defensivbündnisse basieren auf dem Gedanken, sich gegenseitig beizustehen und Schaden durch einen Dritten abzuwenden: Vgl. dazu Schubert (2005) 104 mit Anm. 142.

von all diesen jedes einzelne erfolglos eingesetzt hat, muss er, so behaupte ich, der Macht der Krankheit die Schuld geben, nicht der Kunst. (6) Die Kritiker derjenigen Ärzte, die die Behandlung von solchen Kranken, die schon von der Krankheit bezwungen sind, ablehnen, fordern nun, dass sich Ärzte ebensosehr mit den Fällen befassen, die sie nichts angehen, wie mit denen, für die sie zuständig sind. Für diese Forderung werden sie von denjenigen bewundert, die nur dem Namen nach Ärzte sind, von denen aber, die auch von der Kunst her Ärzte sind, werden sie ausgelacht.[20]

De arte 13:

Ὅτι μὲν οὖν καὶ λόγους ἐν ἑωυτῇ εὐπόρους ἐς τὰς ἐπικουρίας ἔχει ἡ ἰητρικὴ καὶ οὐκ εὐδιορθώτοισι δικαίως οὐκ ἂν ἐγχειρέοι τῇσι νούσοισιν, ἢ ἐγχειρευμένας ἀναμαρτήτους ἂν παρέχοι, οἵ τε νῦν λεγόμενοι λόγοι δηλοῦσιν αἵ τε τῶν εἰδότων τὴν τέχνην ἐπιδείξιες, ἃς ἐκ τῶν ἔργων ἥδιον ἢ ἐκ τῶν λόγων ἐπιδεικνύουσιν, οὐ τὸ λέγειν καταμελετήσαντες, ἀλλὰ τὴν πίστιν τῷ πλήθει, ἐξ ὧν ἂν ἴδωσιν, οἰκειοτέρην ἡγεύμενοι ἢ ἐξ ὧν ἂν ἀκούσωσιν.

Dass also die Heilkunst zahlreiche Überlegungen umfasst, um Hilfe leisten zu können, dass sie zu Recht die Krankheiten, die nicht zu heilen sind, auch nicht behandelt, und dass sie für die Krankheiten, die sie behandelt, fehlerfreie Behandlungen anbieten kann, dies belegen die oben vorgebrachten Ausführungen ebenso wie die Beweise derjenigen, die mit dieser Kunst vertraut sind. Diese Beweise liefern sie lieber durch Taten als durch Worte, nicht weil sie das Wort geringachten, sondern weil sie der Meinung sind für die Masse der Menschen sei das Vertrauen größer, wenn es aus dem, was sie sehen, entsteht, als aus dem, was sie hören.[21]

Auch in den berühmten Aphorismen (5. Jahrhundert v.Chr.), die oft Hippokrates selbst zugeschrieben worden sind, findet sich dieser Gedanke:

Ὁκόσοισι κρυπτοὶ καρκίνοι γίνονται, μὴ θεραπεύειν βέλτιον θεραπευόμενοι γὰρ ἀπόλλυνται ταχέως, μὴ θεραπευόμενοι δέ, πουλὺν χρόνον διατελέουσιν.

Alle, die an verborgenen Krebsgeschwüren leiden, lässt man am besten unbehandelt, denn behandelt sterben sie rasch, unbehandelt dagegen bleiben sie noch lange am Leben.[22]

Für solche aussichtslosen Fälle wird nicht die Hilfeleistung abgelehnt, sondern die Anwendung medizinischer Heilkunst.[23] Das *Kratos*, also durchaus die Frage

---

20 De arte 8,1-6, Text und Übersetzung aus Schubert/Leschhorn 2006.
21 De arte 13, Text und Übersetzung aus Schubert/Leschhorn 2006.
22 Aphor. VI 38.
23 Anders Miles (2004) 67.

der Herrschaft, gibt den Ausschlag darüber, wie das ὀρθόν, also Schaden und Nutzen für den Kranken, definiert werden und woran sich somit das Verhältnis von Arzt und Patient orientiert. Ist die Krankheit stärker, dann besteht kein Nutzen in einer Behandlung. Eine Behandlung, die nicht zum Ziel der Gesundheit führen kann, ist erfolg- und damit nutzlos. Es ist also letztendlich die Herrschaft über die Natur des Menschen, sei es die Herrschaft der Krankheit über den Menschen oder diejenige des Arztes über den Menschen, die Nutzen und Schaden bestimmen. Das Interesse des Arztes ist auf den Erfolg gerichtet, der sich dadurch bestimmt, dass die medizinische Kunst klar und eindeutig eine Gesundung bewirkt. Dieses Interesse ist demjenigen des Kranken, das durchaus auch in einer bloßen Leidensminderung bestehen kann, übergeordnet.

In dieser Hinsicht sind zwischen dem hippokratischen Eid und denjenigen Schriften des *Corpus Hippocraticum*, die sich auf das Schaden/Nutzen-Prinzip beziehen, erhebliche Unterschiede zu erkennen. Die Gegenüberstellung von Schaden und Nutzen im hippokratischen Eid weist deutlich darauf hin,[24] dass der Arzt seine τέχνη ohne Einschränkung in den Dienst des Patienten stellen will. Zwar dann im fünften Abschnitt durchaus wieder die besondere Rolle der τέχνη für die Lebensweise des Arztes betont,[25] die der in der Schrift *De arte* beschriebenen in etwa entspricht, doch zeigt sich gerade im dritten Abschnitt eine paradigmatische Wendung in der medizinischen Ethik der Antike, die allerdings deutlich erst in römischer Zeit zum Ausdruck kommt: Der Arzt dient dem Patienten und nicht mehr vorrangig seiner Kunst, d.h. nicht mehr vor allem dem Erfolg seiner Kunst.[26] Der Arzt versteht sich nun nicht mehr als ὑπερήτης τῆς τέχνης, als effizienter Diener der Kunst,[27] sondern als Helfer des kranken Patienten. Nicht mehr der Sieg über die Krankheit steht im Vordergrund ärztlicher Tätigkeit als einer φιλοτεχνία, sondern die φιλανθρωπία im Sinne der *misericordia*.[28] Eine ähnliche Wende ist in einigen kleineren Werken der hippokratischen Schriftensammlung zu erkennen, die in der Antike kaum oder gar nicht erwähnt worden sind, aber eine deutlich andere Konzeption ärztlicher Verhaltensweisen vertreten, als dies in den frühen Schriften zu beobachten ist.[29]

---

24 Im dritten Abschnitt: Διαιτήμασί τε πᾶσι χρήσομαι ἐπ‘ ὠφελείῃ καμνόντων κατὰ δύναμιν καὶ κρίσιν ἐμήν, ἐπὶ δηλήσει δὲ καὶ ἀδικίῃ εἴρξειν κατὰ γνώμην ἐμήν. („Die Regeln zur Lebensweise werde ich zum Nutzen der Kranken einsetzen, nach Kräften und gemäß meinem Urteilsvermögen; vor Schaden und Unrecht werde ich sie bewahren.")

25 Ἁγνῶς δὲ καὶ ὁσίως διατηρήσω βίον ἐμὸν καὶ τέχνην ἐμήν. („In reiner und heiliger Weise werde ich mein Leben und meine Kunst bewahren").

26 Mudry (1997) 308 ff.; Rütten im Kommentar zu Mudry (1997) a.a.O. 331 „Der hippokratische Arzt dient seiner Kunst, der römische dem Patienten."

27 Epid. 1,5; dazu Mudry (1997) 320f.; vgl. auch Praecepta 1ff.; Mudry a.a.O. 310 sieht den Eid eher in einer Gruppe mit den Schriften des Corpus.

28 Mudry a.a.O. 317ff. Vgl. André (2006) 495f.

29 Decorum 5.

2. Die Selbstverpflichtung zum Schutz des menschlichen Lebens im hippokratischen Eid

Die Selbstverpflichtungen im Mittelteil des Eides, keine Beihilfe zu Mord, Selbstmord und Abtreibung zu leisten sowie keinerlei chirurgische Maßnahmen durchzuführen, sind ungewöhnlich im Vergleich zu anderen medizinischen Texten und lassen sich daher nur schwer einordnen. Die Erklärung und die Übersetzungen dieser Abschnitte sind strittig. Sowohl eine Übersetzung, die lediglich die Beihilfe zum Selbstmord ablehnt als auch eine Übersetzung, die sowohl die Beihilfe zum Giftmord als auch diejenige zum Selbstmord zurückweist, werden vorgeschlagen. Eine für das Verständnis des Satzes zu Mord, Selbstmord und Abtreibung wesentliche Stellung nimmt das zweite οὐδέ ein.[30] Es kann entweder als Verstärkung der Verneinung aufgefasst werden, dann ist es in der Übersetzung stumm:

> Ich werde keinem ein todbringendes Mittel verabreichen, wenn man mich darum bittet, noch werde ich einen entsprechenden Rat erteilen.

Wenn man diese Übersetzung wählt, dann wäre eigentlich nur die Beihilfe zu Selbstmord ausgeschlossen. Oder man versteht das οὐδέ im Sinne von ne-quidem (weder – noch) und mit Bezug auf αἰτηθείς (nachdem ich gebeten worden bin), so dass zu übersetzen wäre:

> Ich werde niemandem ein todbringendes Mittel geben, nicht einmal nachdem ich gebeten worden bin, noch werde ich zu einem solchen Rat anleiten.

Hier also wäre die Beihilfe zu Mord und Selbstmord gemeint, und im Unterschied zur ersten Variante wäre hier auch ausgeschlossen, dass ein Arzt zwar die Beihilfe zum Selbstmord ablehnt, jedoch den Mord nicht unbedingt.[31] Vorwürfe derart, Ärzte könnten aufgrund ihrer Kenntnisse Morde begehen ohne prozessrechtlich zur Verantwortung gezogen werden zu können, gab es zwar in der Antike,[32] doch spricht vom Kontext des Eides her, der auf den Lebensschutz des Patienten ausgerichtet ist, wenig für diese Variante.

Diese explizite Formulierung in dem Abschnitt des Eides, der eine Beihilfe zu Selbstmord und/oder Mord sowie Abtreibung ablehnt, gehört sicher zu den Stellen des Eides, die die ausführlichsten und mehr als kontroversen Diskussionen hervorgerufen haben.[33] Selbstmord und Abtreibung waren in der Antike im Allgemeinen nicht generell mit einer gesellschaftlichen oder mit einer

---

30 Vgl. oben S. 204. Darauf hat Rütten (1997) 65ff. ausführlich hingewiesen; vgl. Schubert/
    Huttner (1999) 60ff., 506f.
31 Rütten (1997) 65ff.; ausf. dazu Schubert/Huttner (1999) ad loc.
32 Zu der Haltung des Plinius Ärzten gegenüber: Plin. n.h. 29, 18.
33 Vgl. ausführlich Kudlien (1970) 101 ff., der diesen Abschnitt als Antwort auf ein verbreitetes und populäres Vorurteil gegen den Arzt als „unbestraften Mörder" verstehen will.

rechtlichen bzw. religiösen Ablehnung verbunden.[34] Umso auffälliger wirkt aber dieser Satz, der sich nicht ohne weiteres mit einer bestimmten Haltung antiker Ärzte verbinden lässt. So ist zu fragen, in welchen Kontext diese im Eid ohne Zweifel zum Ausdruck kommenden Vorstellungen über die Unverletzlichkeit des menschlichen Lebens gehören.

Ansätze, die ein heutiges Verständnis des Eides von der Interpretationslinie der „Ausnahmestellung" wegführen und an deren Stelle eine allgemeine Berufsethik setzen wollen, sind hier zu den verschiedensten Ergebnissen gekommen.[35] Man liest aus den Schriften des *Corpus Hippocraticum* eine reservierte Haltung gegenüber der Abtreibung heraus, oder sogar noch den Niederschlag eines früheren, patrizisch-genealogischen Denkens.[36] Die reichlichen Zeugnisse aus klassischer Zeit zeigen ein anderes Bild: Kindesaussetzung, Kindestötung, vielfältige Arten der Abtreibung sind zahlreich belegt, und zwar frei von gesellschaftlichem Makel.[37] Auch in den frühen Schriften zu den Frauenkrankheiten, die im zeitlichen Kontext der hippokratischen Medizin stehen, werden Fälle von Abtreibung angesprochen. Sie wird nicht etwa abgelehnt oder diskriminiert, sondern es wird dabei lediglich auf das gesundheitliche Risiko und die möglichen Folgeschäden hingewiesen.[38] Auch Abtreibungsmittel, sowohl oraler als auch vaginaler Art, sind den Autoren der Schriftensammlung bekannt.[35] In den Werken über die Frauenkrankheiten, die zu den ältesten Teilen dieser so genannten hippokratischen Schriften gehören, werden ἐκβόλια, Austreibungsmittel, erwähnt, die nicht nur für tote Föten, sondern auch für lebende gedacht sind.[39] Interkulturell vergleichende Studien haben sowohl die Wirksamkeit dieser Rezepturen als auch ihre noch heute andauernde Verbreitung im Bereich der Volksmedizin erwiesen.[40]

Aus der Formulierung des Eides ergibt sich daher nicht die Frage, ob eine solche explizite Ablehnung auf eine allgemeine Praxis schließen lässt, sondern ob hier ethische Vorstellungen zu erkennen sind, die etwa bestimmte biologische Erkenntnisse über den Beginn des Lebens voraussetzen, und ob sich darüber hinausgehend insgesamt eine veränderte Einstellung zur Tätigkeit des Arztes beobachten lässt.[41]

---

34 Vgl. dazu Leven (2005) s.v. Abtreibung mit Literatur und Quellenübersicht; Schubert/ Huttner (1999) 48ff. im Abschnitt zu Geburtenkontrolle und Abtreibung.

35 Harig/Kollesch (1978), die sich auf die Untersuchungen von D. Nickel, Ärztliche Ethik und Schwangerschaftsunterbrechung bei den Hippokratikern, NTM (Schriftenreihe für Geschichte der Naturwissenschaften, Technik und Medizin) 9, H.1, 1972, 73-80, stützen; anders: Moissides (1922) 29-38; vgl. D . Gourevitch, Suicide among the sick in classical antiquity, Bulletin of the History of Medicine 43, 1969, 501-518.

36 Deichgräber (1983) 25; vgl. Lichtenthaeler (1984) 143ff.

37 Moissides (1922) mit zahlreichen Belegen aus der antiken Literatur und ausführlicher Diskussion der entsprechenden Passagen aus De natura muliebri und De carnibus 19.

38 Mul. I 67.68.72; vgl. dazu Hanson (1995) 299ff.

39 Mul. I 67-68. 72. 76.78; Nat. Mul. 98.

40 Riddle (1992).

41 Vgl. hierzu und für das Folgende: Schubert (1985) 253ff.

3. Der historische Kontext

Aristoteles sieht in seiner Schrift *Über die Politik* die Möglichkeit der Abtreibung als ein Mittel,[42] die Bevölkerungszahl zu begrenzen. Allerdings bindet er dies an die Voraussetzung, dass „Wahrnehmung" (*aisthesis*) und „Leben" (*zoe*) noch nicht begonnen haben. Im Vergleich zu Platon ist dies ein neues Verständnis. In seiner Schrift *Über den Staat* empfiehlt Platon Abtreibung als Mittel zur Begrenzung der Bevölkerungszahl,[43] hierbei jedoch noch ohne Beschränkung im Hinblick auf eine bestimmte Vorstellung von menschlichem Leben. Dieser Unterschied erklärt sich eigentlich nur vor dem Hintergrund von Aristoteles' Vorstellung, dass auch der Fötus schon beseelt sei. Der Fötus verfügt grundsätzlich schon über die Nährseele und die Empfindungsseele, allerdings nur in der Anlage, als potenzieller Faktor, noch nicht in Wirklichkeit.[44] Aristoteles gibt nicht exakt an, ab wann genau dieser Übergang zwischen potenzieller Fähigkeit und deren Realisierung anzusetzen sei, d.h. wann der Fötus als Leben zu bezeichnen sei. Die Interpretation der aristotelischen Texte reicht dabei vom 40. bis zum 90. Tag (der Differenz zwischen männlichem und weiblichem Beginn des Lebens) bzw. bis zu dem traditionellen Datum, dem Tag der Geburt, an dem erst die Seele in den Körper eintrete.[45]

Aristoteles zeigt eine für antike Philosophen des 4. Jahrhunderts v.Chr. ungewöhnliche Reserviertheit der Abtreibung gegenüber – es ist wohl anzunehmen, dass dies in einem Zusammenhang steht mit seinen biologischen Spekulationen darüber, wann der Beginn des Lebens anzunehmen sei. Schließlich zeigt auch die Verwendung des Adjektivs ὅσιος im Sinn von heilig oder gottgefällig, dass es sich bei dieser Frage für ihn um eine ethische Aussage handelt, die dem Leben einen göttlichen und somit nicht zu verletzenden Wert beimisst:

τὸ γὰρ ὅσιον καὶ τὸ μὴ διωρισμένον τῇ αἰσθήσει καὶ τῷ ζῆν ἔσται.

Denn was heilig/gottgefällig ist oder nicht, soll sich nach dem Vorhandensein von Wahrnehmung und Leben richten.[46] (Arist., Politik 1335 b 23f.)

Scribonius Largus erwähnt im Vorwort seiner *Compositiones* (1. Jh. n.Chr.) das Abtreibungsverbot des hippokratischen Eides. Er findet eine explizite Formulierung für die damals schon wahrgenommenen Unsicherheiten im Hinblick auf die Frage, wann der eigentliche Beginn menschlichen Lebens festzusetzen sei und schreibt:[47]

---

42 Aristoteles, Politik 1335 b 20ff.; vgl. dazu Schubert (1985) a.a.O. und Schubert (2005) 24f.
43 Platon, Rep. 459 d-e.
44 Aristoteles, De generatione animalium 736 b5ff.
45 Aristoteles, Historia animalium 583 b und De anima 415 b.
46 Vgl. Aristoteles, De generatione animalium 736 b 28ff.
47 Hierzu ausf. Schubert (2005) 24ff.; vgl. André (2006) 492ff. und 488ff.

Qui enim nefas existimaverit spem dubiam hominis laedere, quanto scelestius perfecto iam nocere iudicabit?

Denn wer es für Sünde hält, die noch zweifelhafte Hoffnung auf das Menschsein zu schädigen, als einen wieviel größeren Frevel wird er es beurteilen, einem vollendeten Menschen zu schaden? (Scribonius Largus, Compositiones, praefatio = 876, 37-42 Deichgräber)

Beide Akte seien zwar Tötungen, insofern stellten sie auch ein Unrecht dar. Ein Unterschied in der Schwere des Verbrechens sei aber daraus abzuleiten, dass das Leben im Mutterleib noch kein autonomes Leben sei, sondern nur eines mit unsicherer Hoffnung auf das Menschsein. Der geborene Mensch in seiner vollendeten Gestalt (*perfecto*) hingegen stelle ein solches Leben dar. Er legt die Vorstellung von einem Stufenprozess zugrunde, in dem sich das Werden des menschlichen Lebens entwickele und der seine Vollendung mit der Geburt erreicht. Andererseits wird dem Leben des Fötus menschliche Qualität zugebilligt (*spem hominis*), wenngleich auf einer niedrigeren Ebene. Einerseits zeigt sich hier Unsicherheit (*spem dubiam*), andererseits ist ebenso wie schon bei Aristoteles zu erkennen, dass sich die Ablehnung der Abtreibung mit einer bestimmten Konzeption vom Beginn des menschlichen Lebens verbindet, die dies bereits im Fötus verwirklicht sieht. Dies lässt sich durchaus mit der Auffasung des Christen Tertullian (150–230 n.Chr.) vergleichen, für den die Abtreibung erst von dem Moment an ein Verbrechen ist, *quo (in utero) forma completa est* („von dem an die Gestalt [im Uterus] vollständig ist").[48]

In dieser Ablehnung der Abtreibung im hippokratischen Eid zeigt sich eine Haltung gegenüber dem menschlichen Leben, die ihm einen hohen Wert beimisst und so an die christliche Vorstellung von der Unverletzlichkeit des menschlichen Lebens erinnert, wie sie in der frühesten Fassung bei Tertullian in unseren literarischen Quellen zum Ausdruck kommt und die sich in der Gottebenbildlichkeit begründet.

Besonders deutlich wird dieser Zusammenhang aber im Schneideverbot des Eides („Ich werde nicht schneiden…", s.o. S. 204, 210). Vor dem Hintergrund einer solchen, sich auf ein biologisches Konzept stützenden ethischen Begründung der Unverletzlichkeit menschlichen Lebens ließe sich das Schneideverbot verstehen. Doch auch hier scheiden sich die Meinungen bereits an der Übersetzung, die darin entweder ein generelles Abstandsgebot gegenüber der Chirurgie sieht oder lediglich eine den Blasensteinschnitt betreffende Ablehnung. Eine exakte Übersetzung kann mit nichts anderem als einer kompletten Ablehnung der Chirurgie verbunden werden:[49]

---

48 Anim. 37,2 (=136,14 Wasz.); 27,3 (=102,19ff. Wasz.); vgl. Jacobsen (2006) 67ff. zu Irenaeus und Origenes.

49 Zu der sprachlichen Problematik des Satzes, der philologisch korrekt nur als generelles Schneideverbot, jedoch nicht als lediglich die Ablehnung des Blasensteinschnittes meinend übersetzt werden kann: Kudlien (1978) 258. Er übersetzt: „Ich werde nicht

Ich werde nicht schneiden, auch Steinleidende nicht…

Die Übersetzung „Ich werde nicht schneiden, jedenfalls Steinleidende nicht…" oder sogar „Nie und nimmer fürwahr werde ich (Blasen)steinkranke operieren, sondern sie abschieben zu werkenden Männern, die sich in diesem Gewerbe auskennen"[50] beschränkt dieses Abstandsgebots lediglich auf den Blasenstein-schnitt. Zwar war die Spezialisierung in römischer Zeit bereits sehr weit fortge-schritten, so dass man sich eine solche Bestimmung durchaus vorstellen könn-te,[51] allerdings ist sie sprachlich nicht korrekt.

Aus dem 3.Jahrhundert n.Chr. ist ein sehr fragmentarisches Papyrus-Fragment erhalten, das eine Version des Eides bietet, die offenbar nur von Chirurgen geschworen wurde und in dem der Chirurg sogar als „edler Chirurg" (ἄριστος χειρουργός) bezeichnet wird.[52] In zahlreichen Schriften, in denen knochen-chirurgische und andere Methoden ausführlich beschrieben werden, zeigt sich die Chirurgie als lebensnah ausgeübte medizinische Praxis.[53] Die Chirurgie hat sich seit dem 2. Jahrhundert v.Chr., verstärkt aber seit der frühen Kaiserzeit zu einer eigenständigen Disziplin entwickelt, die geachtet war und besonders auf Ehreninschriften und Grabmalen memoriert wurde. Von mehreren Städ-ten wird beispielsweise im 2. Jahrhundert n.Chr. der Arzt Asklepiades aus Per-ge dafür geehrt, dass er mit chirurgischen Methoden, deren Ungewöhnlichkeit eigens hervorgehoben wird (παράδοξα), besonderen Erfolg gehabt habe.[54] Erst eine solche Entwicklung, die sich deutlich von der selbstverständlichen Integration der Chirurgie in der Medizin der hippokratischen Zeit unterschei-det, bildet aber die Voraussetzung für eine Distanzierung von der Chirurgie.[55]

Diese beiden für das ärztliche Selbstverständnis des Eides zentralen Ver-pflichtungen müssen nun auch im Zusammenhang der Textgeschichte betrach-tet werden. Dabei fällt nun auf, dass in den handschriftlichen Überlieferungen des Eides in den mittelalterlichen Manuskripten durchaus deutliche Unter-schiede sichtbar werden: In den christlichen Versionen als auch in der älteren handschriftlichen mittelalterlichen Tradition fehlt die Ablehnung der Chirurgie. Dagegen ist sie Bestandteil aller anderen Varianten. In der christlichen Version

---

schneiden, jedenfalls Steinleidende nicht" statt „ich werde nicht schneiden, auch Stein-leidende nicht". Anders Lichtenthaeler (1984) 165ff. („Nie und nimmer werde ich bei (Blasen)steinkranken den Schnitt machen…") und Diller (1994).

50   Letzteres bei K. Steinmann, Hippokrates. Der Eid des Arztes, Leipzig 1996, 15.

51   Nutton (2004) 171ff.

52   P. Oxy. III 437; dazu A. Wouters, Hermann Diels und P. Oxy. III 437, in: Philologus 121 (1977) 146-149.

53   Nutton (2004) a.a.O.

54   S. Sahin, Die Inschriften von Perge I (IKA 54) 1999, 14 Nr.12; vgl. Samama (2003) Nr. 341. Vgl. Nutton (2004) a.a.O.

55   Vgl. André (2006) 487 zu Plinius' skeptischer Haltung gegenüber den Ärzten, insbeson-dere den Chirurgen.

des Eides in den Handschriften wird der Abschnitt zu Mord, Selbstmord und Abtreibung ganz nach vorn gerückt und daher viel stärker hervorgehoben. Dies ist sicher vor dem Hintergrund des anders eingeschätzten Wertes zu verstehen, der dem menschlichen Leben zukommt.[56]

Die Überlieferung, die sich auf die Passage zur Ablehnung der Abtreibung im hippokratischen Eid bezieht, scheint sich weiter in die Antike zurückverfolgen zu lassen als die anderen Abschnitte des Eides. Soran (2. Jahrhundert n.Chr.) widmet dem Thema Abtreibungsmittel und Kontrazeptiva in seinem gynäkologischen Werk einen eigenen Abschnitt, in dem er terminologisch zwischen dem eigentlichen ‚Abtreibungsmittel' (φθόριον) und dem Mittel, Unfruchtbarkeit herbeizuführen (ἀτόκιον) bzw. dem Mittel, das austreibt (ἐκβόλιον), unterscheidet. In diesem Zusammenhang zitiert Soran den entsprechenden Passus aus dem Eid: οὐ δώσω δὲ οὐδενὶ φθόριον („ich werde auf gar keinen Fall jemandem ein Abtreibungsmittel geben"). Nun nennt er hierbei aber nicht den Eid als Quelle, sondern lediglich allgemein Hippokrates als Zeugen.[57] Eine Verallgemeinerung, in der φθόριον generell als Abtreibungsmittel gemeint ist, findet sich nur in den christlichen Versionen des Eides – auch hier wieder im Unterschied zum hippokratischen Eid, wo lediglich von einem ‚fruchtabtreibenden Tampon' die Rede ist:[58]

οὐδὲ γυναιξὶ φθόριον παρέξω·

Auch werde ich keiner Frau ein abtreibendes Mittel verabreichen.

Die Variante des Eides, die die Ablehnung der Abtreibung so stark in den Vordergrund stellt, scheint daher zumindest im 2. Jahrhundert schon allgemein bekannt und verbreitet gewesen zu sein, wenn sie nicht sogar genuin christlichen Ursprungs ist. So meinte nicht nur Soran sie als Teil des hippokratischen Eides identifizieren zu können, Ärzte argumentierten offenbar ganz allgemein unter Bezugnahme auf Hippokrates entsprechend. Aber bezeichnenderweise weist Soran auch darauf hin, dass es zu seiner Zeit diverse andere Ärzteschulen gab, die sich einer anderen Praxis verpflichtet sahen. So ist also hier mit einer durchaus größeren Vielfalt zu rechnen.

Der Abschnitt über die Ablehnung der Abtreibung im hippokratischen Eid lässt sich so also doch in einen gewissen zeitlichen Kontext einordnen. Dies

---

56   So im Amb. B 113 sup. fol. 2; vgl. die Handschriften Bononiensis 3632 und Scolariensis S II 5 bei Jones (1924) 22ff.; vgl. den Text im Lorscher Arzneibuch: dazu Schubert (2005) 69 mit Anm. 195. Die Ablehnung der Chirurgie fehlt aber auch in der mittelalterlichen Handschrift, die die größten Gemeinsamkeiten mit dem antiken Papyrus-Fragment des Eides hat. Da dieses wiederum das einzige Zeugnis aus der Antike ist, das zumindest einen Teil des Eides in einem nachweisbar originalen, antiken Wortlaut überliefert, kann nicht ausgeschlossen werden, dass es auch in der nicht-christlichen Überlieferung der Antike eine Version gegeben hat, in der diese Ablehnung der Chirurgie ebenso fehlte.

57   Soran I 60,2 (= Ilberg, 45,10).

58   Ambrosianus 113 sup. fol. 2; vgl. Urbinas 64 fol. 116.

gelingt mit dem Abschnitt über die Ablehnung der Chirurgie nicht in gleicher Weise. Aus der handschriftlichen Überlieferung kann man wohl schließen, dass der Chirurgie eine geringere Bedeutung in der historischen Entwicklung des Eidestextes zukam. Vielleicht stellt die spätere Einfügung eines generellen Schneideverbots sogar eine Art artifizielle Hervorhebung dar, die dem Eid dadurch zusätzliche Bedeutung verleihen sollte.[59]

Dass sich in einem Text wie dem hippokratischen Eid, dessen Konstruktionscharakter offensichtlich ist, verschiedene, durchaus unterschiedlichen Zeitaspekten zuzurechnende Entwicklungsstufen finden, wird niemanden überraschen. Jedoch ist für die Rekonstruktion der Überlieferungsgeschichte des Textes in der Antike und damit auch für eine genauere Sicht dieser Entwicklungsstufen, gerade wenn es um die Frage geht, in welchen Kontext diese Vorstellungen über die Unverletzlichkeit des menschlichen Lebens gehören, aus dem einzigen Originalzeugnis der antiken Überlieferung weiterer Aufschluss zu gewinnen. Die Überlieferung des Textes, die seit der Renaissance zu einem auch in den einzelnen Formulierungen festgefügten Bild des hippokratischen Eides wurde, geht auf mittelalterliche Handschriften zurück, deren älteste in das 10. Jahrhundert gehört.[60] Der einzige direkt aus der Antike stammende Text, der den hippokratischen Eid zumindest teilweise im Wortlaut wiedergibt, befindet sich auf der Rückseite eines Papyrus, dessen Vorderseite einen dokumentarischen Text enthält.[61] Die Rückseite mit dem hippokratischen Eid lässt sich aus paläographischen Gründen ins 3. Jahrhundert n.Chr. datieren. Der Papyrus-Text setzt zwar erst mit παραγγελίης τε καὶ ἀκροήσιος καὶ ein. Doch Umfang und Anordnung des Textes lassen sich durchaus soweit rekonstruieren, so dass zumindest davon ausgegangen werden kann, dass der gesamte Text des Eides auf dem Blatt stand.

Es lässt sich weiterhin zeigen, dass die Sprache, d.h. die Wortwahl in den zentralen Passagen des Eides durchaus einen weiteren Aufschluss geben kann über den historisch-intellektuellen Kontext der zentralen Aussage zum Wert menschlichen Lebens. Sehr klar zeigt sich dies in der Formulierung des mittleren Abschnittes: „In reiner und heiliger Weise werde ich über meine Lebensweise und meine Kunst wachen" (Ἁγνῶς δὲ καὶ ὁσίως διατηρήσω βίον ἐμὸν καὶ τέχνην ἐμήν). An dieser Stelle im Eid häufen sich die Auffälligkeiten der Wortwahl ganz besonders.[62] Die Bedeutung von ἀγνῶς (in reiner Weise) verweist auf eine besondere Reinheit, die jegliche Verschmutzung ausschließt, aber insbesondere diejenige, die das Betreten eines Heiligtums unmöglich machen würde. Hierfür lassen sich zahlreiche Beispiele aus antiken Reinheitsvorschriften anführen, die ein Betreten des jeweiligen Heiligtums nach Verunreinigungen durch Tod,

---

59   Jones (1924) 48.
60   Dazu Jouanna (1995) 253ff.
61   P. Oxy. XXXI, 2547: Die Datierung stützt sich auch auf paläographische Gründe. Zu
      den Einzelheiten Schubert/Scholl (2005) 247ff.
62   v. Staden (1996) und (1997).

Blutschuld, Geburt und Menstruation verbieten.[63] Noch deutlicher macht dies der zweite hier verwendete Ausdruck – ὁσίως („in heiliger Weise") meint hier eine durch Billigung und Gutheißen göttlicher Autorität sanktionierte Lebensweise, die weniger die konkrete Sphäre des alltäglichen Lebens als vielmehr die kognitiven und intellektuellen Tätigkeiten des Arztes umfasst. Das in diesem Zusammenhang nun im Papyrustext anders als in der immer als maßgeblich betrachteten mittelalterlichen Handschriftenüberlieferung verwendete Verb δια-τηρήσω („bewahren") ist aber ein Verb, das in der Literatur der klassischen Zeit nicht vorkommt, sondern sich überhaupt erst seit der hellenistischen Zeit nachweisen lässt; es ist im Kontext einer moralisierenden Intellektualisierung zu sehen, die die Lebensweise und ärztliche Tätigkeit in rituell begründeter Reinheit präsentiert.[64] Wortuntersuchungen zu dem einzigen antiken Fragment des Eides auf dem genannten Papyrus zeigen einen im Vergleich zu der mittelalterlichen Texttradition deutlichen Schwerpunkt in christlich geprägter Wortwahl.[65] Wortwahl und die inhaltlichen Abweichungen weisen auf einen eindeutigen Befund hin: Die früheste antike Textüberlieferung zum hippokratischen Eid ist ein im Sprachlichen christlich geprägter Text. Die Absolutsetzung des menschlichen Lebens würde durchaus hierzu passen.

Auch die Anklänge an die Sakralsprache, wie sie sich in der Verwendung von ἁγνῶς und dem Ausdruck „unaussprechlich", im Sinn von „heilige Geheimnisse" (ἄρρητα) niederschlagen,[66] sind offenbar ganz bewusst eingesetzt worden, um diese Tendenz zu verstärken. Der Verlauf der Textentwicklung zeigt, dass einige dieser sprachlichen Mittel in den Versionen der mittelalterlichen Manuskripte deutlich häufiger verwendet werden als etwa in dem Papyrus-Fragment. Daher sollen sie offensichtlich gerade diesen Aspekt des Eides unterstreichen: Sie sollen die ärztliche Tätigkeit aus dem Alltag herausheben. Die sakralen und rituellen Anklänge, die sich im Sprachgebrauch des Eides zeigen, und die Einstellung dem menschlichen Leben gegenüber mit der starken Neigung zur „Menschenliebe" (φιλανθρωπία) unterscheiden ihn nicht nur deutlich von der hippokratischen Medizin, sondern verweisen eindeutig auf die Nähe zur römischen und christlichen Medizin.[67]

Nun gruppieren sich die verschiedenen Abstandsgebote genau um diesen Kernsatz des zweiten Teils des Eides: Ἁγνῶς δὲ καὶ ὁσίως διατηρήσω βίον ἐμὸν καὶ τέχνην ἐμήν.[68] Die Verwendung von ἁγνῶς und auch ὁσίως verweist

63 Sokolowski, LSCG 119; vgl. SEG XLIII 1131 (Ptolemais, Ägypten, 1. Jh.); 124 (Eresos, 2. Jh.); 54 (Delos, Ende 2. Jh.); 91 (Lindos, 3. Jh.).
64 v. Staden (1996) 417, 427ff., 429ff. mit Parallelbelegen.
65 Ausf. dazu Schubert/Scholl (2005) 247ff.
66 Vgl. Xen. Hell. 6,3,6.
67 Mudry (1997).
68 Vgl. zur Stellung dieses Satzes als Mittel- und Kernsatz des Eides v. Staden (1996) 433f. mit Anm.86, der darauf hinweist, wie unterschiedlich die Stellung dieses Satzes eingeschätzt worden ist: Edelstein (1967) 5ff., 15ff. hat ihn als explanatory elaboration der nachfolgenden Gebote verstanden und den Satz insgesamt als Hauptbeleg für seine The-

auf eine Vorstellung von moralisch intellektualisierter Reinheit, die nicht vor dem 4. Jahrhundert v.Chr. literarisch nachweisbar ist[69] und in den Inschriften überhaupt erst seit dem 2. Jahrhundert v.Chr. im Kontext des Asklepios-Kultes häufiger zu finden ist. Der moralische Tenor des gesamten Eides verweist auf eine Selbsteinschätzung in der ärztlichen Lebensführung und Praxis, die ihre Parallelen in hellenistischer Zeit hat.[70] Da es sich um eine sehr seltene und vor den nachchristlichen Jahrhunderten offenbar nur zweimal (nämlich im hippokratischen Eid und am Portal des Asklepios-Tempels in Epidauros) vorkommende Verbindung dieser beiden, an sich semantisch verschiedenen Worte handelt, hat man wiederum eines der wenigen Elemente gewonnen, die einen chronologischen Anhaltspunkt bieten.[71] Denn neuerdings hat sich gezeigt, dass eben gerade diese Inschrift in die Epoche der Zeitenwende zu datieren ist und damit als Datierungsanhalt für diesen Kernsatz des hippokratischen Eides auch viel eher auf die hellenistisch-römische Zeit deutet.[72] In Absetzung von den organisatorischen und juristischen Klauseln der Lehrverträge ist der ganze zweite Teil des Eides durch das Bedeutungsfeld von rituell-kultischer Reinheit und Intellektualisierung auf eine andere, moralisierende Ebene gehoben. Hier lässt sich durch einen Perspektivwechsel die Differenzierung zwischen der persönlichen ethischen Verpflichtung und der offiziösen, wenn nicht sogar öffentlich geregelten Ebene unterscheiden.

Interessant ist aber nun, dass sich die mittelalterliche und neuzeitliche Rezeption auf eine Textüberlieferung konzentriert hat, die eine pagane Tradition, verbunden mit der Person des Hippokrates, in den Vordergrund gerückt hat. Die auch in mittelalterlichen Handschriften erhaltene christliche Variante,[73] die ihren christlichen Charakter in der Kreuzesform des Textes visualisiert, wird heute immer als späterer Nebenstrang der Überlieferung betrachtet, dem für die Konstruktion der Bedeutungsgeschichte und ihres Wirkungszusammenhangs wenig Gewicht beigemessen wird.[74] Eine solche Bewertung ignoriert jedoch den hohen Authentizitätswert, der insbesondere dem Papyrus-Fragment zukommt. Der historische Kontext, der sich für die Kernpassagen des hippokratischen Eides

---

se von der pythagoreischen Herkunft des Eides gesehen; für Deichgräber (1983) 14ff., 31 ist der Satz der Abschluss der Passage über die Ablehnung der Beihilfe zu Mord, Selbstmord und Abtreibung; dagegen hat Lichtenthaeler (1984)18ff., 153ff. die auch von v. Staden hervorgehobene Zentralstellung bereits betont.

69   v. Staden (1997) 158 ff. mit den epigraphischen Parallelen.

70   v. Staden (1996) 424; vgl. ders. (1997) 180f.

71   J. Bremmer, How old is the Ideal of Holiness (of Mind) in the Epidaurian Temple Inscription and the Hippocratic Oath? ZPE 141 (2002) 106-108, eine Übersicht der epigraphischen und literarischen Parallelen a.a.O. 107.

72   Bremmer a.a.O. 108.

73   Urbinas 64 f. 116, Ambrosianus B 113 suppl. f. 2; Abbildung und Kollationierung bei Jones (1924) 22f.; vgl. dazu Schubert (2005) mit Abb.

74   Vgl. aber Jouanna (1996) 260ff., der den Wert der Ambrosianus-Überlieferung ebenso wie Jones (1924) neuerdings betont.

zeigen lässt, die Tatsache, dass das älteste erhaltene Text-zeugnis einen christlich geprägten Sprachgebrauch zeigt und dass dieser christliche Überlieferungszweig in der mittelalterlichen Überlieferung auch weitertradiert wird, sind als sichere Hinweise darauf zu verstehen, dass die christliche Prägung in der Überlieferung des Eides eine mindestens ebenso bedeutsame Rolle gespielt hat wie die pagane.

Es scheint nun wirklich so zu sein, dass es in keiner Epoche, weder in der Antike noch im Mittelalter oder in der Neuzeit, *den* hippokratischen Eid gegeben hat. Vielmehr ist entsprechend den verschiedenen Gruppen-, Gesellschafts- und Sonderinteressen und ihren Erwartungen an Ethik, Praxis und τέχνη jeweils ein spezifischer Text, sei es als Eid, sei es als Vertrag oder in beiderlei Form verwendet worden.[75]

Der hier beschriebene historische Kontext für die Kernpassagen des Eides lässt darauf schließen, dass der Eid für eine Gruppe von Ärzten steht, die in einem stark christlich geprägten Umfeld tätig waren. Dies legt nahe, dass man in einer eher späteren Phase des Hellenismus sehr unterschiedliche Elemente zusammengefügt hat, die man um das Kernstück, die Vorstellung von dem unbedingt zu schützenden menschlichen Leben gruppierte. Zumindest zeigen aber sowohl die Textüberlieferung der mittelalterlichen Handschriften als auch die hier miteinbezogene Papyrustradition, dass wir mit einem nicht unerheblichen christlichen Zweig der Überlieferung zu rechnen haben. Die Prominenz, die der Eid seit dem 1. und 2. Jahrhundert n.Chr. gewonnen hat, dürfte sich wohl seiner Verankerung in einem durch die christliche Auffassung vom Wert des menschlichen Lebens geprägten Kontext verdanken.

Literatur

André (2006) = J.-M. André, La médecine à Rome. Paris 2006

Deichgräber (1983) = K. Deichgräber, Der hippokratische Eid, 4. Aufl. Stuttgart

Diller (1994) = H. Diller, Hippokrates. Ausgewählte Schriften, Stuttgart (mit einem bibliographischen Anhang von K.-H. Leven)

Edelstein (1967) = L. Edelstein, Ancient Medicine: Selected Papers of Ludwig Edelstein. Ed. by O. Temkin/C. L. Temkin, Baltimore 1967

Flashar (1997) = H. Flashar, Ethik und Medizin – Moderne Probleme und alte Wurzeln, in: Flashar/Jouanna (1997), 1-19

Flashar/Jouanna (1997) = H. Flashar/J. Jouanna (Hrsg.), Médecine et morale dans l'antiquité, Genf 1997, 121-155 (Entretiens sur l'antiquité classique XLIII)

Hanson (1995) = A. E. Hanson, Paidopoïa: Metaphors for conception, abortion, and gestation in the Hippocratic Corpus, Clio medica 27 (1995), 291-307

Harig/Kollesch (1978) = G. Harig, J. Kollesch, Der Hippokratische Eid. Zur Entstehung einer antiken Deontologie, Philologus 122, 1978, 157-176

Heiberg (1928) = Hippocratis Opera I 1, ed. I.L. Heiberg, Leipzig 1928

---

75   Vgl. dazu v. a. Rütten (1996) und V. Nutton, Beyond the Hippocratic Oath. Clio medica 24 (1993), 10-37.

Jacobsen (2006) = A.-C. Lund Jacobsen, The constitution of man according to Irenaeus and Origen, in: B. Feichtinger/S. Lake/H. Seng, Körper und Seele. Aspekte spätantiker Anthropologie, München 2006, 67-94

Jones (1924) = W. H. S. Jones, The Doctor's Oath, Cambridge

Jouanna (1995) = J. Jouanna, Un témoin méconnu de la tradition hippocratique: L'Ambrosianus Gr.134 (B113 sup.), Fol.1-2 (avec une nouvelle édition du Serment et de la Loi), in: A. Garzya/J. Jouanna, Storia e Ecdotica dei Testi Medici Greci, Neapel 1995

Kollesch/Nickel (1994) = J. Kollesch/D. Nickel, Antike Heilkunst. Ausgewählte Texte, Stuttgart

Kudlien (1970) = F. Kudlien, Medical Ethics and Popular Ethics in Greece and Rome, Clio Medica 5 (1970), 91-121

Kudlien (1978) = F. Kudlien, Zwei Interpretationen zum Hippokratischen Eid, Gesnerus 35, 1978, 253-263

Leven (2005) = K.-H. Leven, Antike Medizin. Ein Lexikon. München 2006

Lichtenthaeler (1984) = Ch. Lichtenthaeler, Der Eid des Hippokrates, Ursprung und Bedeutung. Köln

Miles (2004) = S. Miles, The Hippocratic Oath and the Ethics of Medicine, Oxford

Moissides (1922) = M. Moissides, Contribution a l'Etude de l'Avortement dans l'Antiquite Grecque, Janus 26, 1922, 29-38

Mudry (1997) = Ph. Mudry, Ethique et médecine à Rome: La Préface de Scribonius Largus ou l'affirmation d'une singularité, in: Flashar/Jouanna (1997), 297-322

Nutton (2004) = V. Nutton, Ancient Medicine, London

Riddle (1992) = J. Riddle, Contraception and Abortion from the Ancient World to the Renaissance, Cambridge.Mass.1992

Rütten (1997) = T. Rütten, Medizinethische Themen in den deontologischen Schriften des Corpus Hippocraticum, in: Flashar/Jouanna (1997), 65-120

Samama (2003) = E. Samama, Les Médecins dans le monde grec, Genf

Schubert (1985) = Ch. Triebel-Schubert, Bemerkungen zum Hippokratischen Eid, in: Medizinhistorisches Journal 20 ,1985, 253-260

Schubert (1997)= Ch. Schubert, Menschenbild und Normwandel in der klassischen Zeit, in: Flashar/Jouanna (1997), 121-155

Schubert/Huttner (1999) = Ch. Schubert/U. Huttner, Frauenmedizin in der Antike (Reihe Tusculum), Düsseldorf/Zürich

Schubert/Scholl (2005) = Ch. Schubert/R. Scholl, Der Hippokratische Eid: Wie viele Eide und wie viele Verträge? Medizinhistorisches Journal 40 (2005), 247-273

Schubert (2005) = Ch. Schubert, Der hippokratische Eid, Darmstadt 2005

Schubert/Leschhorn (2006) = Ch. Schubert/W. Leschhorn, Hippokrates, (Reihe Tusculum), Düsseldorf/Zürich 2006

Stoll (1992) = U. Stoll, Das „Lorscher Arzneibuch". Ein medizinisches Kompendium des 8. Jahrhunderts (Codex Bambergensis Medicinalis 1) Text, Übersetzung und Fachglossar, Stuttgart 1992 (= Sudhoffs Archiv Beih. 28)

Temkin (1995) = O. Temkin, Hippocrates in a World of Pagans and Christians, Baltimore/London

v. Staden (1996) = H. v. Staden, „In a pure and holy way": Personal and Professional Conduct in the Hippocratic Oath, Journal of the History of Allied Sciences 51,1996, 404-437

v. Staden (1997) = H. v. Staden, Character and Competence. Personal and Professional conduct in Greek Medicine, in: Flashar/Jouanna (1997), 157-195

Heinrich Schmidinger

Topologien des Menschlichen: Resümee und Ausblick
Schlussvortrag zu einer Tagungs- und Publikationsreihe

Die Wissenschaftliche Buchgesellschaft in Darmstadt, der Verlag, welchem wir die Publikation der Buchreihe „Topologien des Menschlichen" anvertraut haben, charakterisiert sowohl in seinen Werbebroschüren als auch auf den Rückseiten der einzelnen Bände, dass die Veranstaltungs- und Buchreihe „Topologien des Menschlichen" es sich zur Aufgabe gestellt habe, „in insgesamt sieben Bänden das heute verfügbare Wissen über den Menschen zusammenzuführen, die unterschiedlichen Disziplinen miteinander ins Gespräch zu bringen und so den Boden zu bereiten für eine philosophische Reflexion über den Menschen". Dieses weitgesteckte Ziel klingt natürlich gut und verspricht hinsichtlich Werbung durchaus einen erwartbar positiven Effekt. Deshalb haben auch mein Kollege Clemens Sedmak und ich als Herausgeber aller sieben Bände – der sechs bereits erschienenen und des vorliegenden siebten Bandes – dagegen nie Einspruch erhoben. Jetzt hingegen, wo es gilt, eine Art Schlusswort zur Gesamtreihe – der sieben Tagungen sowie der sieben Bücher – zu sprechen, muss in aller Bescheidenheit daran erinnert werden, welcher Gedanke am Anfang stand und welches Motiv uns als Verantwortliche für das inhaltliche Konzept und die Umsetzung desselben in Veranstaltungen und Publikationen leitete.

Als die Mitglieder des Wissenschaftlichen Beirates der Österreichischen Forschungsgemeinschaft der Idee näher traten, eine eigene Arbeitsgemeinschaft einzusetzen, die sich wieder einmal der ebenso hehren wie allemal aktuellen und gebotenen Frage „Was/Wer ist der Mensch?" widmen möge, kam es erwartungsgemäß zu ausführlichen Diskussionen darüber, wie dies unter den Bedingungen, Ausgangspunkten und Ergebnissen der heutigen wissenschaftlich-kulturellen Diskurse sinnvoll und vertretbar geschehen könne. Über die Notwendigkeit in die Debatte mit einzusteigen, war man sich rasch einig. Niemand bestritt, dass Bemühungen um eine wissenschaftliche Selbstvergewisserung des Menschen zu jeder Zeit dringlich sind, nicht zuletzt im Hinblick auf die kulturellen, gesellschaftlichen und politischen Konsequenzen, die sich daraus ergeben. Man war sich auch einig darin, dass die allzeit gegebene Dringlichkeit in unseren Tagen ganz besonders gegeben sei – *erstens*, weil sich das Wissen um den Menschen in vielen Einzelwissenschaften ständig erweitert, differenziert und gegenüber bisherigen Erkenntnissen auch radikal erneuert, *zweitens*, weil der ungeahnt voranschreitende technologische Fortschritt nicht nur Schlag auf Schlag eine völlig veränderte „conditio humana" schafft, sondern in vielen

Menschen – vor allem in jenen, die von ihm am meisten profitieren – bereits
ein gegenüber früher gewandeltes Verständnis ihrer selbst erzeugt hat, *drittens*,
weil die Globalisierung der Gesellschaft, sprich das Kleinerwerden der Welt und
damit alles Interkulturelle, Interreligiöse, Intermediale … ständig voranschreitet
und so die bisherigen Muster menschlicher Selbstreflexion aufbricht und in Folge sowohl die Einzelnen als auch die Gemeinschaften und die Gesellschaften
auf Reisen mit unbekannten Zielen schickt, *viertens* schließlich, weil gleichzeitig
zu all dem eine neue Demütigung des einst aufrecht gehenden Wesens Mode
geworden ist, indem von einem Tod des Subjekts gesprochen wird, indem es
heißt, dass vom Menschen – wohin auch immer – wegzudenken sei, indem zur
Erinnerung gelangt, dass der Mensch erst im 17. Jahrhundert erfunden worden
sein soll, oder indem wissenschaftlich erwiesen zu sein scheint, dass sich im
menschlichen Gehirn und folglich in allem, was daraus hervorgeht, das meiste naturwissenschaftlich, technologisch, neurologisch erklären lasse. Wie kann
man aber, so fragten wir uns in den Diskussionen des Wissenschaftlichen Beirates der ÖFG, auf der einen Seite der Notwendigkeit, die Frage „Was/Wer
ist der Mensch?" zu stellen und zu beantworten versuchen, Tribut zollen, auf
der anderen Seite aber auch einen wissenschaftlich vertretbaren Ansatz finden,
welcher von Hause aus der genannten Differenzierung der anthropologischen
Aussagen in den Einzelwissenschaften entspricht?

Zwei Dinge waren sogleich klar, bildeten sozusagen zwei Ausgangseviden-
zen: Zum *einen* konnten die Bemühungen der Arbeitsgemeinschaft nicht das
Ziel haben, eine Anthropologie nach traditionellem Verständnis und Muster zu
entwickeln, die – damit bin ich beim eingangs zitierten Werbetext der WBG
– „das heute verfügbare Wissen über den Menschen" zusammenführt und am
Ende so etwas wie eine summarische bzw. ganzheitliche Gesamt- oder gar Ein-
heitstheorie über den Menschen, eine metaphysische Anthropologie gewissermaßen, bietet. Dergleichen ist, ohne dass ich dies eigens begründen muss, im
Rahmen der heutigen Wissenschaften schlicht nicht leistbar und somit auch
nicht vertretbar. Zum *anderen* hat jegliche Bemühung in dieser Richtung davon
auszugehen, dass alles definitorische Reden über den Menschen nicht bloß eine
spezielle, gegebenenfalls einzelwissenschaftliche Konnotation, sondern grund-
legender noch eine geschichtliche, kulturelle und gesellschaftliche Relativität besitzt. Aus beidem folgt, dass Anthropologie als spezifische Befassung mit dem
Menschen allein dann eine Aussicht auf Erfolg hat, wenn sie dem von Hause
aus Rechnung trägt und sich darauf einstellt, dass ihr theoretischer Gehalt nur
insofern an Allgemeinheits- bzw. Objektivitätsgrad gewinnt, als diesem erstens
eine transdiskursive bzw. eine interdisziplinäre Verständigung zugrunde liegt
und sich zweitens in ihm die besagte Relativität reflektiert.

Nimmt man beides ernst, so legt sich als Ausgangspunkt einer anthropologischen Bemühung, wie wir sie im Schilde führten, eine topologische Betrachtung nahe. „Topologie" meint zunächst etwas gleichermaßen Rhetorisches wie
Historisches. „Topoi" sind in der Rhetorik Aussagen, die einem unwillkürlich
einfallen, wenn man sich zu einem bestimmten Thema zu äußern hat. Banal

könnte man sagen, dass es sich hierbei um Allgemeinplätze handelt, die sich einstellen, wenn man sich ohne langes Nachdenken, sozusagen landläufig über ein Thema verständigen möchte. Insofern haben „Topoi" a priori etwas historisch Bedingtes und Relatives an sich, unterliegt doch kaum etwas dem geschichtlichen, kulturellen und gesellschaftlichen Wandel so sehr wie sich von selbst aufdrängende Gesprächsweisen und Meinungen. Genau um solche Ansichten, Meinungen, Allgemeinplätze handelt es sich – nach unserer Unterstellung – bei den traditionellen, klassischen Aussagen und Definitionen des Menschen, dass er nämlich ein „animal rationale", ein „ζῷον πολιτικόν", ein Freiheitswesen, ein sprachbegabtes „animal symbolicum", ein „Abbild Gottes" oder dergleichen sei. Natürlich gibt es zu diesen traditionellen Aussagen und Definitionen viel zu sagen und zu denken – die einzelnen Bände der Buchreihe belegen es, sie geben eine reichhaltige Diskussionsgeschichte wieder, die sich an ihnen entzündet hat –, trotzdem sind sie trotz ihres immer noch hohen Stellenwerts in der europäisch-westlichen Kultur und Wissenschaft bereits so sehr ins allgemeine und wissenschaftliche Bewusstsein eingegangen, dass auf sie spontan zurückgegriffen wird bzw. dass sie sich quasi von selbst einstellen, wenn es wieder einmal darauf ankommt, etwas über das Wesen des Menschen zu sagen. So gesehen bilden sie Topoi im Sinne der alten Rhetorik – unwillkürlich zuhanden seiende Redeweisen, Meinungen, Allgemeinplätze.

In dieser Hinsicht erscheinen sie wohl ihrer Ehrwürdigkeit entkleidet und nahezu auf ihre pragmatische Verwendung reduziert, sie können dadurch aber gleichzeitig als Stellen oder Orte fungieren, von denen aus sich Orientierungen gewinnen lassen, sobald es darum geht, im unübersichtlichen Gebiet des Wissens über den Menschen bzw. in der unendlichen Vielfalt der menschlichen Selbstvergewisserung wenigstens punktuell Fuß zu fassen. Sie bilden mit einem Mal Schnittpunkte von Koordinaten, in deren Aufspannung Aussagen über den Menschen sowie Selbstausdrücke desselben einen jeweiligen Ort erhalten. Die Topologien werden so zu Ortsbestimmungen, mit deren Hilfe sich Vermessungen durchführen lassen – sowohl in Richtung Geschichte als auch in Richtung Gegenwart. Und so liegt schließlich dem nach etlichen Diskussionen entstandenen Programm der „Topologien des Menschlichen" die Überzeugung zugrunde, dass sich über den Menschen heute wissenschaftlich vertretbar sprechen und an Erkenntnissen gewinnen lässt, wenn im Ausgang von den klassischen anthropologischen „Topoi" Ortsbestimmungen und Vermessungen vorgenommen werden, indem sich die verschiedenen Diskurse und wissenschaftlichen Disziplinen zu ihnen in Beziehung setzen und dabei reflektieren bzw. angeben, in welchem Sinne sie sich zu ihnen verhalten und gegebenenfalls festhalten, in welcher Nähe oder in welchem Abstand sie sich zu ihnen befinden. Was dabei entsteht, ist erwartungsgemäß keine ganzheitliche Schau des Menschen, auch keine metaphysische Einheitsanthropologie, schon gar nicht ein abschließendes Resümee über das menschliche Wesen, sehr wohl aber ein Kaleidoskop, sprich eine „lebendig-bunte Folge" von wechselnden Eindrücken, Ansichten, Bildern und Aussagen des Menschen bzw. über den Menschen. Und das Verbindende dieser Folge liegt nicht in einem gemeinsamen Grundbestand, der quasi als fundamentales Prinzip sämtliche Eindrücke, Ansichten, Bilder und Aussagen durchziehen, auf sich vereinigen oder gar aus sich hervorgehen lassen würde, sondern lediglich darin, dass sie allesamt denselben Bezugspunkt, eben den Menschen haben. Aus ihnen entspringt deshalb auch nichts Vereinheitlichendes oder Systematisierendes, vielmehr etwas, das man philosophisch als Erfahrungswissen bezeichnet, sprich ein Wissen, das sich im Gehen eines Weges einstellt und wiederum nur aus dem Gehen auf einem Weg lebt. Auch ein Weg benötigt, damit er irgendwohin zielt, der Wegmarken, der Orte, an denen er vorbeiführt oder von denen er ausgeht, sonst ist er kein Weg, sondern bloßes Gelände, das man beliebig, jedenfalls orientierungslos durchziehen kann. Als derartige Wegmarken und Orte eines Weges oder besser eines Wegenetzes verstehen wir die „Topoi", durch die speziell in der europäisch-westlichen Kultur- und Geistesgeschichte – zum Teil in Auseinandersetzung mit nicht-europäischen Traditionen bzw. durch partielle Rezeption derselben – der Mensch definiert wurde. Geht man an ihnen vorbei oder von ihnen aus, orientiert man sich an ihnen, so kann man nicht nur von den Wegen berichten, die in der Geschichte der Kultur und der Wissenschaften bisher beschritten wurden, man vermag darüber hinaus zu vermuten, wo man sich jetzt, gegenwärtig, bezogen auf die bekannten Orte befindet. Die „Topologien des Menschlichen" verstehen sich auch in dieser Hinsicht als Ortsbestimmungen, als Vermessungen im Gebiet des heutigen Wissens über den Menschen.

In den Rezensionen und Kritiken der bereits erschienenen Topologien-Bände wurde immer wieder gefragt, warum nicht andere anthropologische „Topoi"/Definitionen gewählt worden seien, bzw. es wurde direkt eingewendet, dass die ausgesuchten Aussagen den Menschen nur in positiver und auszeichnender Hinsicht anvisierten – dies selbst beim „Mängelwesen", bilden die Mängel doch zugleich die Voraussetzung dafür, dass der Mensch zum Großkompensator wird und sich zu ungeahnten Höchstformen seiner Wesensleistungen angestachelt fühlt. Die negativen Seiten, die ihn ebenfalls markant von allen anderen Lebewesen unterscheiden, kämen nicht zur Sprache. Darauf will ich jetzt nur antworten, dass der Auswahl der sieben „Topoi"/Definitionen, wie sie getroffen wurde, in der Tat keine Stringenz zugrunde lag und liegt. Natürlich hätten auch andere „Topoi"/Definitionen gewählt werden können. Der Grund, warum wir uns für die bekannten sieben „Topoi"/Definitionen entschieden haben, liegt einzig und allein darin, dass sie nach der Einschätzung von Clemens Sedmak und mir in der europäisch-westlichen Kultur- und Geistesgeschichte die prominentesten und am meisten diskutierten waren, unseres Erachtens – das belegen nicht zuletzt die erschienenen sieben Bände – auch nach wie vor sind. Es hätten selbstverständlich auch andere herangezogen werden können. Was die negativen Spezifika des Menschen anbelangt, so stimmt es wiederum, dass sie nicht eigens zu Tagungs- oder Buchtiteln gemacht wurden. Sie waren aber, dies möchte ich in Anspruch nehmen, von Anfang an mitgedacht und mitintendiert. Zu jeder positiven Differentia specifica gibt es bekanntlich ein

Gegenteil, welches anzusprechen bzw. in den Vorträgen und Beiträgen zu berücksichtigen sogar ausdrücklich erwünscht war.

So ist der in den „Topologien des Menschlichen" gewählte Weg, der Frage „Was/Wer ist der Mensch?" nachzugehen, nicht der einzig mögliche. Ganz bestimmt gibt es auch andere mögliche Wege. Bedenkt man jedoch noch einmal die Koordinaten, bezogen auf welche die Wissenschaften diese Frage im Bewusstsein ihrer eigenen Rahmenbedingungen, Möglichkeiten und Fähigkeiten zu beantworten versuchen, dann erscheint er mir als ein realistischer, pragmatischer und – in Einschätzung des Erreichbaren – zielführender. Gewiss steht jetzt am Ende des Projektes „Topologien des Menschlichen" kein eindeutiges Ergebnis vor uns – keine neue Definition, keine große Synthese, kein abschließendes Resümee. Ein solches Ergebnis, so es überhaupt denkbar gewesen wäre, erweist sich schon deshalb als nicht erreichbar, als der von Hause gewünschte und geforderte trans- bzw. interdisziplinäre Dialog, welcher ein geradezu konstituierendes Element des gesamten Projektes gebildet hat, nur schwer und selten gelingt. Wie in „der" Wissenschaft insgesamt ist es auch uns ergangen: Von Trans- und Interdisziplinarität wird so viel gesprochen; man führt sie im Munde, weil man immer mehr sieht, dass sich viele Fragestellungen und Probleme der Wissenschaften nur noch fächerübergreifend oder gar nicht mehr lösen lassen. Auch unser Projekt war und ist von dieser Überzeugung getragen. Gleichzeitig muss man aber von Mal zu Mal erleben, wie schwierig es ist, zwischen den verschiedenen Sprachen und damit zwischen den verschiedenen Denkformen, ja Kulturen zu vermitteln, welche den immer zahlreicher und zugleich immer spezialisierter werdenden Wissenschaften innewohnen. Deshalb ging es mitunter über diesbezügliche Versuche nicht wirklich hinaus. Das mag demotivieren, mehr ist jedoch nach meiner Einschätzung der heutigen Wissenschaftsszene kaum zu erwarten.

Es gibt freilich auch einen in der Sache selbst liegenden Grund, welcher es kaum möglich macht, in der Anthropologie so etwas wie ein eindeutiges oder gar resümierendes Ergebnis zu erzielen. Darauf möchte ich jetzt näher eingehen und mich dabei gleichzeitig von der Absicht leiten lassen, das nach meiner Beurteilung wichtigste und zentralste Problem in den wissenschaftlichen Debatten rund um die Frage „Was/Wer ist der Mensch?" zu benennen. Dabei werde ich abschließend Gelegenheit finden, mich auch zum Thema der heurigen Tagung „Der Mensch – ein Abbild Gottes?" zu äußern.

Der in der Sache selbst liegende Grund, dessentwegen es nicht möglich ist, Definitives und Summarisches über den Menschen sagen zu können, liegt darin, dass die Selbstverständigung bzw. Selbstvergewisserung desselben unausweichlich und unaufhebbar relativ ist. Es gibt keine Aussage, kein Bild, keine Definition, die/das der Mensch von sich bzw. über sich macht, die/das nicht bedingt wäre durch relativierende Umstände, die da sind: naturhafte Disponibilitäten, Biographie, Sprache, Kultur, Gesellschaft, Geschichte und anderes mehr. Es kann gar keine geben, weil es zum Menschsein als solchem gehört, relativiert zu sein. Dieses Fazit bildet nicht etwa das Ergebnis sowie die schlussendliche Erkenntnis unseres Projektes „Topologien des Menschlichen", keineswegs, es war von Anfang an bewusst, ja gab dem Projekt von den ersten konzeptionellen Überlegungen an seine Richtung. Nicht zuletzt deswegen hat es seinen Namen, seine Bezeichnung, seinen Titel erhalten. Insofern verbirgt sich hinter dieser Erkenntnis, dass am Menschen alles relativ ist, auch die Aussagen, Bilder und Definitionen, über die er sich mit sich verständigt, nichts Neues. Sie ist nicht einmal mehr ein alter Hut. Spannend wird es erst, wenn es an die Konsequenzen geht, die aus diesem Fazit gezogen werden.

Wie bekannt gab es seit dem 19. Jahrhundert nicht wenige Philosophen, aber auch Wissenschaftler und Schriftsteller, die diese Einsicht zum Anlass nahmen, dem Menschen jegliches authentische Selbstverhältnis und damit jede anhaltende Identität streitig zu machen. Im Zuge dessen erklärten sie hinsichtlich ‚Mensch' nicht nur die aristotelische Vorstellung von etwas Konstantem in allem sich Bewegenden und Verändernden für obsolet, sie verwarfen vor allem jegliches neuzeitliche Subjektverständnis – besonders Kants Begriff einer transzendentalen Subjektivität und erwartungsgemäß das idealistische Ich –, und selbst die existenzialistischen Vorstellungen vom geworfenen Selbstsein sowie die personalistische Ansicht von einer freien und verantwortlichen Mitte des Menschen erklärten sie für einen frommen Wunsch. Alle Rede von einem Selbst oder Ich, welches die Ganzheitlichkeit des Menschen sowohl in integrierender als auch in zeitlicher Hinsicht begründen und garantieren soll, wurde plötzlich als Illusion, Fiktion und reine Leerstelle entlarvt.

In der Tat lassen sich vor allem zwei Erfahrungen nicht von der Hand weisen, welche für eine solche radikale Schlussfolgerung sprechen: Zum einen ist der Mensch mit sich selbst unterwegs, d.h. er ist nicht von der Wiege bis zur Bahre derselbe, vielmehr *erlebt* er sich selbst, steht gelegentlich vor dem Ungeahnten an sich selbst, muss akzeptieren, dass er sich niemals zu dem Ganzen rundet, sondern in Widersprüchen auseinanderklafft, und hat sich zuzugestehen, dass es nach einem Wort von Michel de Montaigne in uns „ebenso viele Unterschiede zwischen uns und uns selbst wie zwischen uns und den anderen [gibt] (*et se trouve autant de difference de nous à nous mesme, que de nous à autruy).* " (*Essais* II, 1 [übers. H. Stilett, Frankfurt 1998, 168]) Dabei scheint sich herauszustellen, was Michel de Foucault nicht müde wurde nachzuweisen: Nichts am Menschen bleibt davon unberührt, auch und gerade das nicht, was unter dem Titel „Ich", „Selbst" oder „Subjekt" figuriert (vgl. W. Schmid, *Auf der Suche nach einer neuen Lebenskunst. Die Frage nach dem Grund und die Neubegründung der Ethik bei Foucault,* Frankfurt 1991). Vielmehr gilt: Je nach Erfahrung, die der Mensch mit sich selbst macht, besser: je nach ‚naturhaft', biografisch, kulturell bzw. gesellschaftlich bedingter Konstellation des Erfahrungsraumes, in dem er sich aufhält, wird er ein Anderer, nicht bloß als solcher – etwa ‚nur' gegenüber den Anderen bzw. seiner Umwelt –, sondern vor allem *zu sich selbst*. Er ist in der Tat *Viele*, tritt von Mal zu Mal in ein neues Verhältnis mit sich selbst und schafft sich darüber entsprechend verschiedene Formen der Selbstverständigung. Zum anderen macht der Mensch, wenn er die Erfahrung mit sich selbst macht, sich sozusagen selbst

erlebt, zugleich die Erfahrung, dass er von Hause aus bestimmt ist. Noch bevor er überhaupt dazu ansetzt zu denken, geschweige denn zu entscheiden
und zu handeln, ist bereits das meiste, um nicht zu sagen alles ausgemacht,
festgelegt, entschieden. Allemal gehen ihm so anonyme Größen wie Sprache,
Lebensumstände, Kultur, Gesellschaft, Wirtschaft oder Geschichte voraus und
determinieren nicht zuletzt das, was er an sich erlebt und empfindet, besonders alles, was er über sich aussagt bzw. zum Bild von sich erklärt. Dadurch
erscheint er gerade und ausgerechnet dort, wo er vermeintlich mit sich selbst zu
tun hat, sich über sich verständigt, sich selbst bestimmt, als sich entzogen, von
außen bestimmt, zuinnerst determiniert. Was liegt angesichts dessen näher als
zu schließen, dass es eben mit dem Ich, dem Selbstsein, dem Subjekt des Menschen nichts oder nur wenig ist?

Es braucht, glaube ich, nicht lange dargelegt und begründet zu werden, dass
diese Schlussfolgerung das europäisch-westliche Menschenbild, wie es sich in
all den Definitionen, welche auf unseren „Topologien"-Tagungen sowie in den
darauf folgenden Bänden behandelt und diskutiert wurden, prinzipiell in Frage
stellt. Denn selbst dort, wo die Tradition die Besonderheiten und vor allem
Fähigkeiten des Menschen maßvoll und nüchtern, ja gering einschätzte – wie
im Zusammenhang mit der Definition vom „Mängelwesen" bzw. in den epiku-
reischen, skeptischen, humanistischen und moralistischen Strömungen –, blieb
doch immer noch die Überzeugung bestehen, dass der Mensch seine Vernunft
und alle seine mit dieser in Verbindung stehenden Fähigkeiten dazu einsetzen
könne, sich selbst nach Maßgabe seiner Möglichkeiten zu bestimmen und sein
Leben zu gestalten. Wo davon nicht mehr ausgegangen werden kann – und
dies scheint mir mit der zuvor geschilderten Schlussfolgerung gegeben zu sein,
unabhängig davon übrigens, ob man diese (wie heute modern) auch noch naturalistisch untermauert –, steht die Anthropologie vor einer gegenüber früher
völlig anderen Situation. Sie hat, um in unserem Vokabular zu bleiben, gegenüber den bisherigen Definitionen einen wirklich anderen, einen völlig neuen
Ort – Topos – bezogen. Fast bin ich geneigt zu sagen, sie hat das bisherige klassische Koordinatensystem, mittels dessen der Menschen definiert und verortet
wurde, aufgelöst, jedenfalls erheblich verschoben – mit all den Konsequenzen,
die damit für das sowohl kognitive als auch normative kulturelle Selbstverständnis des Einzelnen und der Gesellschaft impliziert sind.

Es darf allerdings zurückgefragt werden, ob die besagte Schlussfolgerung
tatsächlich zwingend ist. So sehr sie sich nahe legt, verständlich ist und bis zu
einem gewissen Grad der alltäglichen und weniger alltäglichen Erfahrung entspricht, so sehr ist ihr doch affirmativ – also nicht im dem Sinne, dass nicht sein
kann, was nicht sein darf – entgegen zu halten: Auch wenn alles zugestanden
wird, dass sich nämlich das Selbstverständnis des Menschen permanent wan-
delt, die Bilder, die er von sich macht, sich immer wieder verändern, die Rollen,
in denen er sich versteht, andauernd wechseln, die Aussagen, die er über sich
trifft, alles andere als definitive Eindeutigkeit besitzen, dass mit einem Wort
der Mensch zu sich selbst von Mal zu Mal ein anderer wird – ist und bleibt es

dann nicht immer noch *er selbst*, der *sich* verschieden versteht, unterschiedlich verbildlicht, kaum abzählbare Rollen spielt? Wer sonst, wenn nicht *er selbst*, erlebt, erfährt und stellt fest, dass ihm weder eine abschließende Summe noch eine integrierend rundende Synthese seiner selbst gelingt? Und verhält es sich nicht so, dass es eben *er* ist, der von sich weiß, dass er viele ist? Muss nicht all dem zuvor Gesagten zum Trotz festgehalten werden, dass es so etwas wie ein Selbstsein des Menschen geben muss, weil sich ansonsten nicht einmal seine Relativität erklären lässt, die ja doch allemal eine Relativität *an ihm selbst* bzw. eine Relativität *seiner selbst* bleibt?

Gesteht man die Berechtigung dieser Rückfragen zu, stößt man sogleich auf das Problem, wie das Selbstsein des Menschen zu begreifen sei. An dieser Stelle müsste ich auf die mehrfachen Lösungsansätze eingehen, die seit dem Deutschen Idealismus entwickelt und diskutiert wurden. Das ist im Rahmen eines Vortrages nicht möglich. Deshalb gestatte man mir, gleich in medias res zu gehen: Nach meiner Auffassung liegt eine Theorie falsch, wenn sie entweder das Selbstsein des Menschen von den verschiedenen Formen und Gestalten der Selbstverständigung desselben absondert bzw. getrennt betrachtet oder aber das Selbstsein einerseits und die Selbstverständigung andererseits völlig in eins setzt. Im ersten Fall steht sie vor der Notwendigkeit sagen zu müssen, wo und wie das Selbstsein unabhängig von den Aussagen, Bildern oder Definitionen überhaupt vorkommt, sprich von uns gewusst und erfahren wird. Sie kommt dabei in alle Schwierigkeiten, die sich ergeben, wenn das Selbstsein mit der Vorstellung einer für sich seienden Ich-Instanz verbunden wird. Schon Kant, der wichtigste Vordenker dieses Themas, erreichte am Schluss lediglich eine Leerstelle – das bloße „Ich denke", welches alle Vorstellungen unseres Gemütes begleitet, bzw. die „Idee der Seele", sprich einen reinen Fluchtpunkt, auf den wohl alles in unserem Inneren bezogen wird, der jedoch als Fluchtpunkt niemals eingeholt werden kann. Im zweiten Fall, wenn das Selbstsein und die Formen der Selbstverständigung – Aussage, Bild, Definitionen – schlicht zusammenfallen, ist nicht mehr erklärlich, wie sie überhaupt zustande kommen. Denn in allem, worin sich der Mensch reflektiert – ‚spiegelt' –, muss er sich bereits kennen bzw. mit sich vertraut sein, um sich im Reflektierten – ‚Spiegelbild' – zu identifizieren. Vor allem lässt sich nicht verstehen – worauf Dieter Henrich im Anschluss an Johann Gottlieb Fichte immer wieder hingewiesen hat (zuletzt in *Denken und Selbstsein – Vorlesungen über Subjektivität*, Frankfurt 2007, 23-44) –, dass der Mensch im Sich-selbst-Erkennen bzw. in der Reflexion auf sich selbst von vornherein weiß, dass *er* es ist, der *sich* erkennt, auf *sich selbst* reflektiert und in diesem Sinne *auf sich zu* handelt. Schließlich setzt alles ausdrückliche Ich-Sagen, das bekanntlich eine identifizierende Funktion hat, je schon voraus, dass ich bei mir bin. Wie könnte ich mich sonst durch das Ich-Sagen gegenüber den Anderen und allem Anderen konstituieren?

Wenn es aber nirgends hinführt, entweder das Selbstsein von den Formen der Selbstverständigung zu trennen oder aber das Umgekehrte zu tun, sprich Selbstsein und Formen der Selbstverständigung in eins zu setzen, so gilt es allemal beides zu sagen: Das Selbstsein gibt es de facto nicht anders als dann, wenn Selbstverständigung geschieht, sprich wenn der Mensch über sich aussagt, sich ein Bild von sich macht, zu einer Definition seiner selbst gelangt; das Selbstsein geht darin aber zugleich nicht auf, sondern bildet eine unableitbare, von Hause aus (a priori) gegebene Bedingung der Möglichkeit alles selbstbezüglichen Tuns: Aussagen, Bilden, Definieren. Es kommt in anderen Worten darauf an, *komplementär* anzusetzen und sich nicht zu scheuen *paradoxal* zu denken (vgl. H. Schmidinger, *Metaphysik. Ein Grundkurs*, Stuttgart ²2007, 354 ff.). Das mag dem Denken fürs Erste gegen den Strich gehen, wie die Geschichte von Philosophie und Wissenschaften illustriert, es besteht jedoch um der Sache willen, der es zu entsprechen hat, immer wieder Anlass, *prima vista* Widersprüchliches anzuerkennen und festzuhalten. Nur unter dieser Voraussetzung versteht es und vermeidet es, offensichtlich Falsches zu sagen. In diesem Sinne könnte man sich das gesamte Gefüge des menschlichen Selbstseins mit Hilfe des thomistischen Begriffs der Formalursächlichkeit zurechtlegen. Auch er zeigt bekanntlich etwas Paradoxes an: Eine Ursache *ist* immer nur *als* ihre Wirkung, jene kann ohne diese nicht gedacht werden, wenngleich Ursache und Wirkung nicht dasselbe sind. So bedingt und ermöglicht das ursprüngliche Vertrautsein des Menschen mit sich selbst – das, was in der Philosophie immer wieder Selbstbewusstsein genannt wurde – jede Art und Weise, in der sich der Mensch mit sich selbst verständigt, gleichzeitig kommt es nicht unabhängig davon vor, dass Selbstverständigung – egal in welcher Form – stattfindet.

Sieht man das, was den Menschen nach meiner Vermutung von allen anderen Lebewesen unterscheidet, dass er dergestalt zu sich ist, so muss die zuvor beschriebene Schlussfolgerung, wonach sich die menschliche Identität je nach Konstellation eines Erfahrungsraumes gleichsam in ein unendliches Spiel von Differenzen auflöst, nicht gezogen werden. Und wie dargelegt, bedarf es dazu nicht etwa der Erneuerung eines Denkens von Substanzen nach traditionellem Muster, vielmehr nähert man sich durch das *Festhalten eines Paradoxes* dem phänomenalen Tatbestand an. Darüber hinaus kann man erklären, woraus die prinzipielle Möglichkeit von Freiheit im Sinne von Selbstbestimmung resultiert. Ich sage ausdrücklich *Möglichkeit*, denn wie das Selbstsein nur in den Formen der Selbstverständigung *ist*, so verwirklicht sich auch Freiheit nur dadurch, dass eine Selbstverständigung stattfindet, gelingt und zu Taten der Selbstbestimmung führt. Dass hierbei Faktoren wie die physisch-psychische Verfasstheit des Einzelnen, Sprache, Kultur, Gesellschaft, Geschichte und alles, was man darunter subsumieren mag, eine ausschlaggebende Rolle spielen, ist evident. Die reine Möglichkeit ist noch keine Wirklichkeit. Zu Letzterer bedarf es der Reflexion, der Anstrengung, des Kampfes, kurz: der Handlung. Umgekehrt darf mit Aristoteles, aber auch mit Kierkegaard festgehalten werden: All das anonym Mächtige wie Sprache, Kultur, Gesellschaft, Geschichte, das jeglichen Selbstvollzug des Menschen so tief und nachhaltig prägt, *ist* seinerseits nicht anders als dort, wo es in Gestalt menschlicher Selbstverständigung durch menschliches Selbstsein ermöglicht wird (vgl. H. Schmidinger, *Der Mensch ist Person*, Innsbruck 1994, 134 ff.).

Es sei an dieser Stelle im Sinne einer exkursorischen Bemerkung darauf hingewiesen, dass nicht zuletzt für die moderne Hirnforschung das eben beschriebene Zu-sich-selbst-sein, die ursprüngliche, nicht ableitbare Vertrautheit des Menschen mit sich selbst, das so genannte Selbstbewusstsein noch nicht adäquat erklärt werden konnte. So stellt es sich mir dar, wenn ich die mir bekannte Literatur anschaue. Zwar ist man in Kreisen der Hirnforschung optimistisch, eines Tages auch noch diesen ‚Tatbestand‘ des menschlichen Bewusstseins naturalistisch, sprich gehirnphysiologisch bzw. neurologisch erklären zu können. Was man jedoch bis jetzt zu begreifen vermag, sind meiner Beurteilung nach vor allem reduplizierende sowie analogisierende Funktionen, beides Aktivitäten, die bei der Herstellung von Selbstreferentialität genau das als Bedingung ihrer Möglichkeit voraussetzen, was sie angeblich herstellen, nämlich das unableitbare Vertrautsein des Menschen mit sich selbst. Dieses jedoch scheint mir naturalistisch noch nicht begriffen zu sein. Vergegenwärtigt man sich die nicht nur anthropologischen, sondern gesamtkulturellen Konsequenzen, die daran hängen, wie die Debatte um eben diesen Punkt ausgehen wird – sie ist bislang nicht entschieden –, so sieht man, dass *heute* die Frage „Was/Wer ist der Mensch?" genau hier ihre größte Brisanz erfährt. Davon, wie sie beantwortet wird – darin stimme ich Wolf Singer in jeder Hinsicht zu –, hängt das künftige Menschenbild wesentlich ab (vgl. u.a. W. Singer, *Ein neues Menschenbild? Gespräche über Hirnforschung*, Frankfurt 2003).

Führt schließlich von diesem ‚Sachverhalt‘ aus ein Weg zum heurigen Thema der Tagungsreihe „Topologien des Menschlichen" – „Der Mensch – ein Abbild Gottes"? Dies kann der Fall sein, wenn man sich fragt, ob mit dem Selbstsein des Menschen a priori eine ethische Implikation verbunden ist. In der Geschichte von Theologie und Philosophie findet man diesbezügliche Thesen überall dort, wo die Überzeugung herrscht, dass das unterscheidend Menschliche erst mit der Dimension des Ethischen gegeben sei. Unter dieser Prämisse bildet konkret das Gewissen die primäre Form des Selbstseins bzw. Selbstbewusstseins – bereits bei den Stoikern ist dieses der Fall (vgl. D. Henrich, *Selbstverhältnisse*, Stuttgart 1982, 112 ff.). In ihm gründet das, was erst seit der mittelalterlichen Christologie unter der Personalität des Menschen begriffen wurde, nämlich nicht bloß seine naturgegebene substantielle Einmaligkeit im aristotelischen und boethianischen Sinne, sondern die von Hause aus in *sittliche* Verantwortung genommene Unersetzlichkeit des Einzelnen (vgl. Th. Kobusch, *Die Entdeckung der Person*, Freiburg 1993, 23-54). Kein Geringerer als Immanuel Kant steht in dieser Tradition. Auch für ihn wurzelt die Würde des Menschen und damit das, was überhaupt den Menschen zum Menschen macht, in der apriorischen sittlichen Angesprochen- und Gefordertheit. Gewiss ist bei Kant nicht abschließend geklärt, wie das Verhältnis von Selbstbewusstsein (transzendentaler Apperzeption) einerseits und sittlichem Subjekt (Person, Freiheit) andererseits genau zu verstehen ist, das Konstitutivum des spezifisch menschlichen Seins ist jedoch eine apriorische ethische Beanspruchung – der „kategorische Imperativ" als „Faktum der Vernunft" (*Kritik der praktischen Vernunft* [1788]

A 52 ff.). Erst aus ihm, sozusagen in zweiter Linie, resultiert die menschliche Freiheit als „Postulat der praktischen Vernunft". Was in eigenen Worten das alle menschliche Selbstreferentialität, Ich-Ausdrücklichkeit und subjekt-bezogene Reflexion begründende Selbstsein ist, entsteht mit/aus einer sittlichen Angesprochenheit.

Kein anderer Philosoph des 20. Jahrhunderts hat diese Überzeugung so vehement und nachhaltig vertreten wie der litauisch-französische Philosoph Emmanuel Levinas (1906–1995). Er radikalisiert sie derart, dass er sogar einen Vorrang der Ethik vor der Ontologie und darauf hin eine Destruktion der gesamten Philosophie seit der Antike fordert. Dazu knüpft er nicht bei Kant an, vielmehr steht er in der Folge aller jener Philosophien, die in ausdrücklicher Kritik an Kant sowie an der gesamten europäischen Substanzmetaphysik die Beziehung zwischen Mensch und Mensch als jenen ursprünglichen und fundamentalen Ort verstehen, von dem Menschsein und Menschwerden ihren Ausgang nehmen. Offensichtlich ist er dabei nicht allein von Phänomenologie (Husserl, Heidegger, Merleau-Ponty), Personalismus/Wertphilosophie (Scheler, Rosenzweig), Dialogphilosophie (Buber, Ebner, Marcel) und Sprachphilosophie beeinflusst, sondern ebenso von seinem jüdischen Glauben, für den bekanntlich fast alle Angehörigen seiner Familie im Holocaust ihr Leben verloren haben. Letzteres belegen seine Beschäftigungen mit dem Talmud und der gesamten jüdischen Glaubensgeschichte (vgl. u.a. *Quatres lectures talmudiques*, Paris 1968; *Du Sacré au Saint. Cinq nouvelles lectures talmudiques*, Paris 1977).

Wie kommt jedoch in diesem Kontext das Abbild Gottes zur Sprache? Bedenkt man vor allem die biblisch geforderte Zurückhaltung gegenüber allem Bildlichen im Zusammenhang mit Gott, welche für Levinas wie für alle jüdischen Philosophen naturgemäß ein Verbot darstellte, berücksichtigt man darüber hinaus seine Ablehnung des Platonismus und dessen Wirklichkeitskonstruktion nach Urbild und Abbild, so fragt man nach dem Anknüpfungspunkt. Dieser liegt in der Analyse, besser müsste man wohl sagen (phänomenologischen) Betrachtung des menschlichen Antlitzes (*visage*), die Levinas seit seinem Sammelband *En découvrant l'existence avec Husserl et Heidegger* (1967) regelmäßig anstellt und vertieft. Mir ist kein anderer Philosoph bekannt, der so eingehend und ausführlich über das Antlitz als jenem Ort, von dem alles Menschliche seinen Ausgang nimmt, nachgedacht hat wie eben Levinas (vgl. *Humanisme de l'autre homme*, Montpellier 1972, dt. *Humanismus des anderen Menschen*, Hamburg 1989). Dabei reduziert sich das Antlitz, welches primär immer das Antlitz des Anderen ist, nicht auf das sichtbare Gesicht. Levinas wird nicht müde dies zu betonen. So ist das ‚Bild', welches mit dem Antlitz gegeben ist, nicht optisch erlebbares ‚Bild' im üblichen Sinne. Vielmehr eröffnet es im Sichtbaren des Gesichtes die Dimension, aus der heraus ich a priori angesprochen, aufgefordert und in die Verantwortung genommen bin – dergestalt, dass mir der Andere in seiner Verwundbarkeit und Sterblichkeit schicksalhaft immer schon zugemutet ist. Wie umgekehrt ich ihm. Dies wiederum ist nicht im Sinne der klassischen Subjektphilosophie zu begreifen, wonach der mich und mein Bewusstsein treffende Anspruch des Anderen durch mein Bewusstsein bzw. Selbstbewusstsein (transzendental) konstituiert wäre. Ganz im Gegenteil, gleichursprünglich mit dem Angesprochen-, Aufgefordert- und Verantwortlichsein für den Anderen werde ich in meinem Selbstsein allererst begründet, ja geschaffen und konstituiert. Alles, was somit an mir Autonomie im Sinne Kants ist und sein soll, ist erst durch die Heteronomie, die Inanspruchnahme durch den/die Anderen gegeben; alles Tun und Aktivsein ist allemal Folge einer Passivität, mit der ich im Antlitz des Anderen konfrontiert bin – ein völlig unkantianischer Gedanke.

Abbild Gottes? Gott im Antlitz des Anderen? Das Transzendente im Immanenten? Versteht man Transzendenz als das schlechthin Inkommensurable, als das nicht Verallgemeinerbare, nicht Verrechenbare und nicht Verfügbare, so fängt sie nicht erst im Jenseits von Raum und Zeit an, im Bereich des Mystischen oder ‚Meta-physischen‘, sondern tatsächlich in der absoluten Individualität jedes einzelnen Menschen, in seinem Antlitz. Interpretiert man darüber hinaus – noch einmal mit Kant – das Transzendente als dasjenige, was alle natur- und zeithafte Ordnung außer Kraft setzt und radikal unterbricht, allem voran als ethischen Anspruch, dann ist wiederum das Antlitz der Ort, an dem das ‚Un-Endliche‘ und Transzendente mich berührt – an dem, wie Levinas es ausdrückt, „Gott ins Denken einfällt“ (*Dieu qui vient à l'idée* [gleichnamiges Buch Paris 1982]). „Im Nächsten“, heißt es in einem Interview aus dem Jahr 1982, abgedruckt in *Entre nous. Essais sur le penser-à-l'autre* (Paris 1991, dt. *Zwischen uns. Versuche über das Denken an den Anderen*, München 1995), „ist reale Anwesenheit Gottes. In meiner Beziehung zum Anderen vernehme ich Gottes Wort. Das ist keine Metapher, das ist nicht bloß extrem wichtig, es ist wörtlich wahr. Ich sage nicht, dass der Nächste Gott ist, aber dass ich in seinem Antlitz Gottes Wort höre“ (140). Noch deutlicher wird Levinas im Hinblick auf das Thema „Abbild Gottes“ wenn er im selben Gespräch sagt: „Im Antlitz des Anderen kommt zu uns das Gebot, das den Lauf der Welt unterbricht. Warum sollte ich mich in Gegenwart des Antlitzes verantwortlich fühlen? Das ist die Antwort Kains, als er gefragt wird: ‚Wo ist dein Bruder?‘ Er antwortet: ‚Bin ich der Hüter meines Bruders?‘ Genau das ist das Antlitz des Anderen, das für ein Bild unter anderen genommen wird, wobei das Bild Gottes, das es trägt, verkannt wird.“ (140 f.) Der Andere ist nicht Gott, ich vermag diesen auch im Antlitz des Anderen nicht zu sehen, er steht mir nicht als Abbild eines Urbildes gegenüber. Sehr wohl aber ist, wie Levinas an anderer Stelle festhält, im Antlitz eine „Spur“, eine „Nähe“ Gottes geschaffen (77 f.), die niemals zur greifbaren, vorstellbaren oder verfügbaren Präsenz wird, somit „unvordenklich“ bleibt, sofern sie uns im Anspruch, welcher vom Anderen ausgeht, immer schon *voranweg* angegangen *hat* und folglich nur in dieser Form der Anwesenheit zugleich *uneinholbare* Ferne ist, „eine Vergangenheit, die quasi nie Gegenwart war“ (78), eine Einbruchsstelle jedoch, die in der Dialektik von Bild und Nichtbild den Menschen zum Abbild Gottes macht.

Verzeichnis der Autorinnen und Autoren

Karl Heinz Auer, Mag. phil., Mag. et Dr. theol., Mag. et Dr. iur., Professor am Institut für Berufspädagogik, Schulpraxis und Bildungswissenschaften der Pädagogischen Hochschule Tirol; derzeitiger Forschungsschwerpunkt: Rechtsphilosophie mit besonderer Berücksichtigung des Verhältnisses von Ethik und Recht; Lehrbeauftragter an mehreren Universitäten

Heinz Dopsch, Professor für Vergleichende Landesgeschichte am Fachbereich Geschichte der Universität Salzburg, Leiter des Interdisziplinären Zentrums für Mittelalterstudien

Reinhold Esterbauer, Professor am Institut für Philosophie an der Katholisch-Theologischen Fakultät der Universität Graz; Forschungsschwerpunkte: Religionsphilosophie, Phänomenologie, Naturphilosophie

Georg Fischer SJ, Professor für Alttestamentliche Bibelwissenschaft an der Theologischen Fakultät der Universität Innsbruck; Forschungsschwerpunkte: Pentateuch (besonders Genesis und Exodus), Prophetie (vor allem Jeremia), biblische Theologie

Paul D. Janz, PhD (Cambridge), Institutsvorstand und Senior Lecturer für Systematische Theologie und Fundamentaltheologie am Department of Theology and Religious Studies, King's College London; Forschungsschwerpunkte: Grundfragen der Theologie, Fundamentaltheologie, Rationalitätstheorien und Immanuel Kant

Karl-Josef Kuschel, Professor für Theologie der Kultur und des Interreligiösen Dialogs an der Katholisch-Theologischen Fakultät der Universität, stellvertretender Direktor des Instituts für ökumenische Forschung, Ehrendoktor der Universität Lund (Schweden)

Gerhard Lauer, Professor für Deutsche Philologie an der Universität Göttingen; Arbeitsschwerpunkte: Kulturgeschichte des Romans, Literatur in der Wissensgesellschaft und Grundbegriffe der Literaturtheorie

Lothar Laux, Professor, Inhaber des Lehrstuhls für Persönlichkeitspsychologie und Psychologische Diagnostik, Institut für Psychologie an der Humanwissenschaftlichen Fakultät der Otto-Friedrich Universität Bamberg; Forschungsschwerpunkte: Persönlichkeitstheorie, Selbstdarstellung, Emotionsbewältigung, Kreativität und Innovation, Persönlichkeitscoaching

Carl B. Möller, Dr. phil., Dipl. Analytischer Psychologe (C.G. Jung), Leiter des Fachbereichs Vergleichende Religionswissenschaft, C.G. Jung-Institut, Zürich; Dozent für Pastoraltheologie, Universität Münster, Psychoanlytiker in eigener Praxis Münster, Zürich

Eckhard Nordhofen, Dr. phil., Honorarprofessor für theologische Ästhetik und Bildtheorie der Universität Gießen; Leiter des Dezernats Bildung und Kultur im Bistum Limburg

Heinrich Schmidinger, Professor für Christliche Philosophie am Fachbereich Philosophie der Katholisch-Theologischen Fakultät der Universität Salzburg, gegenwärtig Rektor dieser Universität

Claudia Schmitt, Diplompsychologin, wissenschaftliche Mitarbeiterin am Lehrstuhl für Persönlichkeitspsychologie und Psychologische Diagnostik, Institut für Psychologie an der Humanwissenschaftlichen Fakultät der Otto-Friedrich Universität Bamberg; Forschungsschwerpunkte: Wertebasierte Flexibilität, Kreativität und Innovation, Personal- und Organisationsentwicklung, performative Methoden in Coaching und Beratung

Charlotte Schubert, Professorin für Alte Geschichte am Historischen Seminar der Universität Leipzig, Sprecherin des Profilbildenden Forschungsbereichs 5 (Contested Orders/Umstrittene Ordnungen) der Universität Leipzig; Forschungsschwerpunkte: Griechische Geschichte und Medizingeschichte der Antike

Clemens Sedmak, Professor für Theologie am King's College London, Präsident des Internationalen Forschungszentrums für Grundfragen der Wissenschaften Salzburg sowie Leiter des Zentrums für Ethik und Armutsforschung an der Universität Salzburg, als solcher auch Inhaber der Franz Martin Schmölz-Stiftungsprofessur am selben Zentrum

Norbert Wolf, Privatdozent der Universität München und wissenschaftlicher Autor, mit Forschungs- und Publikationsschwerpunkten auf dem Gebiet mittelalterlicher Skulptur, Malerei der Dürerzeit und internationaler Buchmalerei